《暨南外语博士文库》

LEIXINGXUE SHIJIAO XIA
HANYU WEISHI FANCHOU YANJIU

型学视角下
语违实范畴研究

主编／宫齐

副主编／程倩 廖开洪

雍茜◎著

世界图书出版公司

广州·上海·西安·北京

图书在版编目（CIP）数据

类型学视角下汉语违实范畴研究 / 雍茜著. —广州：
世界图书出版广东有限公司，2022.8
ISBN 978-7-5192-9765-7

Ⅰ. ①类… Ⅱ. ①雍… Ⅲ. ①汉语－语料库－研究
Ⅳ. ①H1

中国版本图书馆 CIP 数据核字（2022）第 141585 号

类型学视角下汉语违实范畴研究
LEIXINGXUE SHIJIAO XIA HANYU WEISHI FANCHOU YANJIU

著　　者	雍　茜
责任编辑	程　静
装帧设计	苏　婷
责任技编	刘上锦
出版发行	世界图书出版有限公司　世界图书出版广东有限公司
地　　址	广州市海珠区新港西路大江冲 25 号
邮　　编	510300
电　　话	（020）84184026
网　　址	http://www.gdst.com.cn/
邮　　箱	wpc_gdst@163.com
经　　销	新华书店
印　　刷	广州市怡升印刷有限公司
开　　本	880 mm × 1230 mm　1/32
印　　张	14.125
字　　数	427 千字
版　　次	2022 年 8 月第 1 版　2022 年 8 月第 1 次印刷
国际书号	ISBN 978-7-5192-9765-7
定　　价	58.00 元

总　序

　　素有"华侨最高学府"之称的暨南大学创办于1906年，是我国第一所由政府创办的华侨高等学府，是国务院侨办、教育部、广东省共建的"211工程"重点综合性大学，也是目前在全国招收港澳台和海外华侨华人学生最多的高校。"暨南"二字出自《尚书·禹贡》篇："东渐于海，西被于流沙，朔南暨，声教讫于四海。"意即面向南洋，将中华文化传播至五洲四海。

　　暨南大学的前身是1906年清政府创立于南京的暨南学堂。1927年迁至上海，更名为"国立暨南大学"。抗日战争期间，迁址福建建阳。1946年迁回上海，三年后合并于复旦大学、交通大学等高校。中华人民共和国成立后，暨南大学于1958年在广州重建，"文化大革命"期间一度停办，1978年复办。1996年6月，暨南大学成为全国面向21世纪重点建设的大学。学校恪守"忠信笃敬"之校训，积极贯彻"面向海外，面向港澳台"的办学方针，建校迄今共培养了来自世界五大洲160多个国家和我国港澳台地区的各类人才30余万人。

　　暨南大学外国语学院的前身是创办于1927年的外国语言文学系。历史上曾有许多著名专家、学者在该系任教，如叶公超、梁实秋、钱钟书、许国璋教授等。暨南大学1978年复办后，外国语言文学系在曾昭科、翁显良两位教授的主持下教学与科研成绩斐然。1981年外国语言文学系获国家第一批硕士学位授权点，成为暨南大学最早拥有硕士学位授权点的单位之一。当时的英语语言文学硕士学位授权点以文学为主，专长翻译。翁显良、曾昭科、张鸾铃、谭时霖、黄均、黄锡祥教授等一大批优秀学者先后担任硕士研究生导师。他们治学严谨，成绩卓著，为外国语学院今天的发展奠定了坚实的基础。

如今，外国语学院已拥有专任教师 133 人，其中教授 10 人、副教授 46 人、讲师 69 人。教授中有博士研究生导师 3 人、硕士研究生导师 39。

学院教师中获博士学位者近 50 人，在读博士近 20 人。现有英语系、商务英语系、日语系、法语系和大学英语教学部等 5 个教学单位，以及英美文学研究所、应用语言学研究所、跨文化及翻译研究所、日本语言文化研究所、外语教学研究所等 5 个研究机构。学院现有外国语言文学一级学科硕士学位授权点一个，有英语语言文学、外国语言学及应用语言学、日语语言文学 3 个二级学科和翻译专业（MTI）硕士学位授权点。英语语言文学方向主要为华裔美国文学研究、英美女性文学和后现代文学研究；外国语言学及应用语言学方向以理论语言学、功能语言学和音系学为研究特色；日语语言文学方向侧重现当代日本文学、中日比较文学、日语语言及文化研究；翻译方向从语言学、文学和文化等多个层面探讨翻译理论与实践，突出翻译的实践性。研究生导师大多数具有在海外大学或学术机构从事教学、科研、进修的经历。目前，学院教师主持国家社科基金项目 9 项，教育部、广东省社科规划项目数十项。

《暨南外语博士文库》丛书（以下简称"文库"丛书）的编纂，主要基于以下目的：第一，对十几年来暨南大学外国语学院获得博士学位教师的研究成果进行梳理和总结；第二，为外国语学院的中、青年骨干教师搭建展示团队科研成果的平台，以显示学科发展的集群效应；第三，激励更多的外国语学院学人（特别是青年学子）不断进取，勇攀教学、科研的新高峰，再创新辉煌。"文库"丛书主要收录了 2000 年以后暨南大学外国语学院博士学位获得者尚未正式出版的博士论文。这些论文均经本人反复修改和校对，再经相关博士生导师的认真审阅和作者本人最终修改后方提交出版社排版付梓。"文库"丛书涵盖了语言学、外国文学、文化、翻译及其他相关领域，所涉及的语种包括汉语、英语、日语、法语和西班牙语等。"文库"丛书的第一辑 10 部、第二辑 10 部现已出齐，第三辑正在陆续修改、校对和编排中。"

文库"丛书是新一代暨南大学外国语学院学人孜孜不倦、努力拼搏和进取所取得的研究硕果，是他们宁静致远、潜心治学的象征。这些成果代表了暨南大学外国语学院的进步与发展，预示着我们的希望和未来，也是我们献给暨南大学 110 周年校庆和外国语学院 90 周年院庆的一份丰厚礼物。

"文库"丛书的出版分别得到了广东省优势重点学科基金、学校重点学科建设项目和广东省高水平大学建设基金的支持。世界图书出版广东有限公司的编辑在丛书的编辑、审校、设计等方面亦付出了大量心血。在此我们一并表示衷心感谢！

编 者

2016 年 11 月 16 日

目 录

第 1 章 引言

1.1 内容简介

本书从类型学视角出发，对汉语违实范畴进行研究，进而将汉语纳入世界语言学的系统理论框架中。人类的语言既可以描述真实世界，也可以描述可能世界。根据事件实现可能性，人类语言大致有 3 种区分度：实现可能性较大的常规型事件（如时间状语从句）、实现可能性未知的假设型事件（如条件状语从句）和实现可能性较低的违实事件［如违实句（counterfactual）］。本书将超越从语义出发寻找形式表现的传统，注重形式和范畴的双向视角，从语言间形—义错综复杂的关系中寻找类型差异的重要原因。

本书依托大规模语种库和语言库藏类型学，对世界语言呈现出的违实语料进行梳理和归类，对汉语语料进行透彻的分析，对跨语言形—义理论进行反思与深化。刘丹青（2011，2014）倡导建立语言类型学分支——语言库藏类型学（Linguistic Inventory Typology）。语义是人类语言共有的。然而，不是所有语言都能用语言手段将语义范畴化。在物尽其用的原则指导下，非入库的语义范畴可以通过核心范畴的扩展用法来表达。在部分语言（如跨几内亚语系）中，违实作为核心范畴存在，用动词词缀标记；在大多数语言（如印欧语系）中，违实作为非凸显范畴存在，过去时、完成体、未完成体、非现实语气等通常扩展成为违实标记；在汉藏语系中，违实范畴显赫度较低，虽然出现时—体—情态扩展标记，但是不具有强制性，成为较边缘范畴；在澳大利亚土著语中，违实则未形成范畴，通过迂曲说法，以牺牲语言经济性为代价，靠实词或其组合提供的临时语境义传递违实义。

本书将汉语违实范畴的研究个例置于世界语言类型学的背景下，揭示语言之间因库藏导致的类型差异。过往跨语言违实研究将为本文范畴的显赫性研究提供数据支持，包括：①对特定语言中的违实形态进行描写记录（Dahl，1997）；②区域类型学研究，如印度语族（Bhatt，1998）、伊朗语族（Vydrin，2011）等；③跨语言类型学研究，如过去时违实标记语言（Iatridou，2000）、未完成体违实标记语言（Bjorkman & Halpert，2012）、完成体违实标记语言（Karawani，2014）、特定违实标记语言（Nevins，2002；Van linden & Verstraete，2008）等。语言库藏类型学通过对库藏手段进行研究，将范畴化程度进行显赫性排序。汉语是汉藏语系语言之一。关于汉语违实标记的研究文献层出不穷，但都不具有强制性和稳定性，因而违实作为较边缘的范畴存在。违实作为核心范畴存在于诸多印欧语系语言中，研究已趋近成熟。而对作为边缘范畴存在的汉语违实的研究则尚待开发。相较于印欧语系语言而言，汉语违实的研究相对较少，且一直处于被质疑阶段。汉语究竟有没有违实范畴？汉语违实的表达方式与其他语言究竟有何不同？要回答这些问题，需要回归世界语言的大体系中。汉语作为孤立型语言，缺乏语言手段对语法范畴进行标记，在表达违实时也与形态发达的印欧语系语言有一定的区别。此外，由于语言的迁徙和借鉴，汉语的违实句也呈现出语言接触的特征。本书将在过往研究的基础上进一步探讨汉语违实范畴的显赫度，不仅关注违实在语法中是否得到表现，是否范畴化，而且关注汉语语法库藏中有些什么手段，其语法属性如何，会使语义得到怎样的表现，得到什么程度、性质的范畴化。

本书的主要内容安排如下：

第1章为引言。第2章对违实概念进行本质性剖析，将从逻辑层面对典型违实义进行界定，违实中的"实"指的是什么？"违"指的是什么？典型违实义的反事实强度和言者态度为何？可能世界与现实世界的关系为何？违实语义究竟是预设还是蕴含，在语言中表现为何？在理解这些基本问题之后，需要区分现实中常常混淆的几个概念，即违实与反事实，违实和虚拟语气、非现实违实语气，违实和反预期等。

第 3、4 章对汉语违实范畴进行量化和质化分析。过往的研究认为汉语是缺乏违实标记的语言（Bloom，1981；Comrie，1986）。其实汉语并非缺乏违实标记，问题在于其违实范畴的显赫度与其他语言有所差异，多表现为词汇手段，且能产性和强制性较低，容易被忽略。因此，对汉语的违实范畴研究应量化和质化并行。以语料库为基础对汉语违实句进行提取分析，通过 Phi 相关性测试进行提取特征与违实义的关联性检验，进而确定汉语表达违实义的形式特征。质化分析是针对量化提取后的特征进行理据性考证和用法总结。

第 5 章从共时层面探讨违实范畴语言库藏的语种差异。同一种语义范畴在不同的语言中或进入库藏成为显赫范畴，或不进入库藏，需要借助其他范畴手段来表达。这部分将对世界语言中违实范畴运用的语言库藏手段，包括语音及韵律要素、词库、形态手段、句法手段，虚词、句法位置等进行统计分析。作为显赫范畴出现时，库藏手段的主要功能是标记违实义。对于这类语言，本书将从违实标记的语法化程度、能产性、强制性以及使用频率等角度分析其显赫度。语言中仍存在为非显赫的违实范畴，于是违实范畴通常表现为以时、体、语气为原型的表达手段。非显赫的违实范畴在不同的语言中以迥异的范畴归属表示，形—义关系十分复杂。对于非显赫违实范畴，本书将进一步分析其原型范畴，将不同的语义语用内容排出等级序列，总结特征间的蕴含关系。

第 6 章从历时层面探讨违实范畴形成的轨迹，进而明确汉语违实范畴的类型学地位。不同语种中违实范畴的显赫度差异较大，本书拟借助语言地图理论和语法化理论，从违实范畴所拥有的原型功能出发，分析该语言库藏手段的扩展功能和边缘功能，关注显赫范畴如何扩展至违实范畴及其类型学后果。通过跨语言的比较，总结成为显赫范畴的类型因素和显赫范畴的扩展线路的共性及差异。宏观层面，研究重点在违实范畴借用其他范畴时经历的层级扩张和路径；微观层面，研究重点在这些借用范畴如何进入违实领域，以及进入的过程经历由选择性到逐渐强制性的语法化过程。

第 7 章是全书的总结，从共时和历时相并的视角，基于汉语普通话、方言和大规模语种库的语料，进一步提炼汉语违实句的语言库藏类型学意义。

1.2　研究价值

本书在理论层面对语言形—义关系理论进行反思。语言中形—义关系复杂，语义是无限的，语言库藏的形式手段却是有限的。究竟何种语义范畴能入库，不同语言有很大的语种差异。如何考虑不同语种中违实范畴的存在状况和显赫度将是本书研究的重点之一。世界语言语料纷繁复杂，在搜集和整理语料之后需要深入研究语言中库藏手段的功能、作用范围和不同范畴的入库能力，确定不同语言中违实范畴使用手段的原型功能，以及人类语言中显赫范畴扩展线路中的语言蕴含关系和等级序列。传统类型学研究和认知语言学的范畴化理论提倡从语义到形式的分析视角。然而，世界语言纷繁复杂，很难界定某个共通的语义范畴。在深入研究违实范畴时，违实不只是表达反事实的概念，而是一种语用预设和推理。这种语用预设和推理过程因语言而异。而根据传统类型学研究，只有界定了这样一个概念后，才能根据不同的语言进行形式特征的归纳。而这几乎是不可能的，因为语言表义具有复杂多样性，很难统一界定什么是违实，但这不代表可以逃避对概念的定义。本书将依托语言库藏类型学理论，在形—义双向互动的基础上关注形式手段对语义范畴的制约。违实义是人类共有的，范畴化显赫度却不尽相同。在一些语言中，违实成为显赫范畴，成为某种语言形式的原型语义。而在另一些语言中，违实却成为由其他时体气等显赫范畴类推作用导致的扩展范畴，由此导致了语言间形—义对应关系的复杂状况。根据显赫范畴的表义特征和扩展范畴的类推路径，可以大致总结违实范畴的核心义和边缘义，并以此为指导对违实边缘范畴的语言进行特征总结和分析。本书在大规模语料的基础上依托语言库藏类型学理论，将有利于对跨语言形—义理论进行反思和深化。语言库藏类型学是近些年新兴的类型学研究视角，但以此理论框架做出的系统类型学研究却不多见。本书以大规模语种库为基础，以语言库藏类型学为框架，对违实范畴的类型学共性和差异做系统深入的研究。不同于传统研究偏重由义到形，本书将关注形—义互动及形对义的制约。不同于以往碎片式违实特征描写分析，本书将违实范畴化，按照显赫层级排成连续统，并将所谓"特例"的汉语"违实"纳入世界语言连续统。

　　本书是基于大规模语种库的系统性类型学研究的一个部分，因而在语料数据呈现上将有一定的价值，为后续相关研究提供了语料支持。目前已搜集的违实语料涵盖 155 种语言，涉及超过 50 个语系。语系、语源，以及地理位置上的多样性与均衡性在语种库中得到了体现。一些规模较大的语系，如尼日尔—刚果语系、南岛语系、汉藏语系、印欧语系、亚非语系、澳大利亚语系等，在语种库中出现的比例远大于其他语系。理想化数目 =（地理区域语言数目 / 总计语言数目）× 语种库语言数目。书中将呈现大量珍贵的语料，其中包括多种濒危语言，同时也会涉及手语和人造语言中违实的表达，为后续学者研究提供大量可供参考的数据。在呈现共时语料的同时，研究也将结合世界语言中违实句的历时语料研究违实句的演变规律。目前已搜集到含有违实句的历时语料包括古希腊语、哥特语（东日耳曼语）、古拉丁语、古斯堪地纳维亚语、古波斯语、古汉语等。此外，语言共时层面的不平衡特征也将作为语言历时发展的辅助性证据。违实句作为语言系统中的一个部分，其历史演变轨迹将对人类语言的发展具有一定的启示意义。研究语料来源包括 Matthias Gerner 教授自建数据库、图书馆所能查阅的参考语法、跨图书馆调阅的书籍、田野调查的数据，以及各国语言爱好者通过邮件提供的数据。但由于语料记载的有限性，理想化模型很难达到。目前本书搜集到关于违实句记载的语言数目近 200 种，但其中只有 155 种进入语种库样本研究。原因：①类型学要求语种库涵盖的语言数目具有一定的规模，且具有多样性和均衡性特征，一些语料聚集在某一特定区域，不具有代表性，只能舍弃；②部分语言关于违实句的记载模糊或错误；③一些语料来自手语和人造语言，很难与自然有声语言进入同一个样本进行分析；④由于时间和精力有限，未能解读部分语料。语料在进入研究样本之前，需要经过一个甄别和规范化的处理过程。语料中的每个语言单位都需要根据莱比锡注释规则进行规范化的标注。然而，由于语言纷繁复杂，很难准确地把握每条语料中语言单位的语义和功能。本书将在多方求证和查阅的基础上力求做到完美。

　　本书也有一定的应用价值。由于语言中的违实句特征各异，违实句也一直是第二语言教学中的难点。当汉语作为第二语言进行教学时，汉语违实句由于缺乏稳定的标记，留学生很难判断事件的实现可能性，如"如果有电，灯就亮了"中是否有电？灯是否亮？对英语教学而言，学习者很难掌握违实标记的运用，如过去时用在非过去违实句中或过去完成时用在过去违实句中。基于语言本体的类型学研究，将揭示语言中违实表达的根本性差异。第二语言教学可以借鉴研究成果，设计适当的教学方案，引导学生在差异性认知的基础上更好地学习和使用违实句。儿童语言习得研究发现 12 岁以前的儿童很难完全理解和运用违实句。本书也将配合心理语言学实验为儿童语言中违实句的习得提供帮助。

1.3　研究语料和方法

为了提供一个全面的关于世界语言违实句的形态句法、语义特征和语用功能的介绍，本书所涉及的违实句来自近 200 种语言，但根据多样性和均衡性要求，只选择 155 种语言进入样本统计库进行分析。这些语言分布在 6 个宏观区域和 50 个语系中（具体语言名称和分布情况见表 1-2）。本书对如下语言进行违实语料的甄别和整理（见表 1-1），并根据一系列参数观察其分布情况，如句法结构、小句顺序、TAM（时制、体貌和语气）特征的压制、违实标记等。语系、语族以及地理位置上的多样性与均衡性在语种库中得到了体现（Rijkhoff et al, 1993）：其一，每个语系中语言出现的数目应当按照其内部语言数目呈比例分配（Bell, 1978；Tomlin, 1986）；其二，每个语系中选择的语言需要尽可能地来源于不同语族（Bybee, 1985；Perkins, 1980/1989）。与此同时，样本语言出现的数目应当按照 6 个宏观区域内部语言数目按比例分配（Dryer, 1992）。

表 1-1　语种库的语系、语族及地理分布（ISO 639-3）[1]

语系	语族	语言名称	地理分布
Afro-Asiatic（14）（亚非语系）	Semitic（闪米特）	Modern Arabic（现代阿拉伯语）	Eurasia（欧洲、亚洲）
		Palestinian Arabic（巴勒斯坦—阿拉伯语）	Eurasia（欧洲、亚洲）
		Modern Hebrew（现代希伯来语）	Eurasia（欧洲、亚洲）
		Maltese（马耳他语）	Eurasia（欧洲、亚洲）

---

[1]　研究所涉及的语言样本主要依据 ISO639-3 进行语系与地理位置划分。

（续上表）

语系	语族	语言名称	地理分布
	Eastern Cushitic（东库希特）	Afar（阿达尔语）	Africa（非洲）
		Sidaama（西达摩语）	Africa（非洲）
		Somali（索马里语）	Africa（非洲）
	Biu-Mandara（比乌—曼达拉）	Gude（古德语）	Africa（非洲）
	West Chadic（西乍得）	Hausa 豪萨语	Africa（非洲）
		Miya（弥亚语）	Africa（非洲）
		Ngizim（恩吉津语）	Africa（非洲）
		Mupun（姆博语）	Africa（非洲）
	Berber（柏柏尔）	Tamashek（塔马奇克语）	Africa（非洲）
	Omotic（奥莫型）	Northern Mao（北冒语）	Africa（非洲）
Arauan（1）（阿拉瓦）	Arauan（阿拉瓦）	Paumarí（帕玛里语）	South America（南美洲）
Araucanian（1）（阿洛柯语系）	Araucanian（阿洛柯）	Mapudungun（Mapuche）（马普切语）	South America（南美洲）
Arawakan（4）（阿拉瓦克语系）	Northern Arawakan（北阿拉瓦克）	Warekena（瓦尔克纳语）	South America（南美洲）
		Maipure（麦博里语）	South America（南美洲）
		Ashéninka Perené（亚施宁加—河和佩雷内语）	South America（南美洲）
		Paresi-Haliti（帕累斯—海里提语）	South America（南美洲）
Atlantic（4）（阿尔泰语系）	Turkic（突厥）	Turkish（土耳其语）	Eurasia（欧洲、亚洲）
	Tungusic（通古斯满）	Udihe（乌德盖语）	Eurasia（欧洲、亚洲）
		Even（鄂温语）	Eurasia（欧洲、亚洲）
		Evenki（鄂温克语）	Eurasia（欧洲、亚洲）

（续上表）

语系	语族	语言名称	地理分布
Austronesian（11）（南岛语系）	Oceanic（大洋）	Bariai（巴里埃语）	Papunesia（巴布亚）
		Mussau（穆绍语）	Papunesia（巴布亚）
		Kokota（克克塔语）	Papunesia（巴布亚）
		Marshallese（马绍尔语）	Papunesia（巴布亚）
		Manam（马纳姆语）	Papunesia（巴布亚）
		Bali–Vitu（巴利—维提语）	Papunesia（巴布亚）
		Mangaaba–Mbula（芒伽巴语）	Papunesia（巴布亚）
		Samoan（萨摩亚语）	Papunesia（巴布亚）
		Mavea（玛维亚语）	Papunesia（巴布亚）
	Northwest Sumatra–Barrier Island（西北苏门答腊）	Indonesian（印度尼西亚语）	Papunesia（巴布亚）
	Greater Central Philipppine（大菲律宾）	Tagalog（塔伽罗语）	Papunesia（巴布亚）
Austro–Asiatic（2）（南亚语系）	Viet–Muong（越—芒）	Vietnamese（越南语）	Eurasia（欧洲、亚洲）
	Khmer（高棉）	Cambodian（柬埔寨语）	Eurasia（欧洲、亚洲）
Australia（9）（澳大利亚语系）	Bunuban（布努班）	Gooniyandi（古尼阳迪语）	Australia（澳大利亚）
	Tangkic（坦格集克）	Kayardild（卡亚迪尔德语）	Australia（澳大利亚）
	Pama–Nyungan（帕玛—尼昂干）	Lardil（拉尔地尔语）	Australia（澳大利亚）
		Warrongo（沃尔伦勾语）	Australia（澳大利亚）
	Nunggubuyu（农古布尤）	Nunggubuyu（农古布尤语）	Australia（澳大利亚）
	Nyulnyulan（尼尔尼兰）	Nyulnyul（尼尔尼尔语）	Australia（澳大利亚）
	Wagiman（瓦基曼）	Wagiman（瓦基曼语）	Australia（澳大利亚）

（续上表）

语系	语族	语言名称	地理分布
	Ndjébbana（恩杰巴拉语）	Ndjébbana（恩杰巴拉语）	Australia（澳大利亚）
	Yangmanic（央玛尼克）	Wardaman（沃达曼语）	Australia（澳大利亚）
Basque（1）（巴斯克语系）	Basque（巴斯克）	Basque（巴斯克语）	Eurasia（欧洲、亚洲）
Border（1）（博德语系）	Border（博德）	Imonda（伊蒙达语）	Papunesia（巴布亚）
Cariban（2）（加勒比语系）	Cariban（加勒比）	Tiriyo（提里约语）	South America（南美洲）
		Macushi（马库什语）	South America（南美洲）
Chapacura–Wanham（1）（查帕库拉—万汗姆语系）	Chapacura–Wanham（查帕库拉—万汗姆）	Wari'（瓦里语）	South America（南美洲）
Chibchan（1）（奇布恰语系）	Aruak（阿鲁阿克）	Ika（伊卡语）	South America（南美洲）
Choco（1）（乔科语系）	Choco（乔科）	Embera（伊姆贝拉语）	Eurasia（欧洲、亚洲）
Dravidian（4）（德拉威语系）	Northern Dravidian（北德拉威语）	Brahui（布拉灰语）	Eurasia（欧洲、亚洲）
	Southern Dravidian（南德拉威语）	Kannada（坎那达语）	Eurasia（欧洲、亚洲）
		Malayalam（马拉雅拉姆语）	Eurasia（欧洲、亚洲）
		Hill Madia（玛迪亚语）	Eurasia（欧洲、亚洲）
Dagan（1）（达根语系）	Daga（达根）	Daga（达加语）	Papunesia（巴布亚）
Eskimo–Aleut（1）（爱斯基摩—阿留申语系）	Eskimo（爱斯基摩）	Aleut（阿留申语）	North America（北美洲）
Hokan（1）（霍坎语系）	Yuman（尤马）	Maricopa（马里科帕语）	North America（北美洲）
Hmong–Mien（1）（苗瑶语系）	Hmong–Mien（苗瑶）	Hmong（苗语）	Eurasia（欧洲、亚洲）

（续上表）

语系	语族	语言名称	地理分布
Indo–European（15） （印欧语系）	Armenian （亚美尼亚）	Armenian （亚美尼亚语）	Eurasia （欧洲、亚洲）
	Germanic （日耳曼）	German （德语）	Eurasia （欧洲、亚洲）
	Slavic （斯拉夫）	Bulgarian （保加利亚语）	Eurasia （欧洲、亚洲）
		Polish （波兰语）	Eurasia （欧洲、亚洲）
	Romance （罗曼）	French （法语）	Eurasia （欧洲、亚洲）
		Rumania （罗马尼亚语）	Eurasia （欧洲、亚洲）
		Spanish （西班牙语）	Eurasia （欧洲、亚洲）
		Greek（ancient/modern） 希腊语（古/现代）	Eurasia （欧洲、亚洲）
	Indic （印度）	Hindi （印地语）	Eurasia （欧洲、亚洲）
		Maithili （迈蒂利语）	Eurasia （欧洲、亚洲）
	Iranian （伊朗）	Balochi （俾路支语）	Eurasia （欧洲、亚洲）
		Marwari （马尔瓦尔语）	Eurasia （欧洲、亚洲）
		Pashto （普什图语）	Eurasia （欧洲、亚洲）
		Persian （伊朗语）	Eurasia （欧洲、亚洲）
	Celtic （凯尔特）	Welsh （威尔士语）	Eurasia （欧洲、亚洲）
Jivaroan（1） （希瓦罗语系）	Jivaroan （希瓦罗）	Aguaruna （阿瓜鲁纳语）	South America （南美洲）
Kartvelian（1） （卡特维利语系）	Kartvelian （卡特维利）	Georgian （格鲁吉亚语）	Eurasia （欧洲、亚洲）
Kusunda（1） （达语系）	Kusunda （达语）	Kusunda （达语）	Eurasia （欧洲、亚洲）
Lower Sepik–Ramu（1） （低塞皮克—拉穆语系）	Lower Sepik （低塞皮克）	Yimas （伊马斯语）	Papunesia （巴布亚）

（续上表）

语系	语族	语言名称	地理分布
Mayan（3） （玛雅语系）	Mayan （玛雅）	Chol （乔尔语） Tzotzil （索特希尔语） Itzaj Maya （玛雅语）	North America （北美洲） North America （北美洲） North America （北美洲）
Mixe–Zoque（2） （米塞—索克语系）	Mixe–Zoque （米塞—索克）	Chimalapa Zoque （索克语） Sierra Popoluca （珀珀鲁卡语）	North America （北美洲） North America （北美洲）
Movima（1） （穆维马语系）	Movima （穆维马）	Movima （穆维马语）	South America （南美洲）
Nadahup（1） （纳达胡普语系）	Nadahup （纳达胡普）	Hup （胡普语）	South America （南美洲）
Nambikuaran（1） （纳姆比夸兰语系）	Nambikuaran （纳姆比夸兰）	Mamaindê （马麦因德语）	South America （南美洲）
Nakh–Daghestanian（2） （纳克—达吉斯坦语系）	Avar–Andic–Tsezic （列兹金）	Hunzib （胡尼兹布语） Lezgian （列兹金语）	Eurasia （欧洲、亚洲） Eurasia （欧洲、亚洲）
Niger–Congo（15） （尼日尔—刚果语系）	Kwa （克瓦）	Ewe （埃维语）	Africa （非洲）
	Eastern Mande （东曼丁）	Dangme （当梅语） Fongbe （冯比语） Boko （博科语） Busa （布萨语）	Africa （非洲） Africa （非洲） Africa （非洲） Africa （非洲）
	Dogon （多贡）	Jamsay （亚姆塞）	Africa （非洲）
	Bantu （班图）	Eton （布萨语）	Africa （非洲）
	Bantoid （班图伊得）	Ejagham （埃亚格函语） Swahili （斯瓦西里语） Haya （哈亚语）	Africa （非洲） Africa （非洲） Africa （非洲）

（续上表）

语系	语族	语言名称	地理分布
	Lgboid（格博伊得）	Izi（伊兹语）	Africa（非洲）
	Southern Atlantic（南大西洋）	Kisi（基西语）	Africa（非洲）
	Mande（曼丁）	Mona（莫纳语）	Africa（非洲）
	Bernue–Congo（贝努—刚果）	Zulu（祖鲁语）	Africa（非洲）
	Defoid（得弗伊得）	Yoruba（约鲁巴语）	Africa（非洲）
Nilo–Saharan（4）（尼罗—撒哈拉语系）	Songhay（桑海）	Koyra Chiini（齐尼语）	Africa（非洲）
	Lendu（伦杜）	Ngiti（恩吉蒂语）	Africa（非洲）
	Nilotic（尼罗）	Lango（兰戈语）	Africa（非洲）
	Moru–Ma'di（莫鲁—马蒂）	Ma'di（马蒂语）	Africa（非洲）
Northwest Caucasian（1）（西北高加索语系）	Northwest Caucasian（西北高加索）	Abaza（阿巴扎语）	Eurasia（欧洲、亚洲）
Oto–Manguean（2）（奥托—曼格语系）	Chinantecan（南特克）	Chinantec（Sochiapan）（南特克语）	North America（北美洲）
	Zapotecan（萨巴特克）	Zapotec（Quiegolani）（萨巴特克语）	North America（北美洲）
Panoan（1）（帕诺语系）	Mayoruna（玛约鲁那）	Matsés（马提斯语）	South America（南美洲）
Quechuan（1）（克丘亚语系）	Quechuan（克丘业）	Quechuan（Huallaga）（克丘亚语）	Eurasia（欧洲、亚洲）
Sepik（1）（塞皮克语系）	Upper Sepik（高塞皮克）	Abau（阿保语）	Papunesia（巴布亚）
Sino–Tibetan（16）（汉藏语系）	Bodic（汉蕃）	Tibetan（藏语）	Eurasia（欧洲、亚洲）
		Kinnauri（金瑙尔语）	Eurasia（欧洲、亚洲）
		Gurung（古伦语）	Eurasia（欧洲、亚洲）
		Hile Sherpa（雪巴语）	Eurasia（欧洲、亚洲）

（续上表）

语系	语族	语言名称	地理分布
	Mahakiranti （大基兰特）	Jero （耶罗语） Kham （康巴语） Limbu （林布语） Newar（Dolakha） （尼瓦尔语） Kokborok （科博罗语）	Eurasia （欧洲、亚洲） Eurasia （欧洲、亚洲） Eurasia （欧洲、亚洲） Eurasia （欧洲、亚洲） Eurasia （欧洲、亚洲）
	Burmese–Lolo （缅彝）	Lisu （傈僳语） Burmese （缅甸语）	Eurasia （欧洲、亚洲） Eurasia （欧洲、亚洲）
	Tani （塔尼）	Mising （米星语）	Eurasia （欧洲、亚洲）
	Naxi （纳西）	Yongning Na（Mosuo） （摩梭语）	Eurasia （欧洲、亚洲）
	Tibeto–Burman （藏缅）	Mongsen Ao （蒙森奥语）	Eurasia （欧洲、亚洲）
	Chinese （汉语）	Mandarin （汉语普通话） Cantonese （广州话）	Eurasia （欧洲、亚洲） Eurasia （欧洲、亚洲）
Siouan（1） （苏语系）	Western Siouan （西苏）	Crow （科洛语）	North America （北美洲）
Solomons East Papuan（1） （所罗门东巴布亚语系）	Savosavo （萨沃萨沃）	Savosavo （萨沃萨我语）	Papunesia （巴布亚）
Torricelli（1） （托里塞利语系）	Marienberg （马林贝格）	Kamasau （卡马萨语）	Papunesia （巴布亚）
Totonacan（1） （托托纳克语系）	Totonacan （托托纳克）	Misantla Totonac （托托纳克语）	North America （北美洲）
Trans–New Guinea（6） （跨新几内亚语系）	Eastern Highlands （东高地）	Hua （华语）	Papunesia （巴布亚）
	Finisterre–Huon （菲尼斯泰尔）	Ono （奥诺语） Kâte （凯特语）	Papunesia （巴布亚） Papunesia （巴布亚）

（续上表）

语系	语族	语言名称	地理分布
	Madang（马当）	Tauya（陶亚语）	Papunesia（巴布亚）
		Mauwake（矛瓦克语）	Papunesia（巴布亚）
	Greater Awyu（大奥约）	Wambon（瓦姆邦语）	Papunesia（巴布亚）
Tucanoan（1）（图卡诺安语系）	Tucanoan（图卡诺安）	Guanano（瓜纳诺语）	South America（南美洲）
Uralic（3）（乌拉尔语系）	Samoyedic（萨摩耶德）	Selkup（塞尔库普语）	Eurasia（欧洲、亚洲）
	Finnic（芬语）	Estonian（爱沙尼亚语）	Eurasia（欧洲、亚洲）
	Ugric（乌戈尔）	Hungarian（匈牙利语）	Eurasia（欧洲、亚洲）
Uto-Aztecan（2）（犹他—阿兹特克语系）	Aztecan（阿兹特克）	Nahuatl（纳瓦特语）	North America（北美洲）
		Pipil（匹普语）	North America（北美洲）
Wororan（1）（沃罗拉语系）	Western Worrorra（西沃乐拉）	Worrorra（沃罗拉语）	Australia（澳大利亚）
Yukaghir（1）（尤卡基尔语系）	Yukaghir（尤卡基尔）	Kolyma Yukaghir（科雷马—尤卡吉尔语）	Eurasia（欧洲、亚洲）
Zamucoan（2）（祖姆扣安语系）	Zamucoan（扎姆扣安）	Ayoreo（爱约列语）	South America（南美洲）
		Chamacoco（查马克克语）	South America（南美洲）
Zuni（1）（祖尼语系）	Zuni（祖尼）	Zuni（祖尼语）	North America（北美洲）
Others（3）（其他）	Creole & Pidgins（克里奥&洋泾浜）	Berbice Dutch Creole（荷兰克里奥尔语）	South America（南美洲）
	Isolate（孤立）	Kwazá（宽扎语）	South America（南美洲）
		Huave（哈夫语）	North America（北美洲）

目前选择的语言基本符合上文提到的语系、语族和地理分布上的多样性和平衡性。一些规模较大的语系，如尼日尔—刚果语系（1532/15/15）[①]、南岛语系（1257/35/11）、汉藏语系（449/55/16）、印欧语系（439/34/15）、亚非语系（374/21/14）、澳大利亚语系（264/19/9）等，在语种库中出现的比例远大于其他语系。然而由于语言记载信息有限，尼罗—撒哈拉语系出现在语种库中的语言只有4种，奥托—曼格语系出现在语种库中的语言只有两种。这是因为尼罗—撒哈拉语系虽然有205种语言，但是只有5种目前有信息记载；奥托—曼格语系虽然有177种语言，但是只有4种目前有信息记载。跨新几内亚语系目前有477种语言有信息记载，进入样本库的语言只有6种。这是因为现有语料记载集中在马当语族，考虑到语族的多样性，马当语族只选择了两种语言。本着语族多样性的要求，理想化的样本库需要包含世界上所有的语系（125个）。然而，这在实际操作过程中几乎不可能。因为部分语言已经灭绝，或者没有记载；也几乎不可能搜集到所有正在使用的语言的信息；部分已有记录的语言缺失关于违实范畴的记载。鉴于以上种种原因，本书最终选定了51个语系进入样本库研究。目前已搜集到的语料在世界六大区域的分布如表1-2所示。理想化数目=（地理区域语言数目/总计语言数目）× 语种库语言数目。

表1-2　语种库中理想化语言数目和实际语言数目

区域分布	区域语言数目	理想化语言数目	实际语言数目
非洲	607	35	29
澳大利亚	177	10	10
欧洲、亚洲	660	39	58
北美洲	397	23	15

[①]（x/y/z）中，x表示语系中的语言数目；y表示目前已有记载的语言数目；z表示目前语种库中的语言数目。

（续上表）

区域分布	区域语言数目	理想化语言数目	实际语言数目
巴布亚[①]	558	33	23
南美洲	257	15	20
总计	2656	155	155

观察表 1-2 中数据，可以看到语种库中实际语言与理想化语言的数目大体一致。欧洲、亚洲的语言历史悠久，且地理分布广泛，语言类型多样。此外，本书有非常完备的关于该地区语言的介绍，于是语种库实际语言的数目略高于理想化语言。而非洲和北美洲的实际语言数目略小于理想化语言，因为现有语料关于违实话题的记载相对稀缺。巴布亚区域的语言正在研究中，因而很多语言记载尚不完备，实际语言数目也略低于理想化数目。

结合现有语料，本书将数学统计引入对语言数据的测算和整理中，在跨学科基础上使语言研究更加科学化、精确化。例如，二项分布计算法将引入用来分析两项变量差异显赫性；χ^2 检验用来计算多项变量差异显赫性；Mann–Whitney U test 用来检验两个独立样本的差异性；Phi 相关性检验用来计算形式与语义之间的关联显赫性等。

1.4　研究综述

1.4.1　世界语言中的违实

违实概念涉及哲学、逻辑学、心理学、语言学等多学科研究。就语言学而言，国外学者多从形式语义学（Lewis，1973；Karttunen and Peters，1977；Stalnaker，1975；Kratzer，1981；Akatsuka，

---

① Papunesia 是 ISO639－3 中划分出的一个宏观语言区域，大约是泛太平洋包括巴布亚新几内亚等在内的国家和地区，目前学界没有统一的规范译法。本书音译为"巴布亚"。

1986；Ippolito，2002/2003/2006）、认知语言学（Fillenbaum，1974；Bloom，1981；Au，1983；Santamaria，Espino & Byrne，2005）和描写语言学（Dahl，1997；Bhatt，1998；C. F. Chen，2006；Eriksen，2008；Halpert，2011；Vydrin，2011）等角度进行多方位的分析和研究。近些年，类型学家开始关注违实范畴的语言通用性和特别性，并且对违实表达的显性形态特征尤为关注，并认为在世界上大多数语言中违实范畴的表达多借用于时制和体貌。Anderson（1951），Steele（1975），Lyons（1968），James（1982），Palmer（1986），Fleischman（1989），Iatridou（2000, 2009），Ippolito（2002，2003，2006），Ogihara（2000），Arregui（2009）等人聚焦违实表达与过去时的关联。这也是早期类型学家的普遍共识。例如：

例1　违实句中的假时制　　　　　　　　　　　（Iatridou, 2000: 245 & 250）

　　a. If he **were** drunk at next week's meeting, the boss would be really angry.（Future Less Vivid）

　　　如果他下周会议上喝醉了，他的老板会很生气。（未来违实）

　　b. If he **were** drunk, he would be louder.（Present CF）

　　　如果他现在喝醉了，他就会更大声说话了。（现在违实）

　　c. If Napoleon **had been** tall, he would have defeated Wellington.（Past CF）

　　　如果拿破仑个子高，他就会打败威灵顿。（过去违实）

从上文的例句可以看出，当表示对现在和未来的违实时，英语多使用过去时；当表示对过去的违实时，英语则使用先过去时（pluperfect），即过去的过去。这种对实际时制的前移表达具有一定的类型学意义，故称为"假时制"。早期语言学研究以英语为中心，并认为假时制大多表现为过去时的前移用法，因此过分强调了过去时在违实句中的作用。直到近些年，体貌特征对违实句的贡献才受到关注（Iatridou，2000/2009；Van linden & Verstraete，2008；Arregui，2009）。Iatridou（2000）进一步总结认为违实范畴可以有两种标记方式，即过去时和未完成（整）体[①]。例如：

例 2　Greek（Indo-European: Greek）：假体貌特征　（Iatridou, 2000: 236）

An	Peθene	o	arχiγos	θa	ton	Θavame
如果	**死亡.PST.IPFV**	这个	首领	FUT	他	埋.PST.IPFV
stin	Korifi	tu	Vunu.			
在……上	顶端	这个	山			

如果首领死了，我们就把他埋在山顶了。（事实上首领没死。）

　　后一句中的事件"我们埋葬了他"是基于前一句中的事件"首领死了"完成的基础上，然而句子中出现的却是未完成体。未完成体在违实句中使用时并没有贡献自身的体貌义，且不同于违实句以外环境的使用特征，因此被称之为"假体貌特征"。那么为什么语言会选择未完成体来标记违实义？因为完成体通常表示某种已完成的事件，这种已然性通常在说话时仍然成立，因此与过去时紧密相连。未完成体则与之相反，因此语用上会有相反的隐含义，即对结果的可逆性和取消性。在英语中，未完成体（进行体）"he was going to...（他往往要去的……）"会产生一种极性反转的效应，即"他并没有去"。这种结果的可逆性恰恰与句子的表层语义相反。在汉语中，表示过去习惯性（未完成义）的频率副词"往往"也出现了类似的反转义，如"昨天晚上的足球比赛，巴西队往往会赢……"则隐含了一个反转事实，即"巴西队在昨天晚上的比赛中没有赢"。如果句中出现了完成体，句子很难出现极性反转义，如"昨天晚上的比赛巴西队赢了"。Bhatt&Pancheva（2005）认为未完成（整）体在语境中隐含的临时反转义由于完成（整）体的"事实蕴含"（actuality entailment）被语用加强。随着被加强的语用义逐渐规约化，在很多语言中，未完成体进一步语法化成为纯粹的违实标记（见 6.3.2 详

[①]　本书参考于秀金《跨语言时—体—情态的范畴化、显赫性及扩张性——库藏类型学视角》和《基于 S-R-E 的时体统一逻辑模型的构建》，将 perfect, perfective 译为完成体和完整体，将 imperfect 和 imperfective 译为非完成体和非完整体。

述）。Bjorkman&Halpert（2012）认为除了未完成（整）体外，完成（整）体也能作为一个违实标记。例如：

例3 Palestinian Arabic（Afro-Asiatic: Palestinian West Bank and Gaza）：
fake past perfective （Halpert & Karawani, 2012: 104）

Iza	**Kaan**		b-yitla ʕ	bakkeer	kul	yom,
如果	系统词.PST.**PFV**		B-离开.IPRF	early	每	天

kaan		b-iwsal	ʕa		l-waʔt
系动词.PST.**PFV**		B-arrive.IPRF	在……上		这个-时间

la	l-muhadaraat.
到	这个-讲座

他如果习惯早退，就会准时参加这个讲座。（事实是他不习惯早退。）

当人们聚焦由时制和体貌特征演变而成的违实标记时，Nevins（2002）提出了一个问题：对于一个没有时制或体貌标记的语言，违实句又是通过何种方式表达的？对于这类语言，Nevins（2002）认为特定的句首连词通常用在前句用以标记违实句，见表1-3：

表1-3 使用特定违实标记的语言（Nevins，2002）

Languages（语言）	CF marker（违实标记）	Make-up（组成）
Mandarin Chinese	*yaobushi*	if+Negation
Tagalog	*kundi*	if+Negation
Hebrew	*ilu*	Conjunction
Turkish	*se...di*	Conditional affix...Past tense affix

Lazard（2006）又进一步增加了Turkana（Nilo-Saharan），Ewondo（Benue-Congo），Yoruba（Benue-Congo）[①]和classic Nahuatl（Uto-Aztecan）等几种语言。Van linden &Verstraete（2008）又增加了Chukchi（Chukotko-Kamchatkan），Hua（Trans-New Guinea），

---

① 然而Yoruba语中的小品词*ibá*也能存在于现在虚拟语气中，因而也有可能被理解成非违实句。因此，不宜将*ibá*作为特定的违实标记。

Ika（Chibchan–Paezan），Martuthunira（Pama–Nyungan），Somali（Afro–Asiatic, Cushitic）和 Kolyma Yukaghir（Yukaghir）等语言用例。然而，与由时制、体貌等特征演变成违实标记的语言相比，这种使用特定违实标记的语言比较稀少。

　　一个重要的类型学发现是对违实句中不同语法成分的分析，或强制性，或选择性。换句话说，违实句很少出现单一标记，而是出现包括各种相关词汇、语法等成分的组合。Van linden & Verstraete（2008）对违实简单句进行跨语言的类型学调查，并认为组合成分中的必有成分是情态范畴，通常与过去时和体貌范畴组合体貌标记。基于这样的标记组合，Van linden & Verstraete（2008）进一步对违实义生成的本质和来源进行语用推理层面的探讨。McGregor（2008）认为 Van linden & Verstraete（2008）中提及的部分例子只是范例层面（paradigmatically）而非句法层面（syntagmatically）的组合标记。Halpert & Karawani（2012）认为在 Zulu 语中，组合标记中的非完整体中的未完成义只是语言形态层面的羡余成分。世界语言中的违实标记组合规律比表面显示的规律更加复杂。因此，如何区别羡余或者混淆形态与真实的标记，需要深入研究。

　　然而，不管前人关于违实形态标记的研究多么完备，仍然有很多问题待解决。如以往的文献聚焦违实条件句，忽略了其他类型的违实句。多种类型的违实句具体的语义表达和语用功能也一直没有受到关注。是否所有的世界语言在表达违实义时都有通用的句法结构和类似的语用功能？如果使用假时制或体貌，违实句中的真实时制、体貌如何表达？

　　此外，学术界以往关于违实的类型学研究文献聚焦某一个特定区域的语言，并对其标记方式进行了研究。Bhatt（1998）对印度雅利安（Indo–Aryan）语族中涉及的语言，如 Awadhi, Bengali, Bhojpuri, Braj, Bundeli, Chattisgarhi, East Rajasthani, Garhwali, Gujarati,

Hindi-Urdu、Kannauji、Konkani、Kumaoni、Lahnda、Magadhi、Maithili、Marathi、Riwai 和 Rajasthani 等进行了研究，认为这个区域的语言多使用假体貌标记违实句，如非完整体，例外有 Assamese、Oriya、Kshimiri、Sinhalese 和 Nepalese 等几种语言。Vydrin（2011）认为与大多数的印度雅利安（Indo-Aryan）语族语言不同，在伊朗（Iranian）语族中，如 Persian、Pamir、Tat（中部方言）和 Yaghnobi 等语言，需要另外一层时制标记进行叠加，即过去时 + 非完整体（习惯体），这里称为"未完成体"（imperfect）。与其他印欧语系语言类似，伊朗语族语言在标记指向过去的违实句时也会使用先过去时。然而，仍然有部分伊朗语族语言使用一种接近特定违实语气的语言形式进行标记，如 Ancient Sogdian、Tat、Talysh、Parači、Ossetic 和 Pashto 等语言。Grønn（2008）对斯拉夫（Slavic）语族和罗曼（Romance）语族中假完成（整）体的使用进行了研究。Bjorkman & Halpert（2012）结合 Zulu、French、Palestinian Arabic、Russian、Persian 和 Hindi 等语言总结出了 3 种语言通用的假 TAM 特征，即假过去时、假完成（整）体和假未完成（整）体。Karawani（2014）基于 Palestinian Arabic、Hindi、Zulu 和 Hebrew 等语言数据进一步研究了违实条件句中的假 TAM 特征和真 TAM 特征的表达方式。Van linden & Verstraete（2008）的 80 个语言样本数据则更加综合、全面，但他们的分析局限于简单违实句。本书将尝试进行基于大规模语种库的类型学研究，研究对象不局限于常见的违实条件句，也纳入了其他句法实现类型的违实句。除了基于上述区域类型学的语言数据外，本书也将参考基于个体语言的违实数据和田野调查的语言数据，以待更加全面、系统地对世界语言中的违实范畴进行梳理研究，并在此基础上确定汉语违实范畴的类型学定位。

1.4.2 汉语中的违实

1.4.2.1 汉语违实研究的萌芽

黎锦熙（1924）最早意识到汉语违实句的存在，并将其称之为"虚拟条件句"，作为条件句的一个延伸范畴。例如：

例 4　如果人类能够生出翅膀来，那么也就可以在高空中飞了。

吕叔湘（1942/1982）和王力（1985）也意识到一些条件句能提出与现实相反的假设，有必要将这些虚拟条件句与一般的条件句分别开来。例如：

例 5　a. 要不说姨父叫你，你哪里肯出来得这么快？

　　　b. 我要不相信你，我就不会把这个话告诉你了。

上述两个例子呈现出了一个虚拟与现实相对的世界。说话者预设"姨父叫你"和"我相信你"这两个事实，在语言的表层结构中却出现与之相反的表达。Chao（1968）认为汉语中的一些假设连词是引发反事实理解的根本原因，并将其按照违实生成能力分列成等级序列，如"要是 > 要 > 假如 > 若是 > 倘若 > 假若 > 假使 > 倘使 > 设若"。由于这其中部分假设连词经常出现在古代汉语中，在现代汉语中的使用频率已经大幅降低，很难从使用层面对其进行违实生成能力的衡量，赵元任关于假设连词违实性的等级排列因而并不被普遍认同。但不可否认在这一阶段违实句已经逐步开始作为一个独立的范畴进入人们的视线。

在这一时期，语言学家们逐渐意识到汉语条件句中子成员们之间的语义差异性，但大多认为子成员们在形态句法等形式层面表现趋同一致。这一阶段所有关于汉语违实句的讨论都给人们留下了一个印象，即汉语并没有形成标记违实句的特别形式手段。于是人们产生疑问，如果没有恒定的语法标记，汉语使用者如何准确无误地进行违实思维的交流？之后关于汉语与英语的违实认知实验研究将回答这个问题。

1.4.2.2 关于汉语违实思维的大讨论

20世纪80年代起，对汉语违实句的研究进入了实验阶段。Bloom（1981：16）首次将汉语违实句与其他语言进行区别，认为：

> 汉语没有明确的词汇、语法或者语音上的手段用以标记违实事件，即表示所指事件并没有发生，之所以被议论是为了讨论其发生或已经发生的可能性……这就意味着汉语的使用者并不具有违实思维的特有认知机制，因而很难保持一种违实视角。

Bloom（1981）认为汉语缺乏专门的违实标记，因此汉语使用者不擅长违实思维。为了验证这一结论，Bloom先后在中国香港、台湾等地进行实验调查，问题是关于违实设想，如 "If the Hong Kong government were to pass(had passed)a law... how would you react？"（如果中国香港特区政府颁布了这个法律……，你们会是什么反应？）与美国和法国的被试者不同，大多数中国香港被试者的回答并没有认真地回应提问者的假设，而是基于事实给出回应，如 "it won't"（不会的）、"it can't"（不可能）、"it is unnatural"（这不合理）和 "but the government hasn't"（但是政府并没有这样）等。另一个在中国台湾和美国调研的类似违实问题："If all circles were large and this small triangle were a circle, would it be large?"（如果圆形很大且这个小三角形是一个圆形，那么三角形会很大吗？）结果显示25%的中国台湾被试者和83%的美国被试者回答"是"。为了进一步验证这个猜想，Bloom在中国台湾、香港等地准备了3种不同版本的违实故事，但只有很少的中国学生能够就这些故事给出违实回应。结果还显示，大多数的双语学习者比单一的汉语学习者更擅长完成违实任务。

这些有力的证据不约而同地证明了Bloom关于语言决定思维的

猜想。这个结果在当时引起了很大的反响。然而，Bloom 的实验忽略了两个重要的因素：被试者的个人因素（语言能力、年龄、教育、职业等）和语境因素。Au（1983）发现 Bloom 设计的故事并没有很好地被翻译，因此导致了被试者的低违实回应率。因此，她重新修正了 Bloom 的故事翻译，并且发现汉语被试者们在违实逻辑理解上并没有表现出困难。Liu（1985）发现之前实验的刺激物在准确性和复杂性上都没有掌握好，于是重新回归 Bloom 和 Au 设计的阅读理解任务上。与 Au 的实验结果类似，Liu 的结果显示汉语使用者在理解违实逻辑上没有任何困难。Yeh & Gentner（2005）重新设计了实验，并根据语境在多大程度上介入违实的理解将违实句分为透明和非透明两种情况。透明的违实句可以通过对语义背景知识的有意违背实现，如 "If I can buy a house, then I am the president of the USA."（如果我能买一个房子，我就是美国总统。）然而非透明的违实句只能通过语法策略实现。作为补充方式，实验记录了被试者在回答问题时的反应时间，由此可以判断他们违实逻辑的处理效率。实验结果显示虽然汉语使用者在违实理解的准确性上与英语使用者等同，但是他们在对于非透明违实句（不依赖于背景知识的违实句）的处理上显示出特别的难度。Yeh & Gentner 的数据显示缺乏违实标准化的标记会影响汉语使用者信息处理时的效率，而不是完全阻碍他们的违实逻辑。这些心理学实验基本达成共识：虽然汉语使用者在思维层面能形成违实范畴，但是汉语与其他语言不同，除了借用语用方式外，没有形成特定的语言手段予以标记。与心理学实验不同，语言学家将汉语违实作为一个语言学对象，有其固有的语义语法特征，因此更关注汉语违实句是否存在形式特征，即是否有违实标记。

1.4.2.3　汉语是否存在违实标记?

与 Bloom 的观点类似,Comrie(1986)认为汉语无法标记虚拟度(hypotheticality)。例如,"张三喝了酒,我就骂他"既可以表示一般条件句,如"(我不知道张三有没有喝酒)如果张三喝了酒,我就骂他",也可以表示违实句,如"(张三没有喝酒)如果张三喝了酒,我就骂他"。与此同时,以汉语为母语的研究者着手探究汉语违实句的标记特征。陈国华(1988)认为汉语违实句主要通过时制后移(backshifting of tense),如例 6 a 句和 b 句;体貌脱离,如例 6 c 句;句尾"呢"或"了",如例 6 d 句和 e 句;假设连词"要不是",如例 6 f 句;重读假设连词如例 6 g 句。

例 6　a. 当时如果他摇一下头,就会把命送了。

　　　b. 当初要是早听了你一句话,也不至于有今日。

　　　c. 昨天要是下一场雨,庄稼就不会干死了。

　　　d. 要是有电,灯就亮了。

　　　e. 要不叫他,还在睡觉呢。

　　　f. 要不是明天检查卫生,我们就不打扫这间屋子了。

　　　g. 假如能看一眼故土,我就死而无憾了。

陈国华(1988)和蒋严(2000)认为汉语中的光杆动词通常表示现在时,但在例 6 a 句中却与过去时间词"当时"连用表示已经完成的事件。例 6 b 句中"早"和过去时间词"当初"连用,类似于印欧语系语言中的先过去时,字面义表示过去的过去,但却用在指向过去的违实句中。然而"早"在现代汉语中并没有时制指向作用,"早"的出现只是为了点明 ET 和 RT 的关系,如图 1–1 所示:

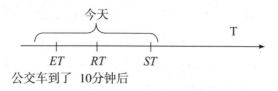

图 1-1　"今天巴士早到了 10 分钟"时间轴分析

通过图 1-1 可以看到，"早"的使用独立于 *ET* 与 *ST* 的关系。"早"甚至可以出现在表示未来指向的句子中 <*ST, ET, RT*>，如"明天巴士会早到 10 分钟"。因此"早"并不能看成时制算子（tense operator），"早"与过去时间词的连用也不会产生类似于印欧语系语言的先过去时义，因而也没有出现假时制的用法。对比俄语中假时制的用法：

例 7　Russian（Indo-European：Russia）　　　（Bjorkman & Halpert, 2012: 8）

Esli	by	Džon	**umer**	my	poxoroni-l-I
如果	SBJV	John	死.PFV.**PST**	我们	埋.PFV-**PST**-PL
by	ego	na	gor-e.		
SBJV	他.ACC	在……上	山-LOC		

如果John死了，我们就把他埋葬在山上。（事实上John没有死。）

在这里，过去时可以用在指向未来的违实事件中。但在违实句以外的语言环境中，过去时则不可以出现类似的用法。由于过去时在俄语中有明确的形态标记，在违实句中失去了原有的语法范畴义，故称之为"假时制"，或"时制虚化"。考虑到这类时制虚化通常表现为过去时指向现在或将来的事件，先过去时（过去的过去）指向过去，故又称之为"时制迁移"（后移）。在汉语中，时间指向缺乏恒定的语言标记，因而很难出现进一步的语法化，但有意思的是在汉语部分方言中却出现了类似的假时制用法，如晋语区的山阴方言中的"那会儿"等。

陈国华（1988）和蒋严（2000）认为例 6 c 句体现了汉语违实句

的又一个虚特征，即体貌脱离。这种体貌脱离的语言现象在违实句中并不具有强制性，也有可能出现在违实句以外的语言环境中，如普通假设条件句。对比印欧语系语言中的假体貌用法，例如：

例8　Hindi（Indo-European：India）　　　　　　　　（Iatridou，2009，12）

Agar	vo	gaa	rahaa	ho-**taa,**	to	log
如果	他	唱歌	PROG	be-**HAB**	那么	人们
wah	wah	kar	rahe	ho-**te**.		
wow	wow	做	PROG	be-**HAB**		

　　如果他正在唱歌，人们就会"wow wow"。（事实上他没有正在唱歌。）

　　Hindi 语中，习惯体在违实句中的使用有一定的强制性，且出现了假体貌的用法，即出现在与自身体貌义不相符的语言环境中，如例8的真实体貌义表示正在进行义。而在违实句以外的语言环境中，习惯体并没有出现类似的用法。这些都与汉语违实句的形式特征有着根本的区别。由此可见，不能生搬硬套印欧语系语言的模式，认为汉语也出现了虚特征。

　　例6 d 句和 e 句句尾"了"和"呢"的使用能表示双方认知共核（common ground）之外的新事态，从而在形式语义学角度符合了违实表达的逻辑。但蒋严（2000）认为句尾"了"和"呢"的使用并不能保证句子的违实理解，如"如果你去，我就不去了"。

　　陈国华（1988）认为例6 g 句既可以理解为开放型假设句，也可以理解为违实句。但在重读"假如"时，句子则通常作为违实理解。这些句首假设连词在生成违实义时虽然有一定的充分性，但引导的违实句非常有限。换句话说，这些句首连词与印欧语系语言的假时制或假体貌不同，并不能看成违实句的必要成分。那么是否可以看成违实标记？问题仍然悬而未决。

　　Wu（1989）也对 Bloom 和 Comrie 关于汉语缺乏违实标记的理论基础持反对态度。除了没有标记的违实表达，如谎言、讽刺、夸张外，Wu 将违实句的标记扩大到具体的词汇上，如"假如，假设，假定，万一，以为，似乎，好像"等。Wierzbicka（1997）认为汉语中虽然有一些句子如例9 a句可能出现歧义理解，但是b句则能清楚无误地理解为违实句，例如：

例9　a. 假如**将来** x 不发生的话，就**不会**有 y。

　　　b. 假如**那时候** x 没发生的话，也就没有 y 了。

　　Wierzbicka（1997）认为时间词"将来"和"过去"的使用直接关系到是否能被理解为违实句。此外，Wierzbicka（1997）认为例9 a句中的情态词"不会"的使用有助于对现实可能性的推导。Tien（1994）给出了闽方言中可能或不能被理解为违实句的例子，例如：

例10　Min　　　　　　　　　　　　　　（Tien, 1994/ Wierzbicka, 1997: 34）

　　　a. yi　　　lae　　　shizwun　wa　　na　　wu　　ji,　　wa　　ae

　　　　 那个　　CLF　　时间　　　1SG　如果　有　　钱　　1SG　MDL

　　　　 twa　　yi.

　　　　 结婚　　3SG

　　　　 如果我有钱，我就会与她结婚。（可以被理解为违实句。）

　　　b. yihou/jionglai　wa　　　na　　wu　ji, wa　　ae　　twa　yi.

　　　　 以后/将来　　　1SG　　如果　有　钱 1SG　MDL　结婚　3SG

　　　　 我就会与他结婚。（不可以被理解为违实句。）

很多语言学家开始认识到汉语并不是另类语言，也存在至少两种以上对可能性的分类（two-way distinction in terms of degrees of probability）（Comrie, 1986）。但汉语的违实形式特征的复杂性被远远低估了。如 Wierzbicka（1997）提到的时间词"那时候"并不足以将汉语违实句与普通条件句区分开来。"不会"也不是局限于对现实可能性的推测，如"早知道你是这样的人，我就**不会**嫁给你"。汉语违实句有的时候也会出现无标记的透明形式，如"如果太阳从西边出来，我就嫁给你"等。

为了更加全面地对汉语违实句的形式特征进行描写，Wu[①]（1994）进一步将"早，要不然，真的，原来应该，的话"添加到汉语违实标记中。但蒋严（2000）认为所有这些与违实句有关的特征都不能作为违实标记，因为它们都不能充分地或者必要地标记违实句。然而蒋严（2000）并没有否认汉语违实句的形式特征，并进一步总结出相关的语法、词汇和逻辑特征，如假时制（时制后移），假体貌（体貌脱节），句尾"了"，语气副词"真的"，前句否定和质位变换法（如果 $p \to q$，那么 $\lnot q \to \lnot p$）。除了这些特征外，蒋严（2000）又进一步加入了语用推理的分析，从而削弱了这些形式特征的影响力。

Feng & Li（2006）则质疑如果汉语中没有统一的违实句，汉语使用者如何准确无误地进行违实交流？于是，他们对前贤总结出的诸多违实标记进行违实影响力分析。以上文总结出的多种形式特征词为关键词，Feng & Li 对 CCL 语料库和网络中随机检索出 200 个含有以上违实特征的违实句，然后一一计算各违实特征所占的比例。根据数据，Feng & Li 得出结论，汉语中有很多形式特征（包括词汇和句法特征）都与违实解读强关联，如"要不是，还以为，原来应该"分别占有 91%、91% 和 92%，时制指向和体貌标记是汉语违实句的唯一句法标记。Feng & Li 意识到汉语违实标记的不彻底性，并开创性地用语料库来验证违实标记的影响力，值得借鉴。然而 Feng & Li 的研究忽略了不同词汇和句法的不同功能。如汉语助词"了"不能简单地被定义为体标记，因为它常常出现在句末，在标记语气的同时也传递某种情态义。另外，研究并没有对数据进行进一步分析，仅用"联系"概括这些形式特征和违实的关系。如果统计频率

---

① Wu, Hsin-feng（吴信凤）（1994）通过实验要求汉语母语使用者从新闻报纸中选出违实句，并从选出的违实句中整理出反复出现的语言形式，进而总结出汉语违实句的形式策略。

为 90% 被定义为强关联，那么 83%（"早"出现的频率）和 55%（"就好了"出现的频率）呢？是否应该将"了"（出现频率为 21%）、"没"（出现频率为 14%）、"真的"（出现频率为 10%）和"的话"（出现频率为 9%）全部纳入汉语违实的形式特征？从方法论角度，Feng & Li 并没有对语料处理过程做过多的说明，如这 200 个违实句是如何选择的，如果将这些违实特征作为关键词，那么再对检索出的违实句进行违实特征统计分析，统计结果是否受到先前设定条件的影响？另外，对违实特征出现频率百分比的统计是否能说明违实影响率？如助词"的"在违实句中出现的频率很高，但很难将"的"与违实句相联系。一个更好的解决方案应该是从某个特定的语料库中选择出违实句，并进一步统计样本中每个形式特征出现的频率。

Wang（2012）则对汉语违实特征做了全面、细致的描写和梳理，研究认为汉语缺乏彻底的违实标记，汉语违实句是违实特征（counterfactual ingredients）和语境相互作用的结果。换句话说，汉语违实义并不是由某一个标记决定的，而是多种违实特征共同作用的结果。Wang（2012）详细地列出了各种违实特征，如过去时、完成体（"了""着""早"）、假设连词、否定、反问句、人称代词等。但 Wang（2012）又继续纳入了其他，如副词"再，还，多"等。如果违实特征不能充分或必要地标记违实句，那么如何界定违实特征的范围？如副词"再"既可以出现在违实句中，也可以出现在非违实句中，那么何以判断"再"与违实的关联？如果汉语缺乏这种稳定的标记性特征，汉语使用者又怎样准确无误地进行违实思维的交流？Feng & Li 认为与违实强关联的形式特征可以被看成标记，那么如何界定"强"与"不强"？是不是所有与违实关联的形式特征都在同一层面起作用？汉语在表达违实义时是不是与其他语言不同，是否应当视为例外语言？这些问题都需要进一步研究。本书认为，要判断汉语这类没有彻底违实标记的语言与违实关联的特征，离不开基于语料库的统计分析。下文将对语料中出现的各种可能的违实特征做相关性分析，并在此基础上归纳出汉语违实句的生成机制。

近5年关于违实的文献更多从局部特征入手，给本书接下来的全面研究提供了很多帮助。袁毓林（2015）重拾反事实范畴，并对古代汉语和现代汉语中类似的句子进行梳理分析，从形式和语义特征的基础上深刻剖析汉语的反事实思维，并称之为"反事实表达"。雍茜（2014，2015，2017，2019）等对汉语反事实条件句和相关范畴进行了区别于英语等印欧语系语言的特征性研究。林若望（2016），朱庆祥（2019），宗守云、姚海斌（2019）等对汉语存在的其他各种反事实表达进行梳理，包括违实道义句"应该……的"和违实差比句"就差……"等。陈振宇、姜毅宁（2018，2019）和李新良、袁毓林（2016）分别从反预期和动词叙实为出发点，而不局限于之前的条件句框架，开始对相关的反事实范畴进行研究，并称之为"反叙实"。章敏（2016）等开始对汉语反事实情态指向进行系统性研究，不仅针对条件句，还纳入了"本来"句、"以为"句等与事实相反的表义范畴，并统称为"反事实"句。这些称呼对应的概念不尽相同，也有重叠之处，即都是与说话者认定的主观事实出现不一致。其实违实并不仅仅是反事实那么简单。这些不同名称内涵的概念不尽相同，如果将其归为一类，势必会导致表层语言特征的杂乱无章。因此，在研究之前需要对"违实"的本质和概念进行清晰的界定和说明。

1.5　写作说明

本书以世界语言类型学为构架，涉及大量跨语言语料，力求准确和规范。写作体例说明：①为了方便解读和后人引用，本书会根据莱比锡注释规则对甄别后引用的语料进行重新标注。②由于真实语料纷繁复杂，部分语素功能没有在莱比锡规则中体现的，本书会在附录 1 部分一一进行说明。③本书会对每条引用的语料进行中文翻译。由于语义的不平衡性和语言的多样性，翻译后的语言在力求接近本义的同时仍然会有偏差，如由于汉语缺乏恒定的违实标记，很难保证翻译后的句子在汉语中仍然解读为违实句。④同理，除了以汉语违实句为案例研究外，本书多用英语进行违实句举例用以探讨语言中的违实现象。⑤语料来源比较复杂。本书非汉语语料引用会标记出处，包括部分经过勘误和规范后的二手语料，部分与田野调查者和母语使用者交流后得到的语料（p.c. data），部分一手调查语料等；书中涉及的汉语语料，除了特别标注"自拟"外，皆来自北京大学 CCL 语料库或北京语言大学 BCC 语料库，因此不特别标注出处。⑥本书引用的语言颇多，部分语言已有规范的中文名，部分语言虽有中文名但没有恒定的中文名，部分语言由于鲜有研究尚未有中文名。为了规范起见，本书在正文共时引例部分一概使用语言的英文名，并标注使用地域和语系语族归属。

第 2 章　什么是违实?

2.1　违实的概念

"违实"顾名思义,与事实相违背。违实命题是逻辑学、心理学和语言学共同的研究热点。逻辑学研究关注的是违实命题的真假值推理;心理学关注的则是语言使用者在反事实推理时的心理机制和神经控制机制;而语言学则关注违实在语义、句法层面的具体表现。有意思的是,逻辑学、心理学与语言学在研究违实命题时的关注对象不尽相同,但研究结果可互相借鉴、相辅相成。逻辑学里界定的违实命题与非违实命题,在部分语言中并没有在形式上得到严格的区分。所谓语言形式区分可以是语音手段、形态手段、句法手段(包括句法位置、虚词等)。如果一个语义概念没有在语言中得到某种形式的固化,也就未形成范畴化。这往往也是语言学家不关心的领域。但心理学家却需要根据逻辑学中界定的违实命题与语言中是否存在相关的形式标记以探索人类不同的思维机制。他们认为如果语言中某个语义通过某种形式固化,语言使用者便能依惯例去表达某种概念,于是形成了习惯性思维模式(habitual thinking mode)。相反,如果语言使用者没有明确的标记去表达某种概念,那么他们需要通过各种屈折的方式,如词汇、语用等,去详细地说明一个概念,于是形成了说明性的思维模式(specialized thinking mode)。部分心理学家推进论述,认为具有习惯性思维模式的语言使用者比说明性思维模式的语言使用者能更加熟练地掌握某种概念,并设计各种实验加以证明,于是产生了 20 世纪 80 年代著名的 Bloom & Au 关于汉语使用者是否具有违实思维的争辩。其实问题远非如此简单。

第一,人类语言对语义范畴化的差异性很大。一些语言能够明确地区分与事实相反的"违实"概念，一些语言则借助于词汇和语用的方式屈折地表达"违实"概念。其实这两者都是比较理想化的状态。然而，人类语言中存在大量"中间地带"。在这些语言中，逻辑上界定的"违实"一部分已经范畴化，一部分没有范畴化，一部分处于范畴化与未范畴化之间。心理学很难解释为什么同一语义概念会出现习惯性思维与说明性思维相交叉的现象。如汉语中存在标记违实的句首关联词"要不是"，但大多数语言使用者可以选择避开所谓的标记用来表达违实句。过去这类争论很多，聚焦在汉语是否有违实标记，如果有，存在何种形式的违实标记？其实汉语就是一个处于违实"中间地带"的语言。对于"中间地带"语言的研究需要量化和质化同时进行。由于缺少稳定形式标记，量化研究有助于确定形式标记的大致范围和形式标记的作用限度；而质化研究则有助于发现形式标记的使用特征和相关理据，从而为语言学习者提供理解线索。在汉语研究的基础上本书将进一步扩充语料至世界语言，从而将汉语个例纳入到世界语言类型学的连续统中。

第二，逻辑上的界定与语言、心理上的界定不尽相同，甚至相互矛盾。如逻辑上对违实的界定存在两种世界，即可能世界与现实世界。可能世界在与现实世界相反的同时，需要尽可能的相近（见2.1.5 详述）。这种相反性的要求就排除了"可能"义，相近性的要求就排除了"假装、欺骗"义等。然而，部分语言满足相近要求，能区分"违实"与"假装、欺骗"，却不满足相反要求，不能区分"可能"与"违实"，如部分汉藏语系语言。另外一些语言满足相反要求，能区分"可能"与"违实"，却不满足相近要求，不能区分"违实"和"假装、欺骗"。过去的研究往往关注的是违实的相反性，忽略了相近性。如果将相近性拉进来，问题则会复杂很多。因此，在开始违实范畴的相关研究之前，需要从逻辑层面认清什么是违实。"违实"中的"实"指的是什么？违实语义究竟是预设还是蕴含，在语言中表现为何？可能世界与现实世界的关系为何？在理解这些基本问题之后，需要区分现实中常常混淆的几个概念，即违实与反事实、违实与反预期、违实和非现实等。

2.1.1 违实的本质

关于违实本质的论述，最早可追溯到20世纪40年代的西方社会，Will（1947），Hampshire（1948）和Pears（1950）认为违实句蕴含了事件的假值（falsity entailment）。这种假值的蕴含是独立于语境的纯逻辑推理，也是句子本身所具有的，不可以通过后接小句进行取消或者加强。Anderson（1951）则认为违实句中的假值不可能是蕴含的关系，因为它可以后接小句进行违实取消。之后人们也逐渐意识到违实句中的假值在否定句中仍然保留了自身的性质，比较例1 a、b句：

例1 a. If Hannibal had only 12 more elephants, the Romance languages would not have exited this day.[①]（自拟）

只要汉尼拔当时再有12头大象，罗曼语族的语言今天就不会存在。

　　b.（**It is not the case that**）If Hannibal had only 12 more elephants, the Romance languages would not have exited this day.（自拟）

只要汉尼拔当时再有12头大象，罗曼语族的语言今天就不会存在。这是不对的。

b句对a句的违实推理进行否定，但并不影响说话者对事件"汉尼拔当时再有12头大象"和"罗曼语族的语言今天就不会存在"的假值判断。于是Lakoff（1970）认为违实句中假值是通过说话者提前预设（falsity presupposition），并由此生成整个句子。预设，也称"先设，前提"，是说话者对说出的某个特定句子给出的预先设定。Stalnaker（1973）补充认为，违实句中的假值是在动态的语用会话而

---

① 本书涉及语料例句众多，分为两大类：一类来自自拟，不标记出处；另一类来自引用文献和语料库等二手语料，会在文后标记出处来源。

不是静态的语言中进行预设。Karttunen & Peters（1977）从形式语义学的角度对违实事件中涉及的命题否定进行解释。他们鉴于违实的可取消和可加强（cancelability & reinforcability）认为这种命题否定是一种会话含义（implicature），是一种动态的语用推理过程。Nevins（2002：447）列出如下例子用以说明违实在英语中的可取消和可加强性：

例 2　可取消性

> If the patient had measles, he would have exactly the symptoms he has now. We conclude, therefore, that the patient has the measles.（自拟）
>
> 如果病人（现在）得了麻疹，现在就会有这些症状。于是我们得出结论，病人得了麻疹。

例 3　可加强性

> If the butler had done it, the knife would be bloody. The knife was clean; therefore, the butler must be innocent.（自拟）
>
> 如果管家（之前）这么做了，刀上就会有血迹。现在刀是干净的，因此管家肯定是无罪的。

虽然翻译后的中文译文很难判断是否违实，但是英语对违实句可以通过时态迁移去表达，用过去时表示现在的时间，先过去时表示过去的时间，如例 2 用 "had measles" 表示 "现在得了麻疹"，例 3 中用 "had done it" 表示 "过去做了"。如果去除例 2 和例 3 中的后半句，例 2 中 "病人得麻疹" 为假，例 3 中 "管家这么做" 为假。但后接的句子既可以否定例 2 句中的假命题，得出结论 "病人得麻疹" 为真，也可以不重复地强调例 3 中的假命题，表示 "管家没有这么做"。

Ippolito（2003）首次对违实义产生的预设和会话含义进行详细解释。Van linden & Verstraete（2008）则通过格莱斯（Gricean）会话义和合作原则对违实语境中产生的语义极性反转（polarity reversal）[1]进行分析，得出结论：违实义是通过会话含义推测形成的。McGregor（2008）认为跨语言的语料表明，违实句中的这种极性反转通常以情态范畴标记。Leahy（2001）进一步解释听话者可以通过"最大化预设原则"（Maximize Presupposition）[2]进行推测，认为说话者不相信违实句的前句事件是认知上可行的。其他的一些语言学家则关注在语言上的一些与违实相关的形式特征。Von Fintel（1998）认为违实预设由虚拟语气激发产生。Iatridou（2000）认为违实义的产生可以追源到过去时的排外特征。在一些语言里，违实义已经语法化为一个规约义，并由固定的语言手段进行标记而不是临时语用蕴含义。

2.1.2　什么是"实"？

违实，顾名思义，是能够传递与事实相反意义的语句。这里的事实是说话者或句子主语相信的事实，并不一定与客观事实相符

---

[1] 违实句通常包含语义极性反转：肯定违实句通常解读为否定，如 a；否定违实句通常解读为肯定，如 b。

    a. If they had acted and sent in enough police troops, the bloody episode could have been prevented.

    如果他们真的能派来充足的警察，这场血战就可以避免。

    解读：The police troops were not in fact sent in, and that as a consequence the bloody episode have not been prevented.（警察事实上没有来，这场血战也没有避免。）

    b. If they had not acted and sent in enough police troops, the bloody episode could not have been prevented.

    如果他们没有派来充足的警察，这场血战就不能避免。

    解读：The police troops were sent in, and they were able to prevent the killing.（警察已经被派来，他们能够阻挡杀戮。）

                             （Van linden & Verstraete，2008：1866）

[2] 根据 Heim（1991）和 Sauerland（2008）的定义，最大化预设是尽可能扩大对预设信息的贡献率。

合 ①。违实义既可以实现为条件句，也可以实现为非条件句。前者在过往的文献中研究较多。本小节分别就这两种实现形式探讨违实句中预设的主观事实。

例 4 一般条件句

If John had been at the party, he would have been embarrassed.（自拟）

John 如果在聚会上，就会很窘迫。

命题 *p*：John 在聚会上（假值）。

命题 *q*：John 很窘迫（假值）。

这里说话者认定的主观事实是"John 不在聚会上，John 也不会窘迫"，但不涉及客观事实，即"John 是否真的在聚会上"以及"Mary 是否真的会窘迫"。命题 *p* 和 *q* 皆与主观事实相反。

在让步条件句中，这种事实与命题的真假关系有所不同，例如：

例 5 让步条件句

Even if John had been at the party, Mary would not have been at the party.（自拟）

即使 John 在那个聚会上，Mary 也不会在那个聚会上。

命题 *p*：John 在那个聚会上。（假值）

命题 *q*：Mary 不会在那个聚会上。（真值）

这里说话者认定的主观事实是"John 不在聚会上，John 也不会窘迫"，但不涉及客观事实，即"John 是否真的在聚会上"以及"Mary 是否真的会窘迫"。命题 *p* 与主观事实相反，但命题 *q* 与主观事实一致。

非条件违实句在英语中最主要的实现形式是祈愿句，很多印欧语系语言中也保留了祈愿语气（optative mood）。这种祈愿义区别于普通愿望义，前者多表示实现可能性较小的愿望，后者的实现可

---

① Östen Dahl 与笔者交流，认为违实句更准确地应该被定义为 ...that the speaker wants to convey as contrary to fact（说话者有意传达与事实相悖的信息）。如说话者可能相信命题为假，但仍然视其为真，并由此根据语境生成违背自己认知的违实句。笔者使用原定义，即强调与主观事实的相反，考虑到主观与客观的差别。Dahl 提到的违背认知也是一种主观事实预设。

能性则较大。由于实现可能性较小，与说话者主观预设的事实也相对较远，因而在很多标记丰富的语言中，这类祈愿句使用违实标记。观察比较例4、例5和例6：

例6　简单句——祈愿句

　　a.　I wish I had a house now.（自拟）

　　　　我希望我现在有个房子。

　　命题 *p*：我现在有房子。（假值）

　　b.　I wish I had had a house ten years ago.（自拟）

　　　　我希望我10年前有个房子。

　　命题 *p*：我10年前有房子。（假值）

这里说话者认定的主观事实是"我现在和10年前都没房子"，但不涉及客观事实，即事实上"我到底有没有房子"。也有可能说话者故意隐瞒或遗忘记忆等。命题 *p* 与主观事实相反。由于不涉及逻辑推理的条件情况，命题 *p* 为句中的唯一命题。在英语中例6与例4、例5使用同样的标记手段，即时制迁移，用过去时表示现在的事件，用先过去时表示过去的事件。

人们最熟悉的非条件违实句是表示祈愿义，但这绝不是非条件违实句的唯一表义功能。人类语言纷繁复杂，如果回到违实的概念本身，即传递与主观事实相反的概念，这样的语义可以扩充到试错、错过、假装、过去意愿（"以为"义）、反诘义等。这些语义在本书的语种库中也不乏语料支撑（见第5章详述）。就语义层面而言，这些都可以纳入违实范畴；但就语言形式层面而言，不同语言对不同违实分支层面有不同的标记归属。换句话说，不是所有的语言都有恒定的形式标记去界定违实语义及其内部所有成员。如英语能用统一的语言形式标记违实条件句与祈愿语气，但没有手段标记试错、错过等义。部分澳大利亚语系的语言，如 Lardil, Kayardild, Nyulnyul, Wagiman 等，则可以用统一的形式手段标记违实条件句和试错、错过、假装义等。那么问题来了，既然每个语言的违实句所涵盖的语义子范畴不尽相同,那么又如何用统一的概念去界定违实句? 不同的语言形式和语义有不同的对应关系。以往的方法是从强势语言(如英语)的形式出发界定语义,因而忽略了很多其他语言中有趣的违实表达方式。若从语义出发去界定,一一列举语义子类,则过于繁杂;若使用上位义概念,又过于宽泛。那么究竟如何定义"违实"? 本书用的方法是核心范畴法。语言语义虽繁杂无章,但对某个概念的核心认知则大致类似。违实的核心范畴则是文献研究最多的违实条件句(见图 2-1),而过去违实条件句又是核心中的核心。那么违实条件句涉及的语义如何界定,就不仅是与主观事实违背那么简单,而是涉及可能世界与现实世界的关系。

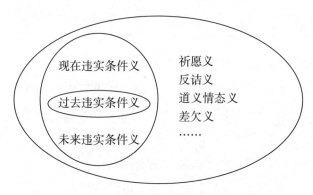

图 2-1　违实语义核心范畴与边缘范畴

2.1.3　违实条件句与简单违实句

违实范畴是一个具有普遍性的逻辑概念,其表述的命题通常为假值(false)。这种假值与命题本身的真假有所不同,而是对上文所提主观事实的违背。在语言中,用于承担违实范畴的语句被称为"违实句"。违实句在不同的语言中会显现出不同的语法特征。汉语由于缺少违实标记,违实句与现实句的句法表现类似,通常需要借助语境才能确定逻辑概念，单纯的条件句"如果张三喝醉了……"如果不依赖上下文很难判断命题真假。

违实句最常见的实现方式是条件句。条件推理（conditionality）通常表述为"如果（if）p 那么（then）q"。p 和 q 作为两个逻辑命题，其真假值具有不确定性。逻辑学关注的是 p 和 q 真假值的互相推导与变换，并制定出真值表，如表 2–1 所示。

表 2–1　条件句的真值表

p	q		
T	T	T	I
T	F	F	II
F	T	T	III
F	F	T	IV

语言中，用以承担条件推理的语句被称为"条件句"。语言中的条件句与逻辑上的条件推理不尽相同。语言中的条件句要求 p 与 q 之间必须有一定的因果关联，毫无关联的两个命题通常不符合语言规则，如"如果我是美国总统，明天就下雨（*）"。另外，上述真值表中 III 在逻辑推理上可行，在普通条件句中却不成立，如"如果你去（p），我就不去（q）"，由该句不可以推理到"如果你不去，我就去"；但在让步条件违实句中却可以出现，如"即使你不说（p），我也知道（q）"这句话预设的事实就是"你已经说了（¬p）且我知道（q）"。真值表中只有 IV 是常见的违实逻辑推理，即 p 为假、q 为假，如"如果现在有电，灯就亮了"其实想表达"灯没亮（¬p）且现在也没电（¬q）"。用以承担违实范畴的条件句成为违实条件句，既反映了违实范畴与条件推理的逻辑特征，也反映了违实句与条件句的语言表达特征。

简单违实句常常被学术研究边缘化。其实违实义也可以实现为非条件句形式。最常见的非条件违实句就是祈愿类句子。这类句子在汉语中并没有专门的词汇和形态特征予以区分，统统以"希望"类词语引导，并依据语境判断可实现还是不可实现。但在语气系统较发达的语言中，则有所不同，例如：

例 7　Gothic[①]（Extinct Germanic Language）　　　　（Streitberg, 1920: 204）

a.　Nu　　**Fraleitais**　　　　　skalk　þeinana.

　　现在　　释放–2SG.**PRS.SBJV**　仆人　你的

　　现在希望您能释放仆人。（可能性大）

b.　jah　　Wainei　　　　**þiudanodedeiþ.**

　　并且　　Ⅰ–希望　　　统治–2PL.**PST.SBJV**

　　我希望您能统治。（可能性小）

很多现代印欧语系语言都保留了 Gothic 语中的这种过去虚拟语气（PST. SBJV）的用法。这种语气的使用已经超越了时态的意义，如 a 句与 b 句的对立不在于现在与过去的对立，而在于可能性大小。过去虚拟语气能够用来点明实现可能性比较小的违实类祈愿。在 b 句中，命题"您能统治"与说话者预设的事实相违背，故为假。

在汉语中，也不乏其他类别的违实简单句，例如：

例 8　a.　在叛乱的时候，一切不合理的事实都可以武断地成为法律，那时候他们才是应该受人拥戴的人物。

　　　b.　叫人把他弄进屋去，我都不能看见什么，**难道一个傻子能看得见吗**？

　　　c.　孔祥立即让政工部门把这个情况编入政工简报，火速上报，**就差（没）**在信封后面插上三根鸡毛。

这些简单违实句在语义深层与条件违实句表达具有相通性，甚至可以相互转换。祈愿类违实可以转换成"要是……就好了"。例 8

_____

① 哥特语（哥德语）是一种由哥德人所使用的，已灭亡的日耳曼语族语言。它的内容主要是从一个 4 世纪圣经翻译版本的 6 世纪抄本，也就是所谓的"银色圣经抄本"（Codex Argenteus）里头得知的，哥特语也是唯一一拥有相当数量语料的东日耳曼语言。其他的语言，包括勃根地语和汪达尔语等，仅能从历史纪录里所遗留的姓名来得知其内容。

a 句表示违实道义情态义，可以转换为"要是他们那时候受人拥戴，那才是应该的。"，由此推测出命题 p "他受人拥戴"为假，故全句违实。林若望（2016），朱庆祥（2019），陈振宇、姜毅宁（2019）皆从不同角度论述了由"应该"代表的违实道义情态义，同时也指出了这类句子在表达违实义时的不彻底性。"应该"类句子在表达道义情态时，也可以表示非违实义，如"在她看来，正是为更爱母亲，才应该这样去做的。"（冯德英《苦菜花》）。有些句子在缺乏上下文语境的情况下，既可以理解为违实，也可以理解为非违实，如"杨阿姨下葬，舅舅，你是应该去的。"（王火《战争和人》）。但当违实触发因子，如过去时间指示词"那时候"，语气副词"才"等与"应该"连用时，句子更容易引发违实解读。

例 8 b 句是反问句。反问句在句子的表达功能上不同于疑问句，主要特点是无疑而问。部分反问句具有反事实的功能，即说话者预设的事实是"傻子看不见"，可以转换为"如果他能看得见，这是不可能的。"，由此推断出命题 p "傻子他看得见"为假，故全句违实。与"应该"类违实道义情态类似，很多反问句不具有违实的功能，如"他现在姓钟，难道钟放就是他？"（王火《战争和人》）。这里反问句表示对事实的一种反预期探索，并没有出现任何违实的假设，也很难与条件违实进行句型转换。同理，当语境中缺少事实暗示，而句子中又缺少违实触发因子时，反问句也很难保证违实解读。

例 8 c 句是违实差欠义。c 句可以转换为"如果在信封后面插上 3 根鸡毛，就不差了。"句中"没"作为羡余成分，不承担语义。显然命题 p "插三根鸡毛"是想象出来的可能世界，在现实中并未发生，为假。宗守云、姚海斌（2019）也注意到了"就差没 X"的非违实义用法，如"书稿完成了，就差写一篇序了"，虽然可以转换成条件句，如"如果写一篇序，就不差了"。但与 c 句不同，命题 p 只是假设了一个开放性结果，并不能判断真假，因此不能作为违实。

上述所列的几个违实简单句所隐含的命题 p 出现了对预设事实的违背，因而在本书中被归为违实句。同时，这些违实句在一定程度上依赖语境，在合适的语境和违实触发因子下才能保证违实解读。对这类违实句的研究，需要摆脱寻求违实标记的惯性思维，进一步归纳总结违实触发因子以及违实义表达的不同情态框架。

2.1.4　违实事件的反事实强度与言者态度

与以往研究过度关注过去时在违实中的作用不同，Van linden & Verstraete（2008）基于语言的数据调查提出违实的标记需要以组合方式出现，且组合方式中必不可少的是情态范畴（认知、道义、动力等）。那么情态范畴在违实事件中起到什么作用？根据格莱斯（Gricean）量的准则（Maxim of quantity），如 some 在量级比较上小于 all，标记为（some < all），由此推断 all 包含了 some，由 some 可以推出非 all（即 all 为假）。类似的推理可以用到违实事件中，例如：

a．potential $p < p$

b．potential $p \rightarrow {}^{\daleth}p$

c．potential ${}^{\daleth}p < {}^{\daleth}p$

d．potential ${}^{\daleth}p \rightarrow {}^{\daleth}\left({}^{\daleth}p\right)$
　　　　　　$\rightarrow p$

光杆事件的表达（即后文说的直陈世界）在量级比较上处于最强端（Ziegeler, 2000）。经过情态范畴标记后的事件显然在量级比较上相对较弱。于是可以写作 a，如由"他可能会来"可以推断出"他（肯定）来"[①] 这个事件为假。这就解释了违实事件通常出现在条件句框架中，是因为条件语气提供了某种 potential 的情态算子。如果脱离

---

① 时体范畴（如过去时等）可以用来增强光杆 p 事件的肯定性（assertion），而将来时由于某种不确定性，不能增强 p 事件的量级。这就解释了为什么过去时常常与情态范畴连用，用来指示违实事件。

了条件框架,"应该"等情态词的使用则非常关键。值得注意的是,语言中情态算子可以是句首连词(如果、要是),可以是情态助动词(应该、必须),也可以是某种句式(如反问句),甚至是某种隐含成分,如 2.1.3.2 中的"就差没 X"。这是因为在语言的发展过程中,言者所述(行域义)会逐渐将隐喻类推至言有所为(言域义)。这种类推也逐渐形成了某种隐含成分的情态义。对这部分隐含成分的情态义定性是本书研究的难点之一:一方面,部分隐含成分在类推形成过程中很难定性;另一方面,部分大规模跨语言的语料调查很难深入到没有标记成分的情态隐含成分。解决方式只能是以核心违实情态框架为重点,兼顾边缘情态框架,如前文图 2-1 所示。有趣的是,部分语料也出现了边缘情态框架标记化的现象。这就补充说明了某种情态框架组合成为违实事件的可能性。

上文的分析也解释了另一个常见的问题——梦想、欺骗、科幻、类比等是否能看成违实事件?对此本书做了一个问卷调查(见附录2、附录 3)。首先问卷设计为中、英文两个版本。[①]本书选择了 15个有代表性的反事实(不完全是违实,见 2.2.1)句子,分别涵盖了梦想、欺骗、科幻、类比等相似范畴。针对每个句子,本书分别设置两个问题:问题 1 是从读者的角度对句子中涵盖的事实进行推断,从 A 到 E 反事实程度依次加强,标记为 1—5;问题 2 是从言者角度对句子本身涉及的态度肯定性进行判断,从 A 到 C 言者态度肯定性依次加强,标记为 1—3。两组同学分别参加了实验,每组各 10 人。实验参与主体皆满 18 岁,有一定的反事实思维能力,能够进行语言事实判断。这两组同学分别来自暨南大学母语为英语的外国留学生和老师(A 组),以及暨南大学母语为汉语的英语专业学生(B 组)。本书进行了 3 组实验,A 组做英文问卷(A 英),B 组分别做中文问

---

① 英文版本(附录 2)的调查问卷由英国语言学家 Dafydd Gibbon 教授进行更正和语言验证,在此表示感谢。

卷（B 中）和英文问卷（B 英）。

本书对问题 1，即反事实程度的强弱进行数据分析。数据样本分为 3 组，每组 10 人。由于数据规模不够大，且数据不呈正态分布，本书在采用均值标准差比较之后，运用非参数检验两个独立样本 Mann–Whitney U test 用以比较两者的差异性。均值和标准差的比较是为了比较所列语句的反事实程度差异。由于 A 英和 B 中皆为母语使用者，数据能在一定程度上反映真实的语言运用情况。先从图 2-2、表 2-2 的 A 英和 B 中的数据入手，均值超过 3 即为有反事实理解可能性。其中，假装、谎言、梦想类的反事实程度达到最高点 5，且标准差为 0；几乎、类比等在内部分化比较严重，或高到 5（反事实），或低（不反事实）。这是因为上文提到的隐含情态标记的模糊性，受语境和人为理解因素制约性较大；而应该 1、如果违实、反问、祈愿等虽然具有一定的反事实程度，但皆在 4.2 以下，且标准差较大。以上可以表达反事实义的句子可以分为两类：第一类是可以满值表达强否定的句子，如假装、谎言、梦想、几乎、类比；第二类是接近满值表达否定的句子，如应该 1、如果违实、反问、祈愿等。虽然语言称呼各异，但本书为了保证研究标准的规范和统一性，将第二类句子归为违实句。可以看出，违实句在表达反事实义时只是一种倾向性，而不是固定高强度的反事实。这种倾向性的反事实能力来源于 potential p。因为在通常情况下，如果语境暗示不够明显，p 的真实性很难保证，反事实推理受原文 potential 情态范畴的干扰会出现弱化，且受人为理解因素制约标准差值较大。图 2-2、表 2-2 中 A 英与 B 英的比较则揭示了另一个有趣的现象：违实义在英语中部分有标记，部分无标记。对于无标记违实句 A 英和 B 英的理解大致相同，但对于有标记违实句如 *should have done*，*if...would*，*wish could* 等，B 英的理解趋同于上文提到的"假装"类反事实句，满值反事实，且标准差低。而 A 英的理解则类似于上文提到的"如果"类反事实句，虽然具有反事实能力，但是程度不高，标准差较大。这组数据的对比也反映出了以英语为第二语言习得对违实的一个误解，常常将违实等同于反事实，固化记忆标记的反事实义，而没有从语境本身出发学习和感受语言。这种差异性在表 2–3 中得到了进一步的证实，其中应该 1、如果违实、祈愿违实的理解差异比较 p 值分别为 0.002、0.000 和 0.002，均小于 5% 误差定值，驳回 H_0（空假设），两者具有显赫差异。

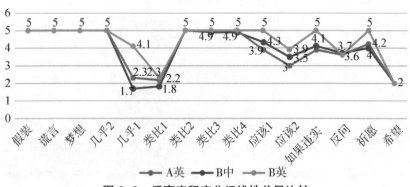

图 2–2　反事实程度分组线性差异比较

报告

表 2-2　反事实程度的量化分析

组别		假装	谎言	梦想	几平2	几平1	类比1	类比2	类比3	类比4	应该1	应该2	如果违实	反问违实	祈愿违实	希望
A英	均值	5.00	5.00	5.00	5.00	2.30	2.20	5.00	4.90	5.00	3.90	3.00	3.90	3.60	4.20	2.00
	N	10	10	10	10	10	10	10	10	10	10	10	10	10	10	10
	标准差	.000	.000	.000	.000	1.337	.422	.000	.316	.000	.738	.816	.568	.516	.422	.000
B中	均值	5.00	5.00	5.00	5.00	1.70	1.80	5.00	4.90	4.90	4.30	3.50	4.10	3.70	4.00	2.00
	N	10	10	10	10	10	10	10	10	10	10	10	10	10	10	10
	标准差	.000	.000	.000	.000	.483	.422	.000	.316	.316	.675	.707	.568	.483	.000	10
B英	均值	5.00	5.00	5.00	5.00	4.10	2.30	5.00	5.00	5.00	5.00	3.90	5.00	3.60	5.00	2.00
	N	10	10	10	10	10	10	10	10	10	10	10	10	10	10	10
	标准差	.000	.000	.000	.000	.568	.483	.000	.000	.000	.000	.738	.000	.516	.000	.000

表 2-3 反事实程度理解的中英差异

检验统计量[b]

检验统计量[b]	假装	谎言	梦想	几乎1（祈愿违实）	几乎2	希望	类比1	类比2	类比3	类比4	应该1	应该2	如果违实	反问违实
Mann–Whitney U	50.000	50.000	50.000	14.000	10.000	50.000	45.000	50.000	45.000	50.000	10.000	22.500	5.000	50.000
Wilcoxon W	105.000	105.000	105.000	69.000	65.000	105.000	100.000	105.000	100.000	105.000	65.000	77.500	60.000	105.000
Z	.000	.000	.000	-2.833	-3.559	.000	-.503	.000	-1.000	.000	-3.453	-2.202	-3.823	.000
渐近显著性（双侧）	1.000	1.000	1.000	.005	.000	1.000	.615	1.000	.317	1.000	.001	.028	.000	1.000
精确显著性[2*（单侧显著性）]	1.000[a]	1.000[a]	1.000[a]	.005[a]	.002[a]	1.000[a]	.739[a]	1.000[a]	.739[a]	1.000[a]	.002[a]	.035[a]	.000[a]	1.000[a]

a. 没有对结果进行修正。

b. 分组变量：组别。

　　本书对问题 2，即言者态度进行类似的数据分析。先从表 2-4、图 2-3 的 A 英和 B 中的数据入手，均值超过 2 则言者态度较为肯定，反之则不确定。可以看出，无论是汉语还是英语母语使用者都不约而同地认为说话者在表达假装、谎言、梦想、几乎等意义时言语态度非常确定。"类比"义本身在表达言者态度时出现了内部的不一致，随着语境的不同，或肯定程度强，或肯定程度弱，受语用的干扰较大。而在表达应该、如果违实、反问、祈愿等义时，言者态度则相对较弱，且标准差值较大。与上文反事实程度量化分析略有不同，"应该 1"和"应该 2"在言者态度表达程度上没有出现差异性，说明"应该"指示反事实能力的不同不在于本身言者态度的不确定性，而是来自事实本身（即 p）的确定性与否。上面两组数据虽然出现了部分不一致性，但是在表达典型违实义时，都趋同于用相对不确定的言者态度进行，而在表达假装类反事实义时则言语态度非常确定。表 2-4 和图 2-3 中 A 英和 B 英的比较则差异非常显著，母语为汉语的以英语为第二语言习得者往往不能确定地分辨如果违实和应该类句子所涉及的言语态度。表 2-5 的差异性分析也再度证明了这一结果：除了不稳定态度表达类比义外，如果违实和应该 2 的 p 值分别等于 0.00、0.009，均小于 5% 误差值，驳回 H_0（空假设），两者具有显著差异。

　　上述实验数据从量化角度再度证明了违实有别于一般反事实。其一，在反事实强度上，受制于 potential p 中事件 p 的不确定性和 potential 情态范畴的作用，违实虽有一定的反事实指示能力，但程度不及假装、谎言和梦想等类别的反事实句；其二，在言者态度上，由于 potential 情态因子的作用，违实句远不及假装、谎言和梦想等别的反事实句，表现为言者态度的不确定性。袁毓林、张驰（2016）分析了 114 个反事实条件句的词语构成，也发现其中有很多表示不确定性或者强调主观感受的词语。这种低可能性词语的广泛使用，也与本书得出的结论一致，即违实句的反事实推理是一种相对不确定性的。换句话说，典型违实事件表达的是 potential p，并由此推断出 $\neg p$。而假装、谎言和梦想等类别的反事实句表达的是 $\neg p$，与 $\neg p$ 之间是等同关系，而不是推断关系。另外中英两组的平行试验也发现，汉语使用者在理解英语违实句时往往在反事实程度和言语态度上出现偏差。由于违实起源于西方哲学、逻辑学和语言学，西方语言有明确的语言标记对大部分违实表达进行相对彻底的区分。汉语违实研究则起步较晚，最初研究借鉴西方有标记的违实范畴，用以类推汉语相应的表达方式。在类推过程中，不免受限于对源语言认知的理解，将违实与所有反事实表达等同，而忽略了反事实程度和言语态度表达上的差异，从而造成了汉语违实定义的模糊和泛化。下文将在 2.2 中进一步结合实际案例，对几组容易混淆的概念进行区分。

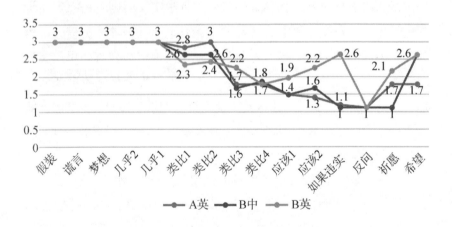

图 2-3　言者态度分组线性差异比较

报告

表 2-4　言者态度的量化分析

组别		假装	谎言	梦想	几乎2	几乎1	类比1	类比2	类比3	类比4	应该1	应该2	如果违实	反问违实	祈愿违实	希望
A英	均值	3.00	3.00	3.00	3.00	3.00	2.80	3.00	1.70	1.70	1.40	1.30	1.10	1.00	1.70	1.70
	N	10	10	10	10	10	10	10	10	10	10	10	10	10	10	10
	标准差	.000	.000	.000	.000	.000	.422	.000	.823	.949	.699	.675	.316	.000	.675	.675
B中	均值	3.00	3.00	3.00	3.00	3.00	2.60	2.60	1.60	1.80	1.40	1.60	1.00	1.00	1.00	2.60
	N	10	10	10	10	10	10	10	10	10	10	10	10	10	10	10
	标准差	.000	.000	.000	.000	.000	.516	.843	.843	.919	.699	.966	.000	.000	.000	.516
B英	均值	3.00	3.00	3.00	3.00	3.00	2.30	2.40	2.20	1.70	1.90	2.20	2.60	1.00	2.10	2.60
	N	10	10	10	10	10	10	10	10	10	10	10	10	10	10	10
	标准差	.000	.000	.000	.000	.000	.483	.516	.789	.823	.994	.632	.516	.000	.994	.516

表 2-5 言者态度理解的中英差异

检验统计量[b]	假装	谎言	梦想	几乎1	几乎2	祈愿违实	希望	类比1	类比2	类比3	类比4	应该1	应该2	效果违实	反间违实
Mann-Whitney U	50.000	50.000	50.000	50.000	50.000	38.000	17.000	25.000	20.000	33.000	48.500	36.500	16.500	2.000	50.000
Wilcoxon W	105.000	105.000	105.000	105.000	105.000	93.000	72.000	80.000	75.000	88.000	103.500	91.500	71.500	57.000	105.000
Z	.000	.000	.000	.000	.000	-.965	-2.690	-2.190	-2.854	-1.363	-.126	-1.165	-2.730	-3.894	.000
渐近显著性（双侧）	1.000	1.000	1.000	1.000	1.000	.335	.007	.028	.004	.173	.900	.244	.006	.000	1.000
精确显著性[2*（单侧）显著性)]	1.000[a]	1.000[a]	1.000[a]	1.000[a]	1.000[a]	.393[a]	.011[a]	.063[a]	.023[a]	.218[a]	.912[a]	.315[a]	.009[a]	.000[a]	1.000[a]

a. 没有对结果进行修正。
b. 分组变量：组别。

2.1.5　违实事件的可能世界

由上文的分析可以看出，仅从对主观事实的违背出发去界定违实句似乎不够严密。Lewis（1973）和 Kripke（1959，1963）从可能世界的形式语义学角度去分析违实句。他们认为如果 $A \square \rightarrow C^{①}$ 为真是在一个可能世界 i 中，当且仅当 $A\overline{C}$ 的世界比任何一个 A 的世界更靠近可能世界 i 时，存在任何可及的 A 世界。从这个定义中可以发现 $A \square \rightarrow C$ 违实关系成立需要有两个条件：①有两个可能性的 A 世界；②关系 1（在一些 A 世界中，C 世界也成立）比关系 2（在一些 A 世界中，C 世界不成立）更接近现实世界。此外，这个定义将违实事件与普通的条件假设事件予以区分。Lewis（1973）意识到 A 可能世界的不可及性，但可以无限制地接近 A 的可能世界，以至于最终摈弃 $A\overline{C}$ 世界而只选择 AC 世界。

Lewis 关于违实的理论也有很多质疑的声音。Schaffer（2013）认为这个理论最大的缺点在于它忽略了语境敏感性。这个理论成立的前提是假设前件（protasis）A 与后件（apodosis）C 中的世界独立于语境存在。Hart & Honoré（1985）认为违实条件句的前件和后件的逻辑关系是取决于语境的。如在不同的语境下，"氧气"可以成为"火"的仅有条件或火的原因。另一个对 Lewis 理论的质疑聚焦在这种致使结构的时间不对称性上。Kutach（2013）认为对两种不同性质事物的无端比较并不能反映出违实逻辑的本质。为了解决上述问题，Lewis（2000）更新了他对违实的理解，并认为违实是一种致使事件，有着阶梯式的连锁影响。但 Kvart（2001）认为这种更新后的解释可能会产生很多假性致使。

① $A \square \rightarrow C$ 代表违实条件句，A 作为违实条件句的前件，B 作为违实条件句的后件。如果 A 实现了，C 就会实现。事实上 A 不太可能实现，B 也不太可能实现。

另一部分西方语言学家将违实事件置身于动态的会话世界中。Von Fintel（2001）提出了违实动态语义学，认为违实条件义根据语境而定，既可以理解为肯定判断义，也可以理解为潜在可能义。Asher & McCready（2007）认为条件算子和非现实算子可能依据局部认知可能性的不同而有所不同。Krifka（2001）提出了会话表征理论（Discourse Representation Theory）框架，并认为每个小分句都可能改变会话的语境。

国内从形式语义角度对违实事件进行详细剖析的较少。陈振宇（2018）认为现实世界与认知世界、直陈世界与非直陈世界不同。说话者言语活动发生的世界即现实世界，即上文所说的主观事实；如果说话者用言语直接表达现实世界，即直陈世界；如果假定表达，则是非直陈世界。非直陈世界中的事物如果确定在直陈世界中存在，即为"叙实"；如果不存在，即为"反叙实"。暂且搁置"违实"与"反叙实"的关系，下文2.2会进行详谈。陈振宇（2018）对可能世界的分层也使得本书对违实事件涉及的可能世界有了进一步的认识。本书借此对违实事件做进一步的解释和说明，见图2-4。

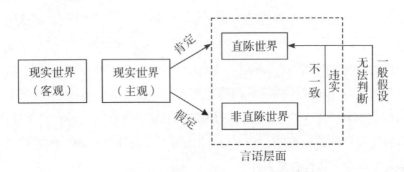

图 2-4　可能世界的层级性 I

陈振宇（2018）认为"违实"在直陈世界中不存在，但在某个非直陈世界中存在。这意味着说话者把它当成一个纯粹的虚拟事物来说或想。从上图可知：①在违实事件中，与言语层面相关联的是主观现实世界而非客观现实世界；②"违实"通常以一种假定形式出现，即出现在非直陈世界中；③"违实"通常与直陈世界中的现实世界不一致。结合 Lewis 的定义补充一条："违实"中涉及的可能世界可被无限地接近。观察下句：

例 9　要是小王不来就好了。（自拟）

　　例 9 是一个非直陈句，说话者通过条件假设进行事实推理，但说话者在说此句时预设了一个直陈世界的事实，即"小王来了"。例 9 与预设事实不一致，因此为非叙实。但判断是否为违实还需要另一个条件，即是否具有可接近性。Lewis（1973）提出 A 世界虽然不可及，但是可以无限制地接近。[①] Von Fintel（1998）认为违实句总是尽可能地去接近现实世界，违实句前句量化的可能世界最大限度地与现实世界接近。"小王不来"作为 A 的可能世界，虽然不可及，但是说话者在做出推理时，是主观上无限制地与该世界进行接近，尝试进行 A 可能世界成立的后续推理。如果不遵循会话中的合作原则，则不愿意与 A 可能世界进行靠近。Bloom（1981）在中国香港进行的违实认知实验也验证了这一结果。Bloom 设计的问题是 "If the Hong Kong government were to pass（had passed）a law...how would you react?"（如果中国香港特区政府颁布了这个法律……，你们会是什么反应？）被采访的市民不愿意与 A 可能世界进行靠近，于是出现了以下回答 "不可能" "不会的" "但是事实上没有" 等。违实推理会话由此而终止。由此可以发现，除了与直陈世界事实相反外，与 A 可能世界无限制地接近也是违实事件必备条件之一。这也决定了违实

---

①　这个无限制地接近是理解违实逻辑的关键，也是区别违实与普通反事实的根本特征。这里为了避免误解和重申其重要性，特将 Von Fintel 原话复制下来，供大家仔细琢磨。"CFs attempt to maximize similarity with the actual world to the degree that it is possible in view of the CF antecedent; therefore, the worlds quantified are those antecedent worlds that are maximally similar to the actual world."（Von Fintel, 1998: 35）

与反叙实的根本不同。尽管目前诸多学者将两者等同，本书在2.2节会对这几个比较容易混淆的概念提出观点。

2.2 几组易混淆的概念

2.2.1 违实与反事实

近些年，汉语反事实范畴的研究逐渐得到了关注，但在正名称呼上却各异。陈国华（1988）开创了汉语反事实范畴的研究先河，在英汉对比中尝试找到汉语独特的形式特征，并称之为"假设条件句"。蒋严（2000）、王宇婴（2013）、雍茜（2014, 2015, 2017, 2019）等对汉语反事实条件句和相关范畴进行了区别于英语等印欧语系语言的特征性研究，并称之为"违实条件句"。林若望（2016），朱庆祥（2019），宗守云、姚海斌（2019）等对汉语存在的其他各种反事实表达进行了梳理，并称之为"违实"。袁毓林（2015）重拾反事实范畴，并对古代汉语和现代汉语中类似的句子进行梳理分析，从形式和语义特征的基础上深刻剖析汉语的反事实思维，并称之为"反事实表达"。陈振宇、姜毅宁（2018, 2019）和李新良、袁毓林（2016）以动词为出发点，不局限于之前的条件句框架，开始对相关的反事实范畴进行研究，并称之为"反叙实"。章敏（2016）等开始对汉语反事实情态指向进行系统性研究，不仅针对条件句，而且纳入了"本来"句、"以为"句等与事实相反的表义范畴，并统一称为"反事实"句。这些称呼对应的概念不尽相同，但也有重叠之处，即都是与说话者认定的主观事实出现不一致。在做违实研究之前，需要对这些文献中已有的名称进行区别剖析。名称的作用只是用以区分现存的不同概念，不具有绝对性和先定性。本书的目的也是为了区分可能出现混淆的几组概念。

反事实范围最广，广义的反事实句包含所有与事实相悖的表达。除了前人讨论最多的反事实条件句外，还有以下诸多类型，例如：

例 10　a. 马先生，我不知道你要吃饭，我以为你出去吃饭呢！

　　　　b. **本来**"五一"是城里人的光景，与乡村向无瓜葛。因为近些年乡镇企业兴起，"工人阶级"登上农村阵地，"五一"国际劳动节这才下嫁到乡村。

　　　　c. A：今天的球赛哪个队赢了？

　　　　　 B：这个比赛往往是德国队赢的，但……（自拟）

　　　　d. 索默斯**看起来像**个绅士。可杰克一眼就能看出索默斯身上那种本能的反应是同一阶层的人才有的——属于普通人的。

　　　　e. 他假装一切都很正常，自己所干的就只是如此，别无其他。

　　　　f. 青豆不知道 nhk 的收费员会站在那里大声说话。

例 10 a 句中"以为"表示说话者之前的判断与现实情况相悖，那么就是一种反事实的情况（学界普遍标注为"以为 2"）。当然"以为"本身也有事实义的识解，常常用于第一人称代词之后，如"我个人**以为**这一条路应该加宽"（学界普遍标注为"以为 1"）。"本来"也有两个意思：一是名词或副词，表示从道理根本上去说；二是时间名词，指向过去的某一时间段或时间点。与"以为"类似，在表示第一个意思时，"本来"①也有点明实际事实情况的用法（记作"本来 1"），例如："他指出，这不是真正关心人权的态度。这**本来**是个常识问题。"在表示第二个意思时，"本来"隐射随着时间的进行，思想、认知或行为发生了扭转，从而产生了反事实的意思（这里记作"本来 2"）。在 b 句中，"本来"指向过去某个时间段，在这个时间段里"五一"是城里人的光景与乡村无瓜葛，这个隐射的事实就是现在"五一"已经与乡村有瓜葛了。这个隐射的事实以及现在与过去的时间差可以通过"近些年"后接小句看出。与"常常"不同，

---

① 虽然这里没有将 b 句划为违实句，但是在表示事情本源意义的"本来"与情态范畴连用时则能产生违实义。

c句中的"往往"是一种主观认知，即说话者基于动作过去客观频率做出的主观概率判断（石定栩，孙嘉铭，2016）。因为这种判断是基于过去的大概率时间，所以与"以为2"和"本来2"相似。这种基于过去的想法可能会随着时间发生扭转，因此c句中过去的大概率事件是"德国队赢"，今天发生的事件与过去事件相悖，从而产生了反事实解（记作"往往2"）。"往往"也有指向客观事实的能力，如"男人的长相往往和才华成反比"，这是因为集合越大，概率就越有统计学上的意义，或者说误差就会越小（石定栩，孙嘉铭，2016）。"以为2""本来2""往往2"在一定的语境作用下虽然能指示反事实义，但仔细分析，其实是两个不同时间段的事实比较，观察图2-5：

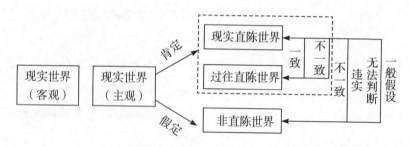

图2-5 "以为2""本来2""往往2"的反事实义图解

以上虚线框出的部分是"以为2""本来2""往往2"带来的反事实义图解。这几个词引导出的世界都是说话者直接陈述的语义，是说话者直接表达面对的认知世界，即直陈世界。这几个世界之所以出现反事实解，是因为在直陈世界内部出现时间差。以上各词在表示说话者过去的思想和话语时，和现实直陈世界产生偏差，由此产生反事实义。但该反事实义并非"违实义"。Lewis（1973）和陈振宇、姜毅宁（2018）给出的关于"违实义"的定义虽然侧重各有不同，但都承认一点：违实存在于非直陈的虚拟假设世界中。而例10 a、b、c句只是在不同时间差的直陈世界中进行关系排异，并不涉及虚拟假设非直陈世界与现实直陈世界的比较，因而在根本上不符合"违实义"的本质特征。由此可知，并非所有的反事实义都是违实义，有些只是在表层结构上与现有事实进行相违背，深层结构的语义关系还需要进一步剖析。

再来观察例 10 d、e 这两个例句。这两个例句中出现了反叙实动词"看起来像"和"假装"。Kiparsky & Kiparsky（1970）将英语中的谓词分为叙实、非叙实和反叙实。反叙实类动词传递的反事实语义具有语用预设性，这一点与违实非常相似。例 10 d 句预设的一个事实就是索默斯不是一个真的绅士，e 句预设的一个事实就是一切并不正常。汉语中类似的反叙实动词，即沈家煊（1999）和袁毓林（2014）所称的"逆叙实词"，有"防止、避免、差、欠、拒绝、小心、捏造、骗、声称、梦想"等。除此以外，还有很多表达反叙实概念的名词，如"误解、假象、梦想、幻觉、错觉"等；表达反叙实概念的其他词语，如"不然、煞有介事、所谓、说是"等。可以看到，在汉语或者其他各个语言中，表达反叙实概念的词语和表达方式都具有开放性，很难详尽列全。反叙实是否等同于违实？反叙实与违实在表达反事实功效上是相同的，且都具有语用的预设性，因此很多文献将两者合二为一。要回答这个问题，首先可以从世界上有形态标记的语言入手。在本书的 155 种样本库中，部分语言如本书的 Lardil（澳大利亚语系），Nyulnyul（澳大利亚语系），Gooniyandi（澳大利亚语系），Wagiman（澳大利亚语系），Kayardild（澳大利亚语系），Hua（跨几内亚语系），Perené Ashéninka（阿拉瓦克语系），Movima（穆维马语系）等，部分反叙实义与典型违实条件句的形态标记相同。剩下 95% 的世界语言即使存在违实标记，并没有使用在以上所列的反叙实概念中。人类语言的实证研究表明这两者虽然有一定的类似性，但是在理论上应该存在根本性差异。那么差异究竟为何？回答这个问题需要回到对违实义的根本定义上来，结合 2.1.5 对中外关于违实定义的梳理，可以总结出违实义的 4 个根本性特征：①违实预设的事实是主观现实世界而非客观现实世界；②违实通常以一种假定形式出现，即出现在非直陈世界中；③违实通常与直陈世界中的现实世界不一致；④违实中涉及的可能世界可被无限地接近（但不是等同）。第 4 点是区别反叙实与违实的根本特征。反叙实中涉及的可能世界并不具有可无限接近性，如"骗""错觉"等传递的概念是有意与现实世界拉开距离。"假装""看起来像"虽然看起来与现实世界有一定的相似性，但只是表层现象上的相似。在深层语义上，说话者并没有想拉近反叙实中涉及的可能世界。正是这种可接近性，才使得违实表达在反事实强度和言者态度上出现不确定性（见 2.1.4）。例 10 d 句中虽然可能世界"索默斯是个绅士""一切很正常"为假，但是说话者的语气很确定，如 d 句说话者认为索默斯**真的 / 的确 / 就是**看起来像 ……，e 句说话者认为他**真的 / 的确 / 就是**在假装……越是对言语行为肯定，越是表明言语行为所涉及的可能世界与现实世界的关系不是无限接近性，而是对可能世界反事实的认定性。很难对典型条件违实句的假设语气进行言语行为肯定操作，如"（＊）**我真的 / 的确 / 就是**要在现场就不会发生这样的事情了"。值得注意的是，语气副词"真的"在检验言者态度时通常放在行为外层，如果置于内层强调的则是可能世界涉及的行为本身。例如："如果**我真的**不来，你打算怎么办？"这里"真的"的加入增强了违实表达的效果。下文汉语违实的特征量化分析会提供具体的数据为证。由于反叙实在表达之初就已经默认了可能世界的不可及性，与语气副词"真的"表达的情态义相悖。

与反叙实词相对应的是，汉语中也有很多的叙实词，即说话人预设了后面事件成分的真实性。如例 10 f 句中涉及的叙实动词"知道"。当说话者说出"我知道小王犯了法"，其默认的事实是"小王犯法"。那么无论是否改变全句的真假值,都不影响事件真值的预设,如"我不知道小王犯了法"还是会有相同的预设,即"小王犯法"。那么这些叙实词语的否定用法在一定程度上也能传递与反事实类似的隐形否定义。f句虽然全句出现否定,但是不影响事件"nhk的收费员会站在那里大声说话"的真值判断。但这类隐性否定的用法同样不被归为违实。这是因为否定的管辖域是包括"知道"在内的大可能世界,而不是对反事实本身可能世界的管辖。f句可以写为"(S 说 / 认为)$_{可能世界 0}$[青豆**不**知道$_{可能世界 1}$ [nhk 的收费员会站在那里大声说话]$_{可能世界 2}$]"。这里否定直接管辖的是包括可能世界 2 的可能世界 1,即对"知道"这个叙实行为的否定。而对于可能世界 2,否定并没有直接干预,因此可能世界 2 也没有出现与直陈世界的不一致,不符合上述根本性特征的第 3 条。

再来观察下面 3 个例句。这类句子有个共同的特征,就是否定和肯定表达同样的语义,如在原来的基础上去除否定:

例 11　a.　刚才我差点儿**没**叫它给吓死。≈刚才我差点儿叫它给吓死。

　　　 b.　你要保证,在你父亲**没**来以前……≈你要保证,在你父亲来以前……

　　　 c.　……就差**没**见到你和查尔斯了。≈……就差见到你和查尔斯了。

对于这类语言现象,吴信凤（1994）从假设语气（违实）的角度剖析了汉语中这种独特的用法和思维模式;沈家煊（1999）从不对称标记论的角度予以解释;江蓝生（2008）从概念叠加和构式整合的角度剖析了这种肯定与否定不对称的现象;Lin（2016）从虚否定的羡余用法角度对上述结构进行了探讨,并指出了在加泰罗尼亚语、意大利语、德语等语言中类似的否定羡余用法。这类否定羡余的用法实际上是一种句法上的非正常变体,虽然表面上看起来与事实推理相悖,但实际上是涉及两种不同概念的杂糅。

例 12　a. 我差点儿叫它给吓死 + 我没叫它给吓死 = 我差点儿没叫它给吓死。

　　　 b. 在你父亲来之前 + 你父亲没来 = 在你父亲没来之前。

c. 就差见到你和查尔斯了 + 没见到你和查尔斯 = 就差没见到你和查尔斯。

以上杂糅的这两类概念都有对事实的直陈叙述,并不涉及任何非直陈世界的虚拟和假设,即不符合上述违实义根本性特征的第2条。宗守云、姚海斌(2019)区分了两类"就差X结构",并区分为S1(真实差欠)和S2(违实差欠)。这一部分所列例句为S1类,下文会就S2类做简要介绍。

正如上文所述,违实和非违实类反事实具有一定的相似性,两者并没有严格的区分界限。在反事实表达上,两者根据言者态度和反事实强度差异构成一条连续统。这正是一种逐渐范畴化的体现。为便于研究,本书只是区别了典型的违实表达,即2.1.2中提到的违实核心义。在现实语料中,不同语言对两者的区别度也不尽相同,甚至出现相互借用标记的情况。这也反映了区别和联系的相互统一性。

2.2.2 违实与虚拟语气、非现实语气等语气范畴

在高中英语教学阶段,违实常常被等同于虚拟语气。这是因为在大多数印欧语系语言中,违实范畴在表达之初都需要借助虚拟语气,但在后来的发展过程中,虚拟语气在不同的语言中呈现出不同的脱落过程(雍茜,2019)。现在英语违实范畴中保留的虚拟语气用法也仅限于be动词中,如"If I were a boy..."。这里were之所以不是was,其实是过去虚拟语气的保留痕迹。因此,将虚拟语气与违实范畴相等同是一个误区。本小节将与违实范畴相互联系的几类常见语气范畴如虚拟语气、非现实语气等进行区别分析,违实范畴隶属语气范畴,但不等同于虚拟语气、非现实语气等。Whaley(1997)认为"语气"(Mood)是说话者用来点明自己对事件(Event)/状态(State)是否会发生或发生可能性的态度。Van linden & Verstraete

（2008）认为世界上绝大多数的语言都没有发展和形成专门的违实语气，而是借用非现实语气（irrealis mood）或虚拟语气（subjunctive mood）或其他语气范畴传递违实义。这些语气范畴的概念内涵与违实义各有交叉：虚拟语气表示非现实事件，但无关事件的实现可能性；非现实语气表示实现可能性小的非现实的事件；违实则表示非现实且无实现可能性的事件（Whaley, 1997）。由于概念内涵并非完全一致，上述语气范畴不能用来专门地标记违实句，而是通过贡献自身的语义，增加句子的假设度，辅助表达违实义。

证据（evidence）、判断（assumption）、态度（attitude）构成了条件句中语气的心理空间（Tynan & Lavin, 1997）。判断是以证据为基础，态度则以判断为基础。在证据命题 p 的基础上，判断既可以是"做出肯定判断"和"做出否定判断"，也可以是"不做判断"，后者成为虚拟语气的思想根源。在"不做判断"的基础上，有两种揣测方式，分别是"现实可能性（possibility）"与"理论可能性（potentiality）"，对应英语中 may 和 can，例如：This road may be blocked, so let's take the other one（现实中可能被堵）和 This road can be blocked by putting a tree across it（理论上可以被堵）。汉语中违实条件句也反映了这两种可能性，例如：

例 13　a. 如果去年下了一场雪，庄稼就不会冻死。（自拟）

　　　　b. 如果去年下一场雪了，庄稼就不会冻死。（自拟）

　　　　c. 如果去年下一场雪，庄稼就不会冻死。（自拟）

例 13 a 句中的前句出现完成体标记"了"，是一种对现实"去年已经下一场雪"可能性的揣测。例 13 b 句中，前句尾语气词"了"的出现点明了状态发生的变化和命题对现实域的推测。例 13 c 句中，由于条件句前句没有体标记"了"和语气词"了"点明事情是否发生，命题的揣测只是停留于理论想象中。这种对立还可以在下列例句中显现：

例 14 a. 如果明天下大雨，现在就会闷热。（自拟）

　　　b. 如果明天下了大雨，现在就会闷热。（＊）（自拟）

　　　c. 如果明天下大雨了，现在就会闷热。（＊）（自拟）

从现实实现的角度看，事情的因果关系是"闷热→下雨"，如果前句出现"现实可能性"标记"了"，"下雨"就不能成为"闷热"的原因，因而例 14 b、c 句不成立。"闷热"的原因不是"下雨"这个事件发生后的结果，而是对"下雨"事件在理论上产生预期的结果。例 14 a 由于无现实标记，命题仍停留在理论可能性层面，符合上述逻辑推理。

Jensen（1990）将这种对"现实可能性"的揣测称为"陈述语气"，而这种对"理论可能性"的揣测则被称为"虚拟语气"。语言中区分这两种语气的方式有多种，最常用的为用适当的动词屈折形式，如英语中动词的非限定形式（non-finite verb），"I insist（will insist, insisted）that he leave immediately."。汉语类似英语，在违实条件句中用动词变化的零形式来表明虚拟语气，如例 14 a、c 句。决定虚拟语气中违实范畴与非违实范畴的因素就是说话者的态度：事件在"理论可能"的同时，说话者认为可以实现，则使用非违实句；事件在"理论可能"的同时，说话者认为不能实现，则使用违实句，如例 14 a 句"明天下大雨"是说话者在理论上提出一个可能事件，但"现在就会闷热了"不符合现在的实际情况，由此推导"明天下大雨"不能实现。汉语的违实条件句既可以使用虚拟语气，也可以使用陈述语气，这是因为决定违实范畴的是说话者的态度，当前句命题使用陈述语气做出"现实可能"的揣测时，说话者依然保留其态度——认为前句命题不能实现，由此产生违实，如例 13 a、b 句。由此可见，虚拟语气与违实范畴具有交叉性（见图 2-6），虚拟语气虽不能标记汉语违实条件句，但也可视为一个语法特征。陈国华（1988）、蒋严（2000）称之为违实条件句中的时体压制。

图 2-6　虚拟语气与违实语气的心理空间

可见，违实与虚拟语气的关系相互交叉，违实既可以使用虚拟语气，也可以不使用虚拟语气。同样，虚拟语气既可以描述违实范畴，也可以描述非违实范畴。虚拟语气与过去时结合可以在法语中表达违实义：

例 15　French（Indo-European: France）　　（Tynan & Lavin，1997：137）

Si	Paul	**Arrivait**		demain,	il
如果	Paul	到.3SG.PST.**IPFV.SBJV**		明天，	他
Rencontrerait	Marie.				
见.3SG.COND	Marie				

如果Paul明天能到，他就能见到Marie。（事实Paul明天不能到。）

但虚拟语气在法语中仍然可以出现非违实的用法："Si asi no lo hiciere（将来时 . 虚拟语气），que Dios y la patria me lo demanden."（如果我不去做，就让上帝和祖国惩罚我吧。）虚拟语气只有与特定的时体特征（如过去时，未完成体）连用，才能标记违实范畴，类似的有英语、德语、意大利语、西班牙语、罗马尼亚语等。

语言学界早已意识到"语气"的多样性，将其分为 6 个类别：陈述语气（Declarative Mood）、疑问语气（Interrogative Mood）、虚拟语气（Subjunctive Mood）、条件语气（Conditional Mood）、祈使语

气（Imperative Mood）、祈愿语气（Optative Mood）①。但这种传统的分类过于细致，分界模糊，且不适用于一些语气形态不发达的语言。于是就出现了语气形态的二分法：现实语气（Realis）和非现实语气（Irrealis）（Palmer，2001）。顾名思义，前者用来描述真实发生的情景，而后者则用于未实现或不可能实现的情景。跨语言的语料样本显示，如果语言中存在现实与非现实语气之分，则违实范畴在该语言中标记为非现实。如 Binij Gun-Wok 语② 中，非现实语气常用来标记违实范畴"djaying ba-ra-yinj（非现实）gurih"（我以为他往那个方向去了）。但非现实语气通常需要借助语用，对过去已知的领域进行推测，从而产生违实义。若离开过去时，非现实语气只能表示一般的非现实句，如 Nyulnyul 语③：

例 16 Nyulnyul（Australian: Australia）

（McGregor & Wagner, 2006：360–361）

a. Nga-**li**-jalnn-**an**-karr-ji　　　　　　　　　kalb
　　我：MIN：NOM-**IRR**-看见-**PST**-SBJV-2：MIN：ACC　　起来
　　Nga-**lib**-m-**an**-ji　　　　　　　　　　　mudikard-uk.
　　I：MIN：NOM-**IRR**-put-**PST**-你：MIN：ACC　车-LOC
　　如果我之前看见你，我会将你从车上带出来。（事实上我没看见你。）

b. Mi-**li**-jid-ikarr　　　　　kinyingk-ung　　　bur
　　你：MIN：NOM-**IRR**-go-SBJV　这-全　　　　　野营
　　i-li-rr-ar-juy.
　　他们：NOM-IRR-AUG-刺-你：MIN：NOM
　　如果你去那边野营，他们会用矛刺你。（不知道你是否去那边野营。）

---

① 祈愿语气常用来表示愿望和期待，出现在古日耳曼语中，被认为是现代日耳曼语中虚拟语气的前身。

② 隶属于澳大利亚土著语系中 Gunwinyguan 语支，主要在澳大利亚北部使用。

③ 隶属于澳大利亚土著语系中 Western Nyulnyulan 语支，主要在澳大利亚西部、金伯利（南非中部城市）西部及比尔格湾区域使用。

Palmer（2001）认为在一些语言中，非现实语气通常可以细分为虚拟语气、祈愿语气、祈使语气和条件语气等。所谓"通常"是因为考虑到现实语言的特殊性和复杂性。不同语言中，非现实语气的内涵不尽相同，有些语言将其等同于将来时，如 Lakhota 语（北美印第安语）"He Itháčha–kta（将来时）čhí"（这个人想成为领导）。此外，其内部子类——虚拟语气、祈愿语气、祈使语气和条件语气在一些语言中也没有明确的区别特征，如 Palauan 语（南岛语系），Mo（你，非现实）–lim a krum.（喝你的药）；Ku（我，非现实）–rael ęl mo ęr a blik（我最好应该回家）。一些语言则分类更加细化，如现代的佩纽蒂语（Penutian）根据人称将表示命令的语气区分为 Jussive 和 Imperative。Sierra Miwok（1951）整理的语料显示，在该语言中，主语为第二人称时通常使用 Jussive，否则使用 Imperative，如 hïwá:t–e:–č（Run）–Imperative；hïwá:t–e:–màš（Let us run）–Jussive。不同的语言会使用不同的语气标记违实范畴，如 Pashto 语中的祈愿语气：

例 17　Pashto（Indo–European: Pakistan, Afghanistan）（Babrakzai, 1999: 233）

Ka	qutb–xán	**wāy**		no	Xāmaxá	bə	kor	ta
如果	姓名	系动词.**OPT**		那么	果断	PTCL	房子	PREP

rā–tláy

PREF–去.**OPT**

如果是Qutb–xán，他会果断走进房子。（事实不是Qutb–xán）

在 Pashto 语中，祈愿语气也可以出现在非违实句中，如 zə xo na–šəwāy təlláy（祈愿语气）（我不能走）。再如俄语中的祈使语气：

例 18　Russian（Indo–European: Russia）　　　　（Dobrushina, 2008: 127）

Sumej	ja		Vovremja	pozvoni–tj,	i
能够.**IMP**	我		及时	打–INF	和
vsj–o	bi–l–o		Bi	inače.	
全–N	系动词–PST–N		SBJV	otherwise	

要是我（之前）能给你按时打电话，所有的事情都会不一样。（事实我没能按时给你打电话。）

但祈使语气在单独使用时，仍然可以表示非违实命令义，如 кпасть（放那儿！）。祈使语气类似的用法也出现在其他斯拉夫语中，如波兰语。

再如英语中的条件语气：If I had had enough money, I would（条件语气）have bought myself a house.（如果我足够有钱，我就会给自己买房子。）当一个命题的实现与否依托于某个条件（condition）时，使用条件语气。条件语气常用于表示某个虚拟（hypothetical）的设想，因而被列为非现实语气。条件语气既可以实现为动词的屈折形式，如 aimerait [（would love)，法语]；也可以通过独立的助动词实现，如 would（英语），würde（德语）等。虽然违实句中通常会出现条件语气，但条件语气既不是标记违实句的充分条件，也非必要条件。其一，条件语气可以出现在非违实结构中，如"When I was young, I would（过去习惯体）happily walk three miles to school everyday."其二，语言中的违实句通常有违实条件句和普通违实句之分，后者不使用条件语气，如"I wish I had gone there before."。

综上所述，可以得出以下结论：①语气范畴是常见的标记违实句的语法特征；②不能将某个特定的语气（如非现实语气、虚拟语气、条件语气）等同于违实范畴；③不同语言会选择不同的语气范畴标记违实句；④语气范畴需要借助其他语法特征共同标记违实句。

2.2.3　违实与反预期

陈振宇、姜毅宁（2019）关注到了反预期与事实性的关系，将反预期分成自反预期和他反预期，从语义和谐论的角度结识了各自与事实性的关系。其中，自反预期时，肯定情态句能表示反事实义；他反预期时，否定情态句能得到反事实解读。例如（引用自原文）：

例 19　a.　自然科学方面已有中国科学院院士和中国工程院院士，社会科学方面早就应该<u>建立院士制</u>了。——没有建立。（反事实，自反预期）

　　　　b.　也许我们根本不应该<u>玩这个心理测验</u>，它太准了。——已经玩了。（事实，自反预期）

　　　　c.　只获银牌的田亮却认为，今天的裁判水平很高，打分无可挑剔。金牌的确应该属于<u>萨乌丁和他的同伴</u>，因为他们超水平发挥了，没有任何明显失误……——金牌已经归了萨乌丁。（事实，他反预期）

　　　　d.　什么东西可以向这种出路本来不太畅通的小河沟里一倒，有不少人家根本就不必有<u>厕所</u>。——这些人家的确没有厕所。（反事实，他反预期）

　　陈振宇、姜毅宁（2019）一方面认识到了预期与事实之间的关联，另一方面也区分了反预期与反事实。与上文的虚拟语气、非现实语气类似，反预期不等同于违实，但在一定程度上有强化违实表达的功效。这是因为违实排斥的是主观事实，而反预期则排斥的是某种定向的心理世界。Iatridou（2000: 246）认为违实表达的反事实排斥义可以写为 $T(x)$ 排除 $C(x)$。这里 $T(x)$ 指的是话题事件，即正在谈论的话题 x；$C(x)$ 指的是认知的事件 x。与此类似，反预期事件也出现了预期参照事件（R）与实际事件（E）之间的排斥。这种排斥关系类似性解释了为什么汉语中的反预期标记往往可以用来加强违实表达，如"了"。赵元任（1968：692）、吕叔湘（1999：355）、Ljungqvist（2007）等很早就开始关注汉语中"了"的反预期用法。"了"从时体标记义引申到预期参照义，经历了一个从 $E(t)$、$R(t)$、$S(t)$ 到 $E(w)$、$R(w)$ 和 $S(w)$ 的概念隐喻过程。$R(w)$，$S(w)$ 区别了自反预期和他反预期。观察下列图中各例（图中 RT 没做特别说明，默认与 ST 重合）：

张三 6 点的时候已经去了学校。（自拟）

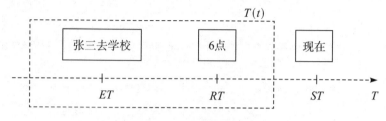

图 2-7　时间参照轴 1

张三已经去了学校。（自拟）

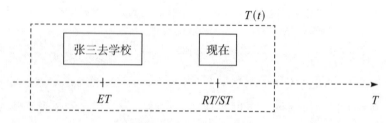

图 2-8　时间参照轴 2

张三认为这条裤子短了（3 寸）。（自拟）

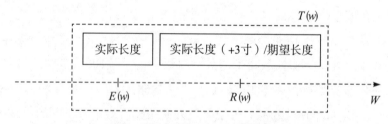

图 2-9　他反预期的心理参照轴 1

图 2-9 中，由于是张三的反预期事件，言者预期并没有在句子中显现。与言者事件的默认值为现在时不同，在隐喻的预期事件中，很难判断言者预期默认值，这里只能做缺省状态处理，即言者预期可以出现在 W 轴的任意位置。

这条裤子短了（3 寸）。（自拟）

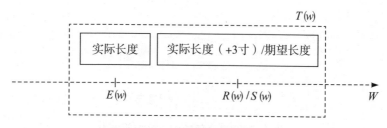

图 2-10　自反预期的心理参照轴 1

Zhang（2013）将 $T(x)$ 等同于反预期事件中的 $E(w/t)$，$C(x)$ 等同于反预期事件中的 $R(w/t)$，并将 $T(x)$ 与 $C(x)$ 之间的排斥关系类推于 $E(w/t)$ 与 $R(w/t)$ 的排斥关系。本书认为 $E(w/t)$ 与 $R(w/t)$ 的排斥关系只是为 $T(x)$ 与 $C(x)$ 的排斥关系提供了基础，两者并不能等同。这也就解释了为什么反预期不等同于违实，而只是因为内涵排斥关系而促进违实的表达。此外，$T(x)$ 作为话题事件不等同于 $E(w/t)$，$C(x)$ 作为认知事件等同于说话者认为的实际发生的事件 $E(w/t)$。在反预期事件中，说话者可以选择 E、R、S 中任何一个或者多个作为话题事件，进而出现在语言结构的表层。如图 2-7 到 2-10 中，$T(x) = T(E, R/S)$，用虚线框表示，由于实际事件 E 与参照事件 R 同时出现在话题层面，进而无法推断 $T(x)$ 排斥 $C(x)$，故上述结构违实推理不成立。

他竟然哭了。(自拟)

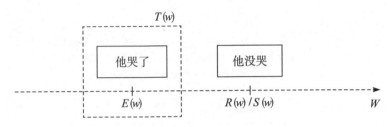

图 2-11　自反预期的心理参照轴 2

图 2-11 中,言者观点与句子预期一致,即 $R(w)$ 与 $S(w)$ 重合。与图 2-10 不同的是,$T(w)=E(w)$,只有实际事件出现在话题层面,故而推断 $T(w)=C(w)$,违实推理不成立,该句为事实句。类似于"竟然",汉语中有诸多反预期语气副词都只能浮现 $E(w)$ 层,如"原来、毕竟、果然、偏偏、偏、幸亏、明明、难怪、敢情"等。因此,这类反预期句只能作为事实句,与违实句相互对立。

如果有电,灯就亮了。(自拟)

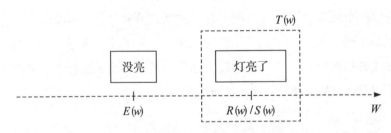

图 2-12　自反预期的心理参照轴 3

图 2-12 中,言者观点与句子预期一致,即 $R(w)$ 与 $S(w)$ 重合。与图 2-11 不同的是,$T(w)=T(R,S)$,与实际事实 $E(w)$ 相反的预期观点事件出现在话题层,由于 $C(w)=E(w)$,故而推断 $T(w)$ 排斥 $C(w)$,违实推理成立。

从图 2-7 到图 2-12 一方面显示了"了"从时体标记到反预期标记的隐喻路径,另一方面证明在使用"了"作反预期标记时,$T(w)$ 可以选择 R、S、E 中的任意一个或者多个出现在话题层面,只有当 $T(w)$ 选择预期参照标准 R 时,句子才有可能出现违实解读。

他应该通知你(不知道他有没有通知)。(自拟)

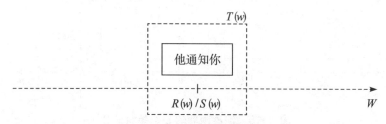

图 2-13　自反预期的心理参照轴 4

同理,言者观点与句子预期一致,即 $R(w)$ 与 $S(w)$ 重合。但与上文不同的是,$E(w)$ 实际事件无法判断默认值,可能出现在 w 轴的任意位置,只能做缺省状态处理。$T(w)=T(R,S)$,只有预期参照事件出现在话题层面。由于缺少 $E(w)$ 事件的真值对比,无法推断 $T(w)$ 排斥 $C(w)$,违实推理不成立。

他应该通知你的(但他没有通知)。(自拟)

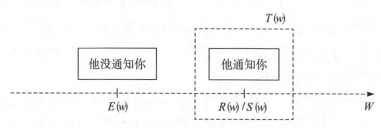

图 2-14　自反预期的心理参照轴 5

同理,言者观点与句子预期一致,即 $R(w)$ 与 $S(w)$ 重合。在图 2-14 中,"他通知你"作为言者参照预期成分 $R(w)/S(w)$ 被 T 选中,在话题层面得到表达。但隐藏的事实 $E(w)$ 则后居语用层面,

$E(w)$ 与 $R(w)/S(w)$ 排斥，$E(w)=C(w)$，$T(w)=T(R,S)$，故推断出 $T(w)$ 与 $C(w)$ 排斥，违实推理成立。

　　a. 他真厉害，竟然做了这么多事情！（自拟）

　　b. 他是应该做这些的（他已经做了）。（自拟）

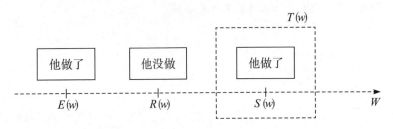

图 2-15　他反预期的心理参照轴 2

　　陈振宇、姜毅宁（2019）将此句归为他反预期。该句默认的参照事件 R 是"他没做"，而实际事件 E 是"他做了"，于是出现了他反预期，但进入话题层面 $T(w)$ 的是言者观点预期 $S(w)$。由于言者观点预期与实际事件 $E(w)$ 一致，$T(w)=C(w)$，反事实推理不成立，该句为事实句。

　　从图 2-13 到图 2-15 可以看出，"应该"在表达反事实与反预期时的复杂性与"了"不同："应该"反预期事件不可以将实际事件 $E(w)$ 放置话题层 $T(w)$，只能在 $R(w)$ 和 $S(w)$ 中选择一个或多个。句子是否作违实解读，要看是否存在已知的实际事件 $E(w)$ 与话题层 $T(w)$ 相排斥。

　　综上所述，反预期由于自身具有一定的排斥性，从而为违实奠定了基础。但两者的排斥性不可类推，这就决定了反预期不可能完全成为违实。反预期能否出现违实解读，依赖于 $T(w)$ 层的选择性表达和 $E(w)$ 层的透明性。如果 $E(w)$ 不可见，如图 2-13，句子不能出现违实解读。如果 $T(w)$ 层选择 $E(w)$，如图 2-7 到图 2-11，句子也不能出现违实解读。

2.3 小结

本章主要是在研究之初对违实句做根本定性。近 10 年，国内兴起了对汉语反事实范畴的研究，但名称各异，有反叙实、反事实、违实等。其实违实并不仅是反事实那么简单。这些不同名称内涵的概念不尽相同，如果统一将其归为一类，势必会导致表层语言特征的杂乱无章。其实汉语在表达违实概念时有规律可循，并且能被纳入到更广阔的世界语言类型学大体系中，体现孤立语在表达非强势范畴时特有的特征。但在探究这些根本规律之前，首先要为其正名，并区分哪一类才是下文的研究对象。既然是从语言类型学的角度出发去研究违实范畴，那么需要有一个对"违实"的根本核心定义。这个定义源于西方，但本书结合了东方学者的诸多文献对其进行补充说明。之所以这样做，并不是从西方语言学角度出发来生搬硬套汉语，也不是忽略汉语的表达特殊性。恰恰相反，本书希望能在一个统一的标准上去研究语言现象，并且将汉语的特殊性置身于系统性中，从而揭示人类语言的深层规律和发展脉络。2.1 部分介绍了违实的基本概念，包括违实的本质、"实"和"违"的基本概念、违实事件的反事实强度和言者态度，以及可能世界的层级关系与违实的标记方式等。对违实基本概念的梳理有助于将长期被忽视的非条件违实句纳入研究视野，违实表达虽以条件句居多，但仍然存在很多非条件句，而后者则常受到人们的忽视。本书的主体部分研究也将纳入非条件违实句，力求为研究漏洞贡献微薄之力。通过对违实反事实强度和言者态度的量化分析，本书发现违实有别于一般否定之处在于其只是具有反事实倾向性，且言者态度强度较弱。通过上述定量和定性分析以及对可能世界层级关系的介绍，本书步步推进并由此总结出违实义的 4 个根本性特征：①违实预设的事实是主观现实世界而非客观现实世界；②违实通常以一种假定形式出现，即出现在非直陈世界中；③违实通常与直陈世界中的现实世界不一致；④违实中涉及的可能世界可被无限地接近（但不是等同）。关于违实标记方式的论述说明很难从语用推理或句法蕴含角度对违实定义，因为世界语言纷繁复杂，违实形成的范畴化程度各异。在部分语言中，违实作为强势范畴，句法蕴含程度较高；而在另一些语言中，违实作为边缘范畴，语用推理程度较高。2.2 部分就上述总结的4 个根本性特征区别了研究中常常涉及的几组易混淆的概念。2.2.1 区别了违实与反事实。这里反事实表示更广义的概念，即所有表层语义与事实相悖的表达，包括了很多非违实表达，如时差对比（以为、本来等）、反叙实（假装、看似等）、否定羡余（差点儿没、就差没等）。2.2.2 则对比了违实与虚拟语气和非现实语气等。在语法教学阶段，虚拟语气常常等同于违实，其实是一种误解。虚拟语气只是标记违实的一种语言手段。在当代英语中，这种语言手段已经逐渐退出。同理，其他各类非现实语气也只是作为语言手段在世界语言中有选择地进入违实范畴的表达中。违实隶属语气范畴，但大多数语言缺乏这种原生态的语气范畴用来专一标记，于是需要借用其他类似的语气范畴，用以传达相关语义。2.2.3 区别了违实与反预期。同理，反预期不等于违实，但反预期对违实的表达有一定的强化作用。因为预反预期（预先设定的反预期）由于自身的排斥性特征，为违实排斥事实性表达提供了基础。很多语言没有形成上述发达的语气系统，于是可以借用反预期通过控制话题层传递违实义。

第3章 基于语料库的汉语违实句研究

根据上文的分析，汉语中虽然存在"要不是"这类相对充分的违实引导词，但绝大多数的汉语违实句并没有恒定的形态—句法特征，例如：

例1 a. 要是你不在这儿就好了。（自拟）

　　b. 要是他刚刚在这儿，就能看见你。（自拟）

过去时间指向词在以往的文献中常常被看成汉语违实标记。但并不是所有的汉语违实句都会使用过去时间词，如 a 句；也不是所有过去时间指向词都能产生违实义，如 b 句中出现了"刚刚"，但仍然可以理解为开放假设句。因此，如果将这类词看成违实标记有失妥当，但又不能忽略它们与违实句的紧密关联。考虑到它们在违实句中的高使用频率，由于汉语缺少恒定的违实标记，那么衡量这种紧密关联只能回归语料库。靠内省形成的语料用例并不能真实反映汉语违实的真实使用情况。因此，下文将从语料库出发，用数据统计的方法去量化评定这些语言特征是否与违实产生关联。量化统计后的违实特征将会为第4章进行的定性分析打下基础，从而更加全面、科学地反映汉语违实句形式特征和语义语用功能。下文所列语料皆来自本章所列语料库，故不再说明出处。

3.1 研究方法

3.1.1 语料库介绍

本章对汉语违实句的统计分析是基于兰开斯特汉语语料库（LCMC，版本1）、UCLA 汉语书面语语料库（UCLA，版本2）和最新汉语文本语料库（TORCH，布朗家族，2013年夏季版本）等进行的。这3个语料库提供类似的网络用户界面，包括15个体裁（news reportage, news editorials, news reviews, religion, skills/trades/hobbies, popular lore, essays/ biographies, reports/official documents, science, general fiction, mystery/detective fiction, science fiction, adventure/martial arts fiction, romantic fiction 和 humour），可以方便进行语体之间的对比分析。在以上这3个语料库中，TORCH 语料库与 CLOB 和 CROWN 语料库平衡，从而为后续的英汉违实句对比研究提供语料基础。CLOB 和 CROWN 作为布朗家族的语料库，语体界面分布一致，分别代表英式和美式英语。此外，本章将根据英汉双语平行语料库（http://www.luweixmu.com/ec-corpus）提供的语料进行翻译研究。关于语料库的具体信息如表3-1所示。

表3-1 语料库基本信息介绍

语料库	规模	建库时间
Lancaster Corpus of Mandarin Chinese（version 1）（**LCMC**）	100万字	2003年
The UCLA Corpus of Written Chinese（2nd edition）（**UCLA**）	112万字	2012年
Texts of Recent Chinese（Brown family, 2009, 2013 summer edition）（**TORCH**）	129万字	2013年
CLOB Corpus（Brown family, British English）（**CLOB**）	115万字	2012年
CROWN Corpus（Brown family, American English）（**CROWN**）	410万字	2012年
英汉双语平行语料库（The English-Chinese Bilingual Parallel Corpus）	715万字	2007年

3.1.2　数据处理

在做基于语料库的量化研究之前，需要缩小研究范围。这是因为考虑到汉语违实句的形式有不确定性和多变性，不可能对其进行穷尽性的语料研究。因此，需要在早期研究过程中选中典型的汉语违实句，并对其进行检索和特征统计。汉语违实句最早被作为条件句的一个特殊子类进行研究，其他语言也同样如此。违实句通常被称为"虚拟条件句"（subjunctive conditional），与陈述条件句（indicative conditional）相对。违实句和条件句的紧密关联可以从违实的定义中看出，"违实就是预设前句为假的表述"（Barwise, 1986）。虽然之后的一些研究否定了这种看法，并认为违实义可以不必由条件句产生（Angeliki Athanasiadou & René Dirven, 1997）。但这并不能否认违实句与条件句的密切关联，跨语言的语料记载显示违实大多发生在条件框架内。因此，为了便于语料检索，本章将研究范围缩小到违实条件句，通过以假设连词为关键词，筛选出违实条件句，并总结出这些句子的语法、词汇特征。除了"典型"（canonical）违实条件句（Xrakovskij, 2005: 20）外，还有很多违实简单句，如"你昨天应该早点过来"。虽然量化统计的对象是违实条件句，但是本章会以此为基础进行更加全面的研究。接下来对违实特征的深入分析将会纳入违实简单句以及其他句法特性。在结论部分，本章将进一步解释根据违实条件句量化分析出来的模式是如何适用于其他类型的违实句的。

由于检索对象是违实条件句，假设连词可以作为关键词对语料库进行检索。然而，在汉语中，假设连词形式多样，很难穷尽对汉语所有假设词的定位。在进行语料库研究之前，可以根据使用频率确定常用的假设连词。首先在语料库搜索栏中键入"c_"（连词的标注），再从所有检索的连词中根据使用频次选出 13 个常见的假设连词：如果、如若、如、倘使、倘若、若、假如、假使、假若、假设、要是、要不是、若非。接着，在语料库中分别检索出含有这些假设连词的条件句，共 3000 多个。由于在研究之初并没有预设任何违实特征，目的是从语料中发现重复使用的违实特征，并进一步测算其与违实表达的关联性。因此，需要对检索出的所有条件句一一进行甄别。一些条件句借助语用捷径（Pragmatic shortcut）对语境知识进行明显的违背，从而产生违实理解，如"如果我是外国人……"。另一些条件句则表现出一定的上下文语境依赖性，如"如果电影院的观众不认识我倒罢了……"。对这类违实句的判断则需要回归文本中进一步分析。还有一些条件句即使回归文本也很难判断其实现可能性，如"如果有一颗红豆给可欣那该多好啊！"。这类相对条件句并没有被归入违实句的样本统计中。根据这样的分析方法，本书最终选出了 245 个典型的违实条件句。这些违实条件句显现出一些共同的形式特征。对这些形式特征，本书将借助统计分析，如卡方检验、Phi 相关性检验等测算其与违实表达的相关性。SPSS 软件将辅助显示运算结果。

3.2　前期发现

3.2.1　假设关联词

大多数的语言都存在某种形式的假设连词用以增强句子的虚拟度，如英语中的 *if*。在 Arrernte 语言中，假设连词 *peke* 由简单句中的语气副词 *peke*（也许）演变而来。在部分语言中，假设连词本身就起到了违实标记的作用，如 Haya 语中的 *kubá*：

例2 Haya（Niger-Congo, Tanzania）　　　　　　　　　（Salone, 1979: 79）

kubá	n-a-ba-ile	n-donz-il-we	ku-gyá
（CF）如果	I-PL-AUX-2PL	我-选择-2PL-PASS	to-去
Dar es Saláám	ku-wá-kilisha	ábanafunzi	ba	Los
Dar es Salaam	To-他们-代表	学生	of	Los
Ángeles,	ekyámbele		
Angeles	首先		

如果我被选择 Dar es Salaam...去代表洛杉矶，首先……

汉语中有各种不同的假设连词用法，与不同的虚拟程度关联。Chao（1968）将假设连词根据违实生成能力排序：要是 > 假如 > 若是 > 倘若 > 假若 > 假使 > 倘使 > 设若。吕叔湘（1986）认为不能简单地进行汉语假设连词违实生成能力排序，因为不同的假设连词有不同的使用文体，如"使""令""设""向使"常用于古代汉语中，与违实理解紧密关联，而其他常用于现代汉语中的假设连词则与违实的关联度较低。蒋严（2000）认可了吕叔湘（1986）的观点，并认为无论假设连词与违实关系多么紧密，假设连词在汉语中并不能保证违实解读，因此并没有形成衡量假设连词违实生成能力的标准。

虽然汉语中的假设连词并不能看成违实义的必要或充分条件，但是不能因此否认这些假设连词对违实表达的不同贡献力。汉语不同的假设连词能用于引导不同虚拟度的事件。为了比较这些假设连词的虚拟程度，本章分别计算出 LCMC、UCLA 和 TORCH 3 个语料库中基于两大宏观文体——虚拟想象类（imaginative）（科幻、冒险、浪漫故事、幽默）和信息类（informative）（报道、评论、自传、通俗文本、政府文件、学术写作等）的假设连词分布，见图 3-1。违实句由于虚拟度较高，常出现在虚拟想象类文体中。

基于图 3-1 所列假设连词在宏观文体的使用频次统计，可以看到大多数现代汉语中常用的假设连词都倾向于出现在信息类文体而不是虚拟想象类文体中。只有"要是""要不是"和"若非"在 3 个语料库中表现出一致的虚拟想象倾向性。此外，在 UCLA 语料库中，"假如"更倾向于出现在虚拟想象类文体；在 TORCH 语料库中，"假若"和"假使"则更倾向于出现在虚拟想象类文体中；由于违实与想象类的可能世界（见 2.1.5 详述）直接关联，可以大体得出结论：上述所列的假设连词违实生成能力高于其他通用假设连词，而其中"要不是"和"若非"的违实生成能力尤高。

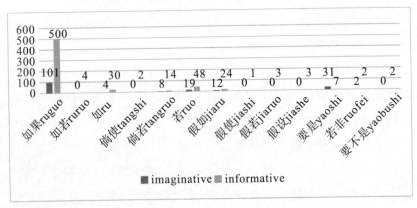

图 3–1　LCMC 语料库中假设连词的宏观文体分布

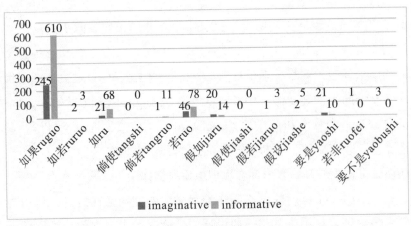

图 3–2　UCLA 语料库中假设连词的宏观文体分布

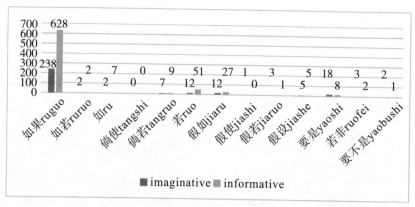

图 3-3　TORCH 语料库中假设连词的宏观文体分布

3.2.2　文体因素

据上文分析可以看出，相较于其他语言的违实句而言，汉语违实句语用依赖性较高。因此，对不同文体中违实句的使用频次分别进行统计分析，见表 3-2。

表 3-2　违实句使用频次的文体分布

	LCMC			UCLA			TORCH		
	NC	NS	NNR（‰）	NC	NS	NNR（‰）	NC	NS	NNR（‰）
A_reportage	3	3050	1	3	2842	1.1	6	2830	2.1
B_editorials	0	1893	0	1	1758	0.5	0	2063	0
C_reviews	1	1120	0.9	0	1044	0	3	1128	2.7
D_religion	3	1016	3	0	1419	0	3	1121	2.7
E_skills_hobbies	1	2754	0.4	0	1942	0	0	3116	0
F_popular_lore	8	3208	2.5	1	2451	0.4	8	4409	1.8
G_biography_memoirs	19	5984	3.2	17	6686	2.5	13	7034	1.8

（续上表）

	LCMC			UCLA			TORCH		
	NC	NS	NNR（‰）	NC	NS	NNR（‰）	NC	NS	NNR（‰）
H_reports_gov_docs	0	1782	0	0	1642	0	0	2239	0
J_academic_writing	5	5199	1	6	5264	1.1	7	5541	1.3
K_general_fiction	7	2410	2.9	9	2594	3.4	20	2699	7.4
L_mystery_detective	5	1735	2.9	7	3907	1.8	13	2246	5.8
M_sci_fiction	0	15	0	8	2755	2.9	5	485	10.3
N_adventure_fiction	6	1842	3.3	9	2255	4	16	2432	6.6
P_romance_stories	3	2252	1.3	11	3613	3	8	2449	3.2
R_humor	7	664	10.5	2	2903	0.7	1	706	1.4

由于不同语料库的不同文体内含不同数量的句子，为了统一标准计算出违实句出现的频率比，本章引入了几个变量，即条件违实句数量 NC（number of conditional CFs）、句子总数量 NS（number of sentences），以及两者之间的比例 NNR（NC/NS）。NNR 的数值可以反映出在每个文体中违实条件句出现的倾向性。从表 3-2 的数据可以看到，不同文体之间违实句出现的比例有巨大的差异，换句话说文体的分布影响了违实句的使用频率。科幻小说（adventure fiction 和 general fiction）在 3 个语料库中出现一致违实倾向性，而在社论（editorials）、政府公文（reports/government documents）等文体中则鲜有违实句的用例。此外，自传回忆录（biography/memoirs）也出现了较多的违实用例，这是因为作者在书写自传时，常常从第一人称

视角出发进行反事实假设，第一人称视角为违实假设提供了足够的
事实基础，对已知事实的假设很自然引发了违实理解。表 3–2 也出
现了部分语料库中的不一致，如 LCMC 语料库中幽默文体（humor）
的 NNR 显赫高于 UCLA 和 TORCH 语料库中出现的平行数据。通过
进一步的文本调查发现，LCMC 语料库中出现幽默文体的 7 个违实
条件句聚集在两篇文章中，可能是受作者的写作风格影响。

如果将上述文体从宏观层面分为虚拟想象类（imaginative）（科
幻、冒险、浪漫故事、幽默）和信息类（informative）（报道、评论、
自传、通俗文本、政府文件、学术写作等），表 3–3 的数据显示违实
句更多地出现在虚拟想象类的文体中，与上文 3.2.1 的推断一致。

表 3–3　虚拟想象类和信息类文体中的 NNR 值（‰）

	LCMC	UCLA	TORCH
Informative	1.5	1.1	1.3
Imaginative	2.9	2.6	5.7

3.2.3　违实特征

3.2.3.1　删减测试和替换测试

通过语料检索出的违实句中出现的任何一个词或者语素都有可
能对违实义的理解贡献力量，特别是并没有事先预设与违实表达相
关的任何形式特征时。因此在判断和计算关联性时，可以辅助进行
两个形式测试，即删减测试和替换测试。

Ⅰ．删减测试

如果一个语言形式删减后不会导致违实义的取消，那么这个语
言形式则与违实表达没有关联。相反，如果删减操作影响了违实表
达，那么这个语言形式则有可能成为违实特征，并进入数据关联性

测试。例如：

例3 如果她**当时**怒气冲冲扭头就走，也是毫不为过的。

如果去除"当时"，例3中的违实义会被取消。因此，在汉语中，这类表达过去指向的时间指向词可能与违实表达相互关联。例如：

例4 如果他**没**回国，也许我们就**不会**吵架。

在检索出的违实句中，否定常以成对的形式出现，如"没……不……"。否定逻辑有助于违实表达。这一点也可以通过删减测试看出。如果删去否定表达，"如果他回国，也许我们就会吵架"则只能当成是一个开放结果的假设条件句。

Ⅱ．替换测试

如果一个语言形式被替换后不会导致违实义的取消，那么这个语言形式则与违实表达没有关联。相反，如果这种替换操作影响了违实表达，那么这个语言形式则有可能成为违实特征，并进入数据关联性测试。例如：

例5 如果**我**（他）是外国人，你能用外语给我指路吗？

在通常情况下，例句如果出现第一人称主语，只能按照违实句理解。如果第一人称主语被替换为第三人称主语"他"，这个句子则并不一定按照违实义去理解。因为与第一人称相比，第三人称不足以提供充足的事实基础，从而有碍违实表达。因此，[+ 邻近性] 影响了汉语违实表达，具有 [+ 邻近性] 特征的语言形式与违实表达可能具有相关性。

3.2.3.2　否定标记

语言中对肯定句与否定句往往进行不同的标记。在很多语言中，否定常常能引起非现实解读，因此与非现实语气共现，例如：

例 6　Nyulnyul（Australian：Australia）　　　　　（McGregor，1996：42）

arri　　i–li–jid–an　　　　　bur–ung　　i–ngkudal.

否定　　3SG.NOM–IRR–去–PFV　　营地–all　　3SG.NOM–走丢

他没有去成他的营地，因为走丢了。

Ziegeler（1993，1994，2000）通过实验的方法证明了否定与违实的逻辑关联。Wierzbicka（1997）意识到否定在增加违实度上的作用，甚至将前后件双否定式违实条件句作为违实范畴的核心。这是因为人们宁愿接受一个肯定的事实，肯定比否定接近于人们的共识范畴（Shared Knowledge）。在汉语中，否定词"不"①"没""不是"以及表达否定功效的反问句均在一定程度上增加了违实理解的概率。语料检索验证了这一观点，汉语违实句大多伴有否定词，或是前句否定，例如：

例 7　如果**不是**这个非常时期，我们一定会很轻松地聊上会儿天。

或是后句否定，例如：

例 8　a. 如果真如你所说的……你断然**不会**像今天这样。

　　　b. 要是我长成这样，你说还敢有男人认错我吗？

或是前后句均有否定，例如：

例 9　如果**不是**女儿嫌那里的工作太辛苦，也许就**不会**有现在的悲剧发生。

以假设连词为关键词，在三大语料库中共检索出 3029 个条件句。在这些条件句中，共有 620 句出现了否定标记，其中 461 句是非违实句，159 句为违实句。此外，共有 2409 句没有出现否定标记，其中 2323 句为非违实句，86 句为违实句，见表 3–4：

表 3–4　否定标记及其对应的违实 / 非违实句频次

否定	非违实句频次	违实句频次
出现否定标记	461	159
缺失否定标记	2323	86

---

① "不"通常出现在违实句的后句，满足句子表达的认知情态和逻辑语义需求。发生在违实句前句中的"不"在一定程度上有削弱违实表达的作用，详见 4.2.2。

H_0（空假设）：否定与违实不关联。Phi–coefficient correlation test 计算结果显示 $\varphi = 0.33$，$\chi^2 = N\varphi^2 = 329.86$。根据卡方检验表，当 $df=1$ 时，对应值为 10.83。由于计算的 χ^2 高于此，故驳斥空假设，进而得出结论：在汉语中，否定与违实表达相关联。

在诸多否定标记中，"不是"是最容易在条件句框架内产生违实义的。这由其否定的管辖域和句法高位决定（见 4.2.2 详述）。"不是"可以移位到句首，并出现句首假设连词的缺失，如"不是你出手大方，他早就饿死了"。这种句法移位有一定的类型学意义。在英语中，违实句可以出现省略移位形式，如"Had I known..."。在很多语言中，违实标记也出现在句法位置较高的动词和助词上。如在土耳其语中，过去时用以标记违实句，只有语序 –se（past）...–di（conditional）可以用在违实句中，–di（conditional）...–se（past）只能用于一般条件假设句。

在本书的语料中，"没（有）"比"不"更容易产生违实理解，前者更多是客观否定，而后者则更偏向主观否定，比较"我没去"和"我不去"。Wierzbicka（1997）认为客观发生的事实而非主观意愿构成了违实的事实基础。违实是指向发生（或没发生）的事实而不是不确定的意图。Ziegeler（2000）也提到了客观性与违实解读的关联，并认为只有已知客观事实的假设才能产生违实解读。虽然"不"出现在本书语料中的频次并不低，但多是被动出现，即为了符合前句表达的逻辑，在违实条件句的后句中使用。而"没（有）"则多用于违实条件句的前句，因此"没有……不"是违实条件句的常见搭配。Ziegeler（2000）也分析了条件句前后句中否定的作用，并认为前句中的否定常常具有主动预设功能，对其反面肯定事实进行预设；而后句中的否定则没有预设功能，只是被动地呈现出前句假设相对应的结果。例如：

例 10　如果**没有**这些鼓励，我想我支持**不**到今天。

前句在否定词"没有"的帮助下预设了一个事实"我有了这些鼓励",后句只是对前句假设没有这种情况做出的后果陈述。"不"用在后句一方面是受制于前句否定表达的逻辑需求,另一方面是为了满足条件句后句的认知情态义表达。显然前句中的否定是违实义的主要贡献者,检索的语料中也鲜有后句否定、前句肯定的违实表达。下文 4.2.2 将详述"不"和其他否定标记在违实表达时的差异性。另一个有趣的现象是否定标记的句法位置。就检索出含有否定标记的违实句而言,这些否定标记都倾向于左向边缘性(left-periphery)。在 45 例前句出现"没有"的违实句中,有 22 例"没有"位于靠近假设连词的高位。此外,很多直接由否定标记引导的违实句并没有出现假设连词,因而没有出现在语料中,例如:

例 11　没有中国过去 30 年的改革开放,就没有今日的辉煌。

3.2.3.3　语气副词

如果说话者希望增强违实句的虚拟程度或者表达自己对事件实现的不可控性,常常会借助语气副词,如英语中的 *probably*, *possibly*, *perhaps* 等,或者特有的动词变化形式。在很多语言中,违实条件句后句中都会出现条件语气,例如:

例 12　Bulgarian(Indo-European:Bulgaria)　　　　　(Xrakovskij, 2005: 46)

　　a.　Ako　　　　　　sâbereh　　　　poveče　pari,　štjah$_1$da$_2$　si

　　　　如果　　　　　　存.IPRF.1SG　很多　　钱　　CONJ　　自己

　　　　kupia$_3$　　　　　　hubavo　　　　radio.

　　　　买.FUT.PST.1SG$_{123}$　好　　　　　　收音机

　　　　如果我存了很多钱,我就给自己买一台收音机。

　　b.　Ako　sâbereh　　　poveče pari,　**bihsikupil**　hubavo radio.

　　　　如果　存.IPRF.1SG 很多　　钱　买.**COND**.1SG　好　　　收音机

　　　　如果我存了很多钱,我就(可能)给自己买一台收音机。

例 12 a 句和 b 句的唯一差别是后句中出现了条件语气,相当于英语中的 *would*,有一种说法是过去的将来(future in the past)。这些语气词的使用常常作为附加义，增强违实表达的细节性需求。由于这些语气词并不影响事件的实现性，被 Xrakovskij（2005）视为违实句的添加剂（additive）。在汉语中，由于缺乏词形变化，最常用的违实添加剂则是语气副词"真的"，常在违实条件句的前句中用来增强说话者对反事实的假设程度。例如：

例 13   A：他昨天在研讨会上发言了吗？

      B：发了。

      A：如果他昨天（**真的**）发了言，今天就会发言。（自拟）

如果没有语气副词"真的"，A 的回答是对 B 的回答的进一步延伸，表示认可"他昨天发言"这个事实，并试图揣测他今天的行为。如果加上语气副词"真的"，A 的回答则有可能是对 B 的回答的怀疑，表示不认可"他昨天发言"的事实，因而通过增强假设程度促进句子的违实表达。

在本书的语料中，"真的"有 3 种不同的变体：真（的/是）、果真、当真。其使用频次见表 3-5：

表 3-5   语料库中语气副词的使用频次

真（的/是）	果真	当真	总计
25	2	1	28

语气副词"真的"在违实句中并不鲜见，通常需要借助百科知识，如例 14 a 句；脱离语用捷径则很难保证违实解读，如 b 句。

例 14   a. *如果植物利用太阳光的效率**真的**是百分之百……*

      b. *如果金满堂**真的**丢了硬盘，里面有见不得人的秘密，应该也不会去报案。*

根据上下文语境，b 句中说话人对金满堂是否丢了硬盘其实并不知晓，因此 b 句并不能看成违实句，尽管出现了"真的"。在甄别出的违实语料中，多数时候语气副词需要与其他特征（如过去时、否定、第一人称代词等）连用才能保证违实解读。单独的"真的"并不能保证违实义，如"如果他**真的**偷了钱，就要进监狱"（蒋严，2000：270），则有可能只是一个未知事实的一般假设句。

　　由于这类语气副词在标记违实句时具有不彻底性，通过删减测试又能看到其与违实之间的关系，因此研究的焦点不应该是这类特征是否应当看成违实标记，而应该是其与违实表达的关联性。基于表 3-6 的 Phi-coefficient correlation test 将从数据上验证这种正向关联性。

　　以假设连词为关键词，在三大语料库中共检索出 3029 个条件句。在这些条件句中，共有 110 句出现了否定标记，其中 82 句是非违实句，28 句为违实句。此外，共有 2919 句没有出现否定标记，其中 2702 句为非违实句，217 句为违实句，见表 3-6。

表 3-6　语气副词及其对应的违实 / 非违实句频次

语气副词	非违实句频次	违实句频次
出现"真的"类	82	28
缺失"真的"类	2702	217

　　H_0（空假设）："真的"类语气副词与违实不关联。Phi-coefficient correlation test 计算结果显示 $\varphi = 0.12$，$\chi^2 = N\varphi^2 = 43.62$。根据卡方检验表，当 $df=1$ 时，显赫性为 0.1%，对应值为 10.83。由于计算的 χ^2 高于此，故驳斥空假设，进而得出结论：在汉语中，"真的"类语气副词与违实表达相关联。

3.2.3.4　祈愿语气

　　祈愿语气（optative mood）表示祝愿或者希望，与鼓励相关。一些语言能够区分事件实现可能性较小的祈愿语气（desiderative optative）和普通祈愿语气。前者蕴含的事件逻辑与本书的违实范畴类似。在很多形态变化丰富的印欧语系语言中，祈愿语气常常实现为动词的形态屈折变化，并且与违实表达密切相关。在古希腊语中，祈愿语气常常用来表示可能性较小的指向未来的违实句（Future Less Vivid）（Iatridou, 2000: 245），如 **Μακάρι/Που να（祈愿语气）** μην τον είχα συναντήσει（我希望我从来没见过他）（Holton et al, 1997: 208）。在 Catalan 语言中，Tant de bo **que（祈愿语气）** hagués guanyat el premi（要是我能赢得那个奖就好了）（Wheeler, Yates & Dols, 1999: 391）。祈愿语气与一般的希望不同，常常表示实现可能性较小的愿望。在一些语气发达的语言中，常常用祈愿语气区别于一般表征型希望（performative optative），如下文列举的 Abkhaz 语：

例 15　Abkhaz（Northwest Caucasian, Abkhazia）（Dobrushina, 2011: 100）

b-ara　　pšʷʒala　　si-zha-**nda**.

F-你　　漂亮　　1SG.F-长-**DES**.OPT

"我多么希望你能长成一个漂亮姑娘啊!"

祈愿语气在很多日耳曼语言（如德语、冰岛语、瑞典语等）中常常标记为过去虚拟语气（past subjunctive），区别于现在虚拟语气（present subjunctive），用以表示实现可能性较小的愿望。在古英语和 Gothic 语中也有类似的表达方式。在一些没有形成专门语气屈折形式的语言中，特殊的动词会被借用表达相似的违实概念。如在现代英语中，常常借助于动词 wish 表示类似的祈愿语气，区别于表示一般愿望义的 hope，如 "I wish you were here"（要是你在这里就好了）。值得注意的是，在这些语言中，虽然有祈愿语气表示违实义的用法，但是祈愿语气只是与违实语气有关联，并不存在充分性或必要性的条件关联。在英语中，wish 也能用于非违实类的行动可能性或祝福义，如 "Wish you good luck！"在汉语中，由于缺乏语言屈折形式，祈愿语气常常表现为某种特定的句法形式，如 "……就好了（该多好）"或者某些意愿类心理动词，如 "希望""想"等。前者可以看成条件语气的子类，常常与句首假设连词或心理动词连用，或省略前句搭配词，例如：

例 16   a. 如果有一颗红豆送给可欣那该多好啊！

　　　 b. 如果能把阳光下的诺马罗夫送到白垩纪去该多好啊！

在语料库中不乏上述这类通过"……多好 / 就好了"等表达祈愿语气的例子，并且暗示事件的实现可能性较小。但这类祈愿语气并不能保证事件的违实解读。换句话说，在这类祈愿语气框架内，语义只是在违实上表现出一定的倾向性。通过上下文语境可以很轻松地对这类句子的违实义进行取消或加强。b 句虽然表达的违实义反事实程度很强，但也需要借助外部语境，如表示明显违背百科知识的行为。语料数据显示，这类祈愿表达有如下变体（见表 3-7）：

表 3-7   祈愿语气的表达形式和出现频率

就好了	（该）多好	总计
6	6	12

这几种表达形式能表达相同的意思，相当于英语中的"it would be good"。本书的语料库中共 12 例相关语料，其中"好"类词语均出现在条件句的后句中。那么这类表达积极美好愿望的条件句与违实条件句是否存在关联？为了验证这一猜想，三大语料库中共检索出 3029 个条件句进行检测。在这些条件句中，共有 17 句出现了类似的表达方式，其中 5 句是非违实句，12 句为违实句。此外，共有 3012 句没有出现类似的表达方式。在这些句子中，2779 句为非违实句，233 句为违实句，见表 3-8。

表 3-8   祈愿语气及其对应的违实 / 非违实句频次

祈愿语气	非违实句频次	违实句频次
出现祈愿表达	5	12
缺失祈愿表达	2779	233

H$_0$（空假设）：祈愿语气与违实不相关联。Phi–coefficient correlation test 计算结果显示 $\varphi = 0.17$，$\chi^2 = N\varphi^2 = 87.54$。根据卡方检验表，当 df=1 时，显赫性为 0.1%，对应值为 10.83。由于计算的 χ^2 高于此，故驳斥空假设，进而得出结论：在汉语中，祈愿语气与违实表达相关联。

3.2.3.5　时制指向词

汉语虽然缺乏时制的形态表现形式，但仍然可以通过词汇、语境等方式进行时间指向的表达。由于过去时间指向表示已然事物，对已然事实的假设通常能产生违实义。跨语言的事实也进一步证明过去时与违实密切相关。部分学者认为过去时通常表示时制上的遥远，进一步隐喻到认知上的距离。这与违实义在基本逻辑上具有相似之处（Steele，1975；Iatridou，2000；Ritter & Wiltschko，2010）。Fleischman（1989）认为从时间空间上的距离隐喻到抽象的认知领域，这种投射具有语言上的共性。然而这种关联并不意味着指向过去的条件句就一定理解为违实句。在汉语中，过去指向并没有被某种语言手段进行标记，也没有进一步语法化形成假时制，因此过去时与违实之间的关联并不具有句法必然性。下例中虽然含有过去时间词"昨天"，但是仍然能进行开放假设义的解读。

例 17　要是他昨天没有关，那现在教室里的灯一定还亮着。

说话者很有可能并不知道他昨天是否真的关了灯，也就是说过去的事实也不尽是已然。因此，对于一个含有过去时间词的条件句来说，如果其与违实之间仅仅是语用上的联系，那么则有一定的松散性。但在这类语言中，通过对比其他时间指向，仍然能看到过去时间指向与违实之间的关联，例如：

例 18　"昨天"和"明天"

a. 要是昨天下雨了就好了。

　　b. 要是明天下雨了就好了。

　　通过例 18 中这种最小对立组（minimal pair）可以看到，句子结构相同的情况下，如果换上过去时间词，句子有很大的可能可以按照违实义去理解。由于将来时间通常具有一定的未知性，句子大多出现开放假设义。

　　虽然上文讨论了汉语中过去时间违实表达的倾向性，但是在汉语中很难归纳出完整的过去时间特征，这是因为过去时间并没有语法化形成专门的形态。Huang（1987）认为汉语中仍然存在过去时，只是这种时制实现为一种隐形的空范畴。Pan & Hu（2001）则认为汉语没有时制范畴，也不存在隐形时制。因此，只能穷尽地列举语料中所有关于过去时间指向的语言要素，如"昨天、去年、刚才、刚刚、之前"等。汉语中的助词"了，过"与完成体有一定的关联，进而与过去时间有一定的重叠性。Bhat（1999）认为，汉语应当被看成体标记显赫的语言，进行 / 静止体可以用"着"进行标记，而完成体（包括经历体）通常用"了、过"进行标记。在体标记显赫型语言（aspect prominent language）中，完成体标记通常被借用表示过去时制。此外，指向现在的词汇，如"今天、现在"，也与违实有一定的关联，因为现在进行的事件也具有事实已然性。这种事实性和下文 3.2.3.6 中讨论的第一人称代词类似，观察下例：

例 19　如果我和姚佳现在抱在一起发抖……就会被自己没来由的想象吓死。

　　在例 19 中，事件"我和姚佳没有抱在一起发抖"正是说话者当下的状态。说话者对当下状态的假设也能产生违实义。由于条件句的前后句在句法上的逻辑顺序性也能在一定程度上（非必须）与时间上的先后性吻合，后句中的现在时通常能表示前句中事件刚刚发生，例如：

例 20　假如他没有成立橙果设计，他现在会做什么？

　　显然"他成立橙果设计"这个事件发生在过去。这种过去已然可以通过后句中的"现在"推测出来。语料中与违实相关的时间指向词如表 3-9 所示：

表 3-9　违实句中的过去时间词及其相应出现频率

过去时间词										完成体			现在时间词			
早（些／早／点儿）	当时	当初	曾	先	过去	去年	以前	从小		了1	了2	已	现在	今天	至今	总计
22	11	5	3	2	2	1	1	1		24	58	7	14	11	1	163

值得注意的是，表 3-9 中"早（些／早／点儿）"并不一定表示某个过去的时间段，如"明天你要是早些来……"。因此，句子需要借助语境进行过去时间指向，如例 21 中"早……早……"的搭配使用和句尾"了"皆是语境暗示词，辅助进行过去时间表达，进而与违实关联。

例 21　如果她早表明身份，好事早偕了。

汉语中的助词"了"与违实句的关系较为复杂。这是因为汉语中存在两种不同位置的"了"：了 1 通常用在动词后表示动作的完成，了 2 则用在句子结尾表示某种语气（反预期等）。根据本书的语料，通常与完成体相关联的"了"才能有效地指示违实句。据 2.2.3 研究，表示反预期的了 2 与违实在逻辑上有一定的相似性。因此，当了 1 和了 2 出现合体时，其与违实的关联程度最高。如"了"表示某种已经完成的事件，可以插入完成体词汇"已经"进行验证，如"好事早已经偕了"。如果不能表示某种完成事件，则不能表达违实义，如"如果你去，我就去了"。在多数情况下，"了"需要与其他时间特征词连用，如"早，当初，以前"等。

在本书的语料中，违实条件句中出现"早，当初"等远指过去词汇的频率要远远大于"事先，刚刚"等近指过去词汇。这种远指过去与违实之间的关联也在很多印欧语系语言中得到了证明。在这些语言中，先过去时常常用在违实程度较高的句子中。这就进一步验证了 Fleischman（1989）关于隐喻的理论：时间和空间的距离与认知距离有一定的相似性，因此，在时间领域远指距离越远，在认知领域可能世界与现实世界的距离也就越远，也就越容易在句子中产生违实义。

为了验证对过去时与违实关联的猜想，3 个语料库中共检索出3029 个条件句进行检测。在这些条件句中，共有 77 句出现了类似的表达方式，其中 5 句是非违实句，72 句为违实句。此外，共有 2952句没有出现类似的表达方式，其中 2779 句为非违实句，173 句为违实句，见表 3–10。

表 3–10   时制指向词及其对应的违实 / 非违实句频次

时制指向词	非违实句频次	违实句频次
出现过去/现在时制指向词	5	72[①]
出现过去/现在时制指向词	2779	173

H_0（空假设）：过去 / 现在时制指向词与违实不关联。Phi–coefficient correlation test 计算结果显示 $\varphi=0.51$，$\chi^2=N\varphi^2=787.84$。根据卡方检验表，当 $df=1$ 时，显赫性为 0.1%，对应值为 10.83。由于计算的 χ^2 高于此，故驳斥空假设，进而得出结论：在汉语中，过去 / 现在时制指向词与违实表达相关联。

3.2.3.6   语境敏感词

Ⅰ. 第一人称代词

Ziegeler（2000：38）发现第一人称代词频繁出现在违实句中，且比第二人称和第三人称代词更容易产生违实义的解读。她进一步

---

① 这里违实句出现的频次要低于表 3–9 中总计出现的过去时频次，这是因为在很多例句中，多个时制指向词共同作用在同一个句子中进行时间定位。

解读认为第一人称更贴近说话者的指称领域，因为第一人称代词通常指代说话者本人。根据邻近原则（intimacy），更容易产生基于现实的反事实推理，详见 4.2.3.1。

例 22　a.　If **I** had been there at the time, I would have seen the thief.

　　　　b.　If he had been there at the time, he would have seen the thief.

以上两句虽然都为违实句，但 b 句中的违实义可以被后附小句取消，如 "so let's go and ask him if he was there"；a 句由于出现第一人称代词，违实义很难被取消。同样在汉语中，第一人称代词出现的假设条件句比其他人称代词更易引发违实解读。对统计出来的违实语料进行主语归类，根据邻近原则从近到远分为以下 5 类，出现的频率见表 3–11。

表 3–11　违实句主语类型与出现频次

主语类型	第一人称代词	第二人称代词	第三人称代词	有生命NP	无生命NP
出现频率	52	19	17	26	14

数据显示，第一人称代词在违实句中出现的频率要远大于其他类型主语。此外，有生命 NP 比无生命 NP 出现的频率更高。因此，根据上述数据整理成违实生成能力层级图，如图 3–4 所示。

> 第一人称代词 > 第二人称代词 > 第三人称代词
>
> 有生命 NP > 无生命 NP

图 3–4　违实生成能力层级图

层级图越靠左也就越接近说话者的认知领域，因此违实生成能力更强。第一人称代词虽然出现频率较高，但是仍然有部分语料并不支持违实解读，比较下例：

例 23　a.　**如果我要安慰他，并不困难。**

b. 如果我当时没有退学，就不会有机会去参加这个我感兴趣的美术字课程。

第一人称代词容易引发出主观情态义。比较 I don't know that Bill came 和 He doesn't know that Bill came 两句。前者由于出现第一人称代词，事件"Bill 来"并不能看成事实。在后句中，全句预设了"Bill 来"事件为真。据第 2 章对违实逻辑的分析可以看到，违实是对预设事实的违背，而不是对不确定意向的违背。例 23 a 句中出现了主观情态助词"要"，与第一人称代词连用，加强了句子主观性，也赋予句子另一种主观性的开放假设。在这种情况下，例 23 a 句可能是说话者自己的某种揣测，"到底要不要安慰他呢，要是安慰的话，也不困难……"；而 b 句没有出现主观情态助词，客观性较强，出现第一人称代词时，通常只能作违实理解。因此，第一人称代词只有在非自主性（non-volitional）语境中使用时，才能辅助违实义的表达。在很多语言中，这种非自主性通过形态标记，如 Tibetan、Tariana、Tucano、Qiang 等。

为了进一步检测第一人称代词与违实是否关联，本章分别统计了在条件句框架内出现或缺失第一人称代词时违实句和非违实句的频次，见表 3-12：

表 3-12　出现 / 缺失第一人称代词对应的非违实 / 违实句频次

	非违实句频次	违实句频次
出现第一人称代词	180	40
缺失第一人称代词	2604	205

H_0（空假设）：第一人称代词与违实不关联。Phi-coefficient correlation test 计算结果显示 $\varphi=0.10$，$\chi^2=N\varphi^2=30.29$。根据卡方检验表，当 $df=1$ 时，显赫性为 0.1%，对应值为 10.83。由于计算的 χ^2 高于此，故驳斥空假设，进而得出结论：在汉语中，第一人称代词与

违实表达相关联。

Ⅱ. 指示代词

同样受邻近原则，定指相对于不定指更易于引发违实解读，例如：

例 24 a. 要是拿不到**那**张票，我就不能去看演出了。

b. 要是拿不到**这**张票，我就不能去看演出了。

c. 要是拿不到张票，我就不能去看演出了。

比较两个例句，由于指示代词"这、那"的出现，句子更接近于说话者的指称范围，更易于提供事实信息。听话者更容易通过句子提供的小语境推测出说话者预设的事实，即"我已经拿到了这张票"，因此也更倾向于被理解为违实句。这种差异在无指称的情况下则更为明显，如 c 句。

如果没有上下文的暗示，c 句很难理解为违实句。这是因为无定宾语不在说话者的指称范围内，很难传递出供听话者判断的事实信息，听话者也就无法推测出说话者的预设，因而无法完成违实交流。违实的生成能力与指称邻近度呈正相关，可以表述为"有定 > 无定"（详见 4.2.3.2）。根据语料中出现的 NP 定指和不定指情况进行分别统计，得出以下数据：

表 3-13　定指与不定指的统计频率

近指代词"这" +NP	远指代词"那" +NP	不定指NP
48	24	12

从频率上看，定指 NP 比不定指 NP 要高很多，这似乎验证了猜想：指示代词有利于违实句的解读。此外，在违实句中，指示代词常常与否定搭配，这种现象是否具有偶然性？如果不是，为什么在违实句中否定表达与指示代词会出现共现？当在 NP 前使用"这/那"

时，通常 NP 具有一定的指称性，也就是至少在理论上是存在的。由于语用预设不受否定的干扰，因此会出现一个否定的表达与对应的肯定预设，例如：

例 25　a. ……中国就不会再有这 / 那样的才子。(这 / 那样的才子存在过。)

　　　　b. ……他就不会有这 / 那样的提案。(这 / 那样的提案存在过。)

作为条件句的后句，以上两句通常预设了一个与字面意思相反的事实。由于 NP 作为事实的一部分通常是有所指的，需要配上相应的指示代词。关于否定表达与指示代词的连用逻辑，见 4.2.3.2。

为了进一步计算近指代词"这"与违实之间的相关性，表 3–14 统计了出现或缺失近指代词"这"时违实句和非违实句的频次。

表 3–14　出现 / 缺失指示代词对应的非违实 / 违实句频次

	非违实句频次	违实句频次
出现指示代词	281	72
缺失指示代词	2503	173

H_0 (空假设)：指示代词与违实不相关联。Phi–coefficient correlation test 计算结果显示 $\varphi=0.16$，$\chi^2=N\varphi^2=77.54$。根据卡方检验表，当 $df=1$ 时，显赫性为 0.1%，对应值为 10.83。由于计算的 χ^2 高于此，故驳斥空假设，进而得出结论：在汉语中，指示代词与违实表达相关联。

3.2.3.7　语境信息和百科知识

除了上文提到的部分词汇和形态句法特征外，违实句也允许听话者从不同的会话线索和百科知识中去推测事实的相反性。本小节将对违实义理解的会话触发因子进行进一步分析。Lewis (1973) 认为如果说话者没有预设条件句的前句为假，在这种情况下使用违实句是一种错误，那么说话者的这种预设会通过词汇等特征显现在句中。Ziegeler（2000）认为语境指示词（contextual indicators）是决定句子能否理解为违实的重要因素。特别是汉语，由于缺失专门的违实标记，语境推理是违实句的重要特征。因此，蒋严（2000）认为语用捷径是汉语违实句理解的重要特征。这些语用捷径于前文总结的各类违实特征之外独立作用生成违实义，例如：

例26　如果电影院的观众都不认识我倒也罢了，关键是我的身边还坐着两位最熟悉我的人——我的妻子和女儿。

"罢了"常常暗示了后接的转折句。此处转折句提供了与前句相反的事实，从而决定了前句的违实身份。下文"关键是……"提供了说话者认为的事实，同时通过转折反驳了前句提供的假设猜想。

违实句对语境的依赖性还表现在即便前句语境词已经提供足够的违实语境时，句子的违实性仍然可以被语境取消，或是在紧邻的语言环境中，或是在相对较远的语言环境中。前文讲过，条件句前句如果出现过去时间词，通常被理解成违实义，例如：

例27　如果你刚才没叫住他，他现在就已经在现场了。

例27由于使用了过去时制标记"刚才"，是典型的汉语违实句。如果在句前加上"我不知道你刚才有没有叫住他，但是……"，那么例27则变成了一般假设句。

蒋严（2000）认为汉语有很多违实句可以通过语用捷径对公认的事实进行假设，从而完成违实意义的传达。这类句子可以不必使用任何违实特征，例如：

例28　假如有条侏罗纪的蛇颈龙爬行到了现代，大概也是这样子。

还有一类语用违实句通过假想性地交换时空或角色完成违实义的传达，例如：

例29　a. 如果在平时，罗飞会一步步地引导周平往下分析。

　　　　b. 我要是你，我会高兴的。

a句是将"现在这种特殊时期"与"平时"进行交换，b句则是将"我"与"你"进行交换。这种交换式的违实句在一些语言中屡见不鲜，被称为"静态违实句"（static counterfactual）（Magier，1983）。如在西班牙语中，这种角色交换的违实句仍然保留了古老的语言形式：*Yo que tú/usted*（If I were you）。

通过对检索出的 245 个违实句进行分析，统计出语用违实句所占比例，如表 3-15 所示：

表 3-15　语用违实句的出现频次和百分比

语境推理	百科知识	总计
20（8.2%）	54（22.0%）	74（30.2%）

可见，在汉语违实句中，违实句的语用推理（语境推理 + 百科知识）仍然起着不容忽视的作用，30.2% 仍然离不开显性[①]语用的作用。

3.3　其他发现

3.3.1　违实特征的表征模式——CFI 原则

上文对汉语违实特征的分析可以概括为以下几点：①汉语没有形成专门的语言策略去标记违实句；②汉语中有很多词汇特征与违实句关联，语境依赖程度仍然很高；③语用推理在汉语违实句的解读中起到至关重要的作用。这就导致很多违实特征虽然与违实有显赫性的正关联，但 φ 值大多低于 0.5，即便具有高关联度的"不是"与"过去时"也有可能出现在非违实句中。那么汉语使用者如何在缺乏稳定违实标记的基础上准确无误地交流违实思想？ Feng & Yi（2005）和 Wang（2012）认为汉语违实句是在违实特征与语义、语用共同作用的基础上生成的，因此在特定的语用环境下，可以准确

[①]　显性语用作用是指典型的依赖上下文语境或者百科知识进行推理进而产生违实义的句子。其他包括过去时间指示词、第一人称代词等，在一定程度上也是语境信息的暗示，但在一定程度上其作用相对隐性。

地传递违实义。下文将根据现有语料，量化分析与违实义理解相关的特征。

3.2.3 中已经呈现了汉语中多种与违实表达相关联的违实特征，包括否定、语气副词、祈愿语气、时制指向词、语境敏感词等。汉语违实义的生成能力则与这些特征出现的数量直接相关。这些特征出现的越多，提供的语境环境就越充分，违实义的生成能力也就越高。因此，Comrie（1986）关于虚拟程度连续性的猜想可以与句子中出现的违实特征数目相关联。即使在缺乏特定违实标记的汉语中，仍存在很多能独立于语用的违实句，一些违实特征也能在组合出现的状况下独立地标记违实，例如：

例 30　*如果我们当时真的没有爱过就好了。*

该句使用了 5 个违实特征，分别为第一人称代词、过去时制、"真的"、否定和"就好了"。由于违实特征的共同作用，该句的违实性很难被语境取消，具有很强的语用独立性。通过分析检索出的违实句，可以发现在大多数情况下，两三个违实特征就可以保证句子的违实性。为了更准确地估算违实性与违实特征的关系，对检索出的违实句所运用的违实特征进行统计分析如下：

- a.　否定
- b.　语气副词
- c.　祈愿语气
- d.　时制指向词
- e1.　第一人称代词
- e2.　指示代词
- f1.　语境推理
- f2.　百科知识

表 3-16　违实特征的表征模式和出现频率 ①

f1	f2	d	a	e1	b+c	d+a	e1+d	e1+f2	a+a	e1+f1	b+f2	a+f2	e1+a	f1+c	a+b	e2+d	f2+d	a+f1	a+e2
8	25	9	16	3	1	11	12	1	11	3	2	12	1	4	9	1	1	17

e1+a+a	f1+c+e2	b+e2+a	e1+b+a	d+e1+e2	e1+f2+a	e1+d+f1	a+e2+d	a+a+d	e1+d+c	a+a+a	f2+d+c	f2+a+a
4	1	3	5	2	2	1	3	17	1	3	1	2

a+a+b	a+a+e2	f1+b+c	f1+e2+c	f2+e2+a	a+a+c	d+a+a+a	a+e2+e1+d	a+e2+a+e2	a+e2+a+e2+d
10	19	3	2	8	2	2	2	2	1

表 3-16 中的数据可以根据句子中违实特征出现的数目归为以下几类：

表 3-17　违实特征数目与违实句的频次

违实特征数目	1	2	3	4	5	总计
违实句频次	61	88	89	6	1	245

只有 2.9% 的违实句出现了 3 个以上的违实特征，例如：

例 31　如果没有 **a** 丈夫的那次 **e2** 羞辱，没有 **a** 那次 **e2** 同学聚会上受到的刺激，也许她还沉醉在已 **d** 有的平静生活中。a+e2+a+e2+d

上句中出现了平行特征使用，a+e2 的平行使用增加了句子违实的理解力，因此句子的违实义也很难被取消。同样，下句的违实义也很难受到语境的干扰：

例 32　如果不是 **a** 这 **e2** 枚戒指，也许我不会 **a** 这么 **e2** 快就怀疑你。a+e2+a+e2

大多数违实句都只出现了 3 个或 3 个以下的违实特征，例如：

例 33　a. 我 **e1** 如果不是 **a** 晕倒在天桥上，真的 **b** 有想跳天桥的想法。e1+a+b

　　　b. 要是我 **e1** 介意，就不 **a** 会来。e1+a

　　　c. 如果没有 **a** 她，他的境界会提升得更快。a

---

① 否定标记的双重或三重使用模式标记为 "a+a" 或者是 "a+a+a"，因为否定标记的使用数目直接影响句子的理解。如果出现了多个时制指向词，只记作 d，因为 d 的叠加使用并不影响句子的指向理解。

例 33 a 句和 b 句都是对说话者自己进行的假设猜想，因此听话者可以通过句子提供的信息有足够的事实预测。因为说话者总是对自己有足够的事实了解，所以句子在通常情况下也是作为违实句去理解。如果只出现了一个违实特征，如 c 句，句子的违实义则很容易被取消，如在前面加上小句"我不知道有没有她，但是……"。

数据显示，违实特征使用的平均数目为 2.17，众数为 3，变异系数为 39。这就说明不同违实句在违实特征数目的使用上差别较大，大多数违实句有 3 个特征共同作用。此外，随着违实特征数目的增加，显性语用的影响（f1/f2）也越来越少，如图 3-5：

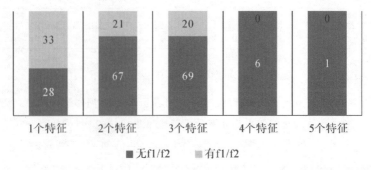

图 3-5　违实特征数目与语用独立性

只有一个特征的违实句，除了左向居高位的否定标记或第一人称代词外，很难独立于语境传递违实义。正如之前分析的，语气副词和祈愿语气结构"……就好了"很难彻底地标记违实义。在这个层面 f1/f2 起到了关键作用，约 54.1% 的句子用到了 f1/f2。当违实特征数目增加到 2 时，只有 23.9% 的句子用到了 f1/f2。当违实特征数目增加到 3 时，f1/f2 的影响力则下降到 22.5%。对于有 4 个或 5 个以上违实特征的句子来说，f1/f2 则几乎没有任何影响力。

鉴于以上数据，可以得出结论：单个的违实特征虽然与违实句呈正向关联，但不能可靠地将违实句与一般假设句区分。可以通过增加违实特征的数量减少语用的干扰，违实特征出现数目越多，语用干扰越小，句子的违实性也就越稳定。Ziegeler（2000:41）称之为"违实蕴含原则——CFI 原则"（Counterfactual Implicature），即违实推理的力度与其所在语境的事实暗示力度直接相关。这个原则尤其适用于汉语这类缺乏成熟的违实标记的语言。违实义的表达是各种违实特征和语用共同作用的结果，而不是简单地由某个语素决定的。因此，这些共同作用增强违实表达力的特征可以看成违实强化因子，记作 CFE（CF enhancers）。与 CF 标记不同，CFE 既不能充分地标记违实义，也不是违实句要求的必要成分，只是通过计算，与违实句呈正向关联。换句话说，CFE 不具有标记性质，只能作为特征存在。

3.3.2　违实特征分布与假设连词

正如前文所述，汉语中不同的假设连词有不同的违实生成能力，不能精准地计算出其对应的数值或进行大小排序。除了违实生成能力的不同，本节进一步研究这些假设连词对各自 CFE 因子（即违实特征）的选择有何不同。为了回答这个问题，对每个假设连词所对应的 CFE 因子进行量化统计，见表 3–18。

表 3–18　假设连词与 CFE 因子

	要不是	若非	假如	要是	假设	如若	假若	若	倘若	如果
否定	4	1	8	9	0	3	3	21	5	167
语气副词	2	0	3	0	0	1	0	2	1	25
祈愿语气	0	0	0	8	0	0	0	0	0	4
时制指向词	6	2	2	8	0	2	0	3	2	47
第一人称代词	4	2	4	7	0	0	0	0	1	20
指示代词	2	0	4	2	0	0	0	2	2	60
语境推理	1	1	0	6	0	1	0	1	1	12
百科知识	0	0	15	3	3	4	3	3	4	29

从表 3–18 可以看出，违实句出现假设连词"要是"时，通常与祈愿语气"……就好了 / 多好"等搭配使用在非正式口语中，例如：

例 34　要是我有你这么老就好了。

如果这里的"要是"换成正式书面语体中常用的"若""倘若""如若"等，则非常奇怪。复合假设连词"要不是""若非"也不可以与之连用。

对于所有这些假设连词，否定都能与其连用，并且在指示违实义时起到关键作用。在否定的帮助下，其他 CFE 因子，如语气副词、语境敏感词、语境推理和百科知识也相应地发挥着次要的作用。

此外，数据显示了一些假设连词在特征选择上的差异和共性。"要是"常常用在口语语境中，与其他关联词不同，常常与"……就好了 / 多好"搭配。此外，由于很少发现"要是"和"不是"连用，相比较"如果"而言，否定在与"要是"搭配的特征中也并不显赫。另一个有趣的事实是关于"假"类关联词，如"假如、假若、假设"等。受其中语素"假"的影响，这些关联词常出现在虚拟程度较高的语体中。因此，对于这些假设连词来说，语境推理起到相对重要的作用。在数据统计上，否定词"不是"倾向于和单音节假设连词连用，如"要不是、若不是"等；相比较而言，"倘若不是，如若不是"则出现频率小很多。对于最常用的假设连词"如果"来说，"不是"也常常出现连用，这是因为其对应的单音节词"如"适用范围相对受限，多用于政府报告和法律文件中。

3.3.3　违实特征分布与体裁差异

学术界虽然对汉语违实句的机制研究颇多，但是对不同语体间的 CFE 因子变异却鲜有研究。正如前文 3.2.2 所述，不同的语体对不同句子类型会有一定的选择倾向性，如政府报告或法律文件由于精准性的要求，很少使用违实句。然而，科幻体或自传体比其他文体更倾向于使用违实句。除了违实句的使用差异外，不同的问题在 CFE 因子的选择上是否存在不同？要回答这些问题，需要对 CFE 因子在四大文体，即新闻（报告、评论、社论等）、大散文（爱好技能、通俗小说、自传回忆录、其他文件等）、学术（学术写作）和科幻（科幻、冒险、爱情、幽默等）的分布情况进行量化统计，见表 3-19。

表 3-19　四大文体与 CFE 因子分布

CFE因子	新闻	大散文	学术	科幻
否定	30	61	20	126
语气副词	1	7	2	18
祈愿语气	0	2	0	10
时制指向词	3	20	11	38
第一人称代词	1	9	3	25
指示代词	5	20	8	39
语境推理	3	6	4	11
百科知识	3	12	15	24

上述数据显示四大文体中最受欢迎的 CFE 因子是否定，其次是时制指向词和知识代词。然而，不同的语体在 CFE 因子的选择上也有不同，如新闻语体使用的 CFE 因子明显少于其他文体。新闻和学术问题上的违实句则相对较少使用语气副词、祈愿语气和第一人称代词。学术文体中的违实句则更多依赖于语境推理和百科知识。换句话说，这些句子单独脱离语境来看很难判断是否违实。科幻文体中的违实句则倾向于使用更多的 CFE 因子，如 CFE 因子中共有 12 例祈愿语气，其中 10 例都出现在了科幻文体中。虽然科幻文体中语境推理和百科知识出现的绝对频率数值高于其他文体，但是相对数值较低。这验证了 3.3.1 中关于表征模式的论述：各类违实词汇特征出现得越多，违实句的语用依赖性越弱。

3.3.4 英汉违实句的对比性分析

3.3.4.1 汉语、英式英语、美式英语中的违实频率差异

对平衡语料库 TORCH（汉语）、CLOB（英式英语）和 CROWN（美式英语）进行对比统计，发现这 3 个语料库在语体分布、字数统计和词汇的多样性上（根据 Type-Token 比例测出）均表现出一致性。对英语条件违实句的检索相对简单，将 VBDR（were），VHD（had）和 VDD（动词的过去时届折形式）等作为特征进行检索，再从检索出的句子中进行违实句的甄别和挑选。所有挑选出的违实句将根据文体进行分布。从表 3-20 可以看出，不论是哪种文体，汉语在违实句的使用频率上都呈明显的劣势。

表 3-20　平衡语料库间的违实句分布差异

文体	TORCH	CLOB	CROWN
A_reportage	4	17	15
B_editorials	0	10	17
C_reviews	0	7	9
D-religion	3	3	4
E_skills_hobbies	0	7	10
F_popular_lore	12	12	20
G_biography_memoirs	13	47	53
H_reports_gov_docs	0	5	5
J_academic_writing	3	15	6
K_general_fiction	22	24	18
L_mystery_detective	12	33	17
M_sci_fiction	2	16	3
N_adventure_fiction	18	21	14
P_romance_stories	4	14	40
R_humor	0	10	11

3.3.4.2　英语违实标记的翻译策略

本小节将对 3.1.1 中提到的英汉双语平行语料库（http://www. luweixmu.com/ec-corpus）提供的语料进行翻译研究。根据 3.3.4.1 可知，英语中的违实句使用频率要远远大于汉语。英语有专门的语言手段去标记违实句，如假时制（过去时和先过去时），后句中的条件语气"would"。汉语虽然缺乏标记，但是可以借用 CFE 因子辅助表达。考虑到其在传递违实义时的不充分性，不能视其为标记。那么在翻译过程中，汉语通常使用什么策略去替换英语中的违实标记？答案是通过对平行语料库中的英语违实句进行检索，并将其对应的汉语翻译进行整理，将其中涉及的翻译技巧归类。从数据中可以看出，汉语翻译后的违实句大多将英语中涉及的过去时屈折变换替换成相应的过去时制指向词，例如：

例 35　He would have lost his position if you hadn't backed him up.
　　　　假如你当初（at that time）没有支持他,他可能已经失去职位了。

虽然"当初"并没有出现在句中，但是这个词的出现替换了英语中的先过去时（hadn't backed）；或者加入时间副词，如"早，本来"等，例如：

例 36　a.　For Jane would have got Mr. Bingley, if she could.
　　　　　　因为吉英要是能够嫁给彬格莱先生，她早就嫁了。
　　　　b.　If I had had time, I would have called you.
　　　　　　如果我有时间，我本来是要打电话给你的。

同理，这里"早"和"本来"的出现指示了过去出现的某个平行可能世界；或者在句尾加上语气词"了"，例如：

例 37　If you had asked for directions, you wouldn't have got lost.
　　　　如果你问一下路，就不会走丢了。

将否定词与句首连词合并成复合假设连词"要不是，若非"等，例如：

例 38   a. I do not imagine his business would have called him away just now, if he had not wished to avoid a certain gentleman here.

　　　　我想，他要不是为了要回避这儿的某一位先生，不会就这么凑巧，偏偏这时候因事缺席。

　　　　b. If not so payable, would have been authorized investments.

　　　　若非如此付款，则会是特准投资项目者。

　　加入高位"否定词"（关于"高位"的定义和移位形成见下文 4.2.2 详述），例如：

例 39   a. If it weren't for the education by everyone and their efforts to save me, the self-immolator of today would be me tomorrow.

　　　　如果不是大家的教育、挽救，自焚者的今天就是我的明天。

　　　　b. If there had not been the "People's Temple", they would have been assassinated by the Ku-Klux-Klan, thrown.

　　　　如果没有"人民圣殿教"，他们将被三K党暗杀。

　　加入语气副词"真（的）"，例如：

例 40   If I were to be a bird, I would fly to you at once.

　　　　如果我真能变成一只鸟，我就立即飞到你的身旁。

　　例 40 通过"were"（过去虚拟语气）的使用引入了一个相对不可能实现的可能世界。在汉语中，虽然没有出现相对应的时态语气范畴，但是可以用语气副词"真（的）"强调事件形成的不可能性（见 4.1.2.4 详述）；或者使用句首假设连词"假 X"，例如：

例 41   We would give more examples if we could afford the space.

　　　　假如我们能匀出篇幅来，就可以多举些例子了。

　　还有一些违实句在翻译过程中采用逐字翻译的直译法，由于语境本身已经提供了足够多的反事实信息，也不需要借助其他手段。3.2.3.7 中已经讲过违实中常用的反事实语境，即时空对换、角色对换等。因此，即便不使用任何策略进行弥补，当出现角色对换时，句子仍然可以传递违实义，例如：

例 42   a. But, if I were you, I would stand by the nephew. He has more to give.

　　　　要是我处在你的位置，我一定要站在姨侄一边，因为他可以给人更多的利益。

b. If I were an American, as I am an Englishman, while a foreign troop was landed in my country, I never would lay down my arms!

倘如我是美国人，正如我现在是英国人一样，当外国军队入侵我国国境，我绝对不会放下武器。

正如 3.2.3.6 中谈论的，否定词与指示代词连用时具有事实预设功能。因此，翻译后的句子也可以保留同样的搭配，例如：

例 43　If anybody but a Negro boy were charged with murder, the State's Attorney would not have rushed this case to trial and demanded the death penalty.

如果受到杀人控诉的不是一个黑人孩子而是别的什么人，本州的检察官就**不会这样**急急忙忙把本案提交审判，并要求判处死刑。

在很多例子中，句子的违实性在翻译后消失。为了不影响对句子的理解，可以将原来的反事实义通过直陈句进行转述表达，例如：

例 44　a. If it were not for hope, the heart would break.

人是靠希望活着的。（Literal meaning: Human live by hope.）

b. ... had not Jane, though with some difficulty, persuaded her to wait till her father was at leisure to be consulted.

……吉英好容易才劝住了她，叫她等到父亲有空的时候再商量。

（Literal meaning: Jane persuaded her with some difficulties.）

也可以变成普通的开放条件句。这种翻译后的单句会有一定的歧义，在一定程度上并没有保留原句的表达效果，例如：

例 45　a. This operation would be considerably faster if FindFast were installed.

如果安装了"档检索"，这项操作的速度就会显著加快。

b. Were the attempt to succeed, it would be impossible for China to achieve peaceful reunification.

如果这一图谋得逞，中国的和平统一将变得不可能。

c. You would write better if you had a good pen.

要是有支好笔，就能写得更好。

以上 3 句的中文翻译中的假设句描述的事件实现可能性并不是很清楚，只是作为一般开放句去理解。但句中的假时态和条件语气的运用则传递了与事实相悖的违实假设，这种意思在翻译中出现了缺失。如何精准地翻译英语中的违实范畴，给今后的翻译工作提出了更高的要求。

3.4　结论与类型学启示

3.4.1　结论

现有的研究目的是为了发现汉语中违实句的生成机制，并对汉英之间的违实句使用频率、标记策略等差异性进行研究。基于量化的数据统计研究发现，除了语境推理和百科知识外，汉语违实句与否定、语气副词、祈愿语气、过去时制指向词、第一人称代词和指示代词等正向关联。这些特征由于不具有充分性和标记特征，因而被称为"违实强化因子"，简称为"CFE 因子"。CFE 因子出现得越多，句子受语用的影响则越小。此外，汉语的诸多假设连词在违实生成能力上和对 CFE 因子的选择上表现各异。文体的差异对违实句也有一定的影响，具体表现在不同文体的违实句出现频率各不相同，但文体对 CFE 因子的选择差异性并不明显。在汉英对比上，不论是出现频率还是标记策略，违实句都会表现出明显的差异。这种差异也是导致翻译语义流失和交流误解的根本原因。

上文提到的第一个发现是关于汉语中的 CFE 因子。但进一步研究发现，这些 CFE 因子并不是在同等层面起作用。进一步观察发现，与其说违实性的强弱与违实特征的数目相关，不如说与违实特征的搭配相关。Givón（1990）认为跨语言的语料可以证明违实需要借助两种算子进行标记：现实因子（realis operator），如过去时、完成体、完成时等；非现实因子（irrealis operator）如将来时、虚拟语气、条件语气等语气范畴。现实因子可以辅助听话者对事实的预设；而非现实因子则是通过增大可能世界与现实世界的距离增强虚拟程度。

根据这两个层面将上述列出的 CFE 因子进行分类，过去时、第一人称代词、指示代词、语境推理和百科知识都能帮助听话者进行事实预设的推理，属于现实因子。但汉语中的过去时间词则与西方语言中已经虚化的假时制不同，并不具有语法标记作用。这是因为过去时间词在汉语中完整地保留了其时制指向作用，只是作为现实因子，在非现实假设句的框架中辅助听话者推理违实义。而假设连词、语气副词、祈愿语气等分别属于情态和语气范畴，增加了句子的虚拟程度，也拉开了可能世界与直陈世界之间的距离，属于非现实因子。那么问题来了，否定标记该何去何从？ Wang（2012）将否定算子归入独立于非现实因子和现实因子之外的第三类。否定算子虽然不是违实句的必有成分，但可以作为催化剂，有助于增强违实性。这是因为人们宁愿接受一个肯定的事实，肯定比否定更接近人们的共识范畴。Wierzbicka（1997）意识到否定在增强违实性上的作用，甚至将前后件双否定式违实条件句作为违实范畴的核心。不同于 Wang 的分类，本书将否定标记归入现实算子中。下文 4.2.2 将对比汉语中几个常用的否定标记"不""没（有）"和"不是"等。由于否定标记内部的使用存在差异性，"没（有）"和"不是"比"不"更常用于违实句中，且在一定程度上"不"的使用可能会降低违实性。一方面，否定与违实表达的关联有理据性；另一方面，并不是所有否定都具有增强违实的功效。这是因为否定标记在满足违实表达的逻辑预设的同时也通过自身特有语义特点贡献现实因子，从而与非现实因子共同作用生成违实义（详见 4.2.2）。

否定词"没有"在表示对过去事件否定时，隶属于现实因子。而蕴含在"不是"中的现实算子则不易被发觉，例如：

例 46　a. 如果你有任何问题，你都可以来问我。

　　　　b. 如果不是你有任何问题，你都不可以来问我。（★）

NPI–"任何"在 a 句中获得允准，但在 b 句中则没有获得允准。

Zwart（1995）和 Giannakidou（1998）认为现实算子会阻碍 NPI 极项的允准。Su（2008）认为汉语"要不是"中含有现实算子，以致句子中 NPI 没有获得允准。其实真正含有现实算子的成分是否定标记"不是"。除了"要不是"，"不是"在与其他假设连词连用时都会出现阻碍 NPI 允准的现象。

若想准确地传递违实义，通常需要至少一个现实因子和一个非现实因子。因此，作为兼类的句首连词"要不是、若非"等通常兼具假设连词（非现实）和否定标记（现实）两类因子，在传递违实义时充分性程度较高，类似于西方语言中的违实标记。由于假设连词蕴含非现实算子，因此当假设连词和蕴含现实算子的否定词"没有""不是"连用时，句子中则同时出现 3 种算子，违实性最强。观察筛选出的 245 个违实句，其中有 83 个句子同时使用了假设连词和蕴含现实算子的否定词，例如：

例 47　a.　如果不是戴着一副近视眼镜，倒像个真正的店员。

　　　　b.　若不是做了父母，你就不能成为一个完全的人。

那么根据这种分类，上文分析的违实特征可以归纳为表 3-21：

表 3-21　基于语料库的 CFE 因子分类

非现实因子	现实因子
祈愿语气——……就好了/（该）多好 语气副词——真（是/的） 假设连词	过去时 第一人称代词 近指代词 语境推理和百科知识 没有/不是
要不是，若非，假设连词+不是/没有	

值得说明的是，这里列举出来的 CFE 因子是基于前文语料统计后归纳得出的。第 4 章将在本章量化统计得出的规律的基础上进一步演绎出可能出现在汉语违实句中的 CFE 因子，包括非现实因子涵

盖的情态语气范畴和现实因子涵盖的时间框架、否定标记和语境信息等。

如果没有出现否定，仅仅凭借着非现实因子和现实因子，虽然能够保证句子的违实解读，但需要遵循 CFI- 原则，提供足够多的信息量。例如：

例48　a.　**如果他昨天来了1香港，就会去看望你。**（违实／非违实）

　　　　b.　**如果他昨天来了1香港，就会去看望你了2。**（违实）

a 句中虽然同时出现现实因子（昨天，了1）与非现实因子（如果），但是句子仍然会出现两解的可能性。b 句中通过现实算子"了2"的配合使用，增加了现实信息量，从而增强了句子的违实性。

如果缺少非现实算子和现实算子两者其中之一，则不能产生违实句，例如：

例49　a.　**如果你不来，请告诉我一声。**（一般假设句）——非现实因子

　　　　b.　**他昨天没有到。**（陈述句）——现实因子

那么通过语用捷径即可判断的违实句可否不蕴含违实算子？其实不然，语用捷径本身就提供了现实算子，如本章例28中，百科知识"侏罗纪的蛇颈龙不能爬行到现在"为违实假设提供了现实信息。

这些 CFE 因子内部也存在互动作用，如本章提到的违实特征中的各类词汇（a, b, c, d, e1, e2）与大小语境（f1, f2）之间的互动。具体表现在如果各形式特征能提供足够多的事实基础，则不需要借助f1/f2 的外部力量。换句话说，如果听话者能够从这些特征中推测出预设事实，f1/f2 则可以省略。

另一个发现是关于违实句中的假设连词和文体差异。统计数据显示，假设连词如"假如，要是"等更容易生成违实句；文体分布上，想象体（imaginative works）比信息体（informative works）更容易出现违实句。在 CFE 因子选择上，"假 X"类关联词往往会引介一个虚拟程度较高的可能世界，具体原因可以追溯到"假"与关

联词"如果、若"之间的词汇化以及"假"的实义滞留。在日耳曼语族中也出现了类似的现象。在 Gothic 语中，为了更加精确地表达需要，一些修饰语与关联词合并使用，如不同的副词与关联词 *ei* 联合使用，从而满足不同的交际需求：*fáurþizei* "before"（在……之前），*miþþanei* "while, as"（当），*sunsei* "as soon as"（一……就……），*swāei* "so that"（为了……），*þandei* "because"（因为），*þanei* "that"（标句词），*þarei* "where"（关系副词"哪儿"），*þaþrōei* "from where"（关系副词"从哪儿"）和 *þēe* "through that"（虽然）。

基于使用频率对比数据研究发现，英语比汉语更常使用违实句。接下来的翻译研究进一步证实了差异性，多数英语中的违实句在翻译过程中出现了违实义的流失，在一定程度上也造成了误解。这是因为汉语并没有形成专门的语言标记，多借助词汇和语境功能。当语境信息不足时，译者则需要通过词汇的添加从而增强事实预设基础。因此，字面直译在这种情况下并不适用。另外，在英语中，时制发生了进一步的语法化，从而形成了违实情态义，甚至可以标记指向未来的违实句，例如：

例 50　If it were to rain, we would have to cancel the match tomorrow.
　　　如果下雨，我们只好取消明天的比赛。

由于出现了违实标记，违实句的生成不必考虑非现实因子和现实因子的搭配。因此，例句可以在毫无现实因子的情况下传递违实义。但在汉语中，并没有办法表达类似的指向未来的违实义。翻译文本中的这类句子多数并没有保留文本中的情态义。

3.4.2　CFE 因子与类型学意义

本章对汉语违实句的量化分析研究也为世界上其他没有形成违实标记的语言提供了违实句的研究思路。从语言的对比研究分析可以看出，世界上对违实句的表征模式主要有两种：一是通过专用的语言手段去标记违实语气，即违实标记，记作 CF 标记；另一种则是借助非现实因子和现实因子等通过推理增强违实表达的可能性，即违实强化因子，记作 CFE 因子。在英语中，假时制可以看成 CF 标记，例如：

例 51　If John **had been** at the scene of the crime, Mary **would have seen** him.（Mary probably saw him, and probably not.）

　　如果约翰在犯罪现场，玛丽就看见他了。（玛丽可能看见他，也可能没。）

例 51 中通过运用先过去时转指过去事件从而表达某种与事实相悖的违实义。但这种违实性可以通过括号中的小句进行取消。如果加上 CFE 因子——否定标记后，违实性则得到加强，例如：

例 52　If John had **not** been at the scene of the crime, Mary would have seen him.（It is highly likely that Mary did not see him.）

　　如果约翰没有在犯罪现场，玛丽就可能看见他了。（很可能玛丽没能看见他。）

因此可以看到，否定标记在这里的作用不是标记违实义，而是强化违实性。根据 CFI 原则，这种强化因子出现得越多，句子的违实性也就越强，例如：

例 53　If John had **not** been at the scene of the crime, Mary would **not** have seen him.（I am sure Mary did see him.）

　　如果约翰不在犯罪现场，玛丽就不会看见他了。（玛丽肯定看见他了。）

因此，Wierzbicka（1997）将违实句的核心范畴描写如下：

　　IF *X* HAD NOT HAPPENED, *Y* WOULD NOT HAVE HAPPENED.

回到上文提到的违实性取消上来，违实性程度越高，违实性则越难被取消。肯定的违实句往往会让听话者联想到一些肯定的事实（*X* 或 *Y* 事件发生），因此，将他们看成非现实开放性想象而非反事实。因此，句子的违实性很容易通过后接小句进行取消。但对于双重否定的违实句来说，由于 CFE 因子的运用，很难有开放性想象的空间，多数只能作违实义去理解。对 CF 标记 +CFE 因子这样的强违实句进行违实加强（如 a 句）或违实取消（如 b 句）都非常奇怪，例如：

例 54　a.　If they had not found the water, they would not have survived; so let's hope they found it. ★

如果他们没有找到水，他们就不会生存下来了；我们还是希望他们能找到水。

　　　　b.　If they had not found that water, they would not have survived; and it is unlikely that they found it. ★

如果他们没有找到水，他们就不会生存下来了；他们还是不太可能找到水。

Comrie（1986）认为所有传统的关于语言的描写记录都认为语言大体上在虚拟程度上会分为两类：开放句（open conditions）和闭合句（closed conditions），或是现实句和非现实句。有些语言进一步出现三分虚拟度，即根据事件的实现可能性①分为现实句、假设句和违实句。现实句往往表示低虚拟度，而违实句则表示程度最高的虚拟度。然而，虚拟度之间的差异并没有一刀切，不同的语言在虚拟连续统上呈现相对的程度不同。因此，两种观点同样成立：一方面，在基础层次有现实句、虚拟句和违实句之分；另一方面，虚拟程度呈现连续统。CF 标记的作用是区别违实句和其他句子，CFE 因子的作用是微调不同违实句在虚拟连续统上的位置。而对于缺乏 CF 标记的语言来说，一些常用的 CFE 因子，如否定、语气词、过去时制指向词、第一人称代词、指示代词等，将会被用来增强句子的虚拟度，从而使其达到满足违实交际的需要。

综上所述，汉语中违实句的表达没有固定的语法词汇形式，主要依靠多种违实特征的共同作用，且部分依赖语用。汉语之所以没

---

① Comrie（1986）认为虚拟度指的是条件句前件中事件的实现可能性，高虚拟度等同于低实现性，反之亦然。

有发展形成成熟的违实标记，是因为汉语缺乏形态变化，没有专门的语素承载影响力较高的违实特征（如过去时）。而世界其他语言中的违实标记大多源于时体形态。这些时体形态最初以违实特征的身份出现，通过贡献自身的词汇义增强违实表达的几率，最后受到语用规约的影响，语用义—违实义融合成词汇义的一部分。当违实义进一步加强，则会超越原来时体词汇义的限制，时体形态由此虚化成违实标记。由此可见，汉语并非缺乏违实句，而是缺乏成熟的违实标记。但这种表达上的特性并不影响违实句的使用和理解。根据特定的 CFI 表征模式，听者可以通过分析 CFE 因子的使用情况准确地判断和理解违实句。这也符合汉语作为分析性语言的根本特征。

第4章 汉语违实句的表征模式 与表义功能

　　Givón（1990）认为违实句在世界语言范围内都倾向于用两种看似语义相互抵触的动词屈折形式进行标记：一种是典型的现实因子，如过去时、完成体、完成时等；另一种则是典型的非现实因子，如将来时、虚拟语气、条件语气等情态范畴。虽然 Givón（1990）从印欧语系语言出发将违实标记的实现形式定为动词屈折形式有失偏颇，但他认同了违实义在本质上的组合性，即不同的语言形式通过输入自身的语义，从而促成了违实义的生成。这种组合性特征在以色列手语（Israeli Sign Language）中得到了体现。在这个语言中，违实条件句系统地区别于普通条件句，在传递违实义时需要同时借助两个动作，扬眉（与条件语气关联）和斜视（与共同承认的事实基础相关）。Van linden & Verstraete（2008）认为即便是在已经形成了成熟违实标记的语言中，仍然能看出其最初组合性的痕迹。如 2.1.1 中例 2 和例 3 列举了英语违实句的可取消性和可加强性，是在语法化形成前语义组合形成临时语用义的痕迹。Van linden & Verstraete（2008）从格莱斯量的最大化角度解释了违实义的语义组合性以及其极性反转的产生机制。在形式语义层面，情态范畴由于其自身蕴含的某种不确定性和潜在性，在量级蕴含上相对弱于光杆情态范畴，即肯定断言表达（Ziegeler，2000），记作 potential $p < p$。那么等级相对较弱方能够否定等级较强方，记作 potential $p \rightarrow {}^{\daleth}p$。如 potential p "John 可能来" 适用的环境并不适用 p "John 肯定来"，并由此推断 p "John 肯定来" 为假。同理，可以有 potential ${}^{\daleth}p < {}^{\daleth}p$，potential ${}^{\daleth}p \rightarrow {}^{\daleth}({}^{\daleth}p) \rightarrow p$。如果要使得上述极性反转的推理成立，

需要满足两个条件：① potential 量级控制，即非现实因子的存在；②p 需要是一个肯定的事件，即现实因子（如过去时、完成体、完成时等其他有过去已然指示功能的词语）的存在。如果缺乏现实因子，量级推理和极性反转功能则会失效，例如：

例 1 Gooniyandi   （McGregor, 1990: 547）

　　Jack-ngga   milar-ya-wingga

　　Jack-ERG   看-SBJV-FUT.2SG

　　Jack想去见你。≠ Jack 没/不能见你。

　　上例中"Jack 想去见你"并不能推导出"Jack 没 / 不能见你"。这是由于句中虽然出现了非现实因子虚拟语气和将来时，但缺乏现实因子对 p 事件的肯定，从而导致了量级推理和极性反转功能的失效。将来时的介入阻碍了与过去时相关联的表示已然的现实因子的参与，从而阻断了违实推理的组合性规律。这就解释了在很多没有形成成熟的违实标记的语言中，违实事件只能在过去时的框架里有限地进行表达。

　　另一个有意思的语言现象是未完成体在极性反转中的作用。这一点可在英语例句中略见端倪，例如：

例 2 A：Did John go to the party last night?（自拟）

　　　B：He was going to, but...（可能事实上并没有去）

　　Bhatt & Pancheva（2005）解释这是由于没有使用带有事实蕴含功能的完成体，从而加强了句中的反事实推测。未完成体的这种违实用法并不是因为缺乏事实蕴含功能，恰恰相反，满足了现实因子和非现实因子的共现规律。仔细观察例 2 可以发现，未完成体的极性反转功能是在过去时间框架中有限地进行，未完成体满足了非现实因子的需求，过去时间框架则完成了现实因子的需求。无独有偶，在世界语言中当未完成体与违实句有关联时，过去时间框架往往会成为一个必备因素，例如：

例 3　Manam（Austronesian: Papua New Guinea）（Lichtenberk, 1983: 533）

nóra-be　　go-**púra**　　　ŋáu　　ʔanína　　**mi**-áŋ-ʔo

昨天-FOC　2SG.**IRR**-来　　1SG　　食物　　1SG.**IRR**-给-2SG.OBJ

如果你昨天来了，我就能给你食物了。（事实是你昨天没来，我也没有给食物。）

值得注意的是，例 3 中虽然使用了非现实语气（IRR），但是根据 Bhat（1999）的定义，Manam 是语气显赫型语言。在语气显赫型语言中，非现实语气起到与未完成体相同的作用。Manam 语和汉语相似，过去时间义没有形成屈折形式，而是通过词汇特征"昨天"传递。Manam 语这种未完成体表示违实义的用法也只能在过去时间框架内有限进行。另一个例子来自俄语，例如：

例 4　Russian（Indo-European: Russia）　　　　　　（Grønn, 2008: 19）

K schat'ju ja ne provalilsja na ekzamene. V sluchae provala menja vygonjali imperfective+past iz universiteta

幸运的是，我考试没有挂科。如果挂科了，我就会被大学踢出去。（事实上我没有挂科，我也没有被大学踢出去。）

俄语中这种由未完成体传递的违实条件句也需要借助过去时间框架，并且有限地在部分语义环境中使用，通常在围棋中使用。这里有限性说明未完成体借助过去时传递违实义的用法仍然处于语义组合的语用阶段。Grønn（2008）进一步列举了未完成体和不能指示违实义的情况，例如：

例 5　Imperfective in the past　　　　　　　　　（Grønn, 2008: 29）

A: Ekzamen otmenen!

考试取消了。

B: Kakoe oblegchenie! *V sluchae provla menja vygonjali imperfective+past iz universiteta.

松了口气。*如果挂科了，我就会被大学踢出去。

当语境发生改变，以上例句就不成立了。Grønn（2008）认为这里 *vygonjali*（未完成体 + 过去时）应该置换为 *vygnali*（完成体 + 过去时）。除了在有限的环境下指示违实句外，这种组合性产生的违实义很容易被取消，也就是说在俄语中过去未完成体并不一定会产生违实义解读。

　　以上语言显示出了违实义在生成之初的原始状态，即通过非现实因子和现实因子的叠加，通过对已然事实进行非现实推理，从而产生违实义。这种违实义在部分语言中出现规约化，并且通过语言形式标记化，语义组合性的透明度较弱，仍然能从一些语言中找到违实形成的最初痕迹，即非现实因子与现实因子的组合。值得说明的是，Wang（2012）将汉语中的违实特征分成 3 类，即虚拟成分（Hp）、现实成分（Fc）和否定成分（Ng）。这 3 类层级关系可以标记为 $CF_{protasis} = Hp\{Ng[Fc(p)]\}$。这与下文的分类有所不同。下文将根据否定表达的具体情况，将其分别归为现实因子或非现实因子，而不做单独分类。

4.1　非现实因子

　　世界语言中的非现实因子通常实现为情态（modality）和语气（mood），前者通过情态动词或情态副词来表示说话者对命题进行主观判断，后者则通过形态句法手段来表示说话者表述话语的方式（赵春利，石定栩，2011）。前者可以分为认知（epistemic）情态、道义（deontic）情态和动力（dynamic）情态。由于这是基于逻辑和语义范畴上的分类，在世界语言范围具有一定的统一性。语气则更多是基于句法和形态范畴上的分类，因而不同语言由于标记系统的差异性也显现出较大的不同。上文 2.2.2 中分析了不同语气内部的差异性。从分析中可以看到，不同语言的语气系统成员并不相同，即便有统一的称呼，内涵也不尽相同。常见的语气有虚拟语气、非现实语气、条件语气、祈愿语气、直陈语气等。部分语言甚至形成了专门的违实语气，见上文 2.1.6.4 的分析。汉语由于缺乏语言标记系统，通常借助虚词（如句首连词、句末助词和语气副词）表达条件语气和祈愿语气等。在汉语中，句子类型与语气范畴具有一定的关联性。陈述句、疑问句、祈使句和感叹句对应陈述语气、疑问语气、祈使语气和感叹语气。下文将从情态范畴和语气范畴分析汉语中各种可能促成违实表达的非现实因子。

4.1.1 情态范畴

情态研究最早起源于西方。西方众多学者，如 Lyons（1968），Steele（1975），Perkins（1980），Quirk（1985），Palmer（1986），Fleischman & Bybee（1995）等，在情态定义上基本达成共识，并认为情态是说话人对命题的判断（包括主观态度和观点），基本可以分为认知情态、道义情态和动力情态。中国学者，如彭利贞（2007）、李敏（2006）等，对情态系统中对应的汉语情态动词词义系统进行了深入研究。其中，认知情态表示说话人的心理状态，即对事实性信念的确定性。在汉语中相对应的情态动词有"可能""一定""必然""得""要""应该""会""可能"等。道义情态涉及许可和必要性。关注的是负有道义责任的行为主体进行某种行为的必要性和可能性。在汉语中相对应的情态动词有"必须""得""应该""准""要""许""能"等。动力情态与能力或意愿相关，在汉语中相对应的情态动词有"能""会""可以""要""肯""敢""愿意""想"等。汉语情态动词与表示的情态义具有一定的交叉性，为情态范畴的区分带来一定的困难。情态动词具体对应的情态类别需要结合语境进行分析。

情态范畴与违实的关系近些年也逐渐进入了研究视野。最早提出情态定义时，众多学者关注的是情态与非现实之间的关系，普遍将情态范畴与非现实句紧密联系。违实句作为非现实句的子类，也与情态密切关联。林若望（2016）、朱庆祥（2019）等关注到汉语

"应该"与违实范畴之间的关联，陈振宇、姜毅宁（2019）则从反预期角度论证了汉语情态范畴与违实的关联。下文将系统地梳理与汉语违实句表达相关的各类情态范畴。

4.1.1.1　认知情态

认知情态是指说话人对命题是否为真的可能性或必然性的判断，根据说话者的确定性等级在英语中大致可以分为 may（John may be in his office），must（John must be in his office）和 will（John will be in his office）；言者态度依次加强，分别是可能性的结论、唯一可能的结论、合理的结论（Palmer，1986）。在汉语中，认知情态通常由助动词和情态副词表达，既可以表示可能性的结论、如"可能""能""应该""也许"等；也可以表示唯一可能的合理结论，如"必须""一定""必然""准""准保""准定"；也可以表示合理的结论，如"要""会""得"等。违实在本质上是一种认知情态，因为其关系到言者对命题真假的判断。但据上文分析，大多数的语言很难形成特有的违实情态，需要借助其他情态范畴用以标记违实句。这是因为情态范畴涉及的是言者态度的确定性程度，最强的程度并不是事实的，最弱的程度也不是反事实。因为这不涉及事实状态，所以认知情态不管确定性程度如何，皆为非事实。与直陈世界相对，是违实范畴的上位概念。违实范畴可以与认知情态中任何一种言者态度相互融合。在汉语中，认知情态用以标记违实句的用法常见于条件句的后句 q，例如：

例 6　a. 头发披肩、亭亭玉立的她如果不是生了这种病，**应该**是一位非常让人喜欢、十分漂亮的妙龄女郎。

　　　b. 归如果不是供大于求，哪能一两个企业跳出来振臂一呼，就**会**群起响应，纷纷降价！

　　　c. 一个瑞典姑娘说，如果不是你帮我，我帮你，许多人**可能**都逃不出来。

  d. 若不是今天这大风，庙会准保更热闹。

  e. 如果不是这封信，他准被编入无名遇难者名册之中。

  f. 他用了多量的哥罗芳，如果不是那块手帕已掉下，他准定是没救的。

  g. 截拳道的宗旨是实用，如果掺入虚伪的东西，**必然会将观众引入歧途**，从而误人子弟。

  h. 如果不是有病，她一定是个很漂亮的女人。

  i. 这些新造的字如果不是适应语言表达的需要，也**不会**沿用到后世。

  j. 当然，没发生什么严重后果，大胡在那儿都帮你处理了，但是，你想想，如果全院的大夫都抱着你这种侥幸心理，那得死多少人啊？

  k. 社会治安形势仍然相当严峻，人民群众的安全感还不够强，但如果不是狠抓综合治理，社会治安问题还**要**严重得多。

  如果脱离条件句的框架，认知情态很难在汉语中独立表达违实义，如例6 a—k句，单独看后半句，只能作为一般的非现实句而非违实句。因此，认知情态在汉语中需要借助条件语气共同作用表达违实义。而在其他语言中，认知情态则可以脱离条件句的框架，独立表示违实义，例如：

例7 Warrwa（Australian：Australia）   （McGregor, 2008: 158）

miliyarri	nga-l-janba-na	kinya	juurru	ngayu-na
很久以前	1MIN.N-IRR-踩-PST	这	蛇	1-ERG

之前我很可能就踩上了这条蛇。（实际上我没有踩。）

例8 Gooniyandi（Australian：Australia）   （McGregor, 2008: 160）

Maa	thoowoorndoo	waj-**ja-alarri**	marlami.
meat	rotten	throw-**SBJV-IRR**.1SG.N	nothing

我可能已经把那块腐肉丢了。（实际上我没有扔。）

  以上各句可以看成违实条件句的后句 q，可以独立于前句 p 表达违实义。这一点与汉语有所不同。如瓦妮莎在丈夫科比·布莱恩特（已故美国男子篮球运动员）的追思会上谈论到已逝世的二女儿 Gigi 时，用了大量省略前句 p 的违实表达：Gigi would have most likely become the best player in the WNBA. She would've made a huge

difference. She would've made a huge difference for women's basketball.
（Gigi 很可能会是 WNBA 最好的球员。她会有很大的贡献。她会对女性篮球有很大的贡献。）根据汉语的翻译，如果没有事先对科比·布莱恩特和 Gigi 事故的了解，很难做出违实理解。还有一种有意思的案例来自违实标记较发达的印欧语系。以英语为例，认知情态不仅可以脱离前句 p 独立表达违实义，而且可以在 q 为真的情况下表达违实义。观察下列对话（A 为笔者，B 为 Professor Gibbon）：

例 9　原本 B 已经替 A 订好了 10—29 日的酒店住宿，由于 A 行程变动，出现了以下更改。

A：Could you help me cancel the room from the 20th to the 26th, and book me again from the 26th to the 29th? 可不可以帮我取消 20—26 日的住房，再重新帮我订 26—29 日的房间？

B：OK, I have already connected the hotel and successfully booked another room from 26th to 29th. Luckily, they have it. 我已经联系了酒店，并且成功地订了 26—29 日的房间。很幸运，他们有房。

A：Thanks. Well **my room would also have been free**, but any room is OK.

多谢。**我的那间房也会是空闲的**，但不管什么房间都是可以的。

上文 A 说的粗体字省略了前句，若补充完整，则是 "If I kept my original plan to live from 10th to 29th, my room would also have been free."（如果我按照原计划从 10 日住到 29 日，我的那间房也会是空闲的。）单看后句 q，并没有出现与现实的违背，"also" 的使用点明了可能世界与直陈世界的相同性，但在英语中仍然使用了违实标记组合即认知情态 "would" 和完成时的组合。这种 q 句的违实推理来自省略的 p 句，即 2.1.3 中讨论的一种情况：已知 $p \to q$，p 为假，强调 q 为真。这种用法在汉语中通常出现在让步条件句中，且前后句完整，单个的由认知情态构成的 q 句很难表示违实义。这也造成了在很多语言翻译过程中违实义转换时出现的语义费解。

此外，上文虽然论述了非现实因子和现实因子组合传递违实义的规律性，但这不具有必然性。在汉语中，即便设定在现实框架（过去时间指向）中，表示非现实的认知情态不但不能传递违实义，反而具有取消违实义的作用。以下各句皆是对过去真实情况的推测，不涉及反事实推理，例如：

例 10　a.　**昨天可能**是火没封好，熄掉了，而静秋上次回来劈好的柴又用完了，所以妹妹正在狼狈不堪地想办法生火，幸好姐姐回来了，不然今天可能连饭都吃不上。

　　　　b.　您**昨天一定**给了她钱，她就弄到了酒——这个恶习她怎么也戒不掉——今天她喝得烂醉，醉得发酒疯了。

　　　　c.　还说这本书一年出版更新一次，**以前**学校**会**给他们买，现在政府削减教育经费不给买了。

另一种比较隐蔽的认知情态违实句则是上文提到的差欠违实句（宗守云，2019）。上文 2.2.1 中略微谈到这类违实句的隐含情态。考虑到这类违实句在表义时蕴含的认知不确定性和可能性，本小节将这类差欠违实句划分为认知情态。宗守云（2019：10）认为有两类差欠句，分别标记为 S1 和 S2，例如：

例 11　a.　书稿完成了，**就差**写一篇序了。

　　　　b.　用脚丫子写字、用舌头作画的"一绝"越来越多，我们有时开玩笑说，**就差**长一条尾巴出来写字作画了。

S1 是真实差欠，可以用"剩"替换"差"，"就"和"差"比较松散，之间可以插入"还"等词。S2 是违实差欠，由于出现违实虚拟义的延伸，"差"义出现虚化，不可以替换成"剩"。此外，"就差"已经逐渐词汇化，不可以插入其他成分。从语义上看，S1 是即将实现的现实；S2 句"就差"后面的成分是虚拟想象中的可能世界，不具有实现性，与直陈世界不同。"就差"点明了可能世界与直陈世界之间的相似性，因此，S2 符合违实事件的基本逻辑（见2.1.5）。从情态性上看，S1 只是命题表达，未涉及情态范畴；S2 则是反映说话人对事件实现可能性的认知态度。值得注意的是，S1 和 S2 皆会出现羡余否定的正反同义现象和各种不对称现象。学术界从预期、认知等角度研究颇多。本书认为这并非区别违实与非违实的特征。对于出现羡余否定的违实差欠句，本书会去除否定，观察其后事件的可能世界。违实差欠义在汉语中有诸多变体，如"差一点（儿）""差点（儿）""差一点（儿）没""差点（儿）没"等，例如：

例 12　a. 你要是看到这群胆小鬼的无赖嘴脸就好了：他们吓得眼睛**差点儿**从眼窝里掉出来。他们把刀和三叉戟全丢在公共汽车上，狼狈逃窜，保命去了。

　　　b. 前日、昨日弟都来过，可门公硬说兄不在，死活不给通传，害得弟为这事**差点儿没**把两条腿跑断！

　　"差点"类差欠违实义有别于"就差"类，前者表示接近但没实现，且事件已经终止；后者则需要区分未终止事件且具有实现可能性的 S1 和终止事件不具有实现可能性的 S2。"差欠"义带来的认知情态义是历史发展的过程。Traugott & Dasher（2001）认为世界语言具有共同的演变规律，即从非认知情态义衍生出认知情态义（详见下文 4.1.1.3）。宗守云、姚海斌（2019）认为从 S1 发展到 S2 是从真实事件到虚拟事件的类推扩展过程，从言有所述的行域义类推到言有所述的言域义，其背后的根本动因是隐喻。通过这种类推，言域义带来了说话主体的认知态度，认知情态义也逐渐产生。值得注意的是，这类差欠违实义虽同属认知情态范畴，但表达的语用功效却各不相同，"就差"句通常为了调侃，"差点"句则更侧重意外的反预期（见 4.3.1 详述）。

　　世界上其他语言也有类似的差欠违实句的表达。但与汉语不同的是，部分语言的语气系统非常发达，可以借用语气系统去传递类似的差欠违实义，如例 13 Warrwa 语中的非现实语气。McGregor（2008）认为这类差欠违实义也可以理解成过去的某种接近现实的可能性行为，属于认知情态范畴。非现实语气在 Warrwa 语中也表示某种可能性行为，因此在下例括号中给出了更贴近字面意思的解读。

例 13　Warrwa（Australian: Australia）　　　　　　　（McGregor, 2008: 158）

miliyarri	nga-l-janba-na	kinya	juurru	ngayu-na
很久以前	1MIN.NOM-IRR-踩-PST	这	蛇	我-ERG

我差点儿踩上了这条蛇。（字面义：我可能当时踩上了这条蛇，但实际没有。）

4.1.1.2　道义情态

　　道义情态涉及许可和必要性，关注的是负有道义责任的行为主体进行某种行为的必要性和可能性。根据言者对可能性和必然性程度上的态度差异，可以将道义情态进一步细分为义务类道义情态，如"应该、必须、一定、得"等；允许类道义情态，如"可以、能"等；阻止类道义情态，如"别、不要、甭"等。从形式语义的逻辑分析来看，认知情态涉及存在量化，而道义情态则是全称量化。如"张三可能来"和"张三应该 / 必须 / 一定来"分别表示为"$\exists_{w'}$ [张三来]"和"$\forall_{w'}$ [张三来]"（w' 表示可能世界）。从情态力度上看，全称量化显然大于存在量化。根据上文提到的格莱斯量的推理，弱量化比较容易推理出违实义。这在语言使用中也得到了印证，道义情态在表示违实义时也有很多的局限性。

　　通过上文分析可以看到，认知情态通常在完整条件句中表达违实义，如果脱离条件句的框架，违实义则会取消；但道义情态则通常脱离条件句独立的表达违实义。相反，在条件句中，道义情态如果出现在后句，往往不能有效地传达违实义，例如：

例 14　a.　如果不是那么绝对化，我们就得承认，有些问题，从政治的角度来看，是和其他问题不一样的，应当特殊对待。

　　　　b.　你奶奶并不是要你学坏，而是希望你坚强一点。例如别人打你，如果不是你有错，你也应该还击他，不要流泪。

"应该"和"得"在汉语中可以兼类认知情态和道义情态。在例 6 a 句和 j 句中，"应该"和"得"表示一种基于违实假设的认知推测，属于认知情态，进而能有效地传递违实义；但在例 14 a 句和 b 句中表示道义情态时，更多倾向于表达在开放假设条件下的道义推测。章敏（2016）也注意到类似的现象，并认为情态兼类词"可以"虽然可以表示道义情态和动力情态，但是出现在条件句后句时，道义情态义则被解除，例如：

例 15　a. 你可以回去了。（道义情态）

　　　　b. 要不是领导来检查，你就可以回去了。（动力情态）

虽然在语料中找到了道义情态脱离条件句的框架独立表示违实义的例句，但是除了"应该"外，只有个别其他道义情态词出现了比较鲜有的几个例子。例如：

例 16　a. 丁鹏道："我早就**应该**来的，可我一定要先将这些事全都调查清楚！"

　　　　b. 再次张开眼望见他眼中少见的轻佻与嘲讽——如果在每次睁眼时，她见到的都只是他不屑的报复神态，那日后留在他身旁的时光全是折煞人的痛楚啊！想离开……早就**必须**离开了……她幽幽地叹了口气。李伯瞬冷笑一声，短暂得如同不曾出现过。他握住她的下颚，看她吃痛地微张开唇。

　　　　c. 到现在了，还傻傻地整天想着早就**得**忘记的事，能有一天不再沉沦于这些记忆中。不可小看现在的小朋友呀，她可厉害的咧！

林若望（2016），朱庆祥（2019），陈振宇、姜毅宁（2019）等都对道义情态违实表达做了相关研究。他们的研究角度和得出的结论不尽相同，但都可以看到道义情态在表达违实义时有一定的局限性。林若望（2016）指出了"的"字句和"应该"连用时可能产生的违实推理。这种违实推理既可以表示过去如"她昨天应该过去一趟。（实际上没有去。）"；也可以表示现在违实推理如"你这个时候应该在学校上课，怎么跑出来玩了？（实际上没在学校上课。）"；

还可以表示指向未来的违实推理"你应该明天来的，怎么今天来了？（实际上明天没有来。）"。根据上文的显赫性研究，当违实义能指向非过去时间（特别是未来时间）时，违实范畴的显赫性较高。在汉语中，能表示未来违实义的词汇和句法特征并不多见，但在"应该"类的道义情态违实句中却出现了类似的表达。那么可以由此推出"应该"类违实范畴的高显赫性吗？其实不然，细看上述 3 类事件的时间指向，都是基于已经发生的过去事实，需要有上下文暗示事件已经发生过。这与上文讨论的其他显赫案例不同。单纯指向未来的道义情态句很难判断是否应作违实解读，如"你应该明天来的"。朱庆祥（2019）指出了很多无句尾"的"的"应该"类违实句，如"你应该早告诉我，杨家有条大狗"。此外，朱庆祥（2019）发现了"应该"类句式的非违实性表达。这与本书的语料检索结论一致。在语料检索中发现，无论是"应该"还是"应该……的"，优势表达是非违实句而不是违实句。以下各句只是单纯论述行为道义上的准则，不涉及任何违实推理，例如：

例 17 a. 面对这些情况，教师**应该**采取适当的方法进行青春期卫生和性知识教育。

 b. 我们此刻一方面既否定了传统制度背后的一切理论根据，另一方面又忽略了现实环境里面的一切真实要求。所以我们此刻的理论是蔑视现实的理论。而我们所向往的制度也是不切实际的制度。若肯接受以往的历史教训，这一风气是**应该**警惕排除**的**。

朱庆祥（2019）进一步从"应该"特有的语义语用角度为违实表达的使用条件进行约束，并认为只有"应该"类句式表达 [– 恒常性] 的具体事件时，且说话者认为 [+ 须履行性] 并由此进行 [道义追责] 表示须履行的而没有履行或履行错了，事件没有发生或与事实不符时，才能产生违实义。可见，道义情态在表示违实义时还是受到了很多限制性的条件，具有一定的局限性。

陈振宇、姜毅宁（2019）注意到了词汇的搭配性，于是通过添加"早""早就""就""根本""真的""原本""本来"等词汇，用以增强"应该"类句子的违实表达几率。通过语料检索发现，"应该"类违实句除了通过非常明确的语境暗示外，一般需要与副词共现才能保证违实解读。与"应该"类道义情态词共现的副词可以分为 3 类：①时间指示词（通常指向过去），如"早""本来""原来""原本""往往"等；②强调语气副词，如"就""就是""真的""其实""事实上""根本"等；③两者兼有型，如"早就""本来就""原本就""原本就"等。时间指示类副词的共现不难理解，与前文分析的违实义生成原理一致，即现实因子与非现实因子的共同作用。强调语气副词的作用是为了凸显非现实语气的力度，即拉开可能世界与直陈世界的距离，从而助力违实表达。值得注意的是，单纯的道义情态和强调语气副词尚不足以表达违实义，仍然需要借助现实因子。

道义情态在表示违实义时的局限性还体现在情态词的选择上。上文 4.1.1.1 中列出了诸多认知情态在违实句中出现的例句，但语料检索发现能进入违实句中的道义情态词屈指可数。"应该"是出现在违实句中最常见的道义情态词。这与上文论述的特有语义语用特征息息相关。与认知情态相比，很多道义情态不能自由地与过去时间框架连用，如"* 她昨天必须来 /* 我昨天一定来 /* 你昨天要来 /* 你昨天不要来"。这是因为道义情态表示某种行为准则，一般指向现在或者将来，很难用以指示过去已知事件。而据上文分析，违实义是基于已知事件并在此基础上进行违实假设进而产生的。如果道义情态词不能用以预设已知事件，则无法传递违实义。这也造成了道义情态在表达违实义时的局限性。

4.1.1.3　动力情态

　　动力情态与能力或意愿相关。在汉语中相对应的情态动词有"能""会""可以""肯""敢""愿意""想"等。动力情态与认知、道义情态不同，不带有言者主观性，只是客观地描述主语的能力和意愿。李敏（2006）将汉语中的情态分成命题外成分和命题内成分：前者构成命题内容成分，是客观的存在，未涉及言语主体的主观色彩；后者则作为命题外成分体现言者的主观态度等。根据这种划分，上述所列的动力情态词都应当作为命题内成分存在。由于作为命题内成分，动力情态可以兼容其他情态成分和语气成分，也可以自由进入违实条件句的前后句。语料检索不乏各类用例，以下为违实条件句前句用例：

例18　a. 我要操心的事儿多着呢……退伍后混了多少年还是这么个熊样儿，要不是**能**干活，早让人踹出去了。

　　　b. 一天下来，不把你累乏了？真笨！你就是**会**演戏！要不是因为你**会**演戏呀，嗯！

　　　c. 如果遇到"突发情况"，比如遇到同事，两个人立刻拉开距离，要不是**可以**发"短消息"，我们恐怕要失散一个中午。

　　　d. 刘邦到底泄气了。在东偏殿偷听的皇后吕雉，等散朝追上周昌就直挺挺给他跪了下来，称谢说："若不是有你汾阴侯**敢**顶着，太子现在就不保了……"

　　　e. 假若不是她**肯**和大姐、婆婆力战，甚至混战，我的生日与时辰也许会发生些混乱，其说不一了。

　　　f. 其实，我挺感激李斯特给我这个机会的，要不是他**愿意**用我，我哪里能进步这么大？

　　　g. 要不是老**想**参军早就考上大学了。

　　动力情态在违实句后句的用例虽然也不鲜见，但自由度相对受限。在检索的语料中，"会"进入违实条件句后句的用例皆为认知情态，很少能找到动力情态。表示能力的动力情态虽然能进入违实句的后句，但是在一定程度上也能引发认知情态解读。这是由条件句后句本身情态义的叠加和渗透导致的，如例 19 中的 a、b 句。表示意愿的"敢""肯""愿意""想"等进入违实条件句的后句时，需要借助反问句、否定或者语气副词等其他语言策略，如 c—e 句。这是因为动力情态有别于其他情态范畴，有一定的现实倾向，若非表示能力和认知，单纯的描述能力和意愿更贴近客观现实，当出现在条件句的后半句时，需要借助一定的句法手段适应非现实义。反问语气本身含有一定的假设性，满足了非现实语气的需求，因而可以与动力情态配合进入后句。汉语中的否定标记有"不"和"没"，脱离条件句，大多数动力情态词由于自身的现实性倾向可以用"没"修饰，如"他没能看清楚 / 没敢去那儿 / 没肯去那儿 / 没想打你"等。但在进入违实条件句后句时，需要借助非现实否定"不"。此外，语气副词"真（的）""其实""还（是）"等通过区别可能世界与直陈世界，也在一定程度上增加了非现实性。

例 19　a.　要不是飞得太高，他们一定能清楚地看到这条鱼。

　　　　b.　要不是为了媚兰，她这时也可以亲自去打听，现在她只好等米德太太来了以后再出去了。

　　　　c.　笔者要不是亲眼看到，简直不**敢**相信，作为一个拥有上亿元资产和 16 个下属公司的总经理，用的还是 1962 年的"一头沉"办公桌。

　　　　d.　贺龙说："把药都送错了，你还算个医生吗？"那个"医生"说："要不是上级决定，我还不**愿意**来呢。"

　　　　e.　姜文高兴地搓着手掌说："夏雨，要不是看你爸在场，我真想捶你一顿。"

　　动力情态还可以脱离条件句，在单句中表示违实义。这类用例多限于表示能力的动力情态。表示意愿的动力情态则鲜有这类用例，例如：

例 20　a. 连调对单字调的影响正是苏州人对许多字说不出单字调的原因。有好些字，在认字时仔细分辨，其实是能分出不同的。

　　　　b. 当她住在非瑞克西亚时，在她懂得寂静是什么之前，珊迦其实是可以不受那些火炉干扰的。

　　汉语中的意愿动力情态与其他语言表现有些不同，虽然能在一定程度上隐射反事实，但不能视为违实句，如"我本来想来的"隐含的意思是"我实际不能来"。这是因为"想"本身的意愿义比较强烈，句子只是对主语过去意愿的客观直陈。Langacker（1991）认为这类情态动词具有一定的演变冲力（evolutionary momentum）。这种冲力可以在演变可能性范围内隐射出潜在现实，如果投射力足够大，潜在现实可以基于当前现实投射出未来现实。最典型的例子是英语中的将来时"will"就是由表示"意志"的动力情态词发展而来的。当意志类的动力情态范畴如果与过去时连用则会出现反事实效应。Fleisch man&Bybee（1995：506）通过经典案例"I wanted to help you"（我本来想帮你）论述了过去时在意愿类动力情态中的演变冲力。该句可以用于语境"我本来想帮你，但我实际上没有帮你"，过去意愿类的潜在现实与投射现实出现违背。在演变冲力的作用下，投射现实甚至可以引申到现在或未来的事件领域，如上句仍然适用于"现在你仍然需要帮助，但我不能提供帮助"这样的语境。如图4-1 所示，投射现实即便引申到未来区域，也都围绕现实轴，即表示句子主语本身的客观意愿性，即"我过去想帮助你"投射至"我现在 / 以后都想帮助你"。可能性范围内隐射出的潜在事实则有可能出现与现实违背的情况，即"我过去不能帮你"或"我现在 / 将来都不能帮你"。这种与现实世界的违背性恰恰形成了违实逻辑的基础。值得注意的是，虽然这类动力情态有潜在表示反事实的可能性，还不能视为违实句。这是因为这类动力情态本身意愿义比较强烈，在没有虚化之前，仍然保留了自身现实性特征，即句子本身还只是对过去意愿的直陈叙述（详见 2.2.1 中违实与反事实的区别性论述）。

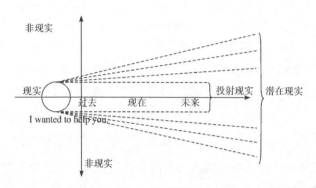

图 4-1　基于过去时间框架的动力情态投射现实与潜在现实

这种意愿类动力情态出现的语义反转在语言中具有共通性。除了英语外，例如：

例 21　Dutch（Indo-European: Netherlands）

（Van Linden & Verstraete, 2008: 1876）

Ik	had	naar	de	vergadering	willen
1SG	AUX.PST	到	这个	会议	想，非限定性

komen,	maar...
来，非限定性，	但是……

我本来想去这个会议的，但是……

Van Linden & Verstraete（2008）认为这类例子可以看成基础动力情态违实义，并且衍生出一定的认知情态义，而违实义归根结底是一种认知情态义。例 21 释义也可以解读为"我本来可能会去这个会议，但是……"。Traugott & Dasher（2001）认为这种从非认知情态义衍生出认知情态义的语言现象是促使这些动力情态范畴演变成认知情态范畴的根本原因。在一些语言中，能发现一些认知情态保留的动力情态义，例如：

例 22　Gooniyandi（Australian: Australia）　　　　　（McGregor, 1990: 549）

dirib-ja0yoondi　　　　yoowayi　　　　nirdganoo-woo

进入-SBJV-IRR　　　　他害怕　　　　他卡住-DEF

他当时很可能就进去了，但是怕被卡（他实际上没有进入。）

例 22 根据 Gooniyandi 语言中的虚拟语气和现实语气的基本内涵对原释义做了调整，保留了其认知情态义。但 McGregor 的原文注释翻译成"他当时很想进去，但是害怕被卡"。从 McGregor 的翻译中可以看到 Gooniyandi 语言中认知情态义的动力情态义根源。

在另外一些语言中，意愿动力情态义进一步虚化成将来时，由于失去了其本身的意愿词汇义，在某种程度上具有传递违实义的作用，例如：

例 23　Slave（Na-Dene: Canada）　　　　　　　　（Rice, 1989: 419）

dú　　　　náhkale　　　eghálaiidá　　　woléni.

现在　　　　早上　　　　1SG.工作.PFV　　　将来时

我应该今天早上去工作的。

Slave 语言中的将来时与英语中的 will 类似，由意愿类动力情态演变而来。在例 23 中，woléni 虽然一定程度上保留了句子主语的意愿动力情态义，但词汇义逐渐虚化，根据 Rice 的翻译，已经看不出意愿义的痕迹，而是倾向于道义情态义解读。

例 24　Ndyuka（Creoles and Pidgins）　　　　（Huttar & Huttar, 1994: 495）

da　Fofi　be　a　naki　en, ma　a　di　an　lon

爸爸 FOfi ANT FUT 打　3SG 但是 系动词 因为 3SG 跑

Fofi爸爸要去打她，但是鉴于她已经跑远了。（实际上他没打。）

值得注意的是，例 24 在翻译成中文时"要"保留了一定的意愿义，因此对违实义有一定的干扰性。在 Ndyuka 语言中，*a* 已经由动力情态虚化成未来时态标记，可以与先过去时 *be* 连用，在一定程度上指示违实义。

例 25　Mwotlap（Austronesian: Oceanic）　　　（François, 2001: 840, 853）

a.	Iman	mino	so	ni-et	nêk.
	爸爸	我的	PRSP	AOR-看见	2SG

我爸爸想见你。

b.	Kê	so	ni-van	Amot.
	3SG	PRSP	AOR-go	Mota

他应该去找Mota。（但实际没去。）

Mwotlap 语有一种特殊的未来时用法，缩写为 PRSP（prospective marker），例 25 a 句保留了 *so* 的原始动力情态义，但在 b 句中，则引申出违实义道义情态义（counterfactual deontic modality）。

综上所述，可以看到动力情态义本身所含的潜在事实具有一定的反事实性，从而为违实义的生成提供了逻辑基础。未经虚化的动力情态更贴近现实范畴，只是直陈句子主语的意愿和能力严格来说不能指示违实义。但在世界上很多语言中，动力情态皆出现一定的虚化性，或演变为认知情态，或演变成未来时标记，与现实因子搭配，在一定程度上传递违实义。

4.1.2　语气范畴

与情态范畴相类似，语气范畴也来源于西方语言学，多为表示动词通过屈折变化等语言形式来反映说话者表述话语的方式（Jesperson, 1924: 313；赵春利，石定栩，2011：487/496）。语气的数量和定性因语言而异。2.2.2 中列出了部分语言中的语气范畴，如虚拟语气、非现实语气、祈使语气等，其内涵外延也因语言各异而不尽相同。因此，语气的界定只能从形式标记而非相对模糊的语义出发。那么作为缺乏屈折变化的孤立语，汉语是否具有语气范畴？赵春利、石定栩（2011）认为汉语中的语气范畴虽然没有采用动词形变的方式，但可以借用词汇、句法等手段，如虚词（包括连词、副词等）、句末助词等。由于句末助词能指示句子的功能类型，语气范畴与句子功能类型有一定的交叉性，如表示直陈语气的陈述句、表示祈使语气的祈使句、表示疑问语气的疑问句和表示感叹语气的感叹句。下文将列举几种与汉语违实表达相关的几种语气范畴，如条件语气、祈愿语气、反诘语气以及各类语气副词等。语气范畴具有一定的交叉性，如祈愿语气与感叹语气有一定的关联，反诘语气也通常作为疑问语气的一种，由反问句传递。条件语气也可以与上述语气相互兼容。这些又同属于非现实语气。值得注意的是另一个容易引起歧义和误会的语气范畴，即虚拟语气。上文 2.2.2 中已经分析了虚拟语气的内涵和根本定义，并且区分了虚拟语气与违实的关系。虚拟语气只是用来标记违实范畴的一种语气手段，但由于两者常常在西方语言中共现，所以很多人将两者等同，并认为违实即虚拟语气。其实汉语中并没有专门标记虚拟语气的语言形式，或者说虚拟语气在汉语中的显赫性不强。但汉语可以借用其他范畴手段，间接地表示类似西方虚拟语气内涵的概念。同理，违实在汉语中也没有形成专门的语气范畴，显赫性较低，依赖于其他语言范畴共同作用。但在部分语言中，如第 5 章提及的有特定违实标记的语言，违实则形成专门的语气范畴，显赫性强，有专用的语言标记手段。因此，语气范畴不具有类比性和类推性，只能因语言而异，分语言而论。

4.1.2.1　条件语气

毋庸置疑，典型的违实句起源于条件句框架。因此，违实句与条件语气密不可分。汉语中的条件语气最显赫的标记手段就是句首连词。常见的句首连词有"如果""如""若""要是""要""假如""如若""若是""倘若""假若""假使""倘使""设若""假借""假设"等，还有部分来源于古代汉语中的假设连词沿用至今，如"使""令""设""向使"等。此外，还有部分复合假设连词，如"要不是""若非"等（详见 4.3）。假设连词本身与违实表达有一定的关联。在本书的样本数据库中，有 20% 左右的语言具有专门指示违实义的句首假设连词。如 Haya 语中的 *kubá*，Eton 语中的 *bén*，Serbian 语中的 *kada/da*，Hebrew 语中的 *ilu*，Haiti 语中的 *eko*，Tamashek 语中的 *ənǽdr/enǽkk*，Maltese 语中的 *kieku* 等。汉语中虽然没有专门指示违实的句首连词，但是各类不同的句首连词因使用语体范围不同也蕴含了不同的假设度。假设度较高的连词也更频繁地出现在违实句中（详见 3.3.1）。Chao（1968）甚至根据违实句的生成能力将汉语中常用的假设连词依据假设度排序：要是 > 要 > 假如 > 若是 > 倘若 > 假若 > 假使 > 倘使 > 设若。虽然很难精准地验证或测量假设连词在假设度上的排列等级，但是可以粗略地看到，即便是同样表示条件语气，其内部也有虚拟度的层级差异，而这些差异与违实表达紧密相连。

例 26　a.　同族的亲属理论上有互通有无、相互救济的责任，**如果有能力**，有好意，不必入 [贝宗] 就可以直接给钱帮忙。事实上，这种慷慨的亲属并不多。**如果拉入 [贝宗]，假若不按期交款时**，碍于人情不能逼，结果 [贝宗] 也吹了，所以他们干脆不找同族亲属。

　　　　b.　其实，生活条件差一点没有关系，寝室里条件太好了你可能就不爱去图书馆了，但如果因此带来信息的闭塞，那影响就大了。**假如你也必须在分校生活**，那么请你一定不要怕辛苦，不要老呆在屋里不出去，要尽可能地多到学校本部去听讲座、泡图书馆、拜访教授，甚至哪怕只是看看最新的海报，否则你会失去好多机会！

　　例 26 a、b 句分别列举了两例常规假设连词"如果"与假设度相对较高的假设连词"假若"和"假如"共现的情况。虽然没有绝对性，但是可以看到在表示常规假设进行开放性预测时，作者倾向于使用"如果"。在表示实现可能性相对较小的事件时，作者则倾向于使用"假若""假如"等。结合 3.3.1 的量化分析可以看到，现代汉语假设连词的选择与违实表达也具有一定的关联度。

　　上文提到了部分古代汉语中沿用至今的假设关联词，如"使"

"令""设""向使"①等。吕叔湘（1982）认为这些关联词与违实联系紧密。这是因为这些关联词本身在指示非现实因子——条件语气的同时，也暗含了现实因子——过去已然义。据前文分析，非现实因子与现实因子共同作用有助于生成违实义。观察下例：

例27　a. 但使龙城飞将在，不教胡马度阴山。

　　　b. 诚然，然此中亦具有苦衷也。此儿君所钟爱，设吾即令行之，君岂忍将垂死之儿置于污地耶？

汉语中仍然存在其他诸多语义类型的条件句，除了上文列举的普通条件句"如果""要是""若"等以外，还有让步条件句"即使""宁可""就算""哪怕""即便"等，充分条件句"只要"和必要条件句"只有""除非"等，周边性条件句"无论""不管"等，否定性条件句"否则""（要）不然""要不是""若非"等，事实条件句"X说（如果说，要是说等）"，特殊条件句"万一""一……就""一旦""再……也（就）""V了（O）……"等，以及精简形式、排比形式、对比形式、呼应格式等（罗晓英，2006）。同样表示条件语气，在表示违实语气时却存在差异性。"要不是""若非"等复合关联词兼具现实因子与非现实因子，具有很强的违实生成能力（见4.3详述）。普通假设连词若被语境中的现实因子激活，也具有一定的违实生成能力。让步条件句在表示违实义时通常是前件违实、后件事实，例如：

例28　a. 我为什么要离开舒舒服服抽烟和喝咖啡的沙发？为什么要去攀登，然后又跑下来？这是毫无益处的。即使我不上山去坐（事实是我已经上山），太阳照样升起和落山。

　　　b. 就算我一命呜呼（事实是我没有一命呜呼），兰妮小姐也命归黄泉，你得到了你尊贵无比、可亲可敬的情郎，你以为和他在一起就一定会幸福吗？

---

① "向使"由于表层结果的复合性，将作为兼类情况在4.3中详细说明。

充分条件和必要条件句虽然可以表示违实义，但需要借用语用捷径，如明显与事实违背的荒谬假设下例 a—c 句。但如果不是这类极端的语境暗示，检索的含有此类关联词语的多数语料是不能理解为违实句的，如 d—f 句。

例 29　a. 在现代，**只要**<u>交通工具的速度超过了地球自转的速度</u>，就可能发生太阳从西边出来了的事情。(自拟)

　　　　b. 能听到我过这种苦日子可歌唱的，**只有**<u>太阳从西边出来</u>那种时候。

　　　　c. **除非**<u>太阳从西边升起</u>，我是决不会为了你而不敢越雷池一步的①。

　　　　d. 我的教育是旧的，我变不出什么新的人来，我**只要**"对得起"人——爹娘、丈夫(一个爱我的人，待我极好的人)、儿子、家族等，后来更要对得起另一个爱我的人，有时我自己的心，我的性情便弄得十分为难。

　　　　e. 时间是一只歹毒的手，当这只发条放松下来之后，时间一点一点地又给身体拧上了。**只有**"手忙脚乱"才能够使它咔嚓咔嚓地松弛下来。

　　　　f. 你了解他。他是个聪明伶俐的人，富有理智，逻辑判断能力强。"**除非**万不得已，他是不会这么做的，"内科医师说道。

部分否定条件句，如"否则""不然"等在表示违实义时，需要前件有明确的事实暗示，常用的搭配有"幸亏……否则/不然""得亏了……否则/不然"或与事实前句直接连用。与让步条件句不同，这类条件句在表示违实义时通常是后件违实、前件事实，如例 30 a—d 句。如果前件没有明确的事实暗示，后句则为开放句，如 e 句和 f 句。

例 30　a. **幸亏**宋蔼龄没有深究，**否则**孔祥熙以孟家花园冒充祖宅的把戏就露馅了(事实上没有露馅)。

　　　　b. **幸亏**俺把大门拴上了，**不然**的话，他们就闹到楼上了(事实是他们没有闹到楼上)!

---

① 该句由"除非"引导，省略了其后的顺承条件后句"我才会为了你越雷池一步"。其顺承条件后句为违实解读。

  c. 有道理，有道理，**得亏**国家拦着您啊，**要不然**老艺术家早就成老流氓了（事实上不是老流氓）。

  d. 现在我是在真心感激共产党啊，**要不然**我早完了（事实是我没有完）。

  e. 他们说的话全是满文，要是真正地讨换这满文啊，问这锡伯族人，倒是知道，**要不然**到故宫档案室，找他们那儿还有，大概我想，咱们北京大学，也没有满文这个，这个课程，现在这满文就成了秘密了，简直不知道了。

  f. 诚然，一位合格的中学教师必须深入掌握所教学科的专业知识，**否则**是难以完成教学任务的。

有部分事实条件句"X 说"和特殊条件句如"一……就""万一""一旦""V 了（O）……"等，在表示条件语气的同时，也倾向于事实性的假设，因而很难表示违实义，例如：

例 31 a. **如果说**这些变化都与学历教育有关的话，那么在下面的介绍中可以体会到，网络教育在非学历教育方面应用的范围更广、意义更大。网络使终身教育更具有普遍性。

  b. 如果长期在国际公司工作，**万一**有一天你脱离了那台机器，可能就会不太适应。

  c. 他**一**回了家，**就**嚷嚷饿死了饿死了。

  d. **一旦**一个人被数数挨轰，他就算完了，死了，不耻于人类了。

  e. 你做完了功课，我才让你替我去办这件事情。

a 句中 X 说指示的事实条件句，通常用来表示公认的事实或者承接篇章上文报道的一个事实等。b—e 句中的关联词更多表示开放条件假设，虽然一定程度上实现性较小（如"万一"），但仍然不排斥实现的可能性，因而很难生成违实义。

4.1.2.2 祈愿语气

祈愿语气（optative mood）表示祝愿或希望，与鼓励相关。在很多形态变化丰富的印欧语系语言中，祈愿语气常常实现为动词的形态屈折变化，并且与违实表达密切相关。在古希腊语中，祈愿语气常常用来表示可能性较小的指向未来的违实句 Future Less Vivid（Iatridou, 2000: 245），如 **Μακάρι/Που να**（祈愿语气）μην τον είχα ουναντήσει（我希望我从来没见过他）（Holton et al, 1997: 208）。在 Catalan 语言中，Tant de bo **que**（祈愿语气）hagués guanyat el premi（要是我能赢得那个奖就好了）（Wheeler, Yates & Dols, 1999: 391）。祈愿语气与一般的希望不同，常常表示实现可能性较小的愿望。在一些语气发达的语言中，常常用祈愿语气区别于一般表征型希望，如下文列举的 Abkhaz 语：

例 32　Abkhaz（Northwest Caucasian, Abkhazia）　　（Dobrushina, 2011: 100）

  b-ara   pšʷȝala   si-zha-**nda**.

  F-你   漂亮   1SG.F-长-**DES**.OPT

  我多么希望你能长成一个漂亮姑娘啊！

  祈愿语气在很多日耳曼语言（如德语、冰岛语、瑞典语等）中常常标记为过去虚拟语气（past subjunctive），区别于（present subjunctive），用以表示实现可能性较小的愿望。在古英语和 Gothic 语中也有类似的表达方式。但在现代英语中，过去虚拟语气除了在 "if I were…" 中有所保留外，已经消失。那么在现代英语中，常常借助于动词 wish 表示类似的祈愿语气，区别于表示一般愿望义的 hope，如 "I wish you were here"（要是你在这儿就好了）。值得注意的是，这些语言中虽然有祈愿语气表示违实义的用法，但是祈愿语气只是与违实语气有关联性，并不存在充分性或必要性的条件关联。在英语中，wish 也能用于非违实类的行动可能性或祝福义，如 "Wish you good luck！"

  在汉语中，由于缺乏语言屈折形式，祈愿语气常常实现为某种特定的句法形式，如"……就好了（该多好）"；或者某些意愿类心理动词，如"希望""想"等。前者可以看成条件语气的子类，常常与句首假设连词或心理动词连用，或省略前句搭配词，例如：

例 33 a. 接着，他喝干了一杯香槟酒，不无遗憾地说道："啊！如果我是女人**就好了**！"

b. 因为我觉得这没什么，正像妈妈说的，他结了婚就没关系了，大家都知道，改过之后会变成最好的丈夫。我只愿他别这么丑陋**就好了**。

c. 她要求娜娜那天夜里就把他们统统赶走，这样好教训教训他们。再说，只有她们两个人，**那该多好**！

d. 门旁的信箱，那个陈旧而阴暗的信箱，换一个新的**该多好**。

和其他语言一样，这类句法结构在传递违实义时有一定的倾向性，但也有可能产生其他的理解。在 2020 年春节联欢晚会上，贾玲主演的小品《婆婆妈妈》正是运用了这种不充分性巧妙地捕捉了观众们的笑点。她有一句台词是"你爸要是在就好了"。在没有其他语境的特殊暗示下，观众们都默认为违实句，以为她老公已经去世。结果后句马上接上"那要不我去把我爸叫起来"用以取消违实义，这个笑点处理得很自然，正是利用了祈愿语气与违实的不充分性关联这一特点。

另外，在汉语中有很多心理动词，如"希望""愿望""想""但愿"等，也可以表示希望义，但语义特征不尽相同。"希望"发出的意愿可以表示 + 主动性，即意愿主题主动发出的愿望，并非由于客观因素不得已而为之，类似于英语中的 *hope*，例如：

例 34 我们**希望**"从事美术"的同志们，对于史料之选择及鉴别，须十分慎重，对于实物制度作风之认识尤绝不可少。

最初"希望"表达的语义具有积极性和主动性。《庄子·让王》中的"希世而行"，司马彪注云："希，望也，即'向高处、远处看'义。"因此，在古代汉语中，"希望"也只是停留在非违实的常规用法中，例如：

例 35 福之不当得者。不可勉强侥幸以求得。必不可得者。亦不可觊觎**希望**。

　　与差欠违实句类似（见 4.1.1.1），"希望"义经历了从真实事件到虚拟事件的类推扩展过程，从言有所述的行域义类推到言有所述的言域义，其背后的根本动因是隐喻。通过这种类推，言域义带来了说话主体的认知态度，违实认知情态义也逐渐产生。因此，"希望"也可以表示不可控性且实现可能性较低的愿望，类似于英语中的 wish，例如：

例 36　a.　武惠良呆呆地坐在沙发里，手里还提着换洗的内衣。他内心狂涛骤起，思维在闪电般排除或肯定各种可能和不可能。他多么**希望**一切都是他的错觉啊！

　　　　b.　入了夜，喜宴的气氛愈发热闹，外面的暴雨，大家也一点都不在意了。梅乐斯真**希望**一生都能够这样快乐地过下去。

　　这类违实祈愿句常常要借助强调语气副词"多（么）""真""好""可""太"等用以加强不可控性，从而区别于普通的愿望义。"想"与"希望"类似，可以表示类似的祈愿违实义，例如：

例 37　勃莱特一向过的可不是多么幸福的生活。太不应该啦！她是多么**想**享受人生的乐趣啊！

　　"愿意""但愿"类心理动词与"希望""想"不同，虽然能表示不可控性的愿望，但愿望仍具有一定的实现性，不可以表示违实祈愿，如例 38 a、b 句。因此，上述表示违实义的意愿心理动词也不可以替换为"愿望"。

例 38　a.　这本身就说明中国**愿意**帮助一些国家克服金融动荡带来的困难。

　　　　b.　我快乐得如鱼得水，**但愿**一辈子也不离开这个房间，不离开这个座位。

4.1.2.3　反诘语气

　　学界普遍认为反诘语气是一种表示否定的用法，即表示与字面意思相反的语义。从这一点上看，反诘语气与违实非常相似。世界上有很多语言的违实句与反问句共享同一标记，如 Movima 和

Warrongo 语言中的小品词 *gaji*，Hunzib 语言中的助词 *q'ədə*，Mussau 语中的助词 *aue*，Hill Madia 语中的后缀 *-ɛ* 等。那么反问句可以划为违实句的一个子类吗？要回答这个问题，需要回到反问句的语义语用本质特点上。郭继懋（1997）认为反问句使用的语用和语义条件有 3 个：

条件 1　发生了一个行为 *X*。有人认为 *X* 对，说话人——在本文中说反问句的人认为 *X* 不对。

条件 2　存在一个预设 *Y*，即说话人说话时认为明显为真的一个命题；由于明显为真，他设想听话人也认为是真。

条件 3　说话人认为行为 *X* 与预设明显地违背——由于是明显地，所以他设想听说人肯定知道 *X* 与 *Y* 具有两种逻辑关系——如果 *Y* 为真，那么 *X* 不合乎情理，是错的；*X* 只在 *Y* 的否定命题为真时才合乎情理，才对的。这两种关系也具有预设的性质。

　　以上这 3 个条件可以概括如下：①说话人认为行为 *X* 不对，但符合事实（已发生）；②预设 *Y* 符合事实；③ *Y* 为真，*X* 不对，*Y* 为假，*X* 才对。例如：你这样抽马不是想抽死它吗？说话人认为行为 *X* "这样抽马"不对，预设 *Y* 是"行为人不想抽死马"。预设 *Y* 为真，由此推断行为 *X* 不对。从语义和语用本质上来看，反问句比违实多出了对行为 *X* 的预设，那么反问句是否符合违实的内涵要求？上文 2.1.5 提到：①违实预设的事实是主观现实世界而非客观现实世界；②"违实"通常以一种假定形式出现，即出现在非直陈世界中；③"违实"通常与直陈世界中的现实世界不一致；④"违实"中涉及的可能世界可被无限地接近（但不是等同）。违实定义中的①和②与反问句的 3 个条件一致，但并非所有的反问句都符合③和④。这是因为反问句的上述 3 个条件并未涉及对表层浮现的要求，只有在表层语义与预设事实相反，且具有认知推测即无限接近性时，才能符合违实表达的需求，例如：

例 39　a.　若你离开了广告公司，我还能做什么？**难不成**为乔登效劳？（事实是不会为乔登效劳。）

　　　b.　**难道**我们的祖先就没有留下一点值得重视的遗产？**难道**五四以来我国的现代文学就全是废品、"四旧"？**难道**你几十年中那许多作品就全是害人害世的毒草？

　　　c.　"再待半个钟头！"索妮奇卡恳求说。"真的不行了，我的宝贝！""为了我，请求你。"索妮奇卡撒娇说。"要是我明天病了，**莫非**你会高兴吗？"（事实是你不会高兴。）

　　值得说明的是，以上反问句的引导词多由推测性频率副词演变而来，在表示反诘语气时也保留了认知情态义，因而与违实义较为接近。但在语境的暗示作用下，若本身的推测义居上，反诘语气可能会消失，违实义也会随之消失，例如：

例 40　a.　"你口口声声'过去'，**难不成**他父母都去世了么？""是的，他母亲生孩子亡故，父亲约在 12 年前去世。"（事实是他父母都去世了。）

　　　b.　他忽然"啊"了一声，说："他现在姓钟？**难道**'钟放'就是他？"（事实是钟放就是他。）

　　　c.　路上，凯绥说他记得约翰是个单身汉，**莫非**不曾有过家小？（约翰很可能不曾有过家小。）

　　部分反问句表层浮现出的语义并未与预设事实相反，因而不能看成违实句，例如：

例 41　a.　都吃这么多了，你还要吃吗？（自拟）

　　　b.　**谁让**你这么说了？（自拟）

　　行为主体可能还要准备吃／已经这么说了（行为 X），但说话人预设的事实 Y 是不能吃了／不能这么说。行为 X 虽然不对，但仍然符合事实，且浮现为表层结构。

　　另一种常见的反问句是无疑而问，通过设置疑问强调否定的判断义，例如：

例 42   a. 我怎么就不能去呢？（自拟）

　　　　b. 他不是人吗？（自拟）

　　这类反问句还有很多，多表示强烈的否定义，即"我能去""他是人"。这类反问句常用于辩驳中，用以强调自己的立场。虽然与预设事实相反，但由于语气强烈，不具有推测性和无限接近性。该类句子反事实强度高，言者态度非常确定，而违实句在这两者上只是具有倾向性（详见 2.1.4）。值得注意的是，这类句子本身单独来看只是相当于一般否定，不同于典型违实句，但可以和条件语气相互兼容，作为条件句的后句，表达完整的违实义。例如：

例 43   a. 如果太阳跟普通的生物在一起，生物还怎么能得到阳光的照
　　　　　　耀呢？

　　　　b. 好像她没出世就晓得自己一生将面对怎样的生活，所以她选择了
　　　　　　这么个性格。她如果不是这样，哪里能活到今天？

　　这类反问句可以转换为一般否定，如"生物不能得到阳光的照耀"和"不能活到今天"。虽然可以在条件句的框架里表达违实义，但是不能由此断定这类反问句就是违实句，正如不能将否定句归为违实句一样。由此可见，反诘语气与违实具有交叉性，与条件语气、祈愿语气等相似，违实义可以借助反诘语气实现，但不是所有反诘语气都能排他地指示违实义，也不是所有违实义都需要借助反诘语气。

4.1.2.4   其他语气副词

　　正如上文所述，汉语由于缺少形态变化，很多语气表达都依赖于虚词，而其中语气副词至关重要。上文分析的情态范畴、语气范畴都离不开语气副词的作用。之所以在这里将语气副词独立出来分析，是考虑到部分表示特殊语气作用的副词与违实表达有一定的关联性。汉语的副词虽然相对封闭，但是内部分类各异。张谊生（2000：56—58）根据传信功能将副词分为断言、释因、推测和

总结。部分表示肯定断言的语气副词，如"真（的）""果真""真是""当真""的确""确实""确"等，在与条件语气连用时有增强违实表达的功效，例如：

例 44　a. 如果我**真的**这样做，那我的政绩，别人是看不到的。

　　　b. 克林顿上任后，如果**果真**按照他说的那样去做，美墨两国乃至美国同其他拉美国家间的摩擦或许会少一些，关系也可能会得到加强。

　　　c. 如果他**的确**是病人，用药后有不良反应，才是医院的责任，而他不是病人。

肯定断言类语气副词有加强语气的作用，与条件语气连用，可以增强其非现实性。相比较其他肯定断言类的语气副词，"真（的）"在违实句中出现的频率要高得多，这是因为"真（的）"在表示肯定断言的同时，也具有感叹性，如"今天天气真好啊！"。Wang（2012）认为"真（的）"本身不具有违实性，但与条件句连用时能带来反预期义和难以实现义，由此引申出命题超出听话人和说话人的共同认知。这类感叹性断言类语气副词与条件语气连用，在增强条件句中非现实性的同时，也延续了由感叹语气带来的"排斥性"（详见2.2.3）。违实表达的反事实排斥义可以写作 $T(x)$ 排除 $C(x)$。这里 $T(x)$ 指的是话题事件，即正在谈论的话题 x；$C(x)$ 指的是认知的事件 x。而语气副词"真的"排斥共同认知事件 $C(x)$，进而引出更具有话题新意的 $T(x)$ 事件，进而满足其感叹义的表达需求。因此，"真（的）"类语气副词常常与条件句关联，用以增强其违实表达的可能性。

那么另一个问题接踵而至，既然"真（的）"类语气副词具有话题排斥性特征，是否只能在条件句框架内表达违实义？是否可以单独使用表达违实义？要解答这个问题，可以回顾一下上文 2.2.3 对违实句排斥现象的讨论。违实义具有一定的排斥性，但不是所有具有排斥性特征的语义特征都能无条件地表达违实句。如反预期也具有一定的排斥性，但反预期能否表示违实依赖于 $T(w)$ 层的选择性表达和 $E(w)$ 层的透明性。如果 $E(w)$ 不可见，句子不能出现违实解读。如果 $T(w)$ 层选择 $E(w)$，句子也不能出现违实解读。只有当 $T(w)$ 选择 $R(w)$，且 $E(w)$ 透明性较高时，才可能出现违实解读。与 $E(w)$ 关联的是直陈世界，与 $R(w)$ 关联的是非直陈世界。因此，只有保证非直陈世界出现在 $T(w)$ 层才是违实句的前提条件。据上文分析，"真（的）"类语气副词具有强调性和排斥性的作用，但不能保证句子的非直陈性，即非现实性。换句话说，该类语气副词需要与非现实语气共同作用才能保证其排斥性特征在非直陈世界中进行，并加强句子的非现实性。除了条件语气外，该类语气副词还可以与祈愿语气、反诘语气等其他非现实范畴共同作用表示违实义，如"我真的希望能回到过去！""难道你真的以为她死了吗？"等。

另一种推测类语气副词常常用来对事件的结果或发展进行推断和估测，包括确定性推测如"准""会""定""该""必定""想必"等和揣度性推测，如"恐""怕""恐怕""或许""也许"等。前者在 4.1.1.1 中的认知情态中有所谈及，常常作为认知情态出现在违实条件句的后句。除了这些通用的认知情态词外，通过语料检索发现，揣度性推测语气副词"恐""怕""恐怕"也常常出现在条件句的后句，辅助传递违实义。这类语气副词在很多语言中被标注为沮丧语气（frustrative mood）。在本书的语种库中，也不乏沮丧语气用以辅助标记违实句的用例。如在 Hup、Movima、Warekena 语中，非条件违实句都需要借助沮丧语气来表达。与此不同，在汉语中"恐""怕""恐怕"类语气副词很难独立表达违实句，通常出现在条件句的后句，例如：

例 45　a. 这次符坚发动了百万人马攻打晋国，如果全部人马一集中，**恐怕**晋军没法抵挡。现在趁他们人马还没到齐，你们赶快发起进攻，打败他们的前锋，挫伤他们的士气，就可以击溃秦军了。

　　　b. 其实如果真的撤销这些壁垒，**恐怕**该国就不会从美国进口任何该项产品，因为当地的产量供给既丰富又便宜，并且较适合其国民的喜好。

　　　c. 如果是泥捏的汉子，**怕**是早已倒了下去，化成一滩烂泥了；而郑德在却在心灵淌血跋涉过后，成为一块淬过火的钢锭。

"恐""怕""恐怕"类语气副词在汉语中的这类用法与汉语违实句的特殊表达及其思维特点相关。袁毓林（2015）认为汉语反事实条件句大多数具有明显的情感倾向，或表示庆幸（为人出乎意料的成功或意外地避免不幸或得到好的结局而感到高兴），或表示遗憾（对人最终没有逃脱不幸遭遇或事物最终还是不如人意表示同情或可惜）。袁毓林、张驰（2016）通过访谈问卷又证实了这一结论，并认为庆幸义更为显赫，从而反映了汉语违实句使用者的乐观主义倾向。"恐""怕""恐怕"类语气副词正是契合了这一表达特点，将不好的事物放置于违实假设中，从而在一定程度上达到劝说目的，或让人们满足于现状，消解不良的心理情绪。

另一类副词"再"能在单独使用时表示假设条件语气，起到非现实因子的作用。在句中现实因子的激活下，可以生成违实义，例如：

例 46　a. 你**再**年轻 20 岁可能就会明白这个道理。（自拟）

　　　b. 崔桂亮却在懊悔：当初步子**再**大些就好了。

这类用法的"再"通常需要和"些""点儿"或其他数量词搭配使用，表示某种追溯义或后悔义。

4.2　现实因子

第 4 章开始讨论了违实义的生成路径，即由 potential p 推出 $\lnot p$，由 potential $\urcorner p$ 推出 p。这种违实句中的极性反转正是通过格莱斯量的准则推导而来。4.1 主要分析了汉语中常用的非现实因子在极性反转中起到了 potential 的作用，进而降低量的级别。除此以外，p 需要是一个确定的事实，如果无法判断 p 的事实性，极性反转则会消失，如本章开头的 Gooniyandi 例句。因此，现实因子也是获得违实极性反转的必备条件之一。在世界语言中，过去时常常作为现实因子出现在违实句中，这是因为不同的时制蕴含了不同的认知情态。过去发生的事物通常已知，因而较为确定；未来发生的事物通常未知，也相对不确定。由于过去时常常出现在违实语境中，通过语用规约，进而产生了虚拟情态义，当虚拟情态义超越本身固有的时制用法，因而出现了所谓的假时制（shift–back of tense）（见第 6 章详述）。而在汉语中，过去时没有形成相对固定的形态标记，往往借助时间词、时间副词或者某种句式表达相应的概念，由于形式不固定，很难出现进一步的语法化。除了过去时间框架，在汉语中，否定标记和语境信息也具有现实因子的作用，通过增强 p 的事实性，在非现实因子的作用下传递违实义。其中，否定标记包括"不""没有""不是"等。否定标记一方面由于自身特有的预设和逻辑作用对违实生成有一定的促进作用，另一方面也通过贡献自身的现实指示作用与非现实因子连用指示违实句。非现实否定标记"不"与其他非现实语气（如条件语气）连用时，反而降低了其表示违实的概率。而现实否定标记"没有"和"不是"在与条件语气连用时，则大大增加了其表示违实的概率。这类否定词与条件句关联词连用常常出现词汇化，进而语法化成一个类似于印欧语系语言中出现的违实标记（见 4.3 详述）。语境信息对汉语违实句的帮助也不容忽视（见第 3 章详述）。除了上下文和百科知识以外，语境信息的暗示离不开语境线索词，如人称词、篇章信息回指词（如"这""那"）等。

4.2.1　时间框架

学术界关于汉语的时制问题一直有争议。由于没有语法化成一个固定的形态标记，Huang（1987）和 Li & Thompson（1990）认为汉语中的时制时限为空范畴（empty category），因而只能通过相对隐蔽的方式表达。潘海华 & 胡建华（2001）进一步指出，作为空范畴和隐蔽范畴的时制范畴并不存在。在汉语中，虽然没有时制语法范畴，但是仍有标记时间框架的手段。过去时间框架可以通过时间词、体标记、时间副词和部分语言结构实现。

例 47　a. 如果**昨天**韩国队负于丹麦队，马来西亚队明天即使负于丹麦队，也能小组出线。

　　　b. 如果**当初**选择了破产，巨人集团就可以清算了事，今天的史玉柱也就可以不必用那么曲折的方式，通过第三方公司来还钱。他从脑白金赚来的两亿元资本，完全可以给他带来更多的利润。

　　　c. 如果**当时**美国银行没有收购美林，美林可能也会很快破产，**当时**确实会有一串多米诺骨牌般的连锁反应。

　　　d. 爱丽丝 16 个月大时只有 5 公斤重，连翻身也不会。"如果**当晚**我们没有把她接过来，我想她一定活不了多久，"雷门说，"但我们要她。"

　　　e. 如果你**早早**研究巴菲特理论，**早早**看到巴菲特的价值理念，即使在熊市的情况下，你也能够赢得很多钱。

　　　f. 如果你**刚才**没有挡住我，也许我就能看见他了。

　　　g. 我想如果**现在**让您在北京大学作演讲，您最想讲的一个主题是什么？

　　　h. 如果不是孙权干的坏事，吴芮的墓可能**至今**还在长沙城北，当地又可以大做吴芮文章，开发旅游资源了。

上述例子有两类时制：一类表示过去，如 a—f 句；一类表示现在，如 g、h 句。由于汉语没有出现假时制，时间词、时间副词只是通过贡献自身的现实语义，从语用层面增强违实表达，因而具有一定的不稳定性。即使出现过去时间指向，本书的语料中还是有很多并不能完全理解为违实句的例子，例如：

例48　a. 如果你**曾经**逛过百货商场的美容柜台，那你或许也曾被某个售货员逮住。

　　　b. 如果**昨天**我还不能确定，经过了 2008 年的第一天，我才真正地认识到，陈水扁真的疯了。

　　　c. 刘建超说，如果你**刚才**提及的内容属实，那就清楚地表明这个报告充满冷战思维，居心巨测。

这是因为过去时虽然与已然事件即现实因子有一定的关联性，但也不能保证一定发生过，在没有语法化成语气标记之前，对过去事物可以进行开放性假设。但过去时间指向词在违实生成上也具有差异性，如"当 X"类词语（当初、当时、当晚等）和"早 X"类词语（早、早早、很早、早先等）有很强的违实生成能力，"曾经""曾""刚才"等则违实生成能力较弱。这一方面与汉语违实的特殊语用义有关。汉语违实通常表示某种强烈的情感倾向，或庆幸，或遗憾。而"当 X"和"早 X"类词语正是凸显了过去与现实的差异性，从而有利于强烈情感的表达。由于韵律特点和共现特征，"早"和叙实动词"知道"常常在违实句中邻近出现，进而出现语法化，成为一个类似于印欧语系语言的违实标记（见 4.3 详述）。副词"还"通常表示过去状态的持续，也能贡献现实因子，与违实表义吻合。"曾经""曾"等词书面语体色彩比较浓厚，由于语体较为正式，通常用作常规性的开放假设。"刚才"类近指过去时间词，由于事情刚刚发生，也有可能出现未知的情况，因而也常常用作非违实假设。

同理，汉语中的现在时间指示词虽然能辅助生成违实义，但只是建立在现在事实已知的基础上，如例 47 g 句，显然说话人发出该句时的场景并不是在北京大学演讲，只是某种假象。如果现在事实未知，则只能引出常规的开放假设句，例如：

例49　但是如果**现在**再不实行改革，我们的现代化事业和社会主义事业就会被葬送。

　　那么汉语能否就未来的事件提出违实假设？由于未来事件是非现实因子，如果句中没有其他现实因子的作用，依赖条件语气、祈愿语气是不能表达违实义的。下文 4.3 中会提及部分兼类情况，即兼有现实和非现实因子的类违实标记。如果句中出现了类违实标记，满足了违实表达的现实与非现实需求，那么违实句也可以有未来时间指向，如"要不是我们明天放假，我才不会睡这么晚呢！"。

例 50　a. 可是，他却迟迟没有来。……要是他来了，会好一些的。

　　　　b. 哦，要是你去过的话，你就会理解了。

　　汉语中的完成体标记"了"和经历体标记"过"与过去已然事物有一定的关联性，因而在一定程度上能促进违实的表达。这种关联性在很多其他的语言中也得到了印证。世界上很多体标记显赫型语言都会借助完成体来表达过去时的概念，如印度—雅利安语族的语言。另外，值得说明的是句尾"了"在汉语违实表达中有着特殊的作用，一方面由体标记"了1"语法化而来，句尾"了2"也保留了部分完成体即现实因子的作用；另一方面由于"了2"常常位于句尾，具有语气词的功效。上文 2.2.3 分析了"了2"的反预期语气，反预期与违实在排斥性特征上具有共性，且能够将参照层 $R(w)$ 而非现实层 $E(w)$ 置于话题层面 $T(w)$。正是因为这两个特点，句尾"了"才有着很强的违实生成能力。如果缺乏现实因子的指示作用，反预期语气词"了2"是不能指示违实义的，例如：

例 51　如果你去，我就不去他那里了。（自拟）

　　由于上句"了"只是一个单纯的句尾语气词，并不能表示已然事件，全句缺失现实因子，因而不能表示违实义。再来观察几组由道义情态"应该"与过去时间框架结合产生违实义的例子：

例 52　a. 我说，那晚真的很不愉快，**本应该**是很开心的。

　　　　b. 表 7−3 是这个期间进口汽车销售量的增长情况。这种趋势**本来应该**引起埃德塞尔汽车的决策人的警觉。

　　c. 如果，在这 10 年中，我们过着原来应该过的顺顺当当的生活……
　　　则今日我们的生活，又该多么美好！

　　林若望（2016）讨论了"应该……的"句式的违实推理，朱庆祥（2019）则认为单纯的"应该"句式也可以表示违实义。这是因为在"应该"道义情态推理的框架下，现实因子是多种多样的，既可以是"的"句式，也可以是时间副词"本来""原来"等，或者在缺失显性现实因子的情况下，寻求已知语境信息。如果缺失现实因子的作用，单纯的"应该"句很难理解为违实句，如"你应该来"。首先来看例 52 a 句中涉及的"应该"与"的"字句搭配的情况。由于汉语中的时制表达缺乏固定的标记，除了上文列举的时间词和时间副词、体标记"了""过"外，还可以借用句尾语气词"的"来实现时间指向的表达。王光全（2003）、凌璧君（2008）、林若望（2016）都提及了句尾语气词"的"与汉语完整体标记"了"的共性，认为"的"往往指向非未来时间段的动态事件，是过去，或与说话时间重叠的静态事件，如图 4-2 所示：

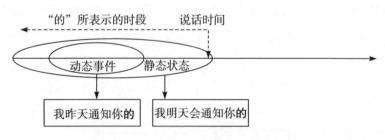

图 4-2 "的"字结构的时间框架

　　虽然"的"不尽然与过去时完全重叠，但是与上文体标记类似，与过去时和已然现实义有一定的重叠。此外，林若望（2016）补充"的"的作用不仅在于时间指向，还在于语用预设，能预设动词所指的是语境旧信息，如"我从来不抽烟的"，则只有在前文提及"抽烟"这个话题后才能应答。这种语用预设也恰恰符合了违实句的事实预设性（见 2.1.1 详述）。同上文体标记的论述，"的"的语法意义与现实已然义有所重叠，但仍然有相互冲突的时候。当不能贡献现实因子义的时候，句子则不能理解为违实义，例如：

例 53　血迹斑斑的战争罪犯是应该受到人类的正义惩罚的。

　　除了"的"字结构外，汉语中的时间副词"本（来）""原（来）""往往"能表示过去已然义，作为现实因子与"应该"道义框架表示的非现实义结合传递违实义，如上例 a—c 句。它们同作为时间副词，却隐含着不同的情态义，在用法上也不尽相同。首先"本（来）"和"原（来）"都能表示原先、先前等现实义，因此两者理论上在非现实道义"应该"句中都能表示违实义。但在本书的语料检索中，"本（来）"比"原（来）"更倾向于与"应该"搭配产生违实义，"原（来）应该"类违实句只有 10 例左右，且在使用中有一定的限制性，常常不能独立成句，而是作为句子中的某一个修饰性成分。独立成句后的"原来应该"句，通常表示发现了以前不知道的情况，表示恍然大悟，而非违实，例如：

例 54　我们小时写作文、记日记，常常要提到这个地方，而苦于不知道该怎样写。……后来到了张家口坝上，才恍然大悟：这个字原来应该这样写！

　　而"本（来）应该"表示违实不仅更常见，在使用中也有更多的自由。这是因为"本（来）"有两个用法：一是表示从道理根本上去说；二是时间名词，指向过去的某一时间段或时间点。在表示第一个意思时，"本（来）"也有点明实际事实情况的用法；在表示第二个意思时，"本（来）"隐射随着时间的进行，思想、认知或行为发生了扭转，从而产生了反事实的意思。"本（来）"与"应该"搭配时，一方面有强调事理理所当然之义，另一方面也通过指向过去时间点提供现实理据义。此外，"本（来）"具有排斥性特征（见2.2.3 详述），即语用预设发生改变或者两种性状不同的情况，如"我本来的专业是中文"则表示"我可能现在不学中文了"。这种排斥性的语用预设也恰恰符合了违实句的事实预设性。

另一个相对小众的搭配"往往应该"也能产生违实义。同样作为频率副词,与"常常"相比,"往往"是指说话者基于动作过去客观频率作出的主观概率判断,一方面提供过去已然的现实义,另一方面作为主观概率判断,有一定的现实排斥性,因而可以用在非现实框架中表示违实义。在本书的语料中,"往往"更多用于条件句的后句,用以表达违实义,这是因为"往往"表示主观概率判断更符合条件句后句的认知情态义,见下例:

例 55   一些应该由市场主体操作的事项,如果由行政机关越俎代庖,往往适得其反。

然而,"常常"只是作为客观频率副词,既不能作为现实因子,也不具有排斥性,与违实表达不具有关联性。

4.2.2   否定标记

4.2.2.1   否定标记与违实加强

这里将否定标记归为现实因子贡献违实义,是考虑到汉语否定内部的用法分化,着重分析作为现实因子的否定标记。而作为非现实因子的否定标记不但不能增强违实表达,反而可能削弱违实表达。Ziegeler(1993,1994,2000)通过对照组实验证明了违实与否定之间的密切关系。实验将被试者分为两组:一组由 31 名母语为英语的成员组成;另一组是由 60 名以英语为第二语言的成员组成。这两组成员分别对以下例句进行评估:

例 56   a. If the water level had **not** dropped, the Japanese officer wouldn't have spotted the wire.

    如果水位**没有**降,日本官员不会发现这个绳索。

b. If the murderer had used a gun, he would have hidden it somewhere.

如果谋杀者用过这个手枪，他一定藏在哪里。

被试者需要从上面两个例句中选择具有违实义的例子（答案不唯一），结果如表 4-1 所示：

表 4-1　违实义与否定关联的参照组实验（Ziegeler，2000：37）

Group	negative CF task（否定句）	positive CF task（肯定句）
Native speakers	62%	3%
L2 speakers	83%	25%

可以看到无论是母语组还是第二语言组，否定句都比肯定句更容易产生违实义，由此得出结论：否定更容易产生违实理解。在德语中，具有轻否定 [①] 标记的条件句表现出与英语相似的特征。Schwarz（2004）认为当轻否定出现在条件句的前句或者后句时，句子通常作违实理解：

例 57 　　　　　　　　　　　　　　　（Schwarz & Bhatt, 2006: 183）

| Wenn | Fritz | **nicht** | Frage | 3 | Beantwortet... |
| 如果 | Fritz | **NEG** | 问题 | 3 | 回答.PST |

如果 Fritz 没有回答这 3 个问题……（事实上已经回答了这 3 个问题。）

Wierzbicka（1997）也关注到了否定与违实加强之间的关系。她进而将双重否定的违实条件句作为违实句的核心范畴。她进一步解释这是因为人们总是更容易接受一个肯定而非否定的事实，已经发生的事实总比没有发生的事实更加逼真。人们对已经发生的事实也会更加确定和信任，对肯定事实的违实假设则会产生否定表达。因此，在一些语言中条件句前句和后句皆是使用否定能加强违实义的表达。如在俄语中，肯定违实句很容易被后加小句取消违实义，但双重否定的违实句则不可以取消违实义，例如：

---

① 　与普通否定（内层否定）不同，轻否定相当于外层否定。在现代德语中，轻否定小品词 *nicht* 的使用位置高于 SpecNegP，如 *wenn nicht bald jemand kommt...*（如果不是有人要来……）

例 58　Russian（Indo-European: Russia）　　　　（Wierzbicka, 1997: 39-40）

a.　Esli　　　by　　　oni　　　našli　　　　étu　　vodu,　　oni

如果　　SBJV　3PL　　找到.PFV.PST　那个　水.ACC　　3PL

byli　　by　　　spaseny,　　no　　　jia　　somnevajus',　Čto

是.PST　SBJV　存活.PASS　但是　1SG　疑虑　　　　　COMP

Oni　　eenašli.

3PL　　找到.PFV.PST

如果他们找到了那些水，他们就可以存活，但是我怀疑他们是否找到了。

b.　Esli　　　by　　　Ja　　**ne**　　na　　　našla　　　　jabloki,

如果　　SBJV　1SG　　**NEG**　任何　找到.PFV.PST　苹果

ja　　by　　　kupila　　　gruši.

1SG　SBJV　买.PFV.PST　梨子

如果我没有买到任何苹果，我就会去买梨子。（大概率事实是我买到了苹果。）

c.　Esli　　　by　　　oni　　**ne**　　pošli　　　　v　　étu

如果　　SBJV　3PL　　**NEG**　去.PFV.PST　朝　那个

storonu,　oni　　by　　　**ne**　　poterjalis.

方向　　3PL　　SBJV　**NEG**　走丢.PFV.PST

如果他们没有朝着那个方向走，他们就不会走丢。（事实是他们朝着那个方向走了。）

例 58 a、b 句都有指向未来未知的可能性，当指向未知时，违实义则会被削弱。然而 c 句使用了双重否定，句子只能指向已知的过去义，违实义非常牢固不可取消。在波兰语中也出现了类似的例子：

例 59　Polish（Indo-European: Poland）　　　　（Wierzbicka, 1997: 39-40）

a.　Gdyby znalezli te wode, to byliby ocaleni, ale niestety waipliwe, zeby ja znalezli.

如果他们找到了那些水，他们就能存活，但不幸的是我们并不知道他们是否找到。

b.　Gdyby **nie** poszli w te strone, to by sie **nie** zgubili.

如果他们没有朝着那个方向走，他们就不会走丢。

　　在汉语中，蒋严（2000）、Wang（2012）都意识到了否定与违实加强的联系。蒋严（2000）认为当前句出现否定，通常表示事件已经发生，从逻辑上看对于一个已然事件的否定很自然会引发违实理解。Wang（2012）认为并没有明确的证据能表明否定标记的使用与已然事实之间的关联，但又不可否认否定与违实生成之间的关联，因此否定标记可以看成违实句的一个语法特征而非语用特征。暂且搁置否定在违实句中高频率出现的理据性，先来看几组否定在汉语违实句中使用的例子：

例 60　a. 如果你刚才来了这儿，就能看见这儿的壁画了。（自拟）

　　　 b. 如果你刚才没叫住他，他就已经在现场了。（自拟）

　　同样是出现过去时，肯定句 a 句既可以理解为违实句，也可以理解为开放假设句，否定句 b 句则倾向于违实句的理解。因为只有前句出现否定，所以在一定程度上都可以后接小句取消上述例句的违实义，如"我不知道你刚才有没有这儿 / 叫住他……"。再来观察下面一组例子：

例 61　a. 如果有电，灯就亮了。（自拟）

　　　 b. 如果有电，灯就会亮。（自拟）

　　　 c. 如果有电，灯就不会不亮。（自拟）

　　如果没有句尾"了"，b 句并不能理解为违实句。然而 c 句在缺失句尾"了"的情况下，仍然能通过双重否定标记恢复 a 句中的违实理解。

4.2.2.2　否定标记的预设、焦点与辖域

　　跨语言的语料证明了否定标记与违实的关联性。那么这种关联背后的理据性究竟为何？ Wierzbicka（1997）从人们对肯 / 否定事实接受的难易度角度略有谈及。Wierzbicka（1997）和蒋严（2000）都关注到违实条件句中否定的通常是已然的事实。那么否定与已然事

实之间的关联究竟为何？要回答这个问题，需要回归否定的信息预设。预设区别于焦点，前者属于旧信息，通常在否定的情况下仍然得到了保留；后者属于新信息，是句子中被否定的成分。例如：

例 62 a. 小明是大学生。断言：是（小明，大学生）

b. 小明不是大学生。断言：不 [是（小明，大学生）]

c. 存在小明这样一个人。预设：$\exists x$（x= 小明）

学界普遍认为上述例句无论肯定还是否定，其预设是一致的，即 c 句。预设作为前提条件，无法被否定掉。如果说一个句子传递的信息可以分为已知和新知两个部分，那么前者可以从上下文或语境得知，而后者只能通过句子表达得知。预设作为已知信息的一部分，并不遵循传统的单调逻辑，作为自然语义，也具有相对的开放性和不稳定性，如例 62 的预设其实并不局限于 c 句。Rooth（1996）认为否定句中会产生一个命题 ø，语义值为假，但命题 ø 中某个焦点语义值中的某个（某些）命题则可在预设中为真。Rooth 的预设理论有两点启示：一是否定的预设可以有一个或多个相反（肯定）的命题；二是否定的辖域与焦点相关，因此也与否定的预设相互关联。由于否定是在肯定的基础上进行的，否定的逻辑基础也来自肯定事实，那么可以预测否定句的预设也与其相对的肯定句相关。因此，除了例 62 c 句外，可能出现的否定预设如下例：

例 63 a. 小明不是 [大学生]$_{焦点}$。⇒ 小明可能是别的什么身份。预设：$\exists x$[是（小明，x）][$x \in ALT$（大学生），且 $x \neq$ 大学生]

b. [小明]$_{焦点}$不是大学生。⇒ 别的人可能是大学生。预设：$\exists x$[是（x，大学生）][$x \in ALT$（小明），且 $x \neq$ 小明]

c. [小明不是大学生]$_{焦点}$。⇒ 存在小明是大学生这种可能性。预设：$\exists xy$[是（x，y）][$x \in ALT$（小明），且 $y \in ALT$（大学生）]

"ALT（小明 / 大学生）"表示"小明 / 大学生"是指言语中包括"小明 / 大学生"在内的所有选项。可以看到，否定句的焦点与可能出现的预设直接相关。刘丽萍（2014）将例 63 a 句和 b 句归类为否定句的分析"两步法"，并称之为"隐含义"。袁毓林（2000）认为否定某种程度上可以看成非线性范畴，因而其焦点作用的范围可能是整个简单句。如"小明不是大学生"也可以是对"小明是大学生"整个判断的否定，在这种焦点泛化的情况下，则有可能出现 f 句的预设。换句话说，说话者在发出某种否定句时，会提前预设其对立面即肯定事件存在的某种可能性。如果完全不存在肯定事件存在的可能性，那么句子会非常奇怪，且毫无意义，如"外星人不是大学生"。虽然这样的句子在逻辑上符合真值标准，但是在语用上却不符合格莱斯合作原则（Cooperative Principle），即没有关联性（be relevant）。

　　由于上文讨论的预设属于语用层面，具有不稳定性和相对开放性，那么在一定的语境作用中，预设也能够被取消，如下例：

例 64　a.　小明不是大学生，因为根本不存在小明这个人。（预设取消）

　　　　b.　小明不是大学生，因为小明是高中生。（预设取消）

　　　　c.　小明不是大学生，因为小方是大学生。（预设取消）

　　　　d.　小明不是大学生，因为他是个外星人。（预设取消）

　　这是因为预设是一种语用上的合适性条件，而不是语义上的真值条件（袁毓林，2000；Levinson，1983）。袁毓林（2000）将保留语用预设但焦点否定的句子称为"内部否定"，标记为 Pre&~Foc，将预设取消且焦点否定的句子称为"外部否定"，标记为 ~（Pre&Foc）->~ Pre ∨ ~Foc。由于存在内部否定和外部否定两种情形，造成了语义的某种不确定性。当说话人和听话人由于不确定性选择了两种不同的否定形式来理解，就会造成语言理解的矛盾，例如：

例 65　老爷去世以后，由于家中无后，侄子们前来议论善后事宜。大侄说："老爷去世以后，他的财产我们家这边**不要**。"二侄不满道："瞧你这话说的，我们今天过来是讨论善后事宜，而不是财产问题。再说了老爷生前又没有说要给你财产。"大侄生气地说道："我只是表态而已，和老爷生前有没有财产分配没关系。"

　　上述例子中，显然大伯在说不要财产的时候是外部否定理解，一方面否定了焦点信息，即表态"不要财产"，另一方面也没有关注到否定对肯定对立面预设的信息，即"存在老爷分财产给自己的可能性"。而二伯则是采用内部否定理解，在否定焦点信息的同时，也推测说话者认为肯定对立面预设的存在，即"大伯认为存在老爷分财产给他的可能性"，于是产生了理解认知上的矛盾。在语言交谈中，也可以巧妙地利用内外部否定的不确定性化解矛盾，例如：

例 66　A：我还有很多作业，这个时候是肯定不会出去逛街的。

　　　　B：放心我没说要出去逛街。（自拟）

　　B 在安慰 A 时通过内部否定，周全地考虑到了否定预设的肯定对立面的信息，即"存在 A 出去逛街的可能性"，于是考虑是不是因为语境信息（如自己的言语）使得可能性存在，正中要害从预设源头消解 A 的不满。

　　这种理解的不确定性使得否定句的预设相对隐晦，但仍然可以从日常言语中找到否定对肯定对立面的预设存在。袁毓林（2000）将内部否定看成否定句的无标记形式，而外部否定是否定的有标记形式，因而自然语感是按照无标记形式的内部否定进行的。那么例 63 c 句根据否定的预设特点回归否定与违实关联的理据上来。上述否定句可能出现的几种语义预设中，例 63 c 句的预设与违实句的逻辑本质具有相似性。由于否定可能存在的某种预设是肯定对立面的存在，即出现排斥性特征。而这种排斥性特征与上文提到的反预期、感叹语气等类似，与违实表达的反事实排斥逻辑吻合，即 $T(x)$ 排除 $C(x)$。这里 $T(x)$ 指的是话题事件，即正在谈论的话题 x；$C(x)$ 指的是认知的事件 x。

　　这只是说明了否定能够产生排斥性预设效应的某种可能性。是不是所有的否定都等同地表达这种排斥性效应？要回答这个问题需要回到否定的句法位置和语义效用上。袁毓林（2000）虽然认为否

定是非线性的语法范畴，但是在无标记的情况下，否定常常置于焦
点成分之前，形成一个相对集中的辖域。在有标记的情况下，否定
的辖域可以回溯到否定词之前，甚至是全句成分。那么对于例 62 b
句这样的否定句，自然焦点应该是"大学生"，因此例 63 a 句是最常
见的预设，例 63 c 句这种针对全句的预设虽然可能但相对费力，这
就造成了语言交流中常常出现由于预设不一致而带来的矛盾，如例
65。那么如何才能更加自然地产生例 63 c 句的预设？这就涉及否定
的辖域问题，下一节中会具体分析。

4.2.2.3　否定标记的现实性预设与内部分化

　　上文从例证和理据层面分析了否定与违实之间的关联。那么否
定形式在违实句中起的作用是否存在差异性？汉语中表达否定的方
式有多种，除了常用来辨析的"不"和"没"外，"不是"也常常出
现在违实句中。本书的语料显示，否定既可以出现在违实条件句的
前句也可以出现在后句，例如：

例 67　a. 如果**不是**这个非常时期，我们一定会很轻松地聊会儿天。

　　　　b. 如果真如你所说的……你断然**不会**像今天这样。

　　很多汉语违实句中的否定标记是成对出现的，例如：

例 68　a. 如果**不是**女儿嫌那里的工作太辛苦，也许就**不会**有现在的悲剧
　　　　　发生。

　　　　b. 如果**没有**这 14 天，我是**不会**知道唱歌如何能尽兴的。

　　在本书的语料中，"不"虽然能出现在违实句中，但通常在后句
出现。"没有……不"是出现在违实句中最常见的否定搭配，而"不
是"和"没（有）"则通常出现在前句。如果"不"出现在条件句的
前句，不会增加违实义，反而会降低违实义表达的可能性，如下列
非违实句：

例 69　a. 全国各地的实践表明，如果**不能**在办学指导思想上排除它的干扰，
　　　　　贯彻教育、实现培养目标的努力就会受到严重的影响。

    b. 临床上也可以看到，如果病人昨天晚上睡眠不好，第二天血压升高就明显一些，因为这些跟工作和一些日常生活关系非常密切。

    例 69 b 句虽然出现了强现实标记"昨天"，句子还是出现了非违实理解。为什么会出现这种不一致性？这要回到汉语否定内部的差异性特征上来。学界对"不"和"没"的差异性讨论已久。基于从描写的角度上统计出的分布差异，李敏（2006）认为"不"最典型的用法是在非现实范畴中，而"没（有）"则更多用于现实范畴。由于"不"多用于非现实范畴，在与条件语气结合时，句子缺乏现实因子，因而根据格莱斯量的准则，很难生成违实义。这就解释了为什么 a 句和 b 句通常都只能作非现实开放假设句来理解。那么为什么"不"可以进入违实条件句的后句？这是因为据上文 4.1.1 分析，条件句的后句通常表示某种认知情态义。对这类非现实情态义的否定，通常会选用否定词"不"。值得注意的是，"不"虽然能出现在违实句中，但前提是有其他现实因子的辅助作用。换句话说，"不"本身不能起到增强违实的作用。它只是作为否定，满足句子逻辑表达的需要。

    "没（有）"的用法分布不同于"不"，如教学语法出于简化的目的，通常将"没（有）"与已完成事件先关联。戴耀晶（2000）分析了"没（有）"的具体分布特征：①带"了、着、过、正在、在、呢"等体标记事件；②带有过去时间标志的事件；③带结果义的动补结构或动词，具有完结特征；④被字句通常要求动词后接结果补语或动量补语，因而也具有一定的完成性。这些分布性特征倾向于现实性表达。因此，与"不"相比，"没有"更常作为现实因子用于违实句中，例如：

例 70　他全身没有穿衣服，雨水从他长长的金发上流下来。他冻得发抖。如果他**没有**走进来，一定会在这样的暴风雨中冻死的。

　　与上文对时间框架的分析类似，即便是过去时间或者是完成体也不能保证现实因子的稳固性，仍然可能出现发生在过去或者已经发生但未知的情况。因此，在本书的语料中，仍然有很多出现"没有"的非违实条件句，甚至在与强现实标记过去时间词连用时，仍有可能出现非违实义，例如：

例 71　如果**之前没有**进行 B 型超声波检查，这时检查是很必要的。

　　不同于上文对时间框架的分析，4.2.2.2 中分析了否定的辖域与预设问题。否定由于其特有的排斥性预设功能和逻辑特征，在一定程度上能够增强违实的表达。上文探讨了否定可能出现的几种预设情况，而只有当否定的辖域涉及全句时，才能最自然地产生 f 预设，即对整句判断对立面的预设。那么对于"没有"而言，当其居于高位时，则更易产生违实义：

例 72　如果**没有**教育所实现的科学知识的再生产，每一代新人都从零开始，在自己的实践活动中认识世界，那就很难想象世界上的科学知识会达到今天这样的高度。

　　如果将"没有"句位降低，"如果教育没有实现科学知识的再生产……"，句子则可能解读为一般假设句。上例中"没有"无标记否定的管辖域是"教育所实现的科学知识的再生产"。根据 Rooth 的焦点预设理论，其辖域中的一个或多个命题都可能成为预设的对象。那么可以很自然地得出 f 预设，即"教育实现了科学知识的再生产"，即 $\exists xy[$ 实现 $(x,y)][x \in ALT$（教育），且 $y \in ALT$（科学再生产）$]$。当"没有"出现在高位时，其后需要接体词性成分：或是简单名词，或是经过名物化操作后的复杂谓词性成分。这里的"没有"不同于"我没有钱"中的动词"没有"，也很难还原"没有"前的主语。"没有"作为否定标记，通过提升操作移位到了主语前，如下例所示。

例 73

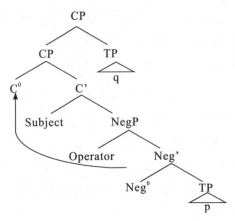

　　这类违实句中，否定标记在结构上不仅高于 TP，甚至通过移位上升到 C^0 的位置。这就解释了为什么否定标记会与句首连词词汇化形成一个类违实标记等。另一个移位的证据来自很多省略句首连词的违实表达，例如：

例 74　a. 在李小龙的人生里，如果**没有**莲达，他不可能取得这么大的成就；可以说，没有莲达，李小龙的人生将会是不完整的。

　　　　b. 它告诉人们一条真理：**没有**共产党，就**没有**新中国。

　　在古代汉语中也能找到类似的否定标记上升至 C^0 进而缺省句首连词的违实表达，例如：

例 75　*微夫人之力不及此。因人之力而敝之，不仁；失其所与，不知；以乱易整，不武。吾其还也。*（《左传·烛之武退秦师》）

　　因此，当"没（有）"出现在条件句中，一方面通过特有的否定语用预设增强违实表达，另一方面通过自身的语义贡献现实因子，因而具有很强的违实生成能力。除了常常讨论的"不"和"没"外，汉语中还有一个常用的否定标记"不是"。作为否定标记的"不是"不是"不"的子类，而是有自己特殊的分布特征。"不是"通常用于对惯常事件进行否定，如"他不是每天早上七点钟起床"，具有一定的现实性。由于惯常事件是作为一个整体存在，常常包括了共同组成的所有小句，无论小句是否主语相同，多数时候主语也参与到惯常事件中，因此"不是"的句法位置相对较高。由于"不是"的管辖范围涉及全句，和居于高位的"没有"类似，容易引发 f 预设，从而增强违实的表达功效。例如：

例76　a. 这些新造的字如果不是适应语言表达的需要，也不会沿用到后世。遗憾的是汉字不是拼音文字，不能如实地记录当时的"声音之变"。

　　　b. 如果不是中纺被悄悄私有化，他们能沦落到这般田地吗？即使中纺被合资，或者被卖掉（公开私有化），工人也不会这么惨。

与"没有"类似，"不是"能移位甚至上升至 C^0 的位置：一方面为与相邻句首连词词汇化提供了相邻的位置条件，如"要不是""若非"等；另一方面也能替代句首假设连词，出现了由"不是"直接引导的违实句。例如：

例77　a. 她倒没有悔改之意，反而越发恨起江水山来。不是他，哪会有这等事发生！

　　　b. 不是情况紧急，我是不会如此冒昧的。现在夫人已经苏醒过来，她把事情讲得很清楚，所以我们要做的事不多了。

朱丽师、杨永龙（2018）从历时角度分析了"不是 C1，C2"违实句的产生轨迹，即"不 + 是 N"->"不 + 是 C"->"不 + 是 C1，C2"，并认为这类省略句首连词的违实句到明朝后才出现，例如：

例78　晁盖心中欢喜，对吴用等六人说道："我们造下这等弥天大罪，哪里去安身？不是这王头领如此错爱，我等皆已失所。此恩不可忘报！"（《水浒传》第 19 回）

"不是"句法位置的提升和否定辖域的扩大为其进而重新分析成为连词提供了前提。与"没有"相比，"不是"的管辖域已经从原来的名词性成分进一步扩展为谓词成分或小句，句法位置更高，也更容易产生 f 预设，从而有利于违实义的生成。除了管辖域的提高和预设逻辑的吻合，"不是"也因为其内含现实因子从语用上满足了违实义生成的需要。比较下面两个例句：

例 79   a. **要是**你有任何问题，你都可以来找我。

b. ★**要不是**你有任何问题，你都可以来找我。

根据否定极性项允准（NPI licensing）的要求，句中否定极性项（如"任何"），如果处于否定或假设算子的管辖域中，可以被允准。这就解释了例 79 a 句的合法性。但 Zwart（1995）和 Giannakidou（1998）认为只有当出现现实算子（factive operator）时，否定极性项允准才可能失效，如在叙实动词引导的从句"他不**知道**出现**任何**问题（*）"中。因此，可以推断 b 句中的否定极性项"任何"由于"不是"中出现了现实算子从而不被允准，不能出现在句中。结构如下：

例 80

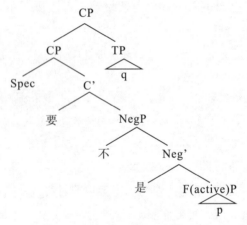

通过上文的分析，一方面可以看出否定与违实表达的关联理据性，另一方面也可以看出并不是所有否定都具有增强违实的功效。对比汉语中几个常用的否定标记"不""没（有）"和"不是"，可以发现后两者更常用于违实句中。这是因为否定标记在满足违实表达的逻辑预设的同时，也通过自身特有语义特点贡献现实因子，从而与非现实因子共同作用生成违实义。

4.2.2.4　来自类型学的证据

如果一个语言能够区分外层否定标记与内层否定标记，那么前者比后者更常用于违实句中，如例 57 列举的德语中的 *nicht*。这也从类型学角度证明了关于否定辖域与预设对违实生成的影响。有意思的是，在很多语言中这些位居高位的否定标记与前置句首连词在跨层重新分析后都经历了词汇化和语法化的过程，形成了如同汉语"要不是""若非"等类似的违实标记词。这也进一步验证了上文对否定标记移位上升至 C^0 的猜想。观察下例：

例 81　Hausa（Afro-Asiatic: Nigeria, Niger）

（Smirnova & Dobronravin, 2005: 435）

baicin	ina	ciwo-n	so-n-ta
如果.NEG	PM.1SG.IPFV	疼痛-CSM	爱.VN-CSM-OP.3SG.F
ai	da	na	sake	ta
EXCLM	CONJ	PM.1SG.PFV	变化	OPT.3SG.F
tunkamin	in		bar	gida-n.
以前	PM:1SG:SBJV		离开	房子-DEF

如果我不那么深爱她，我就会在离开家之前和她离婚了。

在 Hausa 语中，除了引导违实句的常规连词 *da* 外，否定违实条件句的前句通常用复合连词 *baicin* 引导。通过特殊的历史和语法研究，Smirnova & Dobronravin（2005）找到了其组成理据，即有关联词与否定标记熔合（fusion）而成。

在 Tagalog 语中，*Kung...sana* 常用于表示常规假设，如同汉语中的"如果……那么……"。但在频繁地与其后否定标记 *hindi* 连用时，出现了进一步的词汇化，并弱化部分音节，形成了现在的 *Kundi*。例如：

例 82　Tagalog（Austronesian: Philippines）　　　　　（Nevins, 2002: 444）

Kundi　　　　　napakalayo　ng　　Maynila,　papag-aaralin　ko
如果-NEG-that　非常远　　情况　Manila　　CAUS-学习　　我
sana　　　siya　　　roon.
那么　　　他　　　那儿
如果马尼拉不是那么远，我就送他去那儿学习了。

　　在本书的语种库中，还有很多来自其他语言的例证，如 Ashéninka Perené 语种的 *airorika*= 如果 + 不是，Chol 语种的 *machik*= 不是 + 非现实等。

　　一个有意思的现象来自否定以外的其他违实特征。很多跨语言的语料表明与违实相关的语言标记或特征常常句法位置较高：有的高于普通 T^0 和 Asp^0，如在阿拉伯语中，违实标记通常实现为高于真实时体动词的助词；有的上升移位到 C^0，进而或与原有假设连词进一步发生词汇化（如例 81 和例 82），或取缔了原有的假设连词。另一个现象被称为省略违实句（Asyndesis），如在英语中 If I had known... 可以移位省略成 Had I known....。本书的语料显示，这种由移位形成的省略句首连词的违实句较为普遍，如 Rumanian, Kokota, Selkup, Ngizim, Berbice Dutch Creole, Modern Greek, Ejagham, Yoruba, Gooniyandi, Warrongo, Kinnauri, Daga, Mauwake, Yimas, Manam, Ashéninka Perené, Hua, Nunggubuyuand, Macedonian 等 19 种语言，占语种库总语言数目的 12% 以上。这种违实标记或特征向高位移位的现象也给对假时制 / 体起源的研究提供了新的思路。

4.2.3　语境信息

　　根据第 3 章的量化分析，语境信息在汉语违实句中起到了重要的作用。语境信息可以通过违实句中的人称代词、定指、回指以及百科知识等提供。语境包括小语境和大语境。小语境是指违实句本身提供的语境信息暗示，包括人称代词、定指名词短语等；而大语境则不局限于违实句本身，可能回溯上下文其他信息，甚至是超出原文的其他百科知识。大语境和小语境相互作用，如小语境中提供回指词，而大语境需要提供对应回指词的相应信息，做到遥相呼应，才能保证违实句的事实基础。在汉语违实句中，有相当一部分违实句看似不依赖上下文即可进行判断，实际上是依赖了小语境提供的暗示词，不能因此判断汉语违实句可以脱离语用依赖语言手段独立表达。下文将就这些可能提供语境信息的语境敏感词进行分析。

4.2.3.1　人称代词

Ziegeler（2000：38）认为第一人称代词作主语在违实句中很常见，能够比第二人称主语和第三人称主语更容易引发违实义。她进一步解释这是因为第一人称主语更加贴近于说话人的参照领域（immediate domain of reference）。当使用第一人称主语时，说话人和句子主语往往是相同的。根据邻近原则更容易引发以事实为基础的反事实假设，观察下面一组例子：

例 83　*I* and *he*

    a. If **I** had been there at the time, I would have seen the thief.
        如果我刚刚在这儿，我就看见那个贼了。

    b. If **he** had been there at the time, he would have seen the thief.
        如果他刚刚在这儿，他就看见那个贼了。

虽然上述两句都有可能引发违实解读，但 b 句的违实义很容易被后接小句取消，如 "so let's go and ask him if he was there"（那我们就去问问他看看他是不是在那儿）。在通常情况下，a 句中的违实义如果后接小句取消违实义则会非常奇怪，如 "but I didn't know where I was at the time"（但我不知道我那个时候在哪儿）。这是因为"我"总是对自己当下和之前的情况非常了解，很少会出现未知的状态。Warrongo 语中也出现了同样的语料证据，如违实标记 *gaji* 只能用于第一人称作主语时的违实句。Tsunoda（2011）提供了另一种违实标

记 *ngalnga*，只能用于除了第一人称作主语的违实表达。可见在世界语言中，第一人称作主语时，违实表达有别于其他情况。同理在汉语中也有类似的程度等级：

例 84　a. 如果**他**昨天去了学校，就看见学校门口的雕像了。（自拟）

　　　　b. 如果**你**昨天去了学校，就看见学校门口的雕像了。（自拟）

　　　　c. 如果**我**昨天去了学校，就看见学校门口的雕像了。（自拟）

例 84 a 句使用了第三人称主语，句子可以理解为开放假设句，因为说话人并不熟悉"他"的情况。例 84 b 句使用了第二人称主语，相对于第三人称而言，更加贴近说话人的认知领域。因此，b 句有可能是违实句，也有可能是开放假设句，取决于具体上下文的其他语境信息。例 84 c 句则一般只能理解为违实句，除非经历了非正常的失忆过程，说话者对自己的情况都是非常熟知的。当第一人称主语作为现实因子提供了足够稳固的事实基础，在非现实条件假设的框架下则很自然引发了违实理解。第 3 章中的数据统计也进一步证明，越是邻近于说话人的指称领域，越容易出现在违实句中。在本书的语料中，第一人称代词更常用于违实条件句的前句或后句的主语位置，例如：

例 85　a. 如果**我**们不能通晓历史背景，那么对外交事务的研究，即对整体国家的研究，就不可能得出有意义的结论。

　　　　b. 最后，还要感谢我的夫人王康年，如果没有她的支持，**我**是难以完成此书的。

　　　　c. 如果**我**是你，第一步要做的事是加重对自我的期许与看重，将信中那一串又一串自卑的字句从生命中一把扫除，再也不看轻自己。

　　　　d. 如果是**我**，我总会有一点点得意。

例 85 c 句和 d 句呈现了两个相对常用的含有第一人称的违实表达，即"如果我是你……"和"如果是我……"。这些句式更常用于口语，表达通过角色兑换出现的违实义。在很多语言中，由于使用频率非常高，已经出现了特有的表达形式。如在广州话中，可以说"yuhgwo bei ngoh..."（如果让我……）。中古英语多用过去虚拟语气（past subjunctive）来标记违实句。由于语言的简化和经济原则，现代英语已经逐渐失去了这种用法，只有在"If I were..."表示的角色兑换违实句中，才保留了过去虚拟语气的用法，即"were"。在现代西班牙语中，"If I were you..."通常保留了古西班牙方言（Penisular formula）的说法"Yo que tú/usted"，或者是借用 Catalan 语中的说法"Yo de ti/usted"。

由于人称代词提供的语境信息受语用干扰很大，语料中也出现了大量第一人称主语的非违实句。因此，不能将其看成一个类似于西方语言的违实标记，只能通过数据统计其与违实表达的关联性。在分析这类出现第一人称的非违实句时，第一人称由于与说话人同指，易于引发主观意志义，从而干扰了客观事实的现实基础，例如：

例 86　a. 如果我要安慰他，并不困难。（主观，非违实）

　　　　b. 如果我当时没有退学，就不会有机会去参加这个我感兴趣的美术字课程。（客观，违实）

a 句中出现了主观动力情态词"要"，从而干扰了第一人称代词表达的客观事实义。b 句则是对"当时"说话者情况的客观描述，从而保留了第一人称代词的现实基础。Wierzbicka（1997）也指出了这类由于出现了主观第一人称进而降低了违实表达可能性的情况，例如：

例 87　Russian and Polish [Indo-European, Russia & Poland]

（Wierzbicka, 1997: 40）

　　a．Esli by *X* ne slučilos', *Y* by ne slučilos'.

　　b　Gdyby *X* sie sta łto, *Y* by sit nie stało.

　　　如果 *X* 没有发生，*Y* 就会发生。

在俄语和波兰语的这类违实结构中，如果 *X* 和 *Y* 出现了第一或第二人称主语，那么句子则倾向于表达主观事实"我和你想做的事情"而不是客观事实"发生了的事情",反而不容易产生违实义。这是因为违实义的核心语义是"发生了的事情(或者没有发生的事情)"。但这并不能否认第一人称代词与违实句之间的关联。这恰恰补充了结论:客观第一人称代词与违实句的关联性更强。在一些语言能区别客观与主观第一人称代词时,都是前者出现在违实句中。如在藏语中,第一人称代词可以有间接和直接用法,间接用法常用于客观事实(如遥远的过去),例如:

例88 Tibetan(Sino-Tibetan, China)   (Chang & Chang 1980: 17)

nga   lha.sa-r   phyin-pa-**red**.

我   拉萨-LOC   去-IND-**PST**

我去拉萨(比如我很小的时候去那儿,或者我曾经被带到那儿)。

根据 Garrett(2001)的研究,只有 *nga* 这类表示客观事实的间接(indirect)第一人称才能出现在违实句中,其他表示直接(direct)或者主观(ego)的人称代词都不能进入违实句。Curnow(2001)认为在亚马逊地带的语言(如 Tariana 和 Tucano 等)中,当第一人称代词出现了非视觉言据范畴标记(non-visual evidential),句子倾向于非主观意志义,也更常用于违实表达。在羌语中,第一人称代词也出现了类似的用法(LaPolla, 2001)。在汉语中,由于缺乏主客观标记,情态助词和时间指示词有助于辅助区分主客观用法。

4.2.3.2 定指和不定指

上一小节谈论到人称代词对汉语违实句所起到的作用。有一个有趣的现象值得注意——当人称代词出现不定指(虚指)时,句子则无法理解为违实义,例如:

例89 *如果你走进学生们的心里,他们心中从来没有爱国二个字,北京精神在学生们心中其实毫无意义。*

可见定指和不定指是人类认知世界的普遍概念,也是影响违实义理解的一个关键因素。定指和不定指涉及句法、语义和语用等各个层面。在句法层面，定指和不定指有一定的语言形式标记；在语义和语用层面，定指是说话者和听话者非常明确指称的对象，而不定指则表示不明确的指称对象。虽然学界关于此类概念的分类并不一致，或从语言形式出发分为有定和无定，或分为有定、有指无定、无指无定和通指等。本书从语境的信息是否已知出发，采用最通用的广义分类法，即定指和不定指。

由于定指有明确的指称对象，相对于不定指而言，具有有界性特征，与已然事件的表义特征相互重合，在一定程度上和语境作用的激发下能够为违实句贡献现实因子。比较下列句子：

例 90　a. 要是我拿不到这张票，我就不会去看演出了。（事实上我已经拿到了这张票，违实句。）

　　　 b. 要是我拿不到票，我就不会去看演出了。

例 90 a 句由于出现了指示代词"这"，在通常情况下"演出票"已经在说话人的手中，听话者可以推测出说话者是对已然事实的反事实假设，由此产生了违实解读。b 句中的"票"由于出现了不定指，没有已然事实基础，听话者无法推测说话者是否已经拥有了"演出票"，于是产生了开放假设句。

部分词汇不受句法环境的影响，本身就具有一定的定指性，如例 91 a 句中的专有名词"马克思主义科学理论"，b 句中的"改革开放的大环境"等。部分词汇需要借助明确的指示代词来表示定指性，如 c 句和 d 句。

例 91　a. 列宁也明确地指出，如果没有马克思主义的科学理论，就不会有社会科学，也就不会有真正的历史科学。

　　　 b. 这部片子完全是我自筹资金、自组摄制组完成的，要是没有**改革开放的大环境**，这怎么可能呢？

　　　 c. 来锁在谈到嫂子时说："要是没有**这样一位好嫂子**，我真不知道能不能活到今天。"

　　　 d. 要是他能及早去医院治疗，就不会**这样**匆忙地离开大家了。

违实句中的"定指"可以出现在前句，如例91 a、b、c句，也可以出现在后句，如d句。根据上文分析，定指与已然只是有一定的语用重合性，但这种现实因子并没有作为词汇义固化在定指中，因此定指在指示违实义时也有不稳定和不恒定性。有的句子虽然出现定指，但仍然不能理解为违实句，例如：

例92 如果**这个**假设被否定了，他又得提出新的假设，进行新的验证。

这类现象与之前分析的其他非现实因子和现实因子类似。在汉语中，多数词汇语言标记都具有不稳定性特征，由此造成了违实特征分析的杂乱性。但不能因此否定它们与违实的表义关联，一方面尽可能找到语料中的最小对立组（minimal pairs）来验证这类特征存在的意义，另一方面可以用相关的频率测试出其与违实的关联，如第3章谈到的Phi-coefficient Correlation Test等。

另一个有意思的现象是在违实句中，定指词通常与否定连用，表示对已然事物的反事实假设。这要回归4.2.2中对否定预设的理论分析：当否定预设其肯定对立面的存在时，具有与违实义逻辑相通的排斥性基础。如果肯定对立面在句中通过定指增强事实已然基础，那么句子很容易出现违实理解。如果没有出现定指词提供的事实基础，否定的事实预设逻辑也会被阻断，例如：

例93 许多群众要求给有关干警表彰、重奖，表示如果没有**钱**，我们老百姓可以集资。

汉语中的指示代词并非与定指一一对应，同为指示代词，远指代词"那"则有可能出现虚指的用法，例如：

例94 车上有3个直拨电话厅，不仅可以打法国国内电话，还可以打国际长途，第10号车厢则专供**那**些独自旅行的孩子乘坐。

由于受远指的距离影响，"那"可能会指代不具体、不存在、没有出现的事物或者所指的事物处于说话者的认知盲区，进而无法提供事实基础。如果例90 a句变成b句，则并不能保证违实解读，说话者或许在谈论前文提及的某张票，由于指称距离过于遥远，没法贡献现实因子，例如：

例95　如果我拿不到**那**张票，就不会去看演出了。

　　"那"的远指和虚指用法进一步隐喻为对未来的指向，即表示将会发生的事情，与违实相对，常常作为假设关联词的配对词出现在后句中用以承接上文，例如：

例96　当然如果能够制作虚拟实验室，**那**就更好了，可以提升学生动手的
　　　能力，降低实际操作中的错误率。

　　值得说明的是，"那"有篇章回指的功能，具体距离远近、指称实虚依上下文而定。在特定的语境场合如足球比赛的解说中，由于赛程紧密相扣，当解说员说"如果德国队进了那个球……（蒋严 p.c. data）"时，"那"回指清晰且距离较短，直击语境中刚发生的已知事件，则更易引发违实理解。因此，作为语境信息的指示词一方面能暗示某种语境信息增强违实的表达可能性，另一方面也会受语境因素的干扰有某种的不稳定和不确定性。

4.2.3.3　语境暗示与百科知识

　　部分违实句本身提供的小语境不足以提供现实因子，需要回溯上下文的大语境中。这时上下文提供的语境信息则作为现实因子，辅助生成违实义，例如：

例97　乾坤就是天与地，天地是一念心的显现。乾坤窄，就是指我们的心
　　　胸狭窄。我们学佛的人心胸要大，才能于事无住，安然入道。**假如**
　　　心胸狭窄，就常与事物纠缠不清，放不下空不掉，与道就不相应了。

　　粗体部分的句子如果结合上下文语境，则只能作为一般开放假设句。但结合上下文，在佛教学徒的背景下，则可以推断说话者在进行违实推理。部分上下文语境提供的现实因子与违实句出现反事实形成鲜明对比，因此可以通过转折词推测出句子的违实假设，例如：

例 98　a.　徐恩曾如果光与费侠勾搭**倒也罢了**。不料爱之弥深，徐恩曾非要与费侠结婚不可。

　　　　b.　在小组赛中，印度尼西亚队如果故意输球，在进入决赛前就可避开中国队。**事实上**，印度尼西亚队在 0 比 2 落后的情况下连扳三盘胜了韩国队。

　　　　c.　他现在知道，如果他抛弃她，她会看得很严重的。**实际上**，他并没有想到做那样的事。不过他知道，她和米莉安·芬奇那样有知识的妇女是有差别的。

　　部分语境暗示词如"倒也罢了"本身具有转折功效，常常出现在违实句的小语境中，用以暗示下文可能出现的现实因子。"事实上""实际上""其实"等词作为叙实性的语用标记，多暗示其所述内容的真实性（方清明，2013），往往出现在违实句以外的大语境中，从而为违实句提供所需要的现实因子。

　　在很多语言中，违实句都能表示与自然百科知识明显违背的错误假设。不同的是，在一些语言中，这种常见的违背常识的假设需要用语言手段予以标记；但在汉语等一些语言中，这种假设并没有出现任何语言手段的标记。这也说明汉语虽然出现了很多与违实关联性较强的特征或者相对充分的类违实标记，但是并没有出现像印欧语系语言时制迁移一样的必要违实标记。常见的这类违实句通常表示角色转换如例 99 a 句，或时空迁移如 b 句，以及其他违背常识的假设推理如 c 句等。

例 99　a.　假如我是一只鸟，而莲达就是我永远的家。

　　　　b.　如果在平时的话，客人一来春枝就会马上端茶送水。可是今天，她大概也觉得这两位客人带来的气氛有点异乎寻常吧。

　　　　c.　山无棱、天地合，才敢与君绝。

　　对于上述类型的违实句，霍四通（2017）从修辞学的角度总结了 3 种类型，分别为联想型、接近型和穿越型。这几类违实句的使用能满足各种语用交际的需求，或表示荒诞幽默，或表示讽刺，或通过转换视角增加冲突，或用于引导叙事等。

4.3　兼类情况

第 4 章开始介绍了违实义的生成规则，即非现实因子与现实因子的共同作用。在大多数情况下，非现实因子和现实因子由不同的词汇和语言形式承担。很有意思的是，随着语言的变化，常常搭配使用的现实因子和非现实因子在符合相邻的前提下，会出现跨层重新分析，进一步语法化、词汇化形成新的类违实标记。这里需要区别几组概念，即违实特征、类违实标记和违实标记。在世界语言中，语言形式（简称 f）和表义功能（简称 s）之间的关系可以有以下 4 种：① f 是 s 的充分非必要条件，即出现某种语言形式，则必然会导致某种语义，这种情况下 f 可以看成具有生成 s 的某种标记性特征。为了区别于下文谈论的第 3 种情况，称之为"类标记"。② f 是 s 的必要非充分条件，即出现该语义时，则必然要求某种形式的出现。但出现这种形式，未必会出现该语义。如在部分语言中，违实句只能实现在条件句框架中，但条件句的形式特征则未必会局限于违实义。这种情况并不能称之为"标记"，只能将其作为关联性违实特征。③ f 是 s 的充分必要条件，即出现某种语言形式，则必然产生某种语义，反之亦然。如英语中的假时制通常理解为违实义，出现违实义时也需要假时制的参与。这种情况是典型的语言标记。④ f 既不是 s 的充分条件，也不是 s 的必要条件，但通过对照组关联性测试具有关联性（见第 3 章）。这种情况下，f 应当看成 s 的特征。从特征到类标记，再到标记，反映了语言范畴显赫性差异的连续统。即便作为违实标记，也有显赫性的差异。显赫性较高的语言范畴标记具有原生性，即不是借用于其他语言范畴，详见第 5 章关于特定违实标记的分析。显赫性略低的语言范畴虽然存在违实标记，但借助于其他语言范畴，如印欧语系语言中的假时制和虚拟语气等，违实标记借用了 TAM（时制 / 体貌 / 语气）范畴的相关语言形式。在汉语中，违实句多依赖第 4 种情况，即违实特征。但仍然存在部分类违实标记，即第 1 种情况。值得说明的是，第 1 种情况中的 f 与 s 之间的充分性是一个相对概念。在汉语中，类违实标记多由原先的违实特征进一步演变而来，因此在使用过程中仍在一定程度上保留了零星的演变前的痕迹。下文将要讨论的几组类违实标记在使用过程中的违实生成率基本能达到 90% 以上，违实义生成的充分性也明显高于前面分析的各类违实特征。此外，语法化后的类违实标记受语境影响较小，甚至可以用在将来时间指向的句子中表达违实，如"早知道你**明天**休假，我们就加班多做些了""要不是你**明天**休假，我们就不用这么辛苦加班了"等。

4.3.1 "早知道"

4.2.1 中探讨过"早 X"（早、早早、很早、早先、早点儿）等类词的时间指示特征。由于该类词能指示与现在相异的过去时间，一方面通过过去已然贡献现实因子，另一方面也能符合汉语违实特殊的主观表义需求，即表示某种遗憾义，从而备受违实句的青睐。由于叙实动词能预设了后面事件成分的真实性，"早 X"类词常与叙实类动词连用可以起到增强现实因子的作用。李新良（2010）将现代汉语常见的叙实动词分为表现隐藏类（表现、叙述、表示、坦白、揭露等）、情感评价类（表扬、赞赏、否认、反对、埋怨等）、了解认识类（知道、晓得、了解、意识到、想/看/听到等）、后悔/遗憾类（后悔、遗憾、懊悔、悔恨、感谢等）等。袁毓林、张驰（2016）认为汉语反事实条件句多具有明显的情感倾向，或表示因为成功避难而感到庆幸，或表示因不如人意带来的遗憾。后一种情感表达则通常通过"早 X"类词语与了解认识类叙实动词搭配实现，例如：

例 100　a.　*我深深了解，我脸上发热的一个间接原因是我的良心意识到，如果早知道乔是为了这件事而来，我本应该对他更热情一些。*

  b.　我如果**早**一点明白这个，就不会如此严重地拖累另一个人了。

  c.　如果**早**点想到这点的话，那应该可以猜到美花很有可能会跑到花园来，一开始就该到这里来找她。

  这些搭配中最常见的是"早知道"。如果去除前面的"早"，句子的违实义仍然成立，如"如果知道乔是为了这件事而来……"。这是因为如果没有"早"，叙实动词仍然能贡献部分现实因子，可以借助条件语气的非现实框架生成违实义。另一个有趣的现象即上文 4.2.2.4 谈论的省略违实句。这是世界语言中一种较通用的现象。违实标记有左向移至最高位的倾向，句首假设连词可以进行删减操作。这就产生了一个问题：如何没有假设连词贡献的非现实因子，如何保证违实义的产生？上文从句法上分析过否定标记移位至 C^0 的路径。同理，当这类违实标记移位至 C^0 时，在保留本身现实义的同时，兼具了原先 C^0 句法位置赋予的非现实义。于是在两者共同的作用下，产生了违实义。例 100 a、b、c 句中也可以对假设连词"如果"进行删减操作，删除后并不影响原句违实义的表达，如"早知道乔是为了这件事而来……"等。但在印欧语系语言中，这种删减操作具有一定的句法强制性，如不可以说"If had you known this before..."而必须说"Had you known this before..."。而在汉语中，这种删减操作则具有一定的语用选择性。这是因为这些语言形式在汉语中仍然保留了很多语用组合性的痕迹，与印欧语系语言中的强违实标记不同，只能看成类违实标记。这就是为什么能在语料中发现极少数非违实表达的例子，例如：

例 101　如果他**早知道**，他是不会的罗；不过这一类的东西这么多，所以当他听见提到它们的时候，简直弄不明白哪些是最好的了。

  根据上下文语境，作者并不是很清楚"他是否已经早知道"，只是对这种情况进行一种开放性的假设。此外，虽然在理论上可以对"早点儿明白""早想到""早意识到"等句子进行句首连词的删减操作，但在实际语料中并没有出现相关的用例，删减操作出现最多的用例则是"早知道"。这一方面与常规搭配的使用频率有关，另一方面也与其特有的韵律结构有关。郭光、陈振宇（2019）从历时角度讨论了"早知道"的语法化路径，也证明了关于类违实标记的形成猜想与左向移位的演变路径。值得说明的是，本书的历时路径与该文略有偏差。本书认为"早知道"起源于"早知"，由于现代汉语双音节化倾向，才有了现在更为常用的"早知道"。

"早知"在西汉时就已出现，最早表示早就知道的已然意思。这时"知"有实在的意思，通"智"。其后或省略前指宾语，或后接体词性宾语，例如：

例102　淮南鸿烈解卷之八

太尉祭酒臣许慎记上

地形训下

东方川谷之所注，

日月之所出，其人兑形小头，隆鼻大口，鸢肩企行，窍通于目，筋气属焉，苍色主肝，长大早知而不寿。（《淮南鸿烈解》）

这是"早知"的本义，至今仍然在文本中有所保留，如"我早知她的病原在此，只恨没有神变威力"。"早知"的违实假设用法最早出现在唐宋诗词中，用以表达遗憾、后悔义等，多居于句首，后面可以与体词或谓词性成分连接。随着谓词性成分的加入，"知"的动词词汇义进而削弱，例如：

例103　a. 早知中路生离别，悔不深怜沙碛中。（高适《闺情》）

　　　　b. 早知今日事，悔不慎当初。（释普宁《偈颂二十一首其一》）

a句的意思是早知道和丈夫在生命中途就会分道扬镳，为什么没有在沙漠逃难时深深地怜爱他？这种悔意的表达借用了违实表达的逻辑和"早知"本身特殊的词汇义，在诗歌对仗的基础上形成了特殊效果。后来仿照这类诗词的格式又出现了类似的假设用法，如"早知鲸背推敲险，悔不来时只跨牛"（朱名世《鲸背吟集》）。b句的意思就比较容易理解了，类似的用法一直流传至今，如"早知今日，何必当初"。值得注意的是，这个时候虽然"早知"能表示假设义，但无一例外位于句首，且受严格工整的句式对仗影响。到了元曲和元杂剧的出现，受口语双音节词汇的影响，"早知道"开始越来越多出现在文学作品中。郭光、陈振宇（2019）认为这个时候有 3 类不同的用法，随着句法位置的不同，"早知道"语法化程度依次渐强，例如：

例 104　a. 早知道 P, Q：**早知道**无明无夜因他害，想当初"不如不遇倾城色"。（王实甫《崔莺莺待月西厢记》）

　　　　b. P, 早知道, Q：对着这众人，则管花白我。**早知道**，不来也罢。（秦简夫《东堂老劝破家子弟》）

　　　　c. P, 早知道 Q：我怨那礼案里几个令史，他每都是我掌命司，先将那等不会弹不会唱的除了名字，**早知道**则做个哑猱儿。（关汉卿《钱大尹智宠谢天香》）

　　c 句的"早知道"更像是一个紧缩复句，到了清朝出现了关联词的进一步删减操作，如"早知道多等一天……"（《红楼复梦》）。这时"早知道"本身的动词义已基本虚化，其后成分已不能看成其宾语，"早知道"更像是起到违实标记的作用，暗示其后句子的反事实性。这种用法在现代汉语中比较常见，如"早知道不来了"。因为"早知（道）"在表示假设时，往往左向移位导致句首连词的删减性操作，所以在多数的历时语料检索中并未发现句首假设连词的出现，也很难在前面进行假设连词的还原操作，如"（*）如果早知道不来了"。但与此同时，"早知（道）"表示早就知道的已然本义仍然有所保留。这种语法化之前的词汇义在表示后悔时需要借助句首连词。这类用法到明清时期开始出现，例如：

例 105　a. 宋朝无人物如此，若**早知道**，提兵北向中原，天子已被我做多年矣。（纪振伦《杨家府世代忠勇通俗演义》）

    b. 若早知为断缐，枉自去将他留下了这伤心把柄。（洪升《长生殿》）

从上文的历时分析可以看到，随着"早知（道）"其后宾语性质的变化和"早知（道）"句法位置的移位，"知道"的实词义逐渐虚化，最终与前面的"早"进一步发生语法化，成为类违实标记。语法化后的"早知（道）"往往位于句首，可以直接后接违实表达，且难以补充还原假设连词。由于"早知（道）"仍然保留了部分语法化之前的词汇义痕迹，在使用过程中仍然能发现少数非违实的用例。保留原始词汇义的"早知道"由于本身动词义较为具体，往往需要借助句首连词，且没有左向性移位特征。汉语"早知道"这种叙实动词语法化成违实标记的用法在其他语言中也有类似的用例，如Boko 语中的 dɔ̃ 和 Mavea 语中的 ontavase 等。

4.3.2 "要不是""若非""向使""微"

上文讨论过与违实相关表达的特征有左向性移位的倾向。当左向移位至 C^0 时，有两种后果：一种是对原有的句首关联词进行删减操作，如类违实标记"早知（道）"；另一种是在保留原有句首关联词的基础上，与其发生进一步的词汇化，形成新的类违实标记，如下文即将谈论的"要不是""若非"等。韵律结构是影响两种操作的根本原因。第一种操作中的非现实因子由句法位置赋予，而第二种操作中的非现实因子则可以从假设连词中见端倪。除此以外，古代汉语中还存在另外两种典型的违实表达关联词，即"向使"和"微"。前者兼具现实因子"向"和非现实因子"使"，能产生很强的违实义。后者类似于现代汉语中的"没有"，具有现实否定性。当位于句首 C^0 时，特定的句法位置赋予其非现实义，因而也当划为兼类范畴。

"要不是"在现代汉语中也很常见，共时平面上还存在与之同形异构的"要 + 不是"，例如：

例 106　a. 他 [要不是（这样的人）]，怎会落到这步田地？

　　　　b. ……那他 [要（不是消防队呢）]？你不得揍揍哇。

"要不是"在 a 句中是一个词汇化后的违实指示词，而在 b 句中则保留了词汇化前的痕迹，不具有违实指示义。在 b 句中，说话者不确定"他是不是消防队员"，"要"相当于"如果"，连接一个普通的否定假设。从 a 句到 b 句经历了一个跨层结构的重新分析。正如上文所说，由于"要不是"在使用中仍然存在部分保留原始词汇义的痕迹，很难保证其在指示违实时的绝对充分性。但根据李晋霞（2018）的统计，表示违实义的"要不是"占数量的 93.4%。因此，在这里仍然将其归为类违实标记。韩笑、李思旭（2019）从历时角度探讨了"要不是"形成的词汇化路径。"要不是"出现较晚（明清时期），与"早知（道）"类似，最早形成的"要不是"通常与体词性成分相连，"是"保留了判断动词的词汇义，例如：

例 107　a. 这要不是他干的营生，他为甚唬的那尿……这分明是贼人胆虚。
　　　　　（西周生《醒世姻缘传》）

　　　　b. 庆儿摇头说："不是不是，要不是凶神，必是厉鬼。"（《施公案》）

　　　　c. 你就拿着，要不是，就还芸二爷去。（曹雪芹《红楼梦》）

这一时期的"要不是"还保留了很多非违实的用法，如例 107 b 句和 c 句，通常表示某种选择关系。"不是"作为否定判断词，与前面的假设连词"要"连用，表示对某种否定情况下的假设。只有出现特别的语境暗示，如后句为反问句（如例 107 a 句），句子才可以表示违实义。可以看到，违实义此时只能作为临时的语用义。当语用义通过强化形成规约后，"要不是"则更多地类推至谓词性短语，甚至是小句，例如：

例 108　要不是他一人所干，何用他这样留心，大清早赶来打听消息呢？（无垢道人《八仙得道》）

类推至小句后的"要不是"通常出现在句子主语前，否定范围覆盖全句。此外，这类句子通常只能理解为违实义。"是"的判断词汇义逐渐削弱，更像是焦点标记。"要不是"经历了从"要＋不是"跨层的重新分析，进一步词汇化，形成了类违实标记。值得说明的是，位于句首的"要不是"一方面受汉语韵律双音节化的影响，另一方面受通用句法规律对原有 C^0 进行删减操作的制约。在语言的使用中仍然能看见"不是"替代"要不是"的用法，例如：

例 109　不是这王头领如此错爱，我等皆已失所。(施耐庵《水浒传》)

　　另一个兼具现实因子与非现实因子的句首连词"若非"则起源较早，最早的文献见于春秋战国时期，在古代汉语中的使用频率高于"要不是"，一直沿用至今。与"要不是"类似，"若非"早期与体词性结构相连，可以表示一般假设义，如例 110 a 句表示一般选择性假设——"如果不是《武》音，会是什么音呢？"。b 句也只是对一般否定事实进行开放性假设。

例 110　a.　子曰："若非《武》音，则何音也？"(戴圣《礼记》)

　　　　b.　有能捕告之者，封之以千家之邑；若非其左右及他伍捕告者，封之二千家之邑。(《墨子》)

　　"非"在这一时期保留了很强的判断词汇义，从 a 句可以看到，"若"与后句关联词"则"呼应，全句结构应该划为"若 [非《武》音]……"。到了魏晋六朝"若非"开始后接谓词性短语，甚至是小句，例如：

例 111　a.　百姓闻吴河东来，便望风自退，若非积取三吴人情，何以得弭伏如此。(沈约《宋书》)

　　　　b.　上流迷愚相扇，四海同恶，若非我修德御天下，三祖基业，一朝坠地，汝辈便应沦于异族之手。(沈约《宋书》)

　　当"若非"位于小句前时，"非"的动词词汇义弱化，与"若"进一步词汇化成类违实标记。与"要不是"类似，"若非"也出现了对假设连词的删减操作，如**非夫人之为恸而谁为？**(我不为此人而悲伤，又为谁悲伤呢？)。在现代汉语中，"若非"的使用频率虽不及"要不是"，其引导的违实句却不鲜见，例如：

例 112　若非今天孩子的外祖母的来信，虽是纵把孩子抱在手上也不至于再去想起孩子出世因缘的。

作为双音节句首连词，"若非"内部的词汇凝固性更强于"要不是"，其在标记违实时的充分性也高于"要不是"。在本书的语料库中检索出的 216 句"若非"句中，只有 5 句非违实用法，违实充分性高达 98%。

"向使"和"微"是存在于古代汉语中的违实关联词。"向"在古代汉语中可以表示"从前、过去"，能在过去时间框架内贡献现实因子；"使"有"如果、假使"义，通过指示条件语气，贡献非现实因子。当两者连用作为句首连词时则会产生违实义，多表示对过去已然事物进行反事实假设。这种用法始于春秋战国时期，例如：

例 113　向使天下之人其心尽如汝子，汝则反迷矣。（《列子》）

这句话可以理解为"假使之前天下人的意识都和你儿子一样，那倒反而是迷惑的了"。有意思的是，与上文分析的部分类违实标记类似，"向使"在使用过程中也出现了对"使"的删减性操作，从而出现了"向"单独使用引导违实句的用例，例如：

例 114　向吾不为斯役，则久已病矣。（柳宗元《捕蛇者说》）

另一个在古代汉语中相对常见的违实引导词是"微"。"微"的意思类似于现代汉语中的"没有"，是对现实已然的否定。当其位于句首时，句法位置赋予一定的非现实义。在现实因子与非现实因子的综合作用下，"微"具有标记违实义的功能。这种用法最早见于春秋战国时期，例如：

例 115　微二人，寡人几过？（吕不韦《吕氏春秋》）

上例意思是："如果没有这两个人，我差点儿就死了"。当表示违实时，"微"只能位于句首，且其后只能接体词类短语。

通过上文的分析可以看到，早在春秋战国时期，人们就已经形成了违实思维，借助于句首连词表达对已然事实的反事实逆向假设。历时语料为这些类违实标记形成轨迹和词汇化、语法化过程提供了进一步的证据。在世界上其他一些语言中，部分违实标记语义透明度较强。可以将其分解成几个有意义的组成部分，并从共时层面推导其历时形成的轨迹。如在 Movima 语中，违实小品词 *disoy* 可以分解成祈愿语气（optative）*dis* 和推测语气（speculative）*joy*。摩梭语中的违实小品词 $zə^{31}dzɔ^{33}$ 可以分解成完成体 $zɛ^{33}/zɔ^{33}$ 和存在义静态动词 $dzɔ^{33}$。Mavea 语中的违实动词 *imte* 可以分解成非现实语气 *i*、条件语气 *mo* 和不定数量词 *te*。古德语中的 *maci* 可以看成 *ma*（条件假设义）+ *ci*（未知来源？）。一些违实句中的连词常常和随后成分发生词汇化，重新分析，形成特定违实标记。常见的有普通连词 + 否定词。除了上文提到的"要不是""若非"等，还有亚施宁加—河和佩雷内语（Ashéninka Perené）中的 *airorika*，Hausa 语中的 *baicin* 以及 Tagalog 语中的 *kundi* 等；或者是普通连词 + 虚拟语气，如波兰语中的 *gby*，俄语中的 *kaby*，Hausa 语中的 *da–ace* 等。

4.4　方言中的违实表达

本节将结合已有的文献资料对汉语方言中记录的违实语料进行分类和整理。由于诸多文献涉及的语料纷繁复杂，且缺乏对违实的相对统一的定性和认知，文献涉及的语料进入下文讨论中需要经过甄别和规范化处理。

4.4.1　语气范畴借用

汉语方言中也不乏违实表达，但在多数方言中，违实并没有形成固定的语言形式标记，而是借用其他的语言范畴手段在语境暗示的作用下临时地满足违实交际的需求。汉语方言有着丰富的语气表达系统，语气词作为非现实因子常常在现实因子明了的语境下表达违实义。如晋语中的兴县方言、神木方言的句末语气词"时地 [sɹ³³ti²¹]"（或作"时价""时也""也"等）（李思贤，2017）。这类语气词相当于上文提到的祈愿语气"要是……就好了"。这类语气与过去已知信息结合满足了违实交际的一种重要需求，即表示遗憾义，例如：

例 116　a. 闹铃响了我就起床**时地**（要是闹铃响了我就起床），现在也不会迟到了。（李思贤，2017）

　　　　b. **奏么走那条路时地**（要是走那条路就好了），那条路近些。（李思贤，2017）

　　时间词"现在"和语境指示词"那"皆起到了现实因子的作用，从而暗示了说话者行为的已然性。此外，根据李思贤（2017）的解释，当使用"奏么"作搭配词时，通常省略了句首第一人称。省略的第一人称主语也可以看成语境中暗含的现实因子。这类语气词语现实已然连用，通常表示过去已经发生但与希望的情况不符，从而产生了遗憾的情绪。当语境中的现实因子不充分时，"时地"只能表示可能实现的希望和期盼，例如：

例 117　我这学期考上双一百**时地**（我这学期考上双一百的话），我妈肯定高兴死了。（李思贤，2017）

　　这种表达在中国境内西北地区的方言中比较常见，通常是愿望类虚拟语气词叠加到条件句之后传递违实义，如关中方言"我也来再没去**些**"（我昨天没去就好了）。类似的语气词还有"时价"（陕西府谷）、"嗲（价）"（陕西吴堡、绥德、清涧）、"吵"（宁夏同心）、"去来"（山西延川）等（强星娜，2011①；邢向东，2005），以及"价"（内蒙古卓资）（王葛林，2011）、"时的"（陕西山阴）（郭

---

① 强星娜（2011）认为同其他方言比较，西北方言的语法化程度、固化程度和形式化程度更高。本文认为虽然西北方言能总结出违实表达的形式特征，但受语境制约非常明显，并不能看成固定的语言手段。

利霞，2015）、"嗻"（四川成都）（陈振宁 p.c. data）。在这些方言区，还存在丰富的语言副词系统，用以暗示篇章语境信息，从而为下文违实信息的反转提供线索，类似于 4.2.3.3 中谈论的语境暗示词"幸亏""多亏"，如晋语沿河方言中的"偏凭、倒还、不如、哪如、哪照"等，江淮官话安庆方言中的"得着"。对于上述这些语气词，虽然邢向东（2005）从变调、合音、儿话等角度论述了其语法化和词汇化的形成过程，但这种固化过程形成后的语气并不是本书定义中的违实。在表达违实语气层面，这类固化后的语气词只是作为临时的借用范畴。

在湘语区的祁阳方言中，违实表达同样需要借助语气系统。但这类语气词的句法形式是句首连词"禾 [yo] 是"（陈如新，2005），例如：

例 118　我禾是先闷年下劳读书的化，现在就不是果只样子了。（我如果以前努力读书的话，现在就不是这个样子了）。（陈如新，2005）

根据陈如新（2005），"禾是"在祁阳方言中有违实表达的倾向性，但通常需要在过去时间状语明晰的情况下才能指示违实义。在语境信息不明朗的情况下，"禾是"仍有可能表达非违实的开放性假设。

在未形成固定违实标记的方言中，违实多依赖于语气系统进行语用层面的表达。语气系统作为原生范畴扩展到违实领域时由于携带了自身特殊的表达情感，从而丰富了汉语方言违实表达的表义和语用功能。违实表达在汉语方言中受制于特殊语气系统的影响，多限于特殊的语境环境下使用，如表达某种遗憾、庆幸等，而较少地用于归因、反驳等逻辑缜密的推理过程中。

4.4.2　其他范畴借用

在一些方言中，临时的借用范畴进一步发生了语用规约，开始逐渐摆脱语境的制约，相对独立地标记违实句。根据原生范畴的用法将其分为时间词、言语行为动词和积极义形容词短语。

晋语区的山阴方言除了借用祈愿语气词在语境信息已知的情况下表达违实义外，还可以通过时间词"那会儿"表达相似的违实义。有意思的是，"那会儿"的语法化过程类似于印欧语系语言中的假时制用法，顾名思义"那会儿"本义指示过去某个时间段，在使用之初作为现实因子临时出现在违实句中，但随着语法化进程，其时制指向义逐渐消失，取而代之的是情态义。郭利霞（2015）进一步从语义、句法等方面进一步论证了过去时间词"那会儿"和语法化后的"那会儿"之间的差异性。"那会儿"已经完全没有表示过去的事件意义，而是表示应该做实际却没做的违实情态义，例如：

例 119　这娃娃贵贱无论如何不好好儿吃饭，**那会儿**给娃娃好好检查检查（应该给孩子检查检查）。（郭利霞，2015）

无独有偶，这种假时制在吴语区的上海话中也出现了类似的用法，如"慢慢叫 [mε$^{214-21}$ mε$^{214-44}$ tɕio]"（强星娜、唐正大，2009），则是从表示将来的时间状语语法化为小句连接成分，再到虚拟标记，例如：

例 120　**慢慢叫**（如果／假使）小张迟到，伊拉（他的）要生气个的。（强星娜、唐正大，2009）

强星娜、唐正大（2009）认为这里的"慢慢叫"不同于普通假设连词之处在于其常用于指示说话者不希望发生的未来某件事，但又需要表示这种可能世界与后件命题的逻辑关系时，苏州话中的"晏（晚）歇"也出现了类似的语法化路径。

另一类借用标记违实的原生范畴是言语行为动词，如 4.3.1 中讨论的"早知道"，多数方言会用"早晓得"来替换。在江淮官话区的安庆方言中，常常用"早"与言说动词"咁 [gan^{214}]（讲）"搭配表示违实义，例如：

例 121　**早咁**（早讲）明朝（明天）不让你去上班了。

这里"咁"的言说词汇义已经消失，而是用来引导一个与现实相悖的可能世界，借以表达自己的悔意。普通话中虽然也出现"早说"位于句首引导的违实句，如"早说就不用这么费劲儿天天吹了"，但是这类用法多见于微博、口语交流等非正式文体。在江淮官话区的扬州方言中，言语类动词"说的 [so?⁵ ti]"（张其昀，2015）也可以看成虚化的类违实标记，例如：

例 122　**说的**坐飞机比坐火车还便宜（其实不是）。（张其昀，2015）

张其昀（2015）认为这里"说的"已经没有本身的言说词汇义，一般位于句首引导小句，虽然可以出现在句尾，但属于一种语用倒装现象，如"刚发明的计算机有一栋楼那么大，**说的**"。

中原官话区的河南孟州方言、晋语区的山西山阴方言和吴语区的浙江龙游方言均出现了用言语行为动词"忘了""忘记"引导的违实句，例如：

例 123　a.　孟州方言：今儿个（今天）人这么多，**忘了**明儿个再来啦（要是明天再来就好了）。（张恒君，2015）

　　　　b.　山阴方言：**忘了**不应跟他说（不应该跟他说，但已经说了）。（郭利霞，2015）

　　　　c.　龙游方言：**忘记**昨日勿落雨罢（要是昨天不下雨就好了）。（强星娜，2019）

孟州方言和山阴方言中的"忘了"有一定的语境依赖性，虽然其本身的词汇义已经退化，其引导的违实句也能偶尔出现在表示将来的时间指向中，但仍然需要语境提供足够的现实因子，如"今天的人这么多"。由"忘了"引导的违实句更倾向于第一人称和否定表达，自由度较低。而龙游方言中的"忘记"则相对独立，其用法已经不限于第一人称。强星娜（2019）认为龙游方言中的"忘记"语法化程度高于"早知道"。

强星娜（2009）认为上海话中的"蛮好"在标记违实时固化程度高于"忘记"。"蛮好"本义是形容词短语，表示"很好"，可以用"蛮勿错"替代。随着进一步词汇化的发展,"蛮好"进一步引申出情态语气义,表示"要是……就好了"。这时的"蛮好"则不可被"蛮不错"替代。由于"蛮好"出现的语境通常是已然,常与第一人称或过去时间词连用,对已然事实的假设自然引发出了违实义。这种临时组合的语境义逐渐强化并固化成"蛮好"的词汇义,由此产生了类违实标记。与上文对违实相关标记管辖域的论述类似,"蛮好"的句法位置非常高,或位于句首,或紧邻主语位置,不可出现在低位,例如:

例 124　a. 我**蛮好**脱伊拉讲清爽(我要是跟他们讲清楚就好了)。(强星娜,2019)

　　　　b. **蛮好**我脱伊拉讲清爽(我要是跟他们讲清楚就好了)。(强星娜,2019)

　　　　c. ★我就是**蛮好**脱伊拉讲清爽个人。(强星娜,2019)

当违实义能固化为某种语言形式进行句法层面的标记时,标志着违实范畴的逐渐形成。在这类违实句中,违实义的表达已经脱离了过去已然的语境要求,甚至可以用在将来事件中,因此相对独立于语用。此外,由于违实范畴化的形成,违实句在表达庆幸或遗憾主观情感的同时,也更自由地运用在逻辑推理的交际场合。在句法位置上,这些语言手段都显现出类似的位置聚合关系,即左向性移位,甚至移位至 C^0,取代了原有的句首连词,从而进一步验证了上文对违实标记管辖域的讨论(见 4.2.2)。从标记位置上看,这些固化的语言形式或来源于条件句,由从属标记(dependent marking)向核心标记(head marking)进化,如"早知道""早晓得""早咯";或没有条件句来源,直接作为核心标记附着于违实主句上,如"忘记""忘了""蛮好"等。

4.5　表义特征和语用功能

　　据上文对违实句的分析可以看到，违实句是表达与主观事实相反的假设，与普通否定句不同，无论是在言者态度还是反事实强度上都略逊一筹（见 2.1.4）。因此，违实句在交际功能、认知功能和表达功能上也有特别的价值，在表达说话人的主观态度、传递言外之意等方面也有更多的优势。违实句根据表义特征和语用功能大体可以分为两大类，即主观态度和逻辑推理。

4.5.1　主观态度

　　据上文对汉语普通话和方言中存在的违实句进行分析可以看到，汉语中多数违实句具有明显的感情倾向。袁毓林（2015）认为汉语违实句有明显的情感倾向，偏好采用结果对比机制，或用跟事实相反的坏结果来庆幸实际的结果，或用事实相反的好结果表示某种遗憾。袁毓林、张驰（2016）从统计调查角度再次验证了这一结论，认为这种主观情感倾向可以分为因出乎意料的成功或避险感到庆幸，或因为没有逃离不幸表示遗憾，前者更多于后者，从而反映出了汉语违实句使用者的乐观主义倾向。从主观态度角度可以将违实句的表达功效进行分类，例如：

例 125　a.　要不是"主体"统一并封锁了这个地区，我们就会跟世界其他
　　　　　　国家一样退回到野蛮时期！（庆幸）

　　　　b.　我要是早知道了，我满可以埋伏在门后边，就凭我那口刀，进
　　　　　　来一个宰一个，至少也宰他们几个。（遗憾）

　　表示"庆幸和遗憾"是汉语违实句最常见的用法。在表示"庆幸"时，句子中常常出现否定词，如"如果没有……""要不是……"等，或者前文出现语境暗示词"幸亏、得亏"等。说话者通常对已经出现的事实进行缺失性假设从而表达某种庆幸义。据上文分

析，汉语方言中很多违实表达都来源于祈愿语气，即"要是……就好了"。这种表达在语境提供足够多的现实因子时容易激发遗憾义。在普通话中，这种遗憾追悔义通常由"早知（道）"类词语标记，例如：

例 126　如果是我，我就会像保姆侍弄孩子那样去侍弄她！（含蓄否定）

例 126 含蓄地批评了对方待她的方式不对，并指出正确的做法是"像保姆一样"。据上文分析，违实句在言者态度和反事实强度上都略逊于普通否定。因此，当否定他人行为言论时，违实句能起到礼貌含蓄的功效。此外，据 4.2.3.3 分析可以看到，角色转换是常见的违实表达形式。这种角色转换有助于拉近言者和听者的心理距离，从而便于他人理解和接受，达到情感上的共鸣。例如：

例 127　"革命哲学"是假设人在三四十岁的时候战死了，或是累死了，不料还有一段晚景颇费安排。（禁忌语）

语言中有很多类似生老病死这样的禁忌语。对类似的具有消极意义的情况，但又不得不表达时，违实句是一个很好的办法。在印欧语系语言中，可以通过时态标记形式予以区别；在汉语中，会通常重读或者重复句首假设连词予以区别，如"假设你明天考试没过，我只是假设，你会怎么办"。这种违实表达有助于缓解听话者的焦虑情绪，从而礼貌地传递交际信息，例如：

例 128　a.　妈妈要是知道我自己会做饭，一定觉得太阳从西边出来了。（讽刺诙谐幽默）

　　　　b.　山无棱、天地合，才敢与君绝。（强调）

　　　　c.　这里是多么舒适，要是太阳永远停驻空中，我也准会在不觉之中任时间流逝。但是，太阳已经靠近大地，绿草开始变凉，树丛停止喧闹，游艇昏昏入睡。（浪漫主义想象）

违实表达也具有一定的修辞效果。无论是表达讽刺诙谐幽默还是强调或文学表达，这类违实句通常需要借助明显违背百科知识的表达，如"太阳从西边出来""山无棱、天地合""太阳永远停驻空中"等。对于这类违实句，前句和后句之间通常没有明显的逻辑因果关系，只是临时的嫁接和类比，例如：

例129 "那怎么能证明是在我的店里买的呢？"他又问。这突如其来的问话，使我怔住了。我说："如果不是在这里买的，我又怎么会拿回来修理呢？"（反驳）

违实句能从假设对方观点正确的立场出发，进而得出一个比较荒谬的结论，有理有据地反驳了对方的观点。这样一方面能够拉近对方的心理距离，另一方面也加强了反驳语气的表达。这类违实句通常与反问句连用，在表达主观感情色彩的同时，也具有下文提到的逻辑归因和推理的作用。

4.5.2　逻辑推理

上文从主观态度角度论述了汉语违实句的表达功能。这里将从逻辑推理角度进一步论述汉语违实句的认知功能。与西方违实句相比，汉语违实句更倾向于主观态度表达而非逻辑推理。袁毓林（2015）认为汉语违实句的情感倾向阻碍了违实句的逻辑推理能力。袁毓林、张驰（2016）认为中国大学生并不善于用反事实思维进行因果推论。这就解释了 Bloom（1981）著名的论断：汉语使用者不擅长违实逻辑。Bloom 的实验问题是 "If the Hong Kong government were to pass（had passed）a law... how would you react？"（如果中国香港特区政府颁布了这个法律……，你们会是什么反应？）上文分析过违实的多种表义特征和语用功能，而 Bloom 的实验问题是基于反事实的纯逻辑假设，需要在反事实基础上进行因果推理。而这恰恰是汉语使用者的软肋。因此，多数回答都是在逃避逻辑推理，取而代之的是对问题前提的否定，如 "it won't"（不会的）、"it can't"（不可能）和 "it is unnatural"（这不合理）等。但这并不能否定汉语使用者的违实思维，只是从另一个角度验证了汉语违实句的主观性。这也就是为什么 Au（1983）和 Liu（1985）的实验出现了与 Bloom 相反的结果。

违实的逻辑因果推理通常表现在条件句中。违实条件句既反映了违实范畴与条件推理的逻辑特征，也反映了违实句与条件句的语言表达特征。综合违实范畴与条件推理的特征，违实条件句在语言的交流中受制于逻辑推理条件，具有一些特殊的语用功效。

Ⅰ. 已知 $p \rightarrow q$，p 为假，求证 q 为假

在违实条件句中，若已知 p 为假，则可以推断 q 为假。这类违实句通常是给出一个既定的假命题 p，目的是为了传递 q 的否定式。而 p 的真假值往往可以通过上下文语境或百科知识等语用环境中得知。例如：

例 130　a. 如果一加一等于三，我就去见她。（自拟）

　　　　b. 如果太阳会从西边出来，你就能考得上博士。（自拟）

　　　　c. 如果我会飞 / 如果单身汉有太太 / 如果我是美国总统……（自拟）

例 130 各句命题 q 的真假值具有一定的开放性，其真假值需要通过命题 p 推出。b 句中单独取出命题 q "你就能考得上博士"，很难判断真假，但命题 p 违背常理，为假。根据真值表 1，语言中的条件句在命题 p 为假时，为了保证该推断成立，q 只可为假。那么该句的语用目的是用一个既定的假事实去否定另一个真假难测的事实。蒋严（2000）认为在这类句中，语用捷径触发了违实义，为了符合语言的经济性原则，不必另外使用语法特征加以标记。

Ⅱ. 已知 $p \rightarrow q$，q 为假，求证 p 为假

同理，在违实条件句中，已知 q 为假，为了保证推断成立，p 只可以为假。与上文相反，这类违实条件句通常给出一个既定的假命题 q，目的是为了传递 p 的否定式。与上文不同的是，q 的真假值既可以通过语用捷径推测，也可以通过既定的语法特征确立。例如：

例 131　a. 如果你能考得上博士，太阳就会从西边出来。（自拟）

　　　　b. 如果有电，灯就亮了。（自拟）

　　　　c. 如果下午开会，黑板上就会出通知了。（自拟）

　　以上 3 句都是通过一个确定的假命题 q 去否定真假未明的命题 p。听者关心的是命题 p 的真假。例 131 a 句是对例 130 b 句的逆序，仍然具有违实性。这是因为在违实推理中，只要确立一个命题为假，即可推断出另一个命题为假，而这种推断既可以从 p 到 q，也可以从 q 到 p。但例 131 b 句与 c 句不具有可逆性，如果改变顺序，如"如果灯亮了，就有电""如果黑板上出通知了，下午就开会"则不具有违实性。这是因为例 131 b 句与 c 句中 q 的真假不是通过语用捷径判断，而是通过句尾"了"确立，如果逆序，句尾"了"缺失，因而散失违实义。由此可以推断，句尾"了"与违实范畴有关。如果将句尾"了"删除，也会影响违实义的表达，如"如果有电，灯就亮""如果下午开会，黑板上就出通知"。

　　Ⅲ. 已知 $p \rightarrow q$，p 为假，求证 $\neg p \rightarrow \neg q$

　　这类违实条件句关注的并非 p 与 q 的真假值，而是 $\neg p$ 与 $\neg q$ 之间的因果关联。命题 p 与 q 的真假既可以通过语用捷径确立，也可以通过语法特征确立，例如：

例 132　a. 如果我刚才不在这儿，我就不会听见你骂我的话。（自拟）

　　　　b. 如果早知道你是这样的人，我就不会嫁给你。（自拟）

　　　　c. 如果你之前节省点儿花钱，现在就可以应急了。（自拟）

　　　　d. 幸好小王帮我弄了张票，如果没有小王，我就不可能去看你的演出。（自拟）

　　对于听者而言，命题 p 与 q 的真假并不重要。如例 132 b 句，说话者并非想传达"我刚才在这儿"和"我听见了你骂我的话"这两件事，而是想说明"我之所以听见了你骂我的话是因为我刚才在这儿"这个因果关联。同理例 132 b 句是想表达"我嫁给你"和"我原来不知道你是这样的人"两者之间的关联。据上文分析，在违实条件句中，只需要确立 p 或 q 任意一个命题为假，则可保证另一命题为假。a、b、c 句命题 p 中出现了过去时制，过去发生的事情一般是已然的，对已然事物的另外假设只能是假命题。而 d 句中命题 p 的真假可以通过上下文的语境中推理而出，因而可以没有任何语法特征。以上各句中命题 p 与 q 之间多为主观性强或并未知晓的因果关联。这种关联有一定的传讯价值。

Ⅳ. 已知 $p \rightarrow q$，p 为假，强调 q 为真

这类违实句对应上述真值表（见 3.），多见于让步条件句中，即说话者故意假设一个不可能实现的条件 p，用以强调不管出现什么情况 q 都会成立。例如：

例 133　a. 贾先生从事的是后一类工作，就算《废都》没写好，将来还可以写出好书。

　　　　b. 死亡是不可能逃避的——哪怕一个人当上全世界的主子。

　　　　c. 他自己也没有溜，即使一切重新来过，他也不会溜。

例 133 a 句默认的事实是《废都》已经写好，即使这个事实不成立，也不影响后件的真实性，即强调 q"将来可以写出好书"的真实。同理，b 句虽然出现 p，q 语用移位，但不影响对 q 的真值强调，即"死亡不可避免"。c 句中显然 p 不符合常理，因为时间不可能倒流，一切也不能重新来过。这些不符合常理的假设只为强调 q 的真实性，即"他不会溜"。

这类由"就算，哪怕，即使"等关联词引导的让步条件句在进行违实推理时多依赖语境知识，即通过语用捷径确立命题真假值。这类违实条件句由于不具有语法特征，且命题之间的因果关系较随意，具有修辞类比效果，也很少用到句尾"了"以及与违实表达相关的语言特征。

总而言之，汉语违实句虽然也能表达某种逻辑推理义，但多数情况下人们对这种逻辑推理持拒绝态度。除了 Bloom（1981）的实验问题外，日常生活中也不乏以下对话：

例 134　将军："如果不是试探呢……"

　　　　孙膑："没有如果……"

4.6　小结

近 30 年，国内也逐渐兴起了关于汉语违实句的探讨。本章在第 3 章违实句的定量分析的基础上，结合前人研究文献，将汉语违实句相关的违实特征进行分类归纳，从而认清了汉语违实句的表征模式。本章结合 Van linden & Verstraete（2008）关于违实义本质的探讨，从格莱斯量的最大化角度解释了违实义的语义组合性以及其极性反转的产生机制。研究认为，在没有形成专门违实标记的汉语中，如果要使得上述极性反转的推理成立，需要满足两个条件：其一，potential 量级控制即非现实因子的存在；其二，p 需要是一个肯定的事件，即现实因子。根据非现实因子，分别探讨了情态范畴（认知情态、道义情态、动力情态）、语气范畴（条件语气、祈愿语气、反诘语气和其他语气副词）与汉语违实句的关联。与其他语言不同，汉语违实句多依赖于情态范畴与语气副词的助力，单纯的条件语气、祈愿语气等并不能保证违实义的解读。现实因子包括表示过去已然的时间指向词（时间词、时间副词、助词等）、否定标记和语境信息（人称代词、定指、语境暗示词和百科知识）。这里将否定标记归类为现实因子，是考虑到"不"与"没""不是"对违实贡献的差异性，前者在某种程度上对违实表达有一定的削弱。本章从逻辑语气表达、预设、焦点和辖域等角度分析了"没"和"不是"与汉语违实句的关联，并认为与违实相关的范畴通常句法位置较高，并有左向移位至

C^0 对句首连词进行删减操作的倾向。这种移位规律无论在汉语普通话、方言还是世界其他语言中都有一定的类型学意义。随着语言的变化，常常搭配使用的现实因子和非现实因子在符合相邻的前提下会出现跨层重新分析，进一步语法化、词汇化形成新的类违实标记，如"早知道、要不是、若非、向使、微"等。这里进一步区分了违实特征、类违实标记和违实标记。在汉语中，违实句多依赖违实特征，但仍然存在部分类违实标记。类违实标记多由原先的违实特征进一步演变而来，因此在使用过程中仍在一定程度上保留了零星的演变前的痕迹。在认清汉语普通话违实句表征模式的基础上，进一步整理了汉语方言中的违实表达，并认为汉语方言中的违实范畴固化显赫性不一，多借用其他原生范畴扩张而来。与普通话相比，汉语方言的违实表达多基于祈愿语气，因此在表义时有一定的局限性，或表示遗憾，或表示庆幸，有明显的情感倾向性。在形式特征分析的基础上，本章纳入了对汉语表义特征和语用功能的分析，并将其分为主观态度和逻辑推理两大类。前者包括庆幸、遗憾、含蓄否定、禁忌语表达、讽刺诙谐幽默、强调、浪漫主义想象等。后者包括以下几种情况：已知 $p \to q$，p 为假，求证 q 为假；已知 $p \to q$，q 为假，求证 p 为假；已知 $p \to q$，p 为假，求证 $\neg p \to \neg q$；已知 $p \to q$，p 为假，强调 q 为真。通过对汉语违实句的实证语料分析，汉语违实句虽然也能表达某种逻辑推理义，但是多数情况下人们对这种逻辑推理持拒绝态度。

除了上文讨论的各类形式、语义和语用特征外，汉语违实句也有一定的韵律差异。本章虽然没有单独列出韵律部分，但是在讨论中也略有涉及，如 4.3 中对汉语类违实标记的词汇化韵律条件分析等。陈国华（1988）谈论过假设连词的重读与违实句的关联效应，4.5.1 中也谈到假设连词的重读与重复对违实义的增强效应。Eifring（1988）对汉语中由"X 不是"引导的违实句进行韵律分析，并认为当重读"不是"时，违实义削弱，取而代之的是由"不是"引发的对比义；当重读"不是"辖域范围内的命题成分时，则更容易引发违实义。李晋霞（2018）认为"要不是"之间的停顿关系也对违实义的解读有一定的关联，当"要不是"中间出现停顿，读成"要 + 不是"时，多为直陈句；当"要不是"作为没有停顿的韵律整体时，则多理解为违实句。这种韵律上的差异正是对 4.3.2 中对"要不是"历时跨层词汇化分析的补充证明。部分汉语方言由于没有出现与违实关联的句首连词，违实句的韵律差异多表现在整个句子的句调上，如晋语中的句尾语气词在表示遗憾违实义时通常用高调结束该句。

第5章　基于大规模语种库的
类型学研究

印欧语系语言常常用虚拟语气（subjunctive mood）来标记违实句，因而很多英语学习者将虚拟语气与违实标记等同。其实，违实标记还可以是过去时（Iatridou, 2000, 2009）、未完成体（Bhatt, 1998; Vydrin, 2011）、完成体（Karawani, 2014）、时体态的综合形式（Van linden & Verstraete, 2008）或某个特定形式（Nevins, 2002; Lazard, 2006; Van linden & Verstraete, 2008）。这些研究的对象往往是集中于某一个特定区域的语言，如印度语族（Bhatt, 1998）、伊朗语族（Vydrin，2011），或者是部分跨语言语料。过往跨语言违实研究将为本章提供语料支撑。本章在这些数据的基础上进行统计归纳和规律总结，并首次尝试在大规模语种库的基础上对违实句的句法实现形式、标记形式和语义功能进行全面的类型学研究。

5.1　时间句、条件句和违实句

Thompson & Longacre（1985）区分了现实条件句和非现实条件句，前者常用来描述现实中出现的习惯/类别事件，而后者则通常用来描述想象中的事件，如虚拟开放句（hypothetical open conditionals）或违实句（counterfactuals）等。然而，Comrie（1986）则持有不同的意见，认为不同的语言对虚拟度的划分不尽相同①，虚拟程度呈连

---

① Comrie（1986：88）："By the term of 'hypotheticality', I mean the degree of probability of realization of the situations referred to in the conditional, and more especially in the protasis... a factual sentence would represent the lowest degree of hypotheticality, while a counterfactual clause would represent the highest degree."（虚拟度指的是条件句，特别是前句中事件的实现可能性，现实句的虚拟度较低，而违实句的虚拟度则较高。）

续统，并没有明确的分界线。Comrie 的观点适用于部分对虚拟度没有明确标记区分的语言（见下文类型 I 语言）。但对于其他的语言，不同程度的虚拟度由不同的标记策略予以区分（见下文类型 II、III 和 IV 语言）。根据 Wierzbicka（1997）的研究，语言通常使用不同的句式或词汇对虚拟度进行二分或者三分。Comrie 和 Wierzbicka 的论断都具有一定的片面性，且只适用于部分语言。下文将基于大规模跨语言的数据对虚拟度的区分性进行全面的类型学分析。

根据 Wierzbicka（1997）的研究，if 和 if...would 分别被看成开放句（open conditionals）和违实句（counterfactual conditionals）的语义原型①。因此，when 本身隐含词汇概念也可以看成现实条件句的语义原型，指向常发生的习惯事件。说话者的主观认知而非语义真假值决定了 when，if 或 if...would 句的使用。Thompson & Longacre（1985）认为说话者在使用 when 句时通常比 if 句对事件的发生有更高的期望值。When 句通常指向经常发生的情况，被 Thompson & Longacre（1985）称为"现实条件句"，被 Athanasiadou & Dirven（1997）称为"事件过程条件句"（course of events conditionals），被 Nordström（2010）称为"条件状语从句"（circumstance adverbial clause）。根据 Athanasiadou & Dirven（1997），在使用 when 句时，说话者通常相信句子中描绘事件的实现可能性，但在使用虚拟假设 if 句时，说话者对句子中描绘事件的实现可能性并没有任何承诺。认知上，if 句只是对事件实现可能性表达某种怀疑态度。与 when 句不同，if...would 句的说话者通常相信事件不具有某种实现性。本章接下来的任务就是对世界语言中的可能性层级进行分析和模式总结。

---

① Xrakovskij（2005）继续采用 Wierzbicka 的缩略方式对抽象概念进行指称。如 if 句隐含的虚拟或可能世界比 if 概念更加抽象和复杂。

5.1.1　区分度与思维模式

Sapir（1921）认为语言是形成认知的先决条件，也是认知的必要因素。一个特定的语言往往会形成某种文化特定的认知模式。如 Whorf 提到爱斯基摩语中不同术语的使用情况，对于"飘雪、地上的雪、像冰块一样的雪、雪泥、被风吹的雪"等都有专用的词汇进行描述；而在英语或其他语言中，这些统称为"雪"。爱斯基摩语对"雪"这个领域的词汇区分度较高，能表达更加精细化的差异性信息。很显然，这种不同程度的区分度具有重要的文化意义。同理，在虚拟程度的区分上，由于没有统一的标准，不同的语言区分精细程度不尽相同。

正如上文所分析，在虚拟度的领域至少有 3 种不同的区别模式：①相信事件会真实地发生，如 *when* 句；②不知道事件是否会发生，如 *if* 句；③不相信事件会真实地发生，如 *if...would* 句。这些虚拟层级的差异在部分语言中并没有在形式上体现出来。这种形式上的共享并不具有偶然性，而是反映出深层认知原型层面的相似性。观察图 5-1：

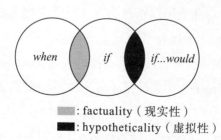

: factuality（现实性）
: hypotheticality（虚拟性）

图 5-1　语义原型的重叠性

Xrakovskij（2005）认为 *if* 句与 *when* 句在语义识解上有一定的重叠性，跨语言的数据显示 *if* 句在一定程度上也可以表示重复的现实事件。当 *if* 句缺少指称词时，常常会出现类指义。在这种情况下条件句可以被理解为两个事件同时发生义，即与 when 句重叠，例如：

例 1　If/when I come home late, I will go to bed without supper.

　　如果 / 当我回家晚了，我就会不吃晚饭上床睡觉。

　　if 句和 *if...would* 句都能表示一定的虚拟度，尽管程度不同。因此不难理解，一些语言不能有效地区分两者。这种歧义性甚至适用于一些有明确标记区分 *if...would* 句与 *if* 句的语言，例如：

例 2　If the butler had done it, we would have found just these clues.

　　如果这个管家做了这些，我们就能找到痕迹。

　　虽然上句使用了相关策略对违实句进行标记，但是前句和后句中的反事实假设仍然会从逻辑上进行消减。这种 *if* 句和 *if...would* 句之间的重合性在很多语言中都会出现，例如：

例 3　Estonian（Uralic: Estonia）　　　　　　　　（Külmoja, 2005: 411）

Kui	teie	mei-d	ra	registreeri-ksi-te
如果	你	我们-PTT	PFV:ADV	注册-**COND**:PRS-2PL
siis	me	tea-**ksi-me**	kuidas	kitu-da.
那么	我们	知道-**COND**:PRS-1PL	如何	做-INF

如果你已经帮我们登记了，我们就知道怎么做了。（违实/非违实）

　　根据 Külmoja（2005）的释义，例 3 可以有违实理解，但不是绝对的，在某种程度上可以理解为事件较低实现可能性。但不能简单地认为这类语言不具有区分 *if* 句和 *if...would* 句的语言策略。在 Estonian 语中，前后件平行使用的条件语气具有标记 *if...would* 概念的功能。例 3 的歧义解也正是验证了 *if* 和 *if...would* 两者在语义认知层面的重叠性。

　　正如上文所述，when、*if* 和 *if...would* 三者有一定的重叠性，在虚拟程度上没有明确界限，因此不同语言对构成虚拟程度连续统的分界线也各不相同。那么假设某种语言不能有效地区分不同程度的虚拟等级，人们如何有效地理解 *if...would* 概念中蕴含的反事实性？回到上文列举的爱斯基摩语言中"雪"的例子，可以发现英语中虽然没有专门的词汇去指称不同类型的雪，但是人们仍然能通过分析法表达更加细致的关于"雪"的分类，如词汇组合法等，从而满足了各种不同的交际需要。因此，对于那些没有语言手段用来标记 *if...would* 概念的语言来说，人们仍然能通过语用暗示、词汇组合等屈折方式进行违实义的表达。但通过这种方式组合出来的语义不具有语义蕴含性，容易受到语用环境的干扰。本书第 3、4 章分别对这种由分析法产生的违实义进行定量和定性研究，并总结这些语言中的违实句的影响因素。本章将从大规模语种库出发，对世界语言中的违实范畴进行全面分析，因此也将纳入很多与上文分析完全不同的语言类型。对于这些语言，本章也将细致研究它们的标记策略。

　　某个明确语言标记的缺失或者出现因语言而异。有趣的是，这种标记的有无往往反映了不同的思维模式。对于一个有明确语言标记的语言范畴，使用者会惯性地（routinely）使用某种标记去勾勒某种语言现象，因此形成了习惯性的思维模式（habitual thinking mode）。相反，对于一个没有明确语言标记的语言范畴，使用者需要借助某种特定的思维模式（specialized thinking mode）去表达某个概念。因此，人们在表达无标记范畴时会比有标记范畴经历的思维过程更加复杂和艰难，使用频率也会相应减少很多。这种差异也在上文对英汉违实句的对比研究中进一步得到证实，在平衡语料库中，英语违实句的使用频率要远远大于汉语违实句。

5.1.2　虚拟度无差异（类型 I）

　　一些语言缺乏标记 *when*、*if* 和 *if...would* 等句在虚拟度差异上的语言手段。这些语言被称作"虚拟度无差异语言"，记作"类型 I"。在这些语言中，虚拟度的差异没有被标记化。这种差异的理解只能依赖于语境，如在 Wayana 语中 *htau* 既可以理解为 *when* 也可以理解为 *if*（Tavares，2006）。在 Halkomelem（Upriver）语中，前缀 *wə-* 也具有类似的双重理解可能。在 Uzbek 语中，*ёзсам* 与现在将来时和条件语气连用时可以表示任意虚拟度，如 *dўмбирачи бўлсангиз*（现在将来时），*бошка ган*（如果 / 当你是 dombira 球员，那就是另外一回事了）（Bodrogligeti, 2003）。在 Javanese 语中，连词 *yèn, nèk*（口语），*manawa* 既可以表示 *when*，也可以表示 *if* 或是 *if...would*，如 *Yèn kasembadanamono...*（要是 / 当他们被许可了……）（Robson, 2002）。从本书语种库中挑选出一些语言进行详细的语料分析，如下所示：①

例 4　傈僳语 Lisu（汉藏语系：中国，缅甸）①　　　　（Hope, 1974: 66—67）

yí-phwì	xǔ-a	nya	ŋwa	nya	ámù	vwù-a.
Q-价格	合适-DECL	TOP	1SG	TOP	马	卖-DECL

理解 I：当价格合适时，我就会卖马。（常规事件）
理解 Ⅱ：如果价格合适，我就会卖马。（假设事件）
理解 Ⅲ：如果之前价格合适，我就会卖马。（假设事件）
理解 Ⅳ：如果之前价格合适，我就卖马了（事实是价格不合适，我也没卖马）。（违实事件）

例 4 中 *nya* 起到标记话题的作用。这种话题标记常常在语言中被用来标记条件句（Haiman, 1978）。但这种话题标记非常具有歧义性，既可以表示时间关系，也可以表示条件关系，致使关系或者是其他语义关系。由于缺乏其他虚拟度的标记，仅仅凭借 *nya* 是不足以区分常规事件、假设事件和违实事件的，句子的理解完全依赖于语境。这类语言被称为"类型 I 语言"，例如：

例 5　Fongbe（Niger-Congo: Bernin）　　　　（Lefebvre & Brousseau, 2002: 177）

a.	**Nú**	jì	jà	ɔ́,	jòjɔ̀n	nɔ̀	gbé.
	COMP	雨	降	DEF	冷	HAB	非常

当 / 如果降雨（的时候），天气就会很冷。

---

① 本文语料均标明来源出处。所涉语料根据莱比锡注释规则进行统一规范标注。考虑到汉语违实句并未完全形态化和句法化，语料翻译过程中会涉及歧义和误解，因而本文语料均采用英文翻译。

b. **Nú**　　　jì　　　**kò**　　　jà　　　ɔ́...

　COMP　雨　　ANT　　降　　DEF

　如果之前降雨的话……（事实是没有降雨）

Lefebvre & Brousseau（2002）认为 Fongbe 语言中的条件句具有条件义和时间义两种理解方式。对于其中的违实句，本书语料中只发现了例 5 b 句这一例。但这一例中的违实义是借助过去已经发生的语境进行反事实假设义传递，违实义在 Fongbe 语中仍然有很强的语用痕迹，而不是借助语言手段予以区分。因此，在 Fongbe 语中并没有明确的语言手段对虚拟度进行区分，故属于类型 I 语言。

5.1.3　虚拟度二分差异（类型 II & III）

在一些语言中，虚拟句与现实句之间有明确的区分界限，然而却没有明确的语言手段去区分虚拟句中间的子类成分，包括开放条件句 *if* 与违实句 *if...would*。这并不是说违实句在这些语言中并不存在，只是其表达手段更加隐性，或者语用依赖性较高。如在 Mising 语言中，违实句与开放条件句共享同样的语言手段，即通过主动词后接词缀 *–milɔ* 完成，例如：

例 6　Mising（Sino-Tibetan: India）　　　　　（Prasad, 1991: 125-126）

　a.　ŋɔkke　　nëdë　　pi-**milɔ**　　　ŋɔ́　　nítɔm　　m-ye.

　　　我的　　　妻子　　回来-**PROH**　1SG　歌　　　做-FUT

　　　如果我妻子回来了，我就唱歌。

　b.　ŋɔ　　ayila　　dú-**milɔ**　　**yampë**　gíyayë.

　　　1SG　好　　　坐-**PROH**　　昨天　　去

　　　如果我很好的话，我昨天就来了。

例 6 b 句中的违实义完全依赖于语境词汇 *ŋɔ*（我）和 *yampë*（昨天）提供的语用信息进行推理完成。从形式上看，例 6 b 句和开放条件句 a 句并无差异，但都因为后接词缀 *–milɔ* 有别于现实句。

同样在 Newar（Dolakha）语中，违实句与非违实条件句没有出现形式上的差异，例如：

例 7　Newar（Dolakha）（Sino-Tibetan: Nepal）　　　　（Genetti, 2007: 464）

　　　a. hātiŋāpat　　par-ai　　　jur-sa　　ji　　samj-ai　　　jur-sin
　　　　没有　　　　困难-BV　降临-BV　如果　1SG.记住-BV　be-IPFV
　　　　nā.　　　　　mā.
　　　　AGR　　　　妈妈
　　　　如果有任何困难降临到你妈妈身上，请记住我。

　　　b. mā　　　　dar-sai　　gul　　khusi　　ju.
　　　　妈妈　　　存在-如果　多么　快乐　　她
　　　　如果他妈妈现在还活着，该多么快乐啊！

　　在语境允许的情况下，条件句的形式特征也可以出现违实解读，如违实句（*if...would* 句）和非违实句（*if* 句和 *when* 句）（类型Ⅲ）。

　　还有一些语言并没有形成形态句法手段去区分现实句和开放条件句，但却能够准确地区分违实句。例如：

例 8　Tamashek（Afro-Asiatic: Mali）　　　　　　　（Heath, 2005: 697-698）

　　　a. **ajúd**　　i-ggát　　　　tˤəjənna,　　Wær　　nə̀-zəjjər.
　　　　如果　　3SG.M-击打.LoIPFV　3SG-雨　　NEG　　1PL-存在.LoIPFV
　　　　如果/当下雨时，我们就不出去了。

　　　b. **enǽkk**　　wɔ̀r　　　əswe-ɣ　　　ǐ-səfr-an,　　　æmmǽt-æɣ.
　　　　if　　　　NEG　　喝.PFV.1SG　PL-药-M.PL　死.ShIPFV-1SG
　　　　如果我之前没喝那个药，我就死了。

ajúd 作为通常使用的条件小品词，相当于英语中的 *when* 和 *if*。Heath（2005）认为在 Tamashek 的相邻方言中，小品词 *a-fǽl*/*fǽl* 则频繁地用在句首表示条件义或现实义。可以看到在这些语言中，*when* 表达的现实义和 *if* 表达的虚拟义并没有明确地区分。但违实句在这些语言中则出现了专用的句首连接词 *enǽkk/əndǽ*。另一个语言上的差异来自前句中动词的 TAM 特征，非违实句通常标记为未完整体，而违实句则通常标记为完整体。

　　Aleut 语的情况似乎更加复杂，现实句 *when* 与开放条件句 *if* 之间并无形式差异，例如：

例 9　Aleut（Eskimo–Aleut: United States）

a. 　　　　　　　　　　　　　　　　　　　（Bergsland & Dirks, 1981: 125）

Tuta–qai–**gu**–ngin.

听见–DET–**COND**–3PL

如果/当他们听见

b. 　　　　　　　　　　　　　　　　　　　（Golovko, 2005: 61）

ting hingu–lake–n	a–gu–un	**kum**	ayu–laka–q.
我 推–NEG–CONJ	AUX–COND–2SG	**SBJV**	掉–NEG–1SG

如果你没有推我，我就不会掉下来了。

后缀 –*gu* 可以表示条件义和现实义，当 –*gu* 与虚拟语气小品词 *kum/kuma/kam* 连用时，句子可以理解成违实义，如 b 句（Golovko, 2005: 610）。根据 Bergsland（1997）的记载，*kum/kuma/kam* 是在 Aleut 语和俄语接触后产生的。因此，很可能 *kum/kuma/kam* 来源于俄语的虚拟语气小品词 *by*。另一个证据来自 Aleut 语言中的词汇历时演变特征。与其他易变词汇不同，*kum/kuma/kam* 是少有的几个相对稳定的词汇，也是唯一并不以屈折变化形式依附于其他词汇的语法词。Golovko（2005）指出 Aleut 语在俄语的接触之前并没有形成任何违实标记。因此，可以推断在 18 世纪之前，Aleut 语本身并不具备区分违实句和非违实句的能力。而经过语言的接触和演变之后，Aleut 语可以通过虚拟语气小品词叠加在条件句上进行违实句的表达。

在 Wari' 语中，非违实条件句通常由 *mo ta...* 引出，而这个句首连词也可以表达时间同时进行的现实句。但违实句则出现了专用的句首连词，即（*mo*）*xi*，例如：

例 10　Wari'（Chapacura–Wanham: Brazil）　（Everett & Kern, 1997: 96/107）

a. **Mo**　　　　　**ta**　　　　'aram　　　'aram　　　ma'

　 COND　　　　**INF:RF**　　*最终:PL*　　*最终:PL*　　*存在*

　 ca–pari'　　　　　tan...

　 3SG.M–1PL.INCL　　钱

如果/当我们最终有钱时……

b. **Xi**   taxi'   ca   ta!
   INF:IRR   知道   3SG.M   EMPH
   要是他之前知道……

同样在 Tiriyo 语中，例 11 a 句中的 *htao/ahtao* 既可以用来表示时间，也可以用来表示条件义。Meira（1999）认为 *htao* 作为 *if* 的用法源于其现实义，这是因为 *ahtao* 最早常用以表示现实特性的系动词。Hmong 语也出现了类似的用法，条件关联词也能追随到其作为系动词 *be* 的用法。但 Tiriyo 语中出现了违实句的标记方法，则非现实小品词 *mo* 与虚拟后缀 *–i*① 一起连用，如例 11 b 句：

例 11　Tiriyo（Cariban: Suriname, Brazil）　　　　（Meira, 1999: 566/316）

a. ji-pawana   n-ëënïï-ja-n
   1SG-朋友:Pos   3SA-睡觉-PRS.IPFV-DEB
   ji-w-e-pï-rï   **htao**.
   1-S_A-DETR-洗澡-Pos   当/如果
   如果/当我洗澡时，我朋友睡觉。

b. same   ken   apëh-tuuwë   wïja,   ameraarë   **mo**
   快   CONT   3PL:抓住-POST   1SG   所有   **IRR**
   anota-**i**.
   3SO:降落-**HYP**
   如果我迅速抓住他们，他们所有人都会掉下去了。

5.1.4　虚拟度三分差异（类型Ⅳ）

很多形态发达的语言在虚拟层级上具有三分能力，即能清晰地区分出 *when*，*if* 和 *if...would* 等。在英语中，违实表达 *if...would* 常通过时制后移（如过去时用在表示现在 / 将来的语境中，先过去时用于

---

① Tiriyo 语中，虚拟后缀 *–i* 总是和非现实小品词 *mo* 一起使用。因此，将 *–i* 释义为虚拟标记有失偏颇，这是因为它并不能出现在如例 11 a 句那样的虚拟条件句中。由于语言语气标记系统的对比研究需要一个统一语义衡量标准，很难界定 Tiriyo 语言中 *–i* 的语气名称，本书暂用 Meira（1999）田野调查的数据归类方式，称之为"虚拟后缀"（hypothetical suffix）。

表示过去的语境中）标记，而普通的开放条件句则通过 *if* 引导，并没有发生任何时制转移，现实句则通过 *when* 引导。很多欧洲的语言（如法语、西班牙语和俄语）都是这样的模式，尽管会有细节层面的差异。除了研究详尽的印欧语系语言外，还有一些小众的语言也出现了虚拟度三分差异性标记，例如：

例 12　Zapotec（Quiegolani）（Zapotecan: Mexico）　（Black, 1994: 44–45）

	a.	**Chene**	y-dxiin	May,	y-beree	noo.
		当	POT-到达	五月	POT-回	1EXCL

　　当五月到达时，我们就会回来。

	b.	**Che-bel**	y-beree	de	ta-a-b	Laa.
		当/如果	POT-回来	回来.2	POT-去-1	Oaxaca

　　如果/当你回来时，我就去Oaxaca。

	c.	**Che-bel**	**ny**-oon-t	Min,	**ny**-oon-t	Lawer.
		当/如果	CF-哭-NEG	Yazmin	CF-哭-NEG	Laura

　　如果Yazmin没哭，Laura就会哭了。

Zapotec 语中，虽然 *Che-bel* 既能表示 *when* 也可以表示 *if*，但是 *Chene* 则可以准确无误地传递 *when* 的相关语义，故严格来说 Zapotec 语可以明确地区分这两个概念。此外，Zapotec 语形成了专门的违实标记，为前缀 *ny-*，用以区分违实句和其他普通虚拟句。因此，Zapotec 语已经形成词汇、形态等语言手段进行虚拟度的三分区别。

例 13　Hile Sherpa（Sino-Tibetan: Nepal）　（Graves, 2007: 247/245/246）

	a.	tʃí	tʃí	huŋ-u	bɛlʌ,	ŋʌ	tʃʌ́	tʰuŋ-I	wé.
		3SG	DEF	来.IPFV-INF	时间	1SG	茶	喝.IPFV-DUR	OBS

　　当他来时，我正在喝茶。

	b.	tʃí-ci	tʰoŋbʌ	dzo-si,	tʃí	ɲʌ́-i.
		3SG-GEN	犁	做.PRF-**DICT**	3SG	买.IPFV-DSJ

		tʃí-ci.
		3SG-GEN

　　如果他做了一个犁，她就会去买。

    c. ɖaŋ   ŋʌ   sʌ̀-la   ɖét̪-u   **hín-si,**

       昨天   1SG   地板–LOC   坐.PFV–INF   **COP.IPFV–DICT**

       ɲìlok   jé-i.

       睡   碰击.IPFV–DSJ

       如果我昨天坐在地板上，我就睡着了。

    Hile Sherpa 语言中的 *belʌ* 表示时间，作为语法化的小品词，常常用来标记现实句。有意思的是由未完整体的言说类动词的词根演变而来的 *-si* 常常用作后缀从而标记普通条件句。而违实句则通过使用非限定性动词后接未完整体系动词与后缀 *-si* 实现。

例 14 Ejagham（Niger–Congo: Nigeria, Cameroon）   （Watters, 1981: 392）

    a. **ɛ̀-bú**   á'-sí   ɔ́-gə̀m, tíg   à-nâm   bì-yù.

       5–时间 3SG:COND–够到 14–市场 FUT 3PS:PFV–买 8–山药

       当她能到市场时，她就会买一些山药。

    b. （**ájɔ̀ɛ́**）á'-sí   ɔ́-gə̀m,   tíg   à-nâm   bì-yù.

       如果   3SG:COND–够到 14–市场 FUT 3SG:PFV–买 8–山药

       如果她能到市场，她就会买一些山药。

    c. （**ájɔ̀ɛ́**）   **à-gùd-î'**   ǹná bí-yù, kán

       if   3SG:**PFV–卖–ConstituentFOC** 因此 8–山药 ABL

       à-fɔ̃n   Ǹ-tí

       3SG:PFV–有 3–钱

       如果她能这样卖山药，她早就有钱了。

    在 Ejagham 语中，*ɛ̀-bú* 表示时间概念，相当于 *when*，而普通条件句则由小品词 *ájɔ̀ɛ́*（字面义：如果他/她是……）或 *átə̀má*（字面义：如果他正在说……）引导。部分条件句则不需要任何引导词，仅凭借声调则足以区分[①]。而违实句则在 *if* 句的框架内通过使用成分

[①] 条件语气的声调通常实现为主语前缀的高音调和动词词根的词汇重读（Watters, 1981）。

焦点完成体（constituent-focus perfective）进行标记①。

　　纵观前文讨论，可以发现违实概念很难进行语言通用层面的界定，这是因为并不是所有的语言都存在违实与非违实的明晰划分，在很多语言中违实仅仅是作为一个语用范畴依赖于条件句的框架范围内。此外，从语用到语法也是一个持续的连续统，很难进行一刀切的划分。基于上述对虚拟度划分的语言类型讨论，大体将语言分为以下几类，见表 5-1：

表 5-1　虚拟度区分的类型学差异

{*when*, if, *if...would*}			类型Ⅰ
{*when* }		{ *if*, *if...would*}	类型Ⅱ
{*when*, if }		{ *if...would*}	类型Ⅲ
{*when*	{*if*}	{*if...would*}	类型Ⅳ

　　如果违实与非违实出现概念合并，通常是 *if...would* 与 *if* 概念进行融合。在本书的语料中，并没有发现 {*when*, *if...would*} 的概念合并用例，这也符合了图 5-1 中关于虚拟连续统的描述。换句话说，如果一个语言能明确地区分 *if* 概念与 *when* 概念，前者与违实的关联比后者更加紧密。

5.1.5　分布分析

　　进一步根据语言在虚拟度上的区分差异将语言的类型分布进行统计，见表 5-2：

---

① Watters（1981）认为 Ejagham 语中的完成体有两种焦点模式，即成分焦点（constituent focus）和算子焦点（operator focus）。前者的焦点管辖域涉及整个词汇成分，而后者的焦点管辖域则涉及整个句子算子，如助动词。观察下面两句：**John** honored Mary（成分焦点）和 John **did** honor Mary（算子焦点）。在形态层面，成分焦点不同于算子焦点，通常为动词后缀，以前元音和升调形式实现。

表 5-2 虚拟度区分的类型差异及语言名称

语言种类	绝对数目	语言名称
类型 I	2	Lisu, Fongbe
类型 II	10	Kinnauri, Mising, Hmong, Tagalog, Newar（Dolakha）, Zuni, Vietnamese, Indonesian, Cantonese, Mandarin
类型 III①	38	Aleut, Tamashek, Wari', Tiriyo, Bariai, Boko, Busa, Koyra Chiini, Even, Evenki, German, Arabic, Palestinian Arabic, Bali-vitu, Matsés, Somali, Gude, Mupun, Paumarí, Udihe, Warrongo, Nunggubuyu, Ndjébbana, Imonda, Embera, Kannada, Romanian, Hup, Kisi, Zulu, Abaza, Savosavo, Kamasau, Tauya, Mauwake, Estonian, Marshallese, Mona
类型 IV	105	Zapotec, Hile Sherpa, Ejagham, Modern Hebrew, Maltese, Afar, Sidaama, Hausa, Miya, Ngizim, Northern Mao, Macushi, Ashéninka Perené, Maipure, Paresi-Haliti, Turkish, Mussau, Kokota, Warekena, Manam, Mangaaba-Mbula, Samoan, Cambodian, Mavea, Gooniyandi, Lardil, Kayardild, Wardaman, Wagiman, Basque, Ika, Brahui, Mapuche, Bulgarian, Malayalam, Hill Madia, Daga, Maricopa, Armenian, Polish, French, Spanish, Greek, Hindi, Maithili, Balochi, Marwari, Pashto, Persian, Welsh, Aguaruna, Georgian, Kusunda, Yimas, Chol, Tzotzil, Itzaj Maya, Chimalapa Zoque, Sierra Popoluca, Movima, Hunzib, Mamaindê, Ewe, Dangme, Jamsay, Eton, Swahili, Izi, Lezgian, Yoruba, Ma'di, Ngiti, Lango, Chinantec, Quechuan（Huallaga）, Abau, Tibetan, Gurung, Jero, Kham, Limbu, Kokborok, Burmese, Yongning Na, Mongsen Ao, Crow, Misantla Totonac, Hua, Kâte, Ono, Wambon, Haya, Guanano, Selkup, Hungarian, Nahuatl, Pipil, Worrorra, Kolyma Yukaghir, Ayoreo, Chamacoco, Berbice Dutch Creole, Kwazá, Huave, Lezgian

---

① 多数类型 III 语言虽然能够明确地表达 if 概念，但是仍然存在 if 与 when 概念的杂糅。

据上文所述，如果一个语言在虚拟度上具备区分条件，需要界定为语言形式手段，依据显著性不同依次为形态变化、虚词使用、句法手段、词汇手段等。但现实中语言的表现纷繁复杂，很难一刀切地认为"有"或"没有"语言形式特征。如在一些语言中可能存在 when，if 和 if...would 等概念的理解歧义，但一些特定的句式却能准确无误地表示其中某个语义。如在汉语中，"张三喝酒，我骂他"（Comrie，1986: 82）既可以表示条件句"如果张三喝酒，我就骂他"，也可以表示违实句"假设张三喝酒，我就骂他"，还可以表示现实句"当张三喝酒时，我就骂他"等。汉语仍然能通过句首关联词"当"和"如果"准确地区分现实句与条件句。通常情况下，汉语没有明确的标记进行违实句与非违实句的区分。但在特定的句式中，如"要不是"引导的条件句却可以准确无误地表达违实概念。那么是否汉语也当归属为类型Ⅳ语言？第 3、4 章的研究已经清楚地回答了这个问题。虽然汉语也出现类似"要不是"这样较为充分的类标记，但是其使用范围有限，并不具有强制性和普遍性，与类型Ⅳ语言中的形式手段差别较大，且其本质为违实强化特征，不具有标记特性。因此，汉语在这里归类为类型Ⅱ语言，即能够有效区分 when 和 if，但不能系统地区分 if 概念与 if...would 概念。德语是典型的类型Ⅲ语言，因为在德语中，when 和 if 概念没有明确的区分。句子 Wenn er kommt, gehe ich weg 既可以表示"当他来了……"，也可以表示"如果他来……"。英语则是类型Ⅳ语言，因为英语可以通过句首连词明确地区分 when 和 if 概念，if...would 则可以通过动词的 TAM 特征进行区分。日语则是混合类型语言，小品词 moxi 或者是后缀 –ba 可以准确无误地传递 if 概念，但后缀 –tara 却既可以理解为 when，也可以理解为 if。有一些违实句出现了假时制的运用，如 Mosi Taroo-ga ima（现在）soko-ni i-tara, soodan si-ta（过去）daroo（如果 Taroo 在这儿的话，我就过去跟他说话了）。而有些句子没有出现 TAM

特征迁移标记，则有可能出现歧义，如 *kare ga kanemochi nara...*（如果 / 假设他有钱……）。

通过对类型 I 和类型 II 的 12 种语言进一步分析，可以发现其中约 50% 都为汉藏语系语言。这是因为多数汉藏语系语言缺乏专门的 TAM 屈折形式。而这些屈折形式很可能经过语法化形成潜在的 CF 标记（见第 6 章详述）。大多数的澳大利亚语系语言中的违实句常常实现为非典型语义，且可脱离条件句的框架独立表达（见 5.3.2 详述）。这也反映了澳大利亚语系语言使用者在使用违实逻辑时的思维差异性。

5.2　违实范畴的形式特征

这一节的主要任务是梳理世界语言中违实句的句法结构、动词 TAM 以及违实标记等形式上的特征。

5.2.1　违实范畴的句法实现

从语义层面可以在世界语言中的违实表达中找到某种共性，但在句法结构上，语言之间的差异性则非常明显。根据句法整合度参数——"小句降级"（hierarchical downgrading）（Lehmann, 1988），将跨语言的语料依次整合排序。Lehmann（1988: 184）认为在连续统的开始端，复杂句的两个小句之间并没有从属关联，如并列句（coordination）；在另一端，两个小句之间出现从属关联，其中一个句子降格成另一个句子的成分，如从属句（subordination）。小句降级与从属句和主句之间的整合度密切关联，是一个动态变化的连续统，小句降级越强，整合度则越紧密，小句的句法地位也越低。从连续统的开始端依次渐进罗列语料中出现的典型句法结构。

例 15　Berbice Dutch Creole（Creoles and Pidgins: Guyana）

（Kouwenberg, 1994: 116）

Kɛnɛ	dot-ɛ	fandaka	hiri,	alma	Fanen	mu-te.
人	死-**PFV**	今天	这里	所有	从.3PL	去-PFV

理解Ⅰ：今天有人在这里死了，所有人都已经离开。

理解Ⅱ：如果今天有人在这里死了，所有人都已经离开了。

例 15 中的违实句前句和后句处于并列结构，并没有出现从属关系，整合度较低。

例 16　Kusunda（Kusunda: Nepal）　　　　　　（Watters, 2006: 138）

taŋ	g-iw-ən-da	tsi	sowa-t-n-da.
水	3-去-REAL-**SUD**	我	洗澡-1-REAL-**SUD**

如果（刚刚）下雨了，我就洗澡了。

例 16 出现了并属违实句，介于从属句和并列句之间。前后两小句虽然通过从属标记 -da 互相连接，但是出现了平行的 TAM 屈折形式。这类并属结构两小句之间有一定的依附关系，比例 15 中的并列结构更加紧密，但并没有形成从属结构。

例 17　Guanano（Tucanoan: Colombia, Brazil）　　　（Longacre, 1983: 204）

Tiro	waha-**chu**	tina	tjuata-era-boa.
他	去-**DS**	他们	回-NEG-HYP

如果他走了，他们就不回来了。（事实是他没走。）

例 17 展示了一个很有趣的违实句法结构：违实句前句的动词缺乏 TAM 特征变化，其 TAM 特征只能通过主句中的动词推测而出，但前句中的动词却出现了指称转换（switch reference）的标记。这种小句的句法地位往往是介于主句外部和内部之间。这种小句中的动词被称为"中间动词"（medial verb），由中间动词构成的小句被称为"中间句"（medial clause）。Lehmann（1988）将中间句等同于连动句（clause chaining）。这种连动句常用来指称一连串的动作事件先后发生（Longacre，1983）。另一种实现为中间句的违实句在 Tauya 语中找到了例证。这类句子中的中间动词并没有出现指称转换（switch reference）的标记，主语指称或是通过句中独立的 NP 暗示，或是通过语境推理而出，例如：

例 18　Tauya（Trans-New Guinea: Papua New Guinea）

（MacDonald, 1990: 272）

　　ø-yau-ʔani-**ra**　　　　　ø-tu- ʔani-ʔa.
　　3SG-看见-CF-**TOP**　　3SG-给-CF-IND
　　如果我看见他，就给他了。（事实是我没看见他）

　　MacDonald（1990）认为这里中间动词与主句动词的不同在于前者常常需要后接从属后缀 -ra，不能出现任何关于语气的屈折形式。中间句虽然处于从属地位，但是在句法上并不内嵌于后句中。Longacre（1983）认为这种句子也是一种并列句，但 Foley（1986）还是将这类中间句称为"并属句"。

例 19　Georgian（Kartvelian: Georgia）　　　　　　（Hewitt, 1995: 583）
　　Tu　　　　　（ʔø-）i-kux-**eb-d-a**,　　　　　　　　　agretve
　　如果　　　（ʔit-）SV-雷-**TS-IPRF**（=COND）-it　　也
　　（ʔø-）i-el（+）v-**eb-d-a**
　　（ʔit-）SV-闪电-**TS-IPRF**（=COND）-它
　　如果要打雷，也同样会闪电。（事实是打雷的可能性较小。）

　　在很多复杂的违实句中，一个小句可能只是通过 TAM 特征依存关系或者从属标记依附于主句。世界语言中的违实句多数是实现为从属句的，但其内部的整合关系则大不相同。例句 Georgian 语中的违实句前句出现句首关联词 Tu。这种形式特征与从属句类似，前句提供了一些类似条件或者原因的附加信息。但 Hewitt（1995）认为 Georgian 语中的违实句前后句出现平行动词屈折形式，且前后句位置可以自由转换。因此，这种句式虽然属于从属句，但是整合度不够高。观察例 20 Malayalam 语中的违实句，同属于从属句，但前后句动词出现了不同的 TAM 屈折形式：

例 20　Malayalam（Dravidian: India）　　　　　　（Asher & Kumari, 1997: 89）

maʐa　　peyt-**irunn**-eŋkil　ɲaan　　purattə　**poo**-kill-aay-**irunnu**.

下雨　　落-PST-COND　我　　外面　　去-FUT-NEG-PST

如果刚刚下雨了，我们就不应该出去了。

　　例 20 中后句的动词出现了过去未来时的标记，而前句则为过去时标记。显然两句之间出现了某种时态的依存关系，类似于英语中的 *would do* 与 *did*。这种 TAM 特征的依存关系对于前句作为状语从句的违实句来说非常普遍。

例 21　Kannada（Dravidian: India）　　　　　　（Sridhar, 2007: 78）

Avani-ge　svalpava:　da-ru:　　buddhi　i-dd-i-ddare

他-DAT　　一点　　　甚至-INCL　智慧　be-PST-PFV-COND

i:kelasa　　yavagalo:　ma-Di　　imugis-（ir）-utti-**dd**-a.

这个工作　当　　　做-PP　　完成-（PFV）.PROG-PST-**3SG**.M

如果他有一点点智慧，早就把这个工作做完了。

　　Xrakovskij（2005）认为 Kannada 中的例子可以看成一种半复杂句（semi-complex construction），这是因为前句出现了非限定性动词（non-finite verb）。Watters（2006）将这种含有非限定性动词的句子称为"非限定句"，因为句中动词虽然可以出现时制、体貌、否定等屈折形式，但是依存关系却没有标记。根据 Givón（1995：58）按照句子功能的观点，这种非限定性句子是句法整合的一种显现。主动词和其非限定性动词联合使用时，通常被看成一个复合动词。

例 22　Movima（Movima: Bolivia）　　　　　　（Haude, 2006: 532）

disoy　　**n**-as　　　　ra<pi~>pis-a=i,　　　manes-ni.

CF　　　**OBL**-ART.N　酸<NMLZ.N~>-LV=PL　好吃-PRC

如果这个酸了，这个就好吃。（事实是没有酸。）

　　Movima 语中的违实句则整合度更高，前句中的动词出现了专门的名物化标记。这种名物化后的动词在句法功能上标记为"旁格宾语"。这种结构更像是一个宾语从句，前句进一步降格成为后句主动词的某个句法成分。

5.2.1.1　并列和并属

  Haiman（1983）认为可能是出于偶然相似的原因，违实句可以出现这种并列或平行结构，如 S1 和 S2。违实句另一个普遍的句法形式是小句之间可以并列与从属共存。除了例 15 中讨论的 Berbice Dutch Creole 的用例外，法语等一些常见的印欧语系语言在口语中也保留了这种并列平行用法的例子，例如：

例 23　French（Indo-European: France）   （Haiman, 1983: 12）

    Tu m'aurais avertie et je ne serais pas venue.

    字面义：你来警告我，我也不会来。

    延伸义：如果你来警告我，我就不来了。（事实是你没有来警告我。）

  上述这种典型的并列用例也可以出现从属的条件句，如在前面加上 *Si*。

例 24　Kamasau（Torricelli: Papua New Guinea）（Sanders & Sanders, 1994: 68）

    Kei ne pugri pa-wo ri-ghe pu **tedi** muq yewon.

    之前 烧 因此 1PL-放 3FP-向下 像那样 **那么** 现在 好

    如果我们之前烧了它，这个就变好了。

  同样在 Kamasau 语中，上述这种句式与并列句很像，前后句通过连接词 *tedi* 连接。Trans-New Guinea 语系中的语言 Siroi，Usan 和 Kewa 则出现了另一种形式的并列句，其中的连接词相当于汉语中的或者，如 Siroi 语中的 *kan*，Usan 语中的 *qi*，Kewa 语中的 *lo* 等。

  那么为什么这种并列平行句能够延伸出条件义？这是因为句法的顺序在某种程度上也反映出了句子间的语义关联，前句通常充当话题角色，因此能出现从属义。多数情况下，这种并列结构是一种语用层面的句法省略，因此很难从数据统计层面计算出其在违实句式中所占的比例。从另一个层面上看，一些形式上规整的从属句有时也可以被看成并列句。Haiman（1983）认为与从属句不同，并列句通常有以下两点约束：①时间相似性，即通常小句顺序与时间顺序保持一致；②TAM 和谐，即中句的 TAM 特征需要与主句保持一致。① 因此，在从属连接词省略（subordinator reduction）和情态范畴缺失（modal gapping）的情况下，如果前后句的句法和形态标记趋于一致，则在形式上趋同于并列句。下文将分别从这两个方面进行说明。

Ⅰ．从属连接词省略

例 25　Vietnamese（Austro-Asiatic: Vietnam）　　　　（Hoa, 1974: 104）

Không có　ông　（**thì**）　tôi đã　lac　đuòng　rôi.
不是 是　　你　　（**TOP**）　我　失去 PFV　路　　　已经
如果我不在那儿，我就迷路了

例 26　Maithili（Indo-European: India, Nepal）　　　　（Yadav, 1996: 371）

（**jɔ**）　həm　əha　jəka　rəh-it-əhu　tə　ena　nəi　kər-it-əhu.
如果　我　你　像　是-CF-1　那么 因此 不是 做-CF-1
如果我是你，我就不会那么做了。

根据参考材料，这些违实句中的连接词具有可删性。Xrakovskij（2005）认为越南语在表达违实义时，从属连接词可以删略。这种现象被称为"缺省条件句"（asyndetic conditionals），在很多孤立语中都出现了类似的现象。Lehmann（1988）认为从属连接词的功能是用来决定从句和主句之间的句法关系，因此当从句由主句控制时，从属连接词并不是那么十分必要，如英语中的 *that* 时常可以省略。因此，在一些语言中，当从句降级到一定程度时，从属连接词则不是那么必要。当从属连接词出现省略时，前句与后句在形式上并列。Haiman（1983）发现在 Cebuano 语中从属连接词 *kong*（相当于英语中的 *if*）可以由 *og*（相当于英语中的 *and/or*）替代。

---

① 通常情况下，中句没有出现显性的语气标记；但在这种情况下，按照主句的语气范畴理解。

Ⅱ. 情态范畴缺失

例 27　Kâte（Trans-New Guinea: Papua New Guinea）（Pilhofer, 1933: 151）

Sac　　hafe- me　（**muzac**）bec- zi　　gietcne mi　sipilicke-zac.

栅栏　　建-3SG　（**IRR**）　猪-ERG　花园　　NEG 毁灭-3SG.IRR

如果他建了一个栅栏，猪就会毁掉。（建栅栏可能性较小。）

例 28　Ono（Trans-New Guinea: Papua New Guinea）（Wacke, 1931: 197）

Numa　　ma-u-mo　　　（**ramo**）　　uwerap.

路　　　修-CSM-2PL　　（**IRR**）　　来.IRR.最终.1SG

如果你们修建了这条路，我们都会过来。（修路可能性较小。）

　　同样作为 Finisterre-Huon 语系的家族成员，Kâte 语和 Ono 语的违实句在前句中都出现了非现实语气的缺失。这就与并列句的中间句在形式上出现了类似。

　　从属句到并列句转换的另一个可能性原因是违实句前后句的平行标记。Haiman（2002）分析了 80 种语言，发现其中 51 种语言的违实句都出现了前后句平行标记，比例比开放条件句更高。很多语言都存在一种附属违实句。相比较典型违实句而言，这种附属违实句往往出现了平行标记。如在 Bulgarian 语言中，典型违实句的前句中会出现未完成体 / 过去时，后句中出现条件语气。但在口语中，这种附属违实句在前后句中都显现出形态句法的平行性，例如：

例 29　Bulgarian（Indo-European: Bulgaria）　　　　（Scatton, 1984: 341）

Da　　　s-i　　　　　diskreten,　da　　ti　　ka-ža.

SUD　　系动词-2SG.PRS　谨慎　　　SUD　你　告诉-1SG.PRS

你要是谨慎一些的话，我就告诉你了。（事实是你并不谨慎，我也不会告诉你。）

　　同样在 Welsh 语中，口语违实句也出现了类似的平行性，例如：

例 30　Welsh（Indo-European: United Kingdom）

　　　　　　　　　　（Alan King, p.c. data/Haiman & Kuteva, 2002: 107）

Sa　　fa-n　　I　gadal, hi　sa　　hi-n　　marw.

COND　他-IPRF　她　离开　她　COND　她-IPRF　死亡

如果他离开她，她就会去死。（他离开她的可能性较小。）

当前句和后句出现平行的 TAM 特征标记时，第一个从属连接词出现缺失，因此在这些语言中出现了类似并列的句法结构。在一些语言（如 Hua，Manam，Nunggubuyu，Yimas，Ashéninka Perené 等）中，并列并不是从属的替代结构，而是作为典型的唯一句式存在。此外，仍然有一些语言采用并属结构作为唯一的句法形式去表达违实义。并属违实句可以通过两种方式实现：①将从属连接词（subordinator）分别置于前句和后句，类似的例子可见 Hausa，Lango 和 Ngizim 等语言。②将特定的并属连接词（co-subordinator）置于句中。例如：

例 31　Kwazá（Kwazá: Brazil）　　　　　　　　　（Voort, 2004: 631）

Tso'je dw-'he-da-h-kywy-'**ta**　　　mam-'dy-da-rydy-ki.

手破-NEG-1SG-NOM-COND-**CSO**　玩-CAUS-1SG-IRR-DECL

如果我的指头没有破，我就可以玩了。

介于并列和从属之间，并属结构是违实句实现的另一种句式。一方面，受制于并列结构的 TAM 特征和谐性影响，两小句出现共同的 TAM 特征；另一方面，情态范畴缺失（Kiparsky，1968）通常只适用于并列结构，而非并属结构。

有意思的是，Sorrento（1929）发现了一种较为罕见的并属句法结构，并称之为"并从句"（para-hypotaxis）。这种并属句的从句由从属连接词引导，而主句则出现并列连接词，例如：

SBD + dependent clause（从句）+ COORD + main clause（主句）

这个结构是古罗曼语族特有的特征，并且在一些其他不相关的语言中也发现了用例，如 Swahili 语。此外，Zamucoan 语系中的一些语言也出现了类似的用例，例如：

例 32　Ayoreo（Zamucoan: Paraguay）　　（Bertinetto & Ciucci, 2012: 98）

Ujetiga　Jate　di=rase　　**nga,**　ch-isi=rase　yogu=iji

SUD　　Jate　3.到=MDL　**COOD**　3-给=MDL　1PL=LOC

cucha-rique.

东西-SG.M.if

如果Jate到了，他就会给我们一些东西了。（事实是Jate没有到。）

例 33　Chamacoco（Zamucoan: Paraguay）　　（Bertinetto & Ciucci, 2012: 98）

Kẽhe,	uu	like	ishɨr	lishi	sẽhe,
SUD	DET.SG.M	这个	本地人.M.SG	穷.M.SG	想

teehe,	s-ohnɨmichi=ke,	**Hn**	uhu	oy-ihyer	ire.
INTERJ	3.IRR–下车=PST	**COOD**	2SG.CAUS	1PL–逮捕	3SG

如果这个可怜的本地人刚刚想下车，你就会让我们逮捕他了。

5.2.1.2　从属

　　与并列和并属不同，从属结构显现出更高的句式整合性。但同为从属句式，内部成员的整合度差异却非常大。本节将从以下几个参数层面进行考量：①连接词类型。从属连接词通常出现一些连接词标记。部分连接词可能有一定的词汇义滞留，因此在通常情况下不能被删除，如英语中的 *if/when/because* 等。一些连接词的词汇义逐渐脱落，语法化成纯粹的标句词，仅仅起到标记小句的作用，如英语中的 *that*。当句式整合到一定程度时，则不需要依赖标句词标记，因此这种情况下可以进行删除操作，如英语中的 *that*。这种变化就是从连接型（syndesis）到非连接型（asyndesis）的延伸。Lehmann（1988）将此与句式整合性关联，整合度越高，连接词则越易被删除，词汇意义越虚化，仅仅作为从属参数标记；相反整合度越低，词汇义越强，则越不容易被删除。②句子顺序（灵活／固定）。Greenberg（1963）提出的语序通则第 14 条着眼于两个小句之间的语序：在条件句中，条件句（前句）通常前置于总结句（后句）。这种语序在世界上所有语言中都是通用的。由于多数从属违实句都实现为条件句，这样的顺序也适用于违实句。虽然这种语序的优先性具有语言通性，但是在不同的语言中却发现了不同的位置变异灵活性。一些语言比其他语言更容易进行顺序上的变动。Matthiessen & Thompson（1988）指出：当句式整合度较低时，两个小句之间独立性更强，更容易进行句子顺序的改变；当句式整合度较高时，句法顺序相对更固定。③动词形式。句式的整合度也反映在动词的形式上。动词的限定性和非限定性特征都是一个逐渐的连续现象（Givón, 1991; Koptjevskaja-Tamm, 1994; Maas, 2004; Cristofaro, 2007），动词特征通常与句式整合性直接关联（Givón, 1991）。当整合度较高时，小句降级程度越高，动词也随之出现降级，进而逐渐失去形态变化。当小句降级到一定程度时，进而作为主句的某个句法成分，最常见的就是名词性成分。下文将对本书的语料数据进行归纳分类。

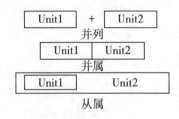

图 5-2　复杂句式的类型（Whaley，1997：268）

Ⅰ. 从属连接词

以下各例依次从连接型到非连接型，展现了违实句出现的各种从属连接词。连接型与非连接型最大的区别就是两小句之间从属连接词的有无。连接型的英文为 *syndesis*，来源于希腊语，表示连在一起。而非连接型则指的是两个小句不通过连接词连接。

（1）指称连接

例 34　Imonda（Border: Papua New Guinea）　　　　　　（Seiler, 1985: 205）

　　ude　　　ale-ta-ba,　　　**ed**-fa　　　　　ne-m ue-ne-t.

　　狗　　　待-IRR-TOP　　**PRON**-TOP　　2-GL CLF-吃-CF

　　如果狗刚刚在这儿，它就会吃掉你。

指称连接词是最明晰的连接手段。Lehmann（1988）认为这种连接手段常常是在前句命题用指称代词。在从属句中，指称代词常常会语法化成一个连接词，将两句连接。Imonda 的前句则后接了一

个话题化的 *ed-there/that*，由代词进一步语法化而来。这个例子类似于英语中的句子：given that the dog had been here, now given that, he would have eaten you。在 Kamasau 语中也出现了类似的例子，违实句的前句结尾使用了 *pu*，类似于英语中的 *that*。

　　（2）言说动词

例35　Warekena（Arawakan: Colombia, Brazil, Venezuela）

（Aikhenvald, 1998: 119）

Oy-uhre	exi-taw	**k**-e-taw	re
1POSR-枪击武器	系动词-如果	说-SF-如果	FRUS

wî-tw-e-sî.

1SG-瞄准-SF-INP

如果我有枪，恐怕我就会瞄准了。

　　在 Warekena 语中，从属连接词是言说动词 *ka/kas* "say/do" 语法化而来的。Plag（1992）和 Traugott & Heine（1991）分别认为言说类动词和心理状态动词常常会语法化成连接词。这一现象在语言中具有共性。一些言说动词进一步语法化成词缀或者是半词缀，依附于另一个副词上，如 Chinantec 语中的 *ní-juáh*；或者依附于系动词上，如 Hile Sherpa 语中的 *hín-si*；或者依附于连词上，如汉语普通话中的 "如果说" 等。其中一些词经历了一些语义上的虚化，如 Dolakha Newar 中的 *har-sa*，Boko 语中的 *dɔ̄* 和汉语普通话中的 "的话"，见表5-3：

表 5-3　连接词为词汇动词的违实句

语言名称	言说动词
Chinantec（Sochiapan）	*-juáh*: 说
Dolakha Newar	*har-sa*: 说
Hile Sherpa	*-si*: 说
Mandarin	*-shuo*: 说 *de hua*: "说"的名物化
Hausa	*ce*: 说①
Yongni Na	*pi*33: 说
Boko	*dɔ̄*: 知道

（3）副动词（Converb）

例 36　Udihe（Altaic: Russia）　　　　　（Nikolaeva & Tolskaya, 2001: 751）

Si　e-si　　tuŋala **bi-si**　　　bi　wa-muse-i　　käŋa-wa.
2SG　NEG-PST　打扰　**系动词-PST**　我　杀-COND-1SG　鹿-ACC
如果你刚刚没有打断我，我就会把那个鹿给杀了。

在 Udihe 语中，违实从属句通常出现副动词的过去时形式。副动词 *bi* 的词汇义在一些 Udihe 的违实句中仍然有保留，如 *ugda bi-si* "if I had had a boat"（要是我有只船……）。通过这种副动词连接的句子并不能完全看成从属句，但 Haiman（1985）却认为这些句子"独立但不从属"。②

---

① 在 Udihe 口语中，动词的虚拟语气形式常常用来直接引导违实句，例如：

Kamar ace　Usman ya　　　sayi　mo-ta,　da ba-i yi mani
　　　SBJ　Usman PM.3SG.M.PF　1SG. 买　摩托车　CONJ NEG-PM.3SG.M.PF 做 .AUX 对我

waya　ba.
电话　NEG
如果 Usman 买了车，他就不会打电话给我了。　　　　　（Smirnova & Dobronravin, 2005: 435）

② Haspelmath & König（1995）认为副动词被定义为限定性动词，通常表示修饰性从属结构。

（4）介词短语

例 37　Hausa（Afro-Asiatic: Nigeria, Niger）

（Smirnova & Dobronravin, 2005: 434）

Da	ba**don**	mun		fita	da	sauri	ba	Daga
如果	**NEG**	PM:1PL:PRF		出去	PREP	快	NEG	PREP

wannan	dàki-n	ba		da	ruʃi-n		dàki-n
这	房间-DEF	NEG		CONJ	屋顶-CSM		房间-DEF

ya	auka	mana.
PM:3SG:M:PRF	砸	我们上

如果我们刚刚没有跑出这个房间，屋顶就会砸到我们头上。

受英语中的表达方式 *if it were not for* 影响，*don* 的作用类似于英语中的介词或介词结构 *for* 和 *because of*（Smirnova & Dobronravin, 2005: 434），但只能在否定违实句中使用。否定与前置连词紧邻使用，进一步词汇化成了复合连词 *da badon*。

（5）特指连词

例 38　Maltese（Afro-Asiatic: Malta）　　　（Borg & Alexander, 1997: 43）

Kieku	gie,	ma	kienx	jiddispjacih.
如果	来:3M.SG.	NEG	是:3M.SG.NEG	后悔:3M.SG:PRON.3M.SG

要是他来了，他就不会后悔了。（事实是他没有来。）

Maltese 中的违实句通常由特定违实连词 *Kieku* 来连接，表示实现可能性很小。这类连接词通常具有一定的特定性，其功能类似于一个修饰性副词，进一步修饰附属句，而不是完全地去降低附属句的句法等级（Lehmann, 1988）。

（6）通用连接词

例 39　Fongbe（Niger-Congo: Benin）　　（Lefebvre & Brousseau, 2002: 177）

Nú	jì	kò	jà...
COMP	雨	ANT	落

要是（之前）下雨了……

Fongbe 语言中的违实句是由通用连接词 *Nú* 引导，相当于英语中的标句词 *that*。这种连接词的作用是对其引导的小句进行降级。在 Huallaga Quechua 语中也出现了类似的情况：

例 40　Huallaga Quechua（Quechuan: Peru）　　　　　（Weber, 1983: 100）

Chay-naw　　ka-pti-n　　　alli　ka-n-man　　ka-ra-n.

标句词-SIM　　是-ADV-3PL　好　是-3-COND　是-PST-3

要是那样就好了！

（7）非连接型

例 41　Rumanian（Indo-European: Romania）　　　　　（Mallinson, 1986: 77）

Să　　fi　fost　　　　el　aici　nu　aveam　nici　o　problemă.

SBJV　是　是.PST.PTCP　这个　这儿　NEG　有.IPRF　没　F　问题

如果我们让他在这儿，就没这个问题了。

和其他语言一样，Rumanian 语出现了一种非主流的非连接型违实句，即违实句没有出现任何连接词。在一些语言中，这种非连接型违实句作为唯一句式形式，例如：

例 42　Kokota（Austronesian: Solomon Isalands）　　　（Palmer, 2008: 389）

ḡ-e-ke　　　au　la　manei, ḡ-e-la　　a　　　Fahega

NT-3SG-PFV　存在　COND　他　　NT-3SG-去　1EXCL.PL　快乐

lehe　　　ara.

非常　　　我

如果他还活着，我会非常开心的。

从属连接词 *ta* 适用于普通的条件句，如 *ta ḡ-e heta la fora-n-lau* "if that sickness is strong"（如果那个病很重），但在违实句中则必须删除。非连接型从属句比连接型从属句的整合度更高，这是因为当小句降级到一定程度并完全被主句控制时，无需使用从属标记对句法地位进行标记（Lehmann，1988）。因此，在很多语言中，当出现非连接型违实句时，谓语动词通常左移到 C^0 位置，并删除句首连词，如英语中的 *had...would have* 结构。在语料中发现 Rumanian,

Kokota, Selkup, Ngizim, Berbice Dutch Creole, Modern Greek, Ejagham, Yoruba, Gooniyandi, Warrongo, Kinnauri, Daga, Mauwake, Yimas, Manam, Ashéninka Perené, Hua, Nunggubuyuand 等语言都出现了非连接型违实句。

按照 Lehmann（1988）关于连接手段的显赫层级，将上述例子排序如图 5-3：

Autonomy（独立）<----------------------------->Integration（整合）

    Anaphoric subordinator（指称连接词）（例34）

        Deverbal subordinator（派生动词连接词）（例35、例36）

           Prepositional phrase（介词短语）（例37）

               Specific conjunction（特指连词）（例38）

                  Generalized subordinator（通用连词）（例39、例40）

                     Asyndesis（缺省形式）（例41、例42）

图 5-3　违实句连接词的显赫层级排序

Ⅱ. 句子顺序

另一个影响句子整合度的特征是违实句的语序。理论上来说，这个特征可以有 4 种变体：①条件句先于结论句；②条件句后于结论句；③条件句在结论句之中；④结论句在条件句之中。这 4 个变体有不同的使用频率。在自然语言中，多数条件句都会选择使用第一种语序，即条件句先于结论句（Greenberg, 1966; Haiman, 1978; Comrie, 1986）。虽然这种语序在语言中有压倒性的优势，但是每种语言在这种优势语序下是否允许存在其他语序则大不相同。这种灵活性和变换难易度也是句式整合度的一种体现。

（1）条件句先于结论句，顺序固定

例 43　Lango（Nilo-Saharan: Uganda）　　　　　　　（Noonan, 1992: 233）

[Kónô　　ònwòŋò　　　àtíê　　　　　 x̀　　　　　c3m]_{protasis'}

如果　　3SG:找到:PRF　　1SG:是.PRS:HAB　和……一起　食物

[kónô　　àmîyí]_{apodosis}.

那么　　1SG:给:PRF:2SG

我要是有食物，就给你了。（事实是我没有食物。）

　　在 Lango 语言中，普通开放条件句的语序多为条件句先于结论句，顺序可以偶尔改变，但在违实句中，条件句先于结论句则非常固定。在一些 Chadic 语也出现了类似的用例。

（2）条件句先于结论句，顺序可以改变

　　虽然在一些语言中，条件句先于结论句、条件句后于结论句这两种顺序都能出现，但是前者显然更占优势。这是大多数语言出现的情况，即在特定情况下，允许优势顺序出现逆序改变。如越南语连接型违实句中，条件句和结论句的顺序改变；但如果缺失连接词，顺序则不可。例如：

例 44　Vietnamese（Austro-Asiatic: Vietnam）（Bystrov & Stankević, 2005: 504）

[Hòn　　dâi　　　mà　　　biêi　　　nóinăng]_{protasis}　[thì

CLF　　地球　　　EMPH　　能　　　说　　　　　　那么

thâydialy　hàm　　răng　　　cháng　　còn]_{apodosis}.

地理学家　喋喋不休　牙齿　　　NEG　　　仍然有

如果地球自己会说，地理学家就无以生存了。

（3）条件句先于结论句，顺序灵活

例 45　Warrongo（Australian: Australia）　　　　　　（Tsunoda, 2011: 610）

a. [nagaya　　　wola-yngga]_{apodosis}　[ngaya　　　yarro-ngomay-ø

1SG.NOM　　死-APPR　　　　　1SG.NOM　　这儿-ABL-NOM

yani-nji]_{protasis}.

去-PTCP

我会死的，如果我从这儿去日本的话。

b. [ngaya   yarro-ngomay-ø   yani-nji]$_{protasis}$ [nagaya

1SG.NOM   这儿-ABL-NOM   去-PTCP   1SG.NOM

wola-yngga]$_{apodosis}$.

死-APPR

我从这儿去日本，我就死了。

在 Warrongo 语中，前后句在置换时较为灵活，位置改变时并没有发生任何语义上的改变。

（4）条件句在结论句中

例 46   Tzotzil（Mayan: Mexico）   （Cowan, 1969: 36）

[Xáʔ   lék   táka   [k'ótuk   ti   pásel   e]$_{protasis}$]$_{apodosis}$

那是   很好   那是   到达.3SG   通过   被做   遥远

如果这个发生了就好了！

在 Tzotzil 语中，条件句通常置于结论句的内部，作为一个内嵌句法成分。通常与标句词 *táka* 连用。

（5）结论句在条件句中

例 47   Warekena（Arawakan: Colombia, Brazil, Venezuela）

（Aikhenvald, 1998: 119）

[Ii-to   aw-exi-taw   so   k-e-taw   [ha   Re

3-在   2-是-如果   COLL   说-SF-如果   RHY   FRUS

aw-etapa-ce-rî   oko]$_{apodosis}$]$_{protasis}$.

2-打-COLL-NMLZ.CF   痛

如果你们都在这儿，它就会袭击你。（事实是你们并不在这儿。）

Warekena 语的例子则更为有趣，当指向过去时，违实句的结论句通常与名物化标记连用，进而可以作为前句动词的论元存在。但这种用例非常罕见，因为前句比后句更容易发生名物化，而后句作为主句，很难进行降级操作。

与 Greenberg（1966）关于世界语言中条件句的通用语序一致，大多数的条件句都前置于结论句。从功能语言学的角度看，如果从属句置于左边，条件句通常起到话题化的作用（Haiman, 1978; Thompson, 1985; Lehmann, 1988）。因此，前句通常是为整个后句的理解提供了一个语义框架（Thompson，1985），因而进行前置。Greenberg（1966）和 Comrie（1986）则认为条件句先于结论句的语序也有一定的时间和逻辑相似性，因为致使—结果关系常常蕴含在违实条件句中。除了前置的条件句外，在一些特定表达效果的从属句中，如表示追溯、马后炮等义时，也可以出现前置的结论。对于多数已经发现了的可以逆序的违实句来说，在逆序时，结论句前面的关联词通常需要被删除，如 Izi 语中的 *me*，Hausa 语中的 *da* 等。

例48 Izi（Niger-Congo: Nigeria） （Meier & Samuel, 1975: 99）

a. [óòme í ìpfu ópfú]protasis [**me** ò húmá !ngú]apodosis
   如果他刚刚在说话，他就看见你了。（事实是他刚刚不在这儿。）

b. [nnà mú gégè áb!árú mú !mbá]apodosis [óbùle ó mèbyìhùrù]protasis
   我父亲会责备我的，如果有溺爱。（事实是没有溺爱。）

例49 Hausa（Afro-Asiatic: Nigeria, Niger）

（Smirnmova & Dobronravin, 2005: 427）

a.	[**Da**	kun	fada	mana]protasis	[da
	如果	PM.2PL.PFV.1PL	说	我们	如果
	Mun	taimake	ku]apodosis		
	PM:1PL:PFV	帮助	2PL.OP		

如果你告诉我们，我们会帮助你的。（事实是你没有告诉我们。）

b.	[Na	dai	gode	Allah]apodosis	[da	ba
	PM.1SG.PFV	PTCL	谢谢	阿拉	如果	NEG
	A	sami	kome	Aciki	ba]protasis.	
	IMP.PFV	找到	任何	在……里	NEG	

如果这房间里没有找到任何东西，我真的要谢谢阿拉了。（事实是房间里找到了东西。）

在 Hausa 语中，比起开放条件句，违实句中的逆序灵活性较低，即结论句先于前提句的顺序变化较为少见。如果出现了这种逆序，搭配关联词 *da...da* 则需要删除。这是因为关联词 *da* 与违实句中前置的结论句不相配。在很多语言中，相比较于其他类型的从属句来说，违实句中的结论句置前顺序更为罕见。如在 Ma'di 语中，比起开放条件句，违实句中的前后句更难进行逆序置换。例 50 是 Ma'di 语中较少的几例可以发生置换的违实句：

例50　Ma'di（Nilo-Saharan: Uganda, Sudan）（Blackings & Fabb, 2003: 538）

tɔ̀ɔ̀	dì	m'-ē-dʒé	údí	rì	rá	Kēsú
今天早些	这个	1SG-VE-买	新的	DEF	AFF	如果

nì	fō	má	n3	rá	ʔi.
2SG.DIR	说	1SG	BEN	AFF	SPEC.FOC

如果你告诉我，我之前就会买个新的了。

那么为什么违实句中的前后句逆序变化灵活度更低？在违实句中，前句可以用来取消其预设而不是简单地像在开放条件句中那样对预设进行悬置。Santamaria, Espino & Byrne（2005）认为开放条件句与违实条件句中涉及的认知心理过程和表征方式有很大不同。他们进一步从心理学启动效应（priming effect）①角度解释了这个问题，虽然违实句与普通条件句都能启用 "p & q" 认知，但是只有违实句能启用 "⌐p & ⌐q" 认知。因此，if p, q 和 if ⌐p, ⌐q > iff p 使得 p 成为 q 实现的唯一条件。由于条件句和结论句之间的逻辑蕴含对违实推理的发展有重要的意义，这种顺序也反映了逻辑上的致使关系。根据上文的分析，违实句中的致使关系比普通条件句更为严格。逆序置换的灵活性与句式的整合度息息相关。这是因为从属句降级越低，整合度越高，受主句的控制力越强，也就越不容易发生顺序置换（Matthiessen & Thompson, 1988）。Lehmann（1988）也持有类似的观

---

① 启动效应（priming effect）指的是一种由于之前受某一刺激的影响而使得之后对同一刺激的知觉和加工变得容易的心理现象。在 Santamaria, Espino & Byrne（2005）的实验中，违实句 "if there had been roses then there would have been lilies" 和普通条件句 "If there are roses, then there are lilies" 作为刺激句，被试者从以下句子中选择一个句子完成故事 "...there were roses, and there were lilies（p & q）和 ...there were no roses and there were no lilies（⌐p & ⌐q）"。结果显示，当违实句被选择作为刺激句时（p & q）和（⌐p & ⌐q）常常被选择；当普通开放条件句作为刺激句时，则只有（p & q）被选中。

点，并认为从属句的位置相对于独立句来说受句法限制更多，也就更加固定。

Ⅲ. 动词降级（deranking）[1]

动词的各种形态变化可能是影响动词理解，包括时制、体貌、语气、人称、性、数等。降级是从属句（有时并列句）中动词的常见现象，经过降级使用的动词与独立陈述句中的动词在形式上有一定差别。与降级相对，平衡（balancing）指的是独立陈述句中出现的动词形式。Croft（2002）认为降级后的动词通常有以下几个特点：

a. 缺乏时制、体貌、语气等标记，或者使用一些与独立陈述句中的动词不同的特别形式；

b. 缺乏性、数等索引标记，或者使用一些与独立陈述句中的动词不同的特别形式；

c. 缺乏其他与动词相关的显性标记。

Cristofaro（2003）对各种补语句、状语句和关系句进行动词的降级分析，并依次对降级程度进行排列，然而违实句却没有囊括在内。这一部分将依托大规模语种库，对语料中的违实句所涉及的动词降级现象——进行分析。在降级过程中，从属小句逐渐从内部或外部增加名词特性，最后演变成主句中的某个句法成分。

（1）迁移

迁移指某个 TAM 范畴用在与本特征不相符的违实句中。有语言学家称之为"假时制"（James, 1982; Palmer, 1986; Fleischman, 1989; Iatridou, 2000; Bjorkman & Halpert, 2012）。常见的迁移用法是过去时

---

[1] 这里使用降级（deranking）而不是非限定性（non-finite），是因为限定性的概念具有语言的特殊性，因而在没有母语作者特别说明的情况下很难去界定。如在韩语中，限定性并不是由 TAM 的传统特征或者是人称标记决定，而是由一系列句子类型和言语行为的后缀关联（Sohn, 1994）。

用于现在 / 将来违实句中，例如：

例 51　Lezgian（Nakh-Daghestanian:Azerbaijan, Russia）

（Haspelmath, 1993: 395）

ger	am	**paka**	ata-**na-j-t'a**		za
如果	她:ABS	明天	来-**AOR-PST**-COND		我:ERG
am		vokzal.d-a	gürüšmiš.		
她:ABS		车站-INESS	会见		

如果她明天能到，我就在车站与她见面。（过去时用于未来句，事实是她明天不能到。）

　　这种时制的迁移通常有统一的方向，即过去时用于非过去时句，先过去时用于过去时句，现在时用于指向未来的句子。有意思的是，仍然能发现一些反向迁移的用例，即现在时用于过去时句。例如：

例 52　Hungarian（Uralic, Hungary）　　　　　（Jaszai & Tóth, 2005: 419）

Ha	**tegnap**	meg-kap-**r**-ø-om		a
如果	昨天	PREF-拿到-**PRS:FUT**-IND-1SG:DEF	DEF
pénz-ø-t...				
钱-SG-ACC				

如果我昨天拿到了钱……（现在时用于过去句，事实是我昨天没有拿到钱。）

　　在匈牙利语（特别是口语）中，指向过去的违实句通常会使用现在 / 将来时，类似于俄语中的准祈使违实句。

　　还有一种 TAM 迁移表现在体貌上，最常见的时未完整体用于完成体违实句中，例如：

例 53　Dari（Indo-European: Afghanistan）　　　　（Ostrovsky, 2005: 201）

Da	waxt-eš	aga	zan	**mēdād**-om-et
在	时间-3POSS	如果	妻子	给.**IPFV**-1SG-2OBJ
ā'lē	nawāsē-m	maklabraw.		
现在	孙子-1POSS	学童		

如果我能把你及时嫁出去，我的孙子就能上学了。（事实是我没能把你及时嫁出去。）

时完整体用在表示静态（未完整体）的违实句，例如：

例 54　Kannada（Dravidian: India）　　　　　　　　（Sridhar, 2007: 78）

Avani-ge svalpava da-ru buddhi i-dd-**i**-ddare...

他–DAT 一点 甚至–INCL 智慧 是–PST–**PFV**–COND...

哪怕他有那么一点智慧……

体貌也可以迁移用来表示时制，如为完整体则常用来指示非过去时间，例如：

例 55　Rumanian（Indo-European: Rumania）　　　　（Mallinson, 1986: 76）

Dacă **cumpăram** tot ce vrei n am mai

如果 买.**IPRF** 所有 REL 想.2SG NEG COND.1PL 更多

avea bani.

有 钱.PL

如果我们把你想的任何一个东西都买了，我们就没钱了。

在 Rumanian 语中，未完成体（为完整体 + 过去时）常常用来表示非过去违实义，而先过去时（+ 虚拟语气）则用以表示指向过去的违实句①。

在一些语言中，违实句的语气范畴会发生迁移，指向特定的时制，例如：

例 56　Selkup（Uralic: Russia）　　　　　　　　　　（Xrakovskij, 2005: 70）

a.　Täl' cēly soryntä cāŋky-**lä**-o mat qoni-ššа-ŋ

昨天 下雨 是 不存在–**OPT**–3SG 我 去–PRET–1SG

ɛnä maconty.

SBJV 去森林

如果昨天没下雨，我就去森林了。

b.　Soma cēlyty $\bar{\varepsilon}$-san-o **ɛnä**, mat maconty

好 天气 是–PRET–3SG **SBJV** 我 去森林

qə-ssa-k **ɛnä**.

去–PRET–1SG **SBJV**

如果现在天气好，我们就去森林了。

───────────

① Rumanian 语中还有一种指向过去的违实句由条件语气、系动词词干和动词过去分词标记而成。

比较例 56 的 a 和 b 两句可以发现语气的使用与时间指向相关，其中 a 句中的祈愿语气用于过去时违实句，而 b 句中的虚拟语气则通常指向非过去时违实句。

跨语言的事实表明完成 / 整体与过去指向相互关联。因此，可以看到完成 / 整体用于过去时间指向的例子，如在 Bali-Vitu 语中：

例 57　Bali-Vitu（Austronesian: Papua New Guinea）

（Van den Berg, 2006: 102/106）

a.	Kua	na	lala,	ma	**te.**
	如果	IRR	知道	DES	**PRF**

如果我早知道……

b.	Boro	kava	**ti**	luga	kaua.
	猪	已经	**PRF**	背	狗

猪已经背着狗走了。

不能因此判断完成 / 整体在这些 Bali-Vitu 语中出现了迁移用法。这是因为在非违实句中，完成 / 整体也能够表示一个过去的时间，如 b 句。因此，在判断迁移用法时需要排除这类例子。

从上文分析可以看出迁移的种类繁多，可以是时制范畴、体貌范畴、语气范畴，甚至是跨范畴迁移。TAM 迁移是语言类推的结果，也是 TAM 特征在语法化过程中去范畴化的证据。迁移现象在语种库中的分布如下：

表 5-4　违实句中 TAM 特征的迁移

A 迁移至 B（A->B）	语言名称[①]
过去时 -> 现在 / 将来时	Polish, Brahui, Modern Hebrew, Turkish, German, Estonian Persian, Palestinian Arabic, Arabic, Ossetic, Balochi, Mupun, Haya, Hunzib, Mussau, Embera, Selkup, Finnish, Kannada, Mauwake

[①] 由于部分语言名称尚缺中文名，为了方便后续学者查阅，此表保留语言的国际通用名称（ISO639-3）。

（续上表）

A 迁移至B（A->B）	语言名称
现在时 -> 将来时	Finnish, Hungarian[①]
现在 / 将来时 -> 过去时	Hungarian（口语），Bulgarian（口语）
远过去时 -> 近过去时	Basque
先过去时 -> 过去 / 现在 / 将来时	Afar, Welsh, Greek, Modern Hebrew, Hunzib, Armenian, Georgian, Rumanian, Spanish, German, French, Haya, Persian, Lezgian
未完成/整体->现在/将来时/完成/整体	Afar, Welsh, Greek, Armenian, Rumanian, Spanish, French, Bulgarian, Marwari, Zulu, Brahui, Maricopa, Hile-Sherpa, Spanish, Balochi, Welsh, Kannada[②], Paresi-haliti, Manam, Hindi, Kisi, Basque[③], Limbu, Persian
完成/整体 -> 现在 / 将来时 / 未完成 / 整体	Kannada, Jamsay, Tamashek, Palestinian Arabic, Berbice Dutch Creole
祈愿语气 -> 过去时	Selkup
虚拟语气 -> 现在 / 将来时	Selkup

　　与语气迁移（语种库中只有 Selkup 出现）相比，时制与体貌迁移则分布较为普遍。多数印欧语系语言在违实句中都出现了迁移特征。日耳曼语族的语言常常在违实句中出现时制迁移，而 Hindi 语族和伊朗语族的语言则更多出现体貌迁移。罗曼语族的语言在违实句中既出现体貌迁移，也出现时制迁移。

　　（2）中和

　　中和是指区别特征的消失。在普通句中，这两个语言形式出现

---

① Czech 语中也出现了类似的反向迁移，由于印欧语的语料太多，故没有纳入本书语种库。

② Kannada 语中出现了一个有趣的违实标记策略，常常在违实前句中使用完整体，后句中使用进行体。

③ Basque 语内部在使用违实句时出现了分歧，东边方言常使用未完成体，西边方言则使用预备体（prospective）。

对立。但在违实句中，这种对立则消失。如在 Ngiti 语中，违实句中不同动词类别间的声调差异出现了中和。违实句中的中和最多发生在 TAM 特征上。语言类推造成了 TAM 特征迁移，同时也造成了违实句中 TAM 特征区分度的消失。Xrakovskij（2005: 81—82）认为违实句倾向于完全或部分中和 TAM 特征。虽然强化阶段出现了新的语言形式用以区分过去时制和现在 / 将来时，但很多违实标记并未发展到这一步，仍然停留于违实标记的类推阶段，这就造成了违实句的时制中和。保加利亚语中，过去时与现在 / 将来时同形，出现时制的完全中和，例如：

例 58　Bulgarian（Indo-European:Bulgaria）　　　　（Xrakovskij, 2005: 82）

Ako	sâbereh	poveče	pari,	štjahda	si
如果	存：IPRF:1SG	很多	钱	CONJ	自己

kupia	hubavo	radio.
买：FUT.PST:1SG	好	收音机

理解Ⅰ：如果（之前）我存了很多钱，我就买了一台好录音机了。

理解Ⅱ：如果（现在）我存了很多钱，我就买一台好录音机了。

在 Bulgarian 语中，违实句的前句出现了未完成体，在后句出现过去将来时①。这种标记形式可以覆盖从过去到未来的各种时制范畴，从而出现完全时制中和。语言中出现部分时制中和时，往往是现在时和未来时的差异消失，如古希腊语：

例 59　Ancient Greek（Indo-European: Greek）　　　（Perelmouter, 2005: 269）

a.

oîkon	dé	t'	egò	kaì	ktḗmata	do-iē̃-n
房子	EMPH	和	我	和	财产	给.AOR-OPT-1SG

eí	k'.
如果	MDL

我会给你我的房子和财产……（事实是不会给你我的房子和财产。）

---

① 过去将来时（future in the past）是指在过去的某个时间角度看未来。这隶属于相对时制，是相对于语境中提供的某个时间点（Comrie, 1986）。

b.　ei　　　　mèn　　　nûn　　　epì　　　　　állōi　　　aethleú–oi–men

　　如果　　　EMPH　　现在　　为了　　　　其他　　　斗争:PRS-OPT-1PL

　　Akhaioì,　ẽ　　　　t'　　　　àn　　　　　egṑ　　　tà

　　Acha　　　当然　　和　　　MDL　　　　我　　　　DEF

　　prta　　　labṑn　　　　　klisiēnde　　　pher–oí–mēn.

　　第一　　　拿走　　　　　到避难所　　　拿:PRS-OPT-MED: 1SG

现在如果我们Achaians为其他英雄们斗争，我自己则将一等奖拿到我的避难所中。（事实是我们不会为其他英雄们斗争。）

在古希腊语中，指向现在和未来的违实句都会在前后句中出现现在／过去祈愿语气。例 59 a 句指向未来，b 句则指向现在。这两种时间指向的区别都是通过时间词汇词，即非语言手段标记。一些语言出现远指过去时和近指过去时的差异时，这种差异在违实句中可能出现消失。如 Basque 语中 *Duela bi minute/iaz jakin*（*izan*）*banu* "If I had known it two minutes ago/ last year"（如果我两分钟前／去年知道……）（Hualde & Urbina, 2003: 268）。显然相对于开放条件句，违实句中的时间指向较弱（Xrakovskj, 1996）。Ziegeler（2000）认为违实句中的这种弱时间指向来自命题否定性 "I know that not *p*"。

同理，体貌中和是体貌迁移的直接后果。随着未完整体／完整体类推到对方的领域，体貌之间的区别也随之消失。然而，体貌迁移也不是必然导致体貌中和。如在 Hindi 语中，习惯体迁移到去标记完成体违实句，但真实的体貌完成体也可以出现在违实句中，与未完成体违实句相对立。

很多印欧语系语言都出现了虚拟语气的逐渐消失，因此出现了语气中和。如在英语中，只有过去虚拟语气在系动词中出现了保留，如 "were（if I were you...）"。在其他违实句中，只有过去时和先过去时普遍使用。因此，在违实句中直陈语气和虚拟语气出现中和。在违实句以外，虚拟语气则可以自由使用，如 "I demand that he answer me immediately and he answers me"。同样在 Basque 语和 Bulgarian 语中，违实句中出现了过去直陈语气，虚拟语气出现中和；但在非违实语境中，则可以自由出现虚拟语气。在另一些语言中，虚拟语气与直陈语气之间的区别在违实句中出现部分中和。如在 Georgian 语中，只有在非过去违实句中才能出现虚拟语气。TAM 中和现象不仅局限于时制范畴，也可以是体貌范畴和语气范畴。中和现象在语种库中的分布如表 5–5：

表 5–5　违实句中 TAM 特征的中和

	A与B中和（A=B）	语言名称
完全时制中和	过去时=现在/将来时	Somali, Abaza, Bulgarian, Ejagham, Hup, Kisi, Malayalam, Paumarí, Marwari, Tiriyo, Zulu, German, Estonian, Yukaghir, Movima, Ayoreo, Chamacoco, Ono, Kâte, Kwazá, Wari', Maithili, Savosavo, Arabic, Warrongo, Hunzib, Embera, Sidaama, Even, Evenki, Swahili, Yoruba, Somali, Zuni, Mauwake, Lezgian
部分时制中和	过去时=将来时	Finnish[①]
	现在时=将来时	Afar, Basque, Berbice Dutch Creole, Brahui, Armenian, Imonda, kham, Matsés, Rumanian, Spanish, Hungarian, Eskimo, Misantla Totonac, Pipil, Haya, Finnish, Polish, Selkup, German, French, Greek, Hill Madia
	远过去时=近过去时	Basque
	近过去时=现在/将来时	Mupun

① Finnish 语中违实句出现的 TAM 中和特征比较罕见，违实句中的现在时有所保留，未来时可以迁移到过去或者现在指向的句子中。但是，时制在 Finnish 语中却没有完全中和，这是因为违实句能区分过去时间指向和现在时间指向。

（续上表）

	A与B中和（A=B）	语言名称
	先过去时①=过去时	Afar, Boko, Busa, Welsh, Greek, Modern Hebrew, Hunzib, Armenian, Georgian, Rumanian, Spanish, German, French, Haya.
体貌中和	未完整体=完整体	Balochi, Berbice Dutch Creole, Kannada, Kisi, Maricopa, Manam, Paresi-Haliti, Hile-Sherpa, French, Persian, Spanish, Greek, Limbu, Jamsay, Afar, Welsh, Armenian, Rumanian, Bulgarian, Marwari, Brahui, Itzaj maya②
语气中和	虚拟语气=陈述语气	Greek, Welsh（过去违实句）, Georgian（过去违实句）, Rumanian（非过去违实句）, French, Spanish③, Kokota, Bulgarian, Basque.

综合所有数据，我们可以看到时制中和在世界语言违实句中具有一定的普遍性。受语言进化中虚拟语气脱落的影响，多数印欧语系语言中的违实句出现了语气中和。

（3）压制

压制是指部分 TAM 特征由于与违实义发生冲突在违实句中不能得到语义上的表达。压制不同于中和之处在于前者侧重某个语言形式的语义表达，而后者则更侧重形式上的缺失。违实句中 TAM 特征的压制是一个普遍现象，最常见的就是将来时与违实的冲突。因

---

① 在 Itzaj maya 语中，只有否定违实条件句会发生体貌中和。

② Tynan & Lavin（1997）指出违实句中的先过去时是过去时与完成时的融合，在很多语言中都出现了这种现象，但鲜被关注。比如在英语中，先过去时既可以出现在先过去时制中，也可以出现在过去时制中，如 "If I had told you before/when you left..."。

③ 在西班牙语和法语的违实句中，虚拟语气只有在书面语中得到保留。在口语中，直陈语气通常用来表达违实义。

为未发生的事件总是含有某种不确定性，很难断定为违实（语用捷径除外，如"如果明天太阳从东边升起……"）。因而在部分语言中，并不能够表达指向将来的违实句。Iquito 语是一种濒临灭绝的 Zaparoan 语言，在秘鲁亚马逊流域以北使用。在这个语言中，特定违实标记 *ti*、*iti* 只能用来标记过去和现在违实句。该语言并未形成指向未来的违实标记。在另外一些语言中，非过去时在违实句中都受到了压制，如 Mangaaba–Mbula 中的例子：

例 60　Mangaaba–Mbula（Austronesian: Papua New Guinea）

（Bugenhagen, 1994: 32）

ŋi	so	i-uulu	ti,	so	ndabok.
NOM.3SG	如果	3SG-帮助	ACC.1PL.INC	COND	非常好

要是他能帮助我就好了！（他帮助我的可能性较小。）

在 Mangaaba–Mbula 语中，违实句由特定的小品词 *so/be...so* 标记。然而，Bugenhagen（1994）认为这种句式只能用来表示指向过去的事件，该语言中不能表示非过去违实事件。

现代汉语普通话也出现了部分体貌压制的案例，如静态/进行体义出现在违实句中的频率较低，例如：

例 61　a.　如果外面下过一场雨……

　　　　b.　如果外面（正）下着雨……

除了特定的语境设置外，例 61 a 句倾向于按照违实义去理解，而 b 句则倾向于理解成非违实义。一些语言如 Bulgarian 在违实句中出现了祈使语气压制，这是因为违实句的言语行为是在改变事实，与祈使语气发生了矛盾。有意思的是，在 Boko 语中，违实句出现了虚拟语气的压制，这是因为违实命题的预设事实具有现实性，与虚拟语气发生语义矛盾。可以看到，除了将来时外，TAM 在违实句中的压制有多种表现，如表 5–6：

表5-6　违实句中 TAM 特征的压制

	A 受压制（A）	语言名称
时制压制	现在/将来时	Balochi, Jamsay, Ndjébbana, Jero, Kusunda, Aleut, Ngiti, Nunggubuyu, Macushi, Pashto, Kannada, Udihe, Bali-Vitu, Wardaman, Hile-Sherpa, Yimas, Chol, Paresi-Haliti, Kokota, Haya, Mangaaba-Mbula, Mussau, Gooniyandi, Nyulnyul
体貌压制	进行体	Mandarin, Cantonese
	未完成/整体	Misantla Totonac, Ejagham, Abau
	完成/整体	Tzotzil
语气压制	祈使语气	Hindi, Paresi-Haliti, Bulgarian, Ngizim
	疑问语气	Paresi-Haliti
	虚拟语气	Boko, Busa, Hausa, Ngizim
	自我/直接言据范畴	Tibetan

（4）人称/数/性等依存关系缺失

除了 TAM 特征以外，语言也能够通过依存关系（人称/数/性）等来表示动词的限定性。因此，如果缺失了这些标记，动词也会相应地降级。在 Pashto 语的违实句中，分词标记 -ay 附缀于动名词后，所有的依存关系标记也相应地消失，例如：

例62　Pashto（Indo-European: Pakistan, Afghanistan）（Babrakzai, 1999: 233）

[ka　sta　pə　zay　za　**way**] no　senf-ta-ba　　tlay.
如果　你的　在　地方　我　是　那么　CLF-到-FUT.CLT　去
如果我是你，我就去那个地方了。

在非违实环境下，系动词的常规变换，与例 62 不同，见表 5-7：

表 5-7　Pashto 语中系动词的变换形式

Person	Singular	Plural
1st	zə wəm	mūž̌ wū
2nd	tə wē	tāsō wəi
3rd（Masc.）	dai wō	dūy wū
3rd（Fem）	dā wa	dūy wē

本书语种库中违实句出现依存关系压制的语言，见表 5-8：

表 5-8　违实句中的依存关系压制

Languages	Loss of agreement
Afar	Loss of person and number
Pashto	Loss of person, number and gender
Ejagham	Loss of number
Kannada	Loss of person, number and gender
Kham	Loss of person and number
Tauya	Loss of person and number

（5）名物化

受动词降级的影响，从属句中的动词会进一步名物化。名物化程度不高的动词可能会出现一些动词的 TAM 特征和依存关系。在 Afar 语中，一些名物化后的动词词干可以在违实句前句中出现未完成体的屈折形式，例如：

例 63　Afar（Afro-Asiatic: Ethiopia, Eritrea, Djibouti）　（Bliese, 1977: 131）

Na'nu 　　'a 　　'saaku 　gen-'n-aa-**m**-a-l

我们 　　　这 　天 　　去-我们-IPRF-**NMLZ**-V-如果

bakaa'rit-a-k 　n-en.

渴-IPRF-PTCP 　我们-COND

如果我们今天走了，我们就会口渴的。

　　在 Afar 语中，类似于上文提到的 Pashto 语，动名词常常实现为非限定形式，即没有相应的屈折变化。从属句的名物化程度越高，那么它就越容易出现一些名词的特征。Movima 语中的违实句前句名物化程度较高，会出现 "article" 的标记，例如：

例 64　Movima（Movima: Bolivia）　　　　　　　（Haude, 2006: 532）

disoy	n-**as**	ra<pi~>pis-a=i,	manes-ni.
CF	OBL-**ART.N**	酸<NMLZ.N~>-LV=PL	好吃-PRC

要是这个酸了就好吃了。（事实是这个不酸。）

　　由于名物化程度较高，从属句中甚至出现了旁格宾语的标记（OBL），即名物化后的谓语进一步降级成为主句中的句法成分。有意思的是，在一些语言中，违实主句的主动词出现了名物化，例如：

例 65　Warekena（Arawakan: Colombia, Brazil, Venezuela）

（Aikhenvald, 1998: 119）

[Ii-to	aw-exi-taw	so	k-e-taw	[ha	re
3-在	2-是-如果	COLL	说-SF-如果	RHY	FRUS

aw-etapa-ce-rî	oko]apodosis]protasis.
2-打-COLL-NMLZ.CF	痛

如果你们都在这儿，它就会袭击你。（事实是你们并不在这儿。）

　　在 Warekena 语中，当违实句中的事件指向过去时，主句动词发生名物化；但在非过去违实句中不出现名物化，比较例 65 与例 66：

例 66　Warekena（Arawakan: Colombia, Brazil, Venezuela）

（Aikhenvald, 1998: 119）

Oy-uhre	exi-taw	**k**-e-taw	re
1POSR-枪击武器	系动词-如果	说-SF-如果	FRUS

wî-tw-e-sî.
1SG-瞄准-SF-INP

如果我有枪，恐怕我就会瞄准了。

　　那么为什么会在例 65 中出现主句动词名物化？Haiman（2002）认为违实语气与习惯体义有一定的重合，因为违实语气中的 never（从来不）类似于习惯体义中的 always（总是）。然而，对于非过去违实句例 66 来说，*never* 的理解有所降低，因为没有发生的事情总是有些不确定性。而例 65 句子可以理解为"总是不出现这样的情况（你们都在这儿），因此总是不会出现这样的结果（它会袭击你）"。如果 A->B（A 致使 B）这样的关系习惯性地重复，B 则可以被看成由 A 导致的一些通指行为（generic action）。McGregor（1990）认为 Gooniyandi 中的违实句总是用来表示某种通指现实（general truths）。雍茜（2014）也强调了汉语违实推理中的通指性。Langacker（1991）则认为动词经过动作名物化后往往会丧失所接论元，从而形成了一个新的词条，表示某个通指的行为或事件。而例 65 中名物化的使用正好满足了违实类指义的表达需求。

如果一个语言中出现了多种名物化，如动作名物化（action nominalization）、句子名物化（sentential nominalization）和事实名物化（factive nominalization）（Langacker，1991），被违实句采用的往往是动作名物化，如 Maricopa 语中的 –ha（动作名物化标记）：

例 67　Maricopa（Hokan: United States）　　　　　（Gordon, 1986: 108）

Aany=lyvii=m　　m–vaa–kis　　　'nym–yuu–**ha**.

昨天　　　　　2–来–COND　　2/1–看见–IRR.**NMLZ**

如果你昨天来了，就能看见我了。

本书语种库中违实句出现名物化的语言见表 5–9：

表 5–9　违实句中的名物化

后句名物化	前句名物化
Warekena	Kwazá
Macushi	Afar
Pashto	Pashto
Kham	Movima
Hup	Savosavo
	Yimas

违实句中发生动词名物化的语言聚集在南美洲。根据上文关于动词降级的分析和 Givón 的功能理论，将动词按照整合度渐低，依次排序，并构建连续统，如图 5-4：

Autonomy（独立）<------------------------>Integration（整合）
Balanced verb（自由动词）Deranked verb（降级动词）Verbal noun（动名词）
TAM特征约束
（迁移、中和、压制）
依存压制

图 5-4　违实句中动词降级的类型分析

进一步对上述所列的各类降级现象进行数据统计分析，并将动词是否降级作为语言的分类标准，见表 5-10：

表 5-10　违实句中的动词形式与语言类型

动词地位	绝对频率	百分比
自由动词	37	24%
降级动词（包括名物化）	85	55%
缺少信息	33	21%
总计	155	100%

从统计数据可以看出，违实句中的动词降级具有语言普遍性，本书语种库中至少有 55% 的语言出现了降级动词。这个比例比 Schmidtke-Bode（2009）关于目的小句中降级动词的比例（43%）还要高。Cristofaro（2003:168）提出状语从句的降级连续统为 Purpose>Before, after, when > Reality condition, reason。如果在某个语言中这个连续统中的小句出现了降级动词，其左边的小句则更容易出现降级。按照这个思路，在连续统的最左边可以加上违实句。这个假设在一些语言中也得到了验证，例如：

例68　Wari'（Chapacura-Wanham: Brazil）（Everett & Kern, 1997: 97/107）

    a. Mi'　　　**xi**-on　　　　　　　　　　　pain

        给　　　　1PL.INCL.REAL.**FUT**-3SG.M　　　PREP.3N

        carrawa　ca　　　　　　cao'wa　ma　　**ta**

        动物　　　INFL.N.REAL.PST　吃.INF　PROX　INFL.REAL.**FUT**

        ma'am　ca.

        饱了　　　3SG.M

        我们给他一些吃的，他就饱了。

    b. Mao　　xira　　　xi　　　taxi'　　ca.

        到　　　3SG.IRR　INFL.IRR　知道　　3SG.M

        要是他（之前）知道，他就走了。

上文出现的目的小句中的动词出现了自由的屈折形式，时制指向和依存关系都有标记。但在违实句中却出现了降级压制，如例68 b句中，动词只出现了依存关系标记，却没有出现时制标记。

5.2.1.3　其他句法结构

过往文献对违实句的讨论聚焦条件句。在本书的语料库中，有很多违实句实现为其他句法形式。在 Mangaaba-Mubla 语中，违实句只能实现为条件句，前句和后句都不可以单独用来表示违实义。但在其他语言中，则有很多违实句只出现了条件句的前句（条件句）或者是后句（结论句），或者出现了与违实条件句前后句完全不同的简单句。

语言可以独立地出现违实条件句的前句，例如：

例69　Hunzib（Nakh-Daghestanian: Russia）　　　（Van den Berg, 1995: 106）

    a. | iyu=ʔabu-n　　　zuq'u-**r**　　**q'ədə**, | bədil　　q'aridab　də |
        父母.HPL-and　　是-**PRET**　　**IRR**　　这么多　可怜　我

        αq-á-y　di.　　　　　　　zuq'u-rʔ.

        1.发生-INF-INDF　　　是-PRET

        如果我有父母，我会变得如此可怜吗？

b.　zuq'u-**r**　　　**q'əʤə**　　diʔi　　　y-at'-ə-r.u　　ʕadám.
　　是-**PRET**　　　**IRR**　　我.DAT　　2-爱-PST.PTCP　人
　　要是我有个爱人……

c.　qaš-a-a　　　　**q'əʤə**　　t'ut'-a'　　āza.
　　喉咙-OBL-DAT　　**IRR**　　丢-INF　　白霜
　　难道让我把一块白霜丢到你的喉咙里？

违实条件句的前句独立使用时，常用来表达某种无力的希望，因此具有祈愿语气的作用。这是因为很多语言在违实条件句的后句中都会出现"好"类的词语，用来表示一些事情不太可能发生。在缩减违实句中，当前句独立使用时，省略后句中暗含的语义"it would be good"（就好了）则可以通过语境推测而出，因此出现了祈愿义。除了祈愿语义，独立使用的前句也能表示某种反问语义，如例 69 c 句。

在 Hunzib 语中，违实句的前句常常同时出现小品词 *q'ə*（*də*）和先过去时。b 句和 c 句在形式上与 a 句中的前句标记相同，或表示祈愿义，或表示反问义。在另一些语言中，缩减违实条件句可以表示某种道义义，例如：

例 70　Udihe（Altaic: Russia）　　　　（Nikolaeva & Tolskaya, 2001: 751-752）

a.　Aja　bi-muse　　bi　　| xunazi　　jexe-i　　　**bi-si**.
　　好　　是-COND　　我　　| 妹妹.1SG　　唱-PURP　　**是-PST**
　　要是我妹妹唱歌就好了。

b.　Si　nagda-zaŋa　　**bi-si**　　e-si-de.
　　你　　达到-FP　　　**是-PST**　　NEG-PST.2SG-FOC
　　你应该能够达到那个目标，但是没有。

同样，违实句的后句也可以单独出现，例如：

例 71　Miya（Afro-Asiatic: Nigeria）　　　　　（Schuh, 1988: 384/124）

a.　à　　ba　　bə-tlən　ka,　　| à　　kiy-íy　　s-awihi.

　　PFV　如果　来-ICP　PRM　　| **AUX**　**来-CF**　**TOT**-东西

　　taatlən-**ay**.

　　他们的-**TOT**

　　如果他们来了，他们就把东西……

b.　**à**　　z-**iy**-ta　　**sáy.**

　　AUX　进来-**CF**-ICP　　**TOT**

　　他们（本来）要进来了。

　　　Miya 语的违实句常常在后句中的动词出现词缀 *-iy*。对比例 71 a 句和 b 句可以发现，a 句和 b 句与 a 句后半部分形式标记一样。这类单独使用后句的例子通常表示事件本来要发生，但实际没有。这是由于省略的条件句前句具有某种认知情态效应①（Akatsuka, 1986; Van linden & Verstraete, 2008）。单独使用的后句也可以表示道义，即"你应该做一些事情，但实际没有"，例如：

例 72　Huallaga Quechua（Quechuan: Peru）　　　（Weber, 1983: 100/99）

a.　Chay-naw　ka-pti-n　　| alli　ka-n-**man**　　ka-**ra**-n

　　那个-SIM　是-ADV-3PL　| 好　　是-3-**COND**　是-**PST**-3

　　taatlən-ay.

　　他们的-TOT

　　要是像那样就好了。

b.　Sha-mu-nkj-**man**　　ka-**ra**-n.

　　来-AFAR-2-**COND**　　是-**PST**-3

　　你应该来的（但没有来）。

　　　这是因为在 Huallaga Quechua 语中，认知情态义和道义情态义都标记为条件语气，没有出现差别。那么语言中究竟是应该出现缩略的违实前句还是后句？这是否与违实标记出现的位置有关？为了回答这个问题，对本书语料库中出现了单独使用前后句的 40 种语言进

---

① Akatsuka 认为违实句的前句从后句可能实现的角度呈现出一种可能世界，因此具有某种认知情态义。

行统计分析，见表 5–11，其中 / 左边的数字表示出现违实标记对应的语言数目，而 / 右边的数字则表示相应缩减类型的违实句数目。

表 5–11　违实标记位置与缩减类型

标记位置	前句单独使用	后句单独使用	前句/后句单独使用
只有前句	9/9	9/0	9/0
只有后句	12/0	12/12	12/0
前句和后句	19/4	19/12	19/3
总计	40/13	40/24	40/3

表 5–11 中的数据可以整合成表 5–12：

表 5–12　违实标记位置与缩减类型（简略表）

标记位置	前句单独使用	后句单独使用
前句	16	15
后句	7	27

表 5–13　关于标记位置和缩减类型的卡方测试

Chi–square	6.83
df	1
Asymp. Sig	.01

表 5–13 显示卡方值为 6.83> 6.64（df=1，p=0.01），结果表明违实标记出现的位置与其缩减类型直接相关。观察语料数据可以得出以下结论：①违实句的前句和后句均可以独立使用。缩略违实句的类型与违实标记出现的位置相关联，即当违实标记出现在前句时，前句可以独立使用；当违实标记出现在后句时，后句可以独立使用。②后句比前句更容易独立使用，具体表现在以下几个方面：其一，在出现缩略使用的违实句中，当违实标记既出现在前句也出现在后句时，有 79% 的语言出现后句单独使用，37% 的语言出现前句单独

使用。其二，在出现缩略使用的违实句中，当违实标记出现在后句时，87% 的语言出现了独立使用后句的情况。然而，在出现缩略使用的违实句中，当违实标记出现在前句时，只有 57% 的语言出现了独立使用前句的情况。因此，主句比从属句更容易独立使用。在意大利语和法语中也出现了同样的情况。这两种语言的违实句在前句中会出现完成 / 整体标记，在后句中会使用一种特别的形式——条件语气 II（conditional II），如 *avrei fatto/aurais chanté*。如果说话人单独使用条件语气 II，听话人可以理解为违实句；如果独立使用完成 / 整体，如 *tu mi avessi assistito*，听话者则不是必须理解为违实句。

非条件违实句与条件违实句在部分语言中采用不同的标记形式，如表 5–14 所示：

表 5–14　条件违实句与非条件违实句

语言名称	条件违实句	非条件违实句
Ndjébbana[①]	CF 词缀	祈愿语气
Hup[②]	CF 词缀	CF 词缀 + 沮丧语气[③]
Pashto	过去时 + 虚拟语气	未来时 + 虚拟语气
Hausa	CF 连词	CF 连词 + 情态小品词
Abaza	过去时 + 条件语气	CF 词缀[④]
Ngizim	虚拟语气	情态副词
Spanish	直陈语气	虚拟语气
Rumanian	条件 / 虚拟语气	条件语气
Limbu	虚拟 / 直陈语气	直陈语气
Brahui	过去时 / 未完成体 + 条件语气	祈愿语气
Malayalam	过去完整体 / 过去时 + 条件语气	道义情态

---

① Ndjébbana 有两种不同的非条件违实句：一种是独立使用前句，另一种是运用祈愿语气。

② Hup 语除了独立使用前句或后句外，还有一种特殊的非条件违实句，通过将违实后缀 *–téʔ* 附着于名词短语。

③ 沮丧语气相当于汉语中的白费义（in vain），即没有顺利完成某事。

④ Abaza 语有特定的语言形式（将词缀 *–nda* 依附于动词词干）表达无力的欲望（powerless wishes），有别于普通的愿望。

（续上表）

语言名称	条件违实句	非条件违实句
Maricopa	未完整体 / 非现实语气 + 条件语气	祈愿语气
Manam	非现实（习惯体）语气 + 假装语气	非现实（习惯体）语气+焦点假装语气
Sidaama	hee'r–ø–i=住-3SG.M-SBJ.PRF.3SG.M	hett'–ø–i= 希望-3SG.M-SBJ.PRF.3SG.M
Zulu	未完成体 /CF 小品词 + 条件语气	CF 小品词
Movima	CF 连词	沮丧语气
Nothern Mao	表示过去的助词（肯定 / 否定）	表示过去的助词（肯定）①

考虑到空间有限，这里只挑选部分典型案例进行详细说明。

例 73　Abaza（Northwest Caucasian: Russia）　　　（O'Herin, 2002: 104）

　　a.　y–s–əma–z–tən...

　　　　3SG-1SG-有-**PST-COND**

　　　　要是我（之前）有……

　　b.　sə–bzəyə–**nda**.

　　　　1SG-好-**DES**

　　　　要是我能好就好了……

非条件违实句出现了祈愿语气（desiderative mood），有别于条件违实句中的过去条件语气。

例 74　Spanish（Indo–European: Spain）　　　　　（Laca, 2010: 204）

　　a.　Yo　　que　　tú　　no　　se　　lo　　**contaba**.

　　　　我　　那　　你　　NEG　　3SG　　它　　告诉.**IPRF.IND**.1SG

　　　　如果我是你，我就不告诉他/她。

　　b.　Ojalá　　**hubieran**　　llegado　　a　　tiempo.

　　　　希望　　有.IPRF.**SBJV**　　到达.PP　　到　　时间

　　　　多么希望他们能准时到时刻啊。（他们准时到的可能性较小。）

西班牙语中，未完成体虚拟语气逐渐被未完成体直陈语气替代，但非条件违实句则需要以虚拟语气的形式出现。相反，在 Rumanian

---

① Northern Mao 中的非条件违实句不能表示否定的意思。

语中，非条件违实句只能出现条件语气，而非虚拟语气，例如：

例 75   Rumanian（Indo-European: Rumania）   （Becker, 2010: 262）

De-**ar**   veni   vara!

如果-**COND**.3sg   来.INF   夏天

如果夏天来了就好了！

在一些语言中，条件违实句中出现的语气不能出现在非条件违实句中，例如：

例 76   Limbu（Sino-Tibetan: Bhutan, India, Nepal）

（Van driem, 1987: 135/137）

a.   Way-ɛ-**lle**   gɔ   kɛ-dzɔ-mɛn-ni?

是-PRET-**SBJV**   那么   2-吃.3PL-COND-INT

要是这个有用，你会吃了吗？（事实是这个没有用。）

b.   a-se-**mɛn**-niya.

1-死.PRET-**COND**-可能

我们（本来）可能死，但其实没有。

c.   kɛ-beg-ɛ-**gɔni**,   kɛ-nis-u-**ba**.

2-去-**PRET-IRR**   2-看见-3PL-**IPFV**

你要是之前走了，就能看见它了。

d.   kɛ-beg-ɛ-**gɔni-ba**!

2-走-**PRET-IRR-IPFV**

要是你之前走了就好了！

Limbu 语中还有一个有意思的标记方式，即将条件句前句和后句的 TAM 特征融合在非条件句中，如例 76 c 句和 d 句。

语种库中还有一些语言只有非条件违实句的记录，如 Kokborok、Wagiman, Marshallese, Nyulnyul, Chimalapa Zoque, Dangme 等，例如：

例 77   Marshallese（Austronesian: Marshall Islands）   （Zewen, 1977: 98）

Eln   kar   mōur   jara!

DES   做.PFV   活着   朋友

多么希望我的朋友们还活着。

Evans（1993）认为 Marshallese 语使用者的思维过程中出现某种缺失，即没有条件推理的概念。这种推理会进一步激发想象、展望和对未来的控制。如果这个假象正确，Marshallese 语使用者则没有明确的方式去表达 *if* 或者 *what if* 等相关概念。但有意思的是，他们可以脱离条件句借助祈愿语气表达违实愿望。

从上文的分析可以看出，违实义并不仅仅通过从属条件句的形式实现。非条件违实句也不一定是条件句缩略的前句或后句，很多时候与条件句中的标记策略并不相同。如果通过进一步观察同种语言条件违实句与非条件违实句在标记策略上的不同，可以发现这种不同聚焦语气的选择。这是因为若脱离条件句的框架，违实语气则脱离认知情态义的影响，在语气选择上更自由，可以满足各种交际表达的需求，表示追悔、沮丧或祈愿等。若一个语言缺乏这种语气上的细分，非条件违实句则与条件违实句的前句或后句表现出一致性，虽然在具体形态标记上不尽相同，但是违实生成路径却一致。总体而言，世界上语言大体有 3 种类型的违实生成路径：①通过叠加现实因子与现实因子进行语用推理——路径 I（Givón, 1990; Van linden & Verstraete, 2008）；②通过特定违实特征进行形态或句法上的标记——路径 II（Nevins, 2002 & McGregor, 2008）；③通过各种构件进行完型语义整合——路径 III。

过往的文献聚焦世界语言中的违实标记，却鲜有关注违实句的句法实现。5.2.1 这一小节依次考察世界语言中违实句可以实现的句法结构，从简单句到复杂句（并列句、并属句和从属句等）。一些句式出现了平行并列的标记方式（Haiman & Kuteva, 2002），另一些句式则更倾向于从属。个体语言中的句式表现非常多样，很难用并列和从属两类将其分门别类，因此采用了连续统的方法，通过各类参数的比较，如连接词形式、小句位置变换灵活性，以及动词的形式（自由动词或降级动词）等，进一步衡量小句之间的整合度，列出了每个参数所有可能的内部变体。第一个参数从连接型到非连接型逐渐过渡，依次经历了指称连接词、副动词连接词、具体连接词、通用连接词再到零连接词，随之而来的是小句降级程度的依次增高。第二个参数衡量的是小句的顺序灵活性。在承认条件句优先的情况下，考察了不同语言中主句优先的变换可能性。有些语言的语序相对固定，不允许主句前于小句；有些语言则偶尔允许主句前于小句；有些语言的语序则相对灵活。语序越灵活，小句之间的关系则越松散；相反语序越固定，从属小句的降级程度越高，句式的整合度也就越高。第三个参数是考察违实句中动词的降级形式，如 TAM（tense，aspect & mood）特征缺失，以及依存关系的脱落等，具体表现在迁移、中和、压制上。当动词降级到一定程度时，则逐渐失去动词特性，而越来越名物化。在降级的最终端，动词则完全演变成名词。除了并列、并属、从属外，很多语言也出现了违实简单句。部分简单句由违实句的前句或后句之间演变而来，而部分简单句则使用了与条件违实句完全不同的语气特征。

5.2.2　违实范畴的词汇和形态特征

5.2.2.1　特定标记的语法特征

语言中常常会出现一些词汇—形态线索（cues）（Bates & MacWhinney，1989）来引导听话者范畴化理解违实概念。这一节将就引起违实理解的线索进行讨论，并将其可能的变体进行系统性的归纳和分类。在讨论之前，先区分以下几种情况：①语言形式 F1 是违实义的必要条件，即只要出现违实句，就会有 F1 的出现，如英语中的条件语气词 *would*；②语言形式 F2 是违实义的充分条件，即只要出现 F2，句子必然理解为违实义，如英语中的时制迁移；③语言形式 F3 既不是违实义的充分条件，也不是必要条件，而是与之具有高度相关性，如第 3 章讨论的汉语中的 CFE 标记，或是 Zulu 语中的未完整体。

例 78　Zulu（Niger-Congo: South Africa）　　（Halpert, 2011: 23-24, 13）

　　a. **be**-li-zo-na　　　　　　　izolo.
　　　 IPRF-SBJ-FUT-下雨　　　昨天
　　　 昨天要下雨。（非违实）

　　b. Ngabe　　　　　u-shonile　　　　engozini.
　　　 CF　　　　　　2SG-死　　　　LOC.事故
　　　 你应该在那个交通事故中死掉。（违实）

　　c. ukuba　　　　　**be**-ngi- phum-e　　　　　　izolo.
　　　 如果　　　　　**IPRF**-1SG.SBJ-离开-PRF　　　昨天
　　　 be-ngi-zo-fik-ile　　　　　　ekuseni.
　　　 IPRF-1SG.SBJ-FUT-到达-PRF　LOC.黎明
　　　 如果我昨天离开了，我就会在黎明前到达。（违实）

　　那么究竟是哪种形式才能看成违实标记？F1、F2 还是 F3？要回答这个问题，需要回归标记的本质，充分必要条件是标记的最佳选择。在很多情况下，违实义常通过 F1 和 F3 多种形式组合标记完成。这些形式在一起共同作用，成为指示违实义的充分条件。因此，这类形式被称为"非特定标记"。

　　过往文献认为特定标记（dedicated marker）（Lazard, 2001/2006; Nevins, 2002; Van linden & Verstraete, 2008）在世界语言中具有一定的稀有性，但本书的语料显示有相当比例的语言出现了特定违实标记。特定的违实标记在形式上差异较大。Van linden & Verstraete（2008）认为特定违实标记常常作为一个不可分解的整体。但在本书的语料中，很多特定违实标记都在词源上具有一定的分解性。Nevins（2002）指出这些特定标记通常占据连词的句法位置，因此在一定程度上可以理解为违实关联词。

　　除了关联词外，特定标记还可以承担多种不同的句法位置。特定违实标记根据语法功能可以分为连词、动词、副词、小品词、附着成分以及词缀。违实句通常以复杂句的形式出现，作为点明复杂句逻辑特征的连词常常成为特定的违实标记，如伊顿语中的 *bén*，塞尔维亚语中的 *kada/da*，希伯来语中的 *ilu*，海地语中的 *eko*，塔马奇克语中的 *ənædr/enǽkk*，马耳他语中的 *kieku* 等。动词与违实义有着密切的关联。在英语中，不同动词能指示不同等级的可能事件，如 *hope* 与 *wish*，前者用来指示可能性较高的事件，后者则用来指示可能性极低的事件，因而 *wish* 常用在违实句中。Hollebrandse & Van Hout（2005）指出荷兰语中的 *zich inbeelden*（imagine）/*verkeerdelijk denken*（fancy）应当看成违实动词。在 Mavea 语言中，动词 *Imte* 只能用于引导与事实相悖的愿望，因而可以看成特定违实标记。在特索特希尔语中，动词 *k'án* "差不多快实现" 和 *táka* "假设" 也可以看成违实标记。具有特定意义的副词在一些语言中也可以成为违实标记。如在玛雅语中，表示时间概念 "之前" 的副词 *kuchij* 可以准确无误地指示违实句。汉语中也出现了类似的用法。陈国华（1988）指出汉语违实句中常常会出现表示先前时间概念的 "早"，但与 *kuchij* 不同，"早" 不能充分地标记违实句。一些表示 "几乎" 意义的副词可以用来标记违实句，如 Ngizim 语中的 *gaza ap*，Hausa 语中的 *saura kadan* 等。小品词（particle）本身不能单独充当句子成分，往往与动词形成修饰和补充说明的语义关系。在一些语言中，小品词可以成为违实标记，如 Paumarí 语中的 *vaha*，拉尔地尔语中的 *mara*（*ka*），Kayardild 语中的 *maraka*（*ca*），Zulu 语中的 *ngabe* 等。附着成分（clitic）与小品词类似，需要依附于其他成分存在。但与小品词不同，附着成分不能独立成词。在本书语种库中，只有亚施宁加—河和佩雷内语和 Warrongo 语使用附着成分作违实标记。在一些语言中，违实标记以语法程度更高的词缀形式出现：或是前缀，如萨巴特克语中的 *ny-*；或是后缀，如 Maipure 语中的 $-\acute{a}^3$。

这 6 种违实标记及兼类标记在本书语种库中的分布见表 5–15：

表 5-15　特定违实标记的句法功能与分布

特定违实标记	连词	动词	副词	小品词	附着成分	词缀	兼类标记
语言数目	28	2	5	11	2	16	3

　　以往的研究认为只有少数语言中的违实句出现特定违实标记。然而，在本书语种库的 155 种语言中，有 61 种语言（其中 Hausu 语的违实标记可以是副词或连词，Warrongo 语中违实标记可以是副词或附着成分，亚施宁加—河和佩雷内语的违实标记可以是连词或附着成分）使用了特定违实标记，占总数约 40%。其中，违实标记最常见的表现形式是连词，在 61 种语言中，有 28 种语言使用连词作为特定违实标记，占总数约 46%。甚至在一些缺乏语言形态变化的孤立语中也出现了连词作违实标记的用法，如汉语、印度尼西亚语、塔加拉语等。从语系分布上看，特定违实标记多聚集在澳大利亚语系、米塞索克语系、奥托—曼格语系、玛雅语系、跨几内亚语系等。其中，跨几内亚语系中违实标记的语法化程度较高，没有出现连词用法，多实现为词缀形式。澳大利亚语系的违实标记也没有出现连词用法，大多以小品词或词缀形式出现。从地理位置上看，北美洲有近 60% 的语言使用特定违实标记，巴布亚地区也有约 50% 的语言使用特定违实标记。从表现形式上看，非洲、欧洲、亚洲的违实标记多为连词：在 11 种有特定违实标记的语言中，7 种语言使用违实连词，占总数约 64%；在 20 种有违实标记的语言中，12 种语言使用违实连词，占总数 60%。

Ⅰ．连词

　　在复杂违实句中，重要的语义线索来自小句间的连接形式。这类连接形式能指示两个命题间的逻辑关系。语种库中出现特定连词标记的例子见表 5-16：

表 5-16 特定违实标记——连词

语言名称	CF 连词
Eton	*bɛ́n*
Polish	*gby* =如果+虚拟语气
Hausa	*baicin/dà*① */da–ace* = 如果 + 否定 / 之前 / 如果 + 言说动词
Tagalog	*kundi* = 如果 + 否定
Madarin	*yaobushi* = 如果 + 否定
Ashéninka Perené	*airorika* = 如果 + 否定
Chol	*machik* = 否定 + 非现实语气
Hebrew	*ilu*
Tamashek	*ənǽdr/enǽkk*
Maltese	*kieku*
Modern Arabic	*Law*
Palestinian Arabic	*Law*
Bulgarian	*da*
Welsh	*pe（d）*
Nahuatl	*ma iga*
Sierra Popoluca	*me'ga*②
Hindi	*kadācit/kahi*
Lango	*kónô*
Ma'di	*kēsú*
Savosavo	*monei*
Haya	*kubá*
Samoan	*ana*
Georgian	*rom*
Greek	αν/εαν...θα
Izi	*óòmé/óbùlé*
Huave	*pot*
Cambodian	*oy–tae*

---

① 连词 *dà* 在词源上可以追溯到副词 *da（daa）*，相当于汉语中的 "早"。

② Sierra Popoluca 语中的违实连词 *me'ga* 被认为是来自 Nahuatl 语中的 *ma iga*。最初进入 Sierra Popoluca 语时为 *me'iga*，经过语音消弱演变成 *me'ga*。

（续上表）

语言名称	CF 连词
Chinantec （Sochiapan）	*la³juah²¹* = 言据范畴 + 说 *sá¹jmí¹* = 也许 + 终结副词 *la³juah²¹* = 假设 + 如果

由于空间的限制，本节将挑选典型语言进行详细分析。在上述列出的例子中，一些语言可以无限制、自由地使用违实连词，例如：

例 79　Eton（Niger-Congo: Cameroon）　　　　　（Van de Velde, 2008: 366）

bέn	nâ	ù-H-sɔ́	tédé	bínùtέn	bí-tán,	**ŋgέ**
如果	COMP	2SG-PST-来	简单	分钟	Ⅷ-五	**那么**

ú-kɔ́b-H	tíd.
2SG-找到-CS	肉

如果你们能早到5分钟，就能找到那块肉了。

在 Eton 语中，违实条件句常常由关联词 *bn...（nâ）*...引导，然而普通条件句则只出现 *ŋgé*。Arabic 中也出现了一种非常高效的违实连词 *law*，例如：

例 80　Arabic　　　　　　　　　　　　　　（Xrakovskij, 2005: 63）

(Afro-Asiatic: Kuwait, Tunisia, Morocco, Syria, Saudi Arabia, Iraq, Somalia, Palestinian West Bank and Gaza, Algeria, United Arab Emirates, Bahrain, Sudan,Israel, Egypt, Libya, Comoros Islands, Jordan, Qatar, Lebanon, Eritrea, Oman, Yemen)

Law	zahab-a	Zaid-u-n	la	zahab-tu
如果	去.PST-M.3SG	Zaid-NOM-INDF	那么	去.PST-M.1SG

ma'a-hu.
和-他

如果Zaid之前走的话，我就跟他了。

Law 在 Pro-semitic（先闪语）阶段就已经开始作为违实连词使用了，在其他闪语语族的语言 [Akkadian, Hebrew (Waltke & O', 1990), Jibbali and Syriac (Huehnergard, 1983)] 中出现了省略形式 *-lû*。有意思的是，在现代阿拉伯语中，其连词的配对词（相当于英语中的 *then*,

汉语中的"那么")也能起到区分违实句的作用，如 *la* 只能在违实句中使用，*fa* 则可以用在其他普通条件句中。

部分语言中的特定违实连词可以从词源上看出其词汇化的痕迹，例如：

例 81　Polish（Indo-European: Poland）　　　　　　　（Xrakovskij, 2005: 58）

    a.　**Jeśli-by-ś**　　　jutro　　　śpiewal,　　　　　to　　ja
　　　　　如果-**SBJV**-2SG　明天　　　唱歌.IPRF.SG　　那么　我
　　　　　by-m　　　　　　tańczyl.
　　　　　COND-1SG　　　　跳舞.IPRF.SG
　　　　　如果你们明天唱歌，我就跳舞。（你们明天唱歌可能性很小。）

    b.　**Gdy-by**　　　　　　　　　już　　wrocil,　　　　　　to
　　　　　如果-**SBJV**　　　　　　已经　回来.PRF.3SG.M　　那么
　　　　　spotkali-by-śmy　　　　się　　z　　　nim　　jutro.
　　　　　会见.PRF.PL-COND-1PL　REFL　和　　他　　明天
　　　　　如果他已经回来了，我们明天就能见他了。（事实是他没有回来。）

Polish 语中的违实连词将其邻近虚拟语气小品词 *by* 并入，并在语音上和形态上进一步发生合并，最后词汇化形成了一个新的连词，用来标记违实句。Hausa 语也出现了类似的词汇化过程，例如：

例 82　Hausa（Afro-Asiatic: Nigeria, Niger）

（Smirnova & Dobronravin, 2005: 435）

Da-ace　　　ba　　ta　　　　dauko　shi　　ba　　da
如果-**SBJV**　NEG　PM.3SG.F.PRF　实施　　OP.3SG.M　NEG　CONJ
watakila.
可能
如果你们没有实施，这就不可能。（事实是已经实施了。）

假设连词也会与其邻近的否定标记发生词汇化，从而形成违实特定标记。但不同于上述连词，词汇化后的违实连词只能在有限的语义范围内标记违实义，如汉语中的"要不是"：

例 83　要不是你明天请假，现在也不用加班了。

例 84　Hausa（Afro-Asiatic: Nigeria, Niger）（Smirnova & Dobronravin, 2005: 435）

baicin	ina	ciwo-n	so-n-ta
如果.**NEG**	PM.1SG.IPFV	痛-CSM	爱.VN-CSM-OP.3SG.F
ai	da	na	sake	ta
EXCLM	CONJ	PM.1SG.PFV	变	OPT.3SG.F
tunkamin	in	bar	gida-n.
之前	PM:1SG:SBJV	离开	房子-DEF

我要不是那么深爱她，我在离开房子之前就和她离婚了。

　　Hausa 语中的复合违实连词则词汇化程度更高，词汇的边界已逐渐消失，只有通过特定的历史和语法查阅才能找到其语义根源。

　　Ⅱ．动词

　　动词在标记违实义时的作用常常被忽略，如英语中的很多违实愿望都由 *wish* 引导并区别于 *hope*。然而，*wish* 却不能看成一个违实标记，这是因为它在传递违实义时的不充分性。但这却启发了在语料中对与违实相关联的动词进行研究和发掘。Beheydt（2005：27）认为荷兰语中的 *zich inbeelden /verkeerdelijk denken*（想象、幻想）可以看成违实动词，因为其总是标记一些不可实现的事件。Mavea 语也出现了类似的例子：

例 85　Mavea（Austronesian: Vanuatu）　　　　　　（Guérin, 2011: 234）

Imte	i-l-maur...
希望	3SG.IRR-IPFV-活着

我希望他还活着。（事实他已死。）

　　Tzotzil 语中有两种违实动词，分别是 *k'án-*（差不多实现）和 *táka-*（假设），例如：

例 86　Tzotzil（Mayan: Mexico）　　　　　　　　（Cowan, 1969: 36）①

　　a.　**k'án** [tšámukun].

　　　　我差点儿死了。[字面义：快实现了（我死）。]

　　b.　**táka** [xú ʔuk kú ʔ un e].

　　　　要是我能做。[字面义：事实是（我能做）。]

Ⅲ. 副词

在一些语言中，具有虚拟情态义的副词也能作为违实标记词，例如：

例 87　Ngizim（Afro-Asiatic: Nigeria）　　　　　（Schuh, 1972: 351）
Gaza ap, daa ná dee bai.
我差点儿就不能来。

除了违实副词 gaada-k 和简单句中的句首情态副词 daa 外，Ngizim 语中出现了另一种违实情态副词 gaza ap，类似于英语中的 almost，汉语中的"差点儿"。

例 88　Crow（Siouan: United States）　　　　　（Graczyk, 2007: 351）

Húulee-sh	diss-úua dii-koon-nak	**baaleetdák**
昨天-DEF	跳舞-PL 2-在那儿-COND	**CF**

dii-aw-ákaa-w-immah.

2-1-看见-1-COND

如果你昨天在那儿跳舞，我就能看见你了。

baaleetdák 可以分解为 baa（不明确）+ deetá（不存在）+dak（条件语气）表示某种不存在的事情。Crow 语中的从属连词通常位置较为固定，而 baaleetdák 的位置则很灵活，既可以出现在动词前，也可以出现在动词后。此外，它还可以与从属连接词 nak 连用。鉴于这些句法位置和功能，baaleetdák 被归为副词。语言中出现违实副词的用法见表 5-17：

表 5-17　违实特定标记——副词

语言名称	副词及释义
Ngizim	*gaza ap/daa/gaada-k* =几乎/希望/如果不是……
Crow	*baaleetdák* =不存在
Itzaj maya	*kuchij* =之前
Warrongo	*ngalnga*① =有人认为那样，但不是……
Hausa	*saura kadan* =几乎

---

① Warrongo 语的违实附着词 =gaji，常常与违实副词 Ngalnga 共现使用。

Ⅳ．小品词

小品词具有某种语法功能，常常用来表示否定、语气、时制、体貌或者格等。它常常作为一个词，有独立的语音特征，却不可以独立使用。语种库中出现违实小品词的用法整理如表 5-18：

表 5-18　违实特定标记——小品词

语言名称	小品词及释义
Lardil	*mara*（*ka*）=错觉
Kayardild	*maraka/maraca*=错觉
Yongning Na	$pi^{33}\ z\partial^{31}\ dz\mathfrak{o}^{33}$=那就会是
Chimalapa Zoque	*pinək*=希望
Hua	*hine*=反事实
Movima	*dis* + *oy*=祈愿语气+推测语气
Somali	*lahaa*=条件语气
Gude	*maci*=如果/当+?（不明来源）
Paumarí	*vaha*=反事实
Zulu	*ngabe*=反事实
Mangaaba–Mbula	*so/be...so*=反事实

受限于空间，只挑选部分典型语言进行详细分析，例如：

例 89　Gude（Afro-Asiatic: Nigeria, Cameroon）　　　（Hoskison, 1983: 130）

Maci tə'I kwaɓaaki, ka irənə nə nyi masərə gyaagya.

要是我有钱，我就去买炸鸡。（事实是我没有钱。）

Gude 语中的违实条件句出现前置小品词 *maci*，由两个语素构成，分别是 *ma*（条件语气）和 *ci*（不明来源）。

例 90　Paumarí（Arauan: Brazil）　　　　（Derbyshire & Pullum, 1991: 247）

o-ko-'bai-ja　　　　　　**vaha**;　i-ra　　　　o-no'a-hi.

1SG-VBLZR-食物-IMMED　**CF**　　你-OBJ　　1SG-给-THEME

要是我有食物，我就会给你一些。（事实是我没有食物。）

Paumarí 语中的违实句前句由小品词 *vaha* 标记，后句则选择性重复使用该标记。

Ⅴ. 附着成分（clitic）

在形态上，附着成分指的是具有词汇语法特征的语素，但在语音上仍然具有依赖性。它不同于小品词之处在于附着词并不能看成一个独立的词。Zwicky（1985）从语义角度区分了两者，并认为附着成分能表达更加多样的语义功能，如动词的各类论元、情态义、句子类型、说话者的思想状态、说话者与听话者之间的关系等。在本书语料样本中有 3 个出现特定违实附着成分的例子。

例 91　Ashéninka Perené（Arawakan: Peru）　　　　　　　　（Mihas, 2010: 263）

y=aree-t-ah-ia=**mi**　　　　　　　　　　kametsa　　　ero
3M.SG=到-EP-REGR-IRR=**CF**　　　　　好　　　　　NEG.IRR
i=pashiveNt-ai-tz-i=ri=**mi**　　　　　　ironyaaka　　Tziivito.
3M.A=囧-IMP-EP-REAL=3M.O=**CF**　　　现在　　　　Beetle

如果他们之前能安全到达，他们就不会这么让Beetle难堪了。

违实附着成分 =*mi* 标记了前后句中的动词，表示虚拟行为状态。

例 92　Warrongo（Australian: Australia）　　　　　　　　（Tsunoda, 2011: 677）

Ngalnga　　yinda=**gaji**　　　　ngaygo-n-go　　　gawali-n.
CF　　　　　2SG.NOM=**CF**　　　1SG-LINK-DAT　　叫t-NFUT

我以为是你叫我，但实际上是别人叫我。

附着成分 =*gaji* 表示"我以为……"或者"看起来像……"，但实际并不是这样。从词源上分析 =*gaji* 与副词 *gaji*（也许，可能）有关联，其相应的动词形式 *gaji–mba–l* 表示"欺骗、愚弄"等义。

例 93　Paresi-Haliti（Arawakan: Suriname）　　　　　　　（Brandão, 2010: 51）

Eko=iya　　　　atyo　kaminhao iyare　kalini=ya　atyo　Habo
CF=IRR　　　　FOC　卡车　　　买　　现在=IRR　FOC　Habo
wa-bajiya-ita
1PL-去-PROG

如果我们之前买了卡车，我们今天就去Habo了。

在肯定违实句中，附着成分 *Eko*= 出现在前句用来表示非现实条件句。但在否定违实句中，非现实语气本身就足以传递违实义。

Ⅵ. 词缀

一些语言中出现了语法化程度更高的违实标记——词缀，依附于不同的句法功能词上，如表 5-19：

表 5-19　违实特定标记——词缀

语言名称	词缀	位置
Miya	*–iy*	后句动词
Ndjébbana	*–na*	前句动词
Imonda	*–t*	后句动词
Hup	*–tǽʔ*	后句动词
Matsés	*–tsen*	后句动词
Hill Madia	*–ɛ*[①]	后句动词（过去时间） 后句助动词（非过去时间）
Abaza	*–nda*	非条件句CF动词
Maipure	*–ã/–ma*	前句动词
Kolyma Yukaghir	*et–*	后句动词
Zapotec	*ny–*	前后句动词
Worrorra	*ba–*	后句动词
Hungarian	*–na/–ne*	前后句动词
Maithili	*–it*	前后句动词
Tauya	*–ʔani*	前后句动词
Daga	*–apo/–ampo*[②]	前后句动词
Mauwake	*–ek*	前后句动词
Wambon	*–koi*	前后句动词

受限于空间，只挑选部分典型语言进行详细分析，例如：

---

① 违实词缀 *–ɛ* 有如下变体（allomorphs）：*–va*（元音结尾词根，第三人称主语）、*–a*（辅音结尾词根，第三人称主语）、*–vɛ*（元音结尾词根，非第三人称主语）、*–ɛ*（辅音结尾词根，第三人称主语）。

② 违实词缀在 Daga 语中随着单、复数不同而产生变体，具体表现：单数用 *–apo*，复数用 *–ampo*。同样在 Ossetic 语（Indo-European: Russia/Georgia）中，违实词缀会随着人称和数发生变体（Vydrin, 2011）。有意思的是，在 Papua New Guinea–Woyokeso 语中也出现了同样的情况，违实词缀长达 13 个音位，随着人称、数而发生改变。

例 94　Maipure（Arawakan: Venezuela）　　　　　　（Facundes, 2000: 325）

nhi–nhipoko–ta–ã₃–ka₄...

1SG–吃–VBLZ–**CF**–PRED

如果我之前吃了……

　　在 Maipure 语中，后缀 –ã₃ 依附于前句中的动词用来传递违实义。Zapotec 语中出现了违实前缀。这种情况较为稀有。因为 Zapotec 语是动词为首的语言，其前缀化操作比其他类型的语言更加频繁，例如：

例 95　Zapotec（Quiegolani）（Oto–Manguean: Mexico）（Black, 1994: 44）

Che–bel　　　　**ny**–oon–t　　　Min,　　　　**ny**–u　　　Lawer.

当–如果　　　　**CF**–c哭–NEG　　Yaznlin　　　**CF**–吃　　　Laura

要是Yaznlin没有哭，Laura就会把他吃掉了。

　　上面的分析也验证了 Dryer（2005）关于后缀比重大于前缀的论述（Cutler et al, 1985；Bybee et al, 1994）。在本书的语料中，后缀与前缀的比例高达 5 ：1（悬殊的比例也有可能与语言顺序有关，17 个出现违实词缀的语言中，有 10 个语言是 OV[①] 顺序型）。

5.2.2.2　非特定标记的来源分析

　　世界上多数语言使用的是非特定违实标记，即这些与违实关联的形式特征也保留了其他的功能用途。对于这些标记，它们通常只有在借助合适的情态算子时才能发挥作用[②]。非特定违实标记可以出现在违实句中，也可以出现在非违实句中。非特定标记可以与其他特征（如虚拟语气、条件语气等）共同作用成为生成违实义的充分条件。在罗马尼亚语、德语、亚美尼亚语、西班牙语、俄语、芬兰语、匈牙利语、威尔士语等语言中，在同时出现过去时和虚拟语气的情况下，句子只能作违实解读。非特定违实标记可以是具有特定

---

① Bybee, Pagliuca & Perkins（1990）认为动词结尾顺序型语言比其他顺序型语言更倾向于使用后缀。

② 情态算子可以是认知情态、道义情态或动力情态，见第 4 章详述。

词汇意义的动词，如在西达摩语中，表示"存在"意义的动词 *hee'r-ø-i*（**存在**—第三人称单数—主语 . 完成体 . 第三人称单数 . 阳性）可以在条件句中指示违实句。这种静态动词在很多语言（如巴尔干语、巴斯克语等）中会更容易地进入违实句。非特定违实标记还可以是某个时体态特征，最常见的是过去时。很多语言都是通过对过去已知的事实进行假设来表达违实义，过去时在一些语言中甚至可以出现在表示非过去意义的违实句中，如过去时有时出现在潜在层面，在体显著（aspect prominent）型语言中，完成体常用来指示过去时。因而违实句表层结构中的完成体实际可以看成过去时，如荷兰克里奥尔语：*aſu krikt-ø*（拿到—**完成体**）*krikit-o...*（如果你今天拿到了……）在语气显著（mood prominent）型语言中，现实语气（real）常用来指称过去时，如达语中 *taŋ g-iw-ən-da tsi sowa-t-n-d*（洗澡—第一人称—**现实语气**—非现实语气）。一些语言将地理位置上的遥远（distal modality）隐喻成过去时间概念（Ritter & Wiltschko, 2010）。在 Dakkie 语中，违实句需要借助地理位置词来标记，如 *ko-t*（第二人称—遥远）*idi popat*？（你应该有哪个猪？事实是没有猪。）[①] 类似的还有 Burmese 语中遥远标记 *khé* 常用来指示违实句。在语气显著（mood prominent）型语言中，非现实语气（Irrealis）常用来指称未完成体。在这类语言中，违实句表层的非现实语气实际上是未完成体，如马纳姆语中 *nóra gó-ra-ya*（第二人称 . **非现实语气**—说—第一人称 . 宾格）……（如果你昨天告诉我……）。此外，一些语言需要同时借助时体范畴标记违实句，如马尔瓦尔语需要同时借助过去时和未完成体标记违实句。有意思的是，还有很多语言中的违实句并未出现任何时体范畴，而是借助语气范畴进行标记。中国境内西北地区方言语气系统比较发达，愿望类虚拟语气词叠加到条件句之后可

---

① 与 Krifka 教授交流所得。

以传递违实义，如陕西关中方言"我也来再没去**些**（我昨天没去就好了）"（强星娜，2011）。类似的 语气词："时价"（陕西神木）、"价"（陕西佳县）、"嘡价"（陕西绥德、清涧）、"吵"（宁夏同心）等。

非特定违实标记在语种库中的分布见表 5-20：

表 5-20 非特定违实标记的句法功能与分布

非特定违实标记	特定词汇义动词	时	体	时+体	语气	兼类
语言数目	8	41	10	17	27	12

在本书语种库中 155 种语言中，有 91 种语言使用非特定违实标记，约占总数 59%。其中，多数语言使用过去时作为非特定违实标记。关于过去时作为违实标记的用法，以往诸多文献都有提及，但对于位居其次的语气范畴则鲜有论述。非现实语气、虚拟语气、条件语气是标记违实句的常用语气范畴。很多语言的违实句都出现了语气范畴的叠加使用，如马普切语（非现实语气＋条件语气＋阻碍[impeditive]语气）、宽扎语（非现实语气＋条件语气）、阿留申语（虚拟语气＋条件语气）等。在借用体范畴标记违实句时，多数语言需要借助时范畴，如 Zulu 语（未完成体＋过去时）。在印欧语系的罗曼语族和伊朗语族中，"过去时＋完成体"标记指向过去的违实句，"过去时＋未完成体"标记非过去时制的违实句。从地理位置和语系分布上看，非特定违实标记聚集在亚欧大陆和印欧语系。

Ⅰ．动词

与上文特定标记的动词不同，非特定违实动词也保留了其他词汇语义和功能。语种库中出现的非特定违实动词以及其相应的词汇语义见表 5-21：

表 5-21　非特定违实标记——动词

语言名称	动词及释义
Koyra Chiini	*a gar* = 3SG 发生
Zapotec	*kò* =祈使语气动词
Sidaama	*hee'r–ø–I* = 住–3SG–S.PFV.3SG.M
Mongsen Ao	*tʃhà–kùla* = 发生 –CIRCM
Ngizim	*(dà) dlàbá* = 变
Boko	*dɔ̄* = 知道
Mavea	*ontavse* = 知道
Mandarin	（早）知道
Cantonese	早知

受限于空间，只挑选部分典型语言进行详细分析，例如：

例 96　Zapotec（Quiegolani）（Oto-Manguean: Mexico）

（Ameka & Dakubu, 2008: 258）

a.　e　　　**kò**　　lá.

　　3SG　　**CF**　　唱歌

　　他/她本来要唱歌的（但是没唱）。

b.　è　　　**kò**　　lá　　wē.

　　3SG　　**CF**　　唱歌　　NEG

　　他/她本来不唱歌的（但是唱了）。

Zapotec 语中的动词 *kò* 虽然在例 96 中具有标记违实义的作用，但是仍然可以作为祈使语义动词出现在其他语境中，类似于汉语中的 "请"。

例 97　Sidaama（Afro-Asiatic: Ethiopia）　　　（Kawachi, 2007: 438）

Sagalé　　　　　　　　　it-u-mm-o-kki-nni

食物.ACC　　　　　　　吃–PFV.1–SG–M–NEG–MANNER

da-oo-mm-o-ro　　　　　daafur-ee-mm-o

来–PFV.1–SG–M–如果　　变累–IPFV.1–SG–M

hee'r–ø–i.

住–3SG–SBJ.PFV.3SG.M

要是我没带食物来，就会很累了。

在 Sidaama 语中，词汇动词的语义逐渐减弱，进而语法化成一个类似轻动词的语法标记。*hee'r*（住，live）加上特有的性数格变化，在上文语境中并没有出现词汇义的残留。为什么 Sidaama 语会选择 *hee'r* "live" 而非其他词汇动词进一步语法化成非特定违实动词？如果与动词词汇义相关，什么样的词汇义更倾向于被违实句选中？通过语料归纳法可以总结出两类：①静态动词。除了 Sidaama 语中的 *hee'r* 外，在 Bulgarian 语中，违实句对静态动词有一定的选择倾向性（lexically determined rule），即具有永恒特性（permanent properties）的词汇可以自由进入违实句。同样在 Basque 语中，静态动词比其他语义动词更受违实句的青睐。因此，一些出现特定屈折变换的静态动词由于频繁进入违实句，为进一步语法化提供了可能。②部分表示动作性状变化的词，如 Mongsen Ao 语中的 *tʃhà*（发生）和 Ngizim 语中的（*dà*）*dlàbá*（变）等。例如：

例 98　Mongsen Ao（Sino-Tibetan: India）　　　　　　（Coupe, 2007: 437）

　　a. nàŋ　　　　　tʃhaɹu-əkə　**tʃhà-kùla**　　nì　　nə　　tuktər
　　　　2SG　　　　病-SIM　　　**发生-CIRCM**　1SG　一个　医生
　　　　tʃa-ì-ùʔ.
　　　　叫-**IRR**-DECL
　　　　要是你生病了，我就去叫医生。（你生病的可能性较小。）

　　b. ikhu　　tʃu　　　　a-tsə　　　m-klùʔ-kùla　　　hnaɹu
　　　　花园　　DISTR　　NRLD-水　NEG-给-CIRCM　　花
　　　　tʃu　　　m-puŋ-ì-ùʔ.
　　　　DISTR　NEG-开-**IRR**-DECL
　　　　如果你不浇花，花就不会开。

　　违实句例 98 a 中出现了非现实词缀 *-i*，但不具有标记违实句的作用，也可以出现在普通条件句中，如例 98 b 句。比较 a、b 两句可以发现，动词 *tʃhà-kùla*（发生，happen）起了关键作用。另一个和违实关联的是知道类动词，如 Boko 语中的 *dɔ̄* 和 Mavea 中的 *ontavse*：

例 99　Mavea（Austronesian: Vanuatu）　　　　　　　（Guérin, 2011: 233）

　　a.　Na-**ontavse**　　　na-v　　　　ka-mo-stop　　　　　me　　ro
　　　　1SG-知道　　　　　1SG-说　　　1SG.IRR-COND-停　　FUT　　那么
　　　　ra-lsu=ao.
　　　　3PL-打=1SG
　　　　我知道如果我停，你就来打我了。

　　b.　Te　　　　valu=mim　　　i-mo-adi　　　　　　　taur　　sio
　　　　一些　　　和=2PL.POSS　3SG.IRR-COND-能　　拿着　翠鸟
　　　　lape=ao,　ka-tara=i=a.
　　　　DAT=1SG　1SG.IRR-切=TR=3SG
　　　　如果你们谁拿着翠鸟给我，我就把它给切了。

例 99 a 句中出现动词 *ontavse*，说话者在描述一个与现实相反的可能世界。但在例 99 b 句中，由于缺失动词 *ontavse*，说话者并不是很确定他所描述的事件是否会发生。同样汉语普通话和广州话中的"早知（道）"也起到类似的作用。Kung（2007）认为 Huehuetla Tepehua（Totonacan: Mexico）语中的违实标记来源于言据范畴动词，类似于英语中的 *believe*。

Ⅱ. 语气

语气关系事件实现的可能性，可以分为基于知识的认知情态、基于行为的道义情态和基于意愿的动力情态。除了这些类型外，语气还有很多延伸范围，如疑问语气可以看成认知情态的延伸，祈使语气可以看成道义情态的延伸等。语气广泛应用于违实句中，这是因为违实直接影响说话人对事件实现可能的判断。虽然 Van linden & Verstraete（2008）认为情态因子需要捆绑时制 / 体貌进行违实义的传达，但是很多语言中的违实句可以通过（叠加）语气情态标记，在缺失时制和体貌的情况下表达违实。与普通条件句相比，违实句需要借助更多的语气标记。见表 5–22：

表 5-22　非特定违实标记——语气

语言名称	语气范畴
Pipil	祈愿语气
Ika	祈愿/条件语气
Tibetan	间接语气
Bariai	祈使语气
Swahili	想象语气
Warekena	沮丧语气
Kham	推测语气①
Ayoreo	不明语气范畴
Paresi–Haliti	非现实语气
Wari'	非现实语气
Gurung	非现实语气
Chamacoco	非现实语气
Misantla Totonac	非现实语气
Yoruba	非现实语气
Tiriyo	非现实语气+推测语气
Zuni	非现实语气+虚拟语气
Jero	非现实语气+条件语气
Ono	非现实语气
Kâte	非现实语气
Kwazá	非现实语气+条件语气
Maricopa	非现实语气+条件语气
Ewe	疑问语气+非现实语气+条件语气（选用）
Mapuche	阻碍语气②+条件语气+非现实语气（选用）
Aguaruna	潜在语气+条件语气
Evenki	虚拟语气
Even	虚拟语气
Aleut	虚拟语气+条件语气
Cambodian	阻碍语气

① Kham 语的语气系统较为发达，可以区别推测语气（hypothetical mood）、虚拟语气（subjunctive mood）和可能语气（probable mood）等。

② 阻碍语气表示因为某种障碍没能顺利完成某件事，类似于汉语中的"差点儿"。

受限于空间，只挑选部分典型语言进行详细分析。

（1）非现实语气 + 推测语气（hypothetical）

非现实语气范围较广，且每个语言中内涵不尽相同。一般来说，非现实指的是思维中的可能世界，而非已经发生的直陈世界。如果一个语言中有非现实语气标记，通常这个标记也会出现在违实句中。仅依靠非现实语气并不足以区分违实句，因此有时需要叠加使用其他语气标记，例如：

例100　Tiriyó（Cariban: Suriname, Brazil）　　　　　　（Meira, 1999: 316）

wei	wararë	karaiwa	sen_po	ahtao, anja
天	每	巴西人	3InPx.Loc	如果 1.3
i-waarëmo	ei	karaiwa	i-jomo.	
3-Cogn-IRR	3S$_A$.COP.HYP	巴西人	3-语言.POS	

要是这儿每天都有巴西人，我们就会说巴西的语言了。

（2）疑问语气 + 条件语气 + 非现实语气（选择性）

例101　Ewe（Niger-Congo: Kwa, Gana）　　　　（Ameka & Dakubu, 2008: 158）

ɖě	me-nyɛ	bé	á-nɔ	áléá	né
Q	1SG-知道.3SG	QUOT	3SG.IRR-在.NPRS	因此	COND
me-gbugbɔ++		ɖé	megbé.		
1SG-归还		所有	回		

我要是知道事情是这样，肯定会撤回。

句首出现的小品词 ɖě 也出现在了该语言的强调疑问句中，用来表达疑问语气。

（3）阻碍语气 + 条件语气 + 非现实语气（选择性）

例102　Mapuche（Araucanian: Chile）　　　　　　（Smeets, 2008: 184）

　　a.　Eymi möle-**fu-l-m-I**,　　　　　　ködaw-**a-fu**-y-u.
　　　　你　COP-**IPD-COND**-2-SG　工作-**IRR-IPD**-IND.1NS-DU
　　　　如果你去了那儿，我们就能工作了（事实是你没去那儿）。

b. ayö-**fe**-y-u.
爱-**IPD**.IDO-IND.1NS-DU-DS
我爱你（但你不爱我）。

阻碍语气词缀 –*fu* 与违实义在根本逻辑上具有相似性，都可以用来表达反预期和未实现性，见 2.2.3 详述。因此，可以通过叠加条件语气，表达违实义。

（4）言据范畴 + 条件语气

言据范畴表示说话者陈述的信息来源。Tibetan 语言中有 3 种言据范畴，根据距离由近及远：自我 > 直接 > 间接。根据格莱斯推理原则，低级言据性范畴的肯定程度也随之较低。Tibetan 语在表达违实句时，常常使用低级言据范畴——间接语气，例如：

例 103　Tibetan（Sino-Tibetan: China）　　　　　　（Garrett, 2001: 45）
Sam　　'di　　bzas-payin-na　　gzugs.po　　bde.po　　chags
药　　　这　　吃-PST-如果　　身体　　　好　　　变
bsdad-**yod**red/*yod/*'dug.
保持-**IND**:PFV/*EGO.PFV/*DIR.PFV
如果我吃了这个药，身体就会变得更好（事实是我没吃这个药）。

Ⅲ. 时制

过往对违实标记的研究过度看重过去时的作用，Van linden & Verstraete（2008）则认为违实句中最常见的标记模式是过去时与情态范畴连用。然而，Van linden & Verstraete 的分类多基于 80 个语言样本的形式表面。在很多语言中，违实句中出现的语言形式与其实际所指之间存在某种偏差。这一点在 TAM 特征上尤为明显，如一些语言在表层出现了完成体，但完成体在深层却起到过去时制指向的作用。如果要弄清楚违实句的深层标记，需要对语言的 TAM 显著性进行逐一分析。Bhat（1999）根据 TAM 特征的显著性，将语言分为 3 种不同的理想类型，即时制显著型、体貌显著型和语气显著型。还有部分语言在这 3 类之外，因为很难精准地测量出 TAM 特征的显著性。还有很多违实句表层形式上的标记和深层形态句法上的标记出现差异，需要分析语言系统的 TAM 特征，进一步认清其标记模式。

从最简单的典型例子开始。在 Wardaman 语中，过去时与语气范畴连用标记违实句，且表层与深层标记一致，例如：

例 104　Wardaman（Australian: Australia）　　　　　　　　（Merlan, 1994: 188）

Yi-nga-jejbarla-**rri**　　　　　wu=munburra-wu.

IRR-1SG/3SG-问-**PST**　　　NOM=钱-DAT

我应该问他要钱（但我没有）。

对于体貌显著型语言而言，体貌范畴比时制范畴语法化程度更高。因此，一些时制范畴的概念也由体貌范畴来标记。在这些语言中，表层上的完成 / 整体实际上相当于深层结构中的过去时，例如：

例 105　Chol（Mayan: Mexico）　　　　　　　　　　　（Álvarez, 2011: 414）

Ta'=ik　　　aw-äk'-ä-ø　　　　a-bäj-i,　　　puta ma,

PFV=IRR　　ERG-给-DAT-ABS　　ERG-RN=FIN　　该死的

es capaz que　ma'añ　　tyi　　tye<j>ch-i-y-ety

SP.可能　　NEG.EXT　PFV　　治愈<+PASS>-Ⅳ-EP-ERG

k- älo.

ABS-RN

据说如果允许他去打你，你就不能被治愈，该死的。

与体貌范畴不同，时制在 Chol 语中多通过词汇特征实现，如时间副词。形态屈折形式通常被认为比词汇形式语法化程度更高（Sapir, 1921; Carlson, 1983; Givón, 1984）。Chol 语中体貌范畴的高语法化还表现在体标记的强制性上。因此，在这种强势作用下，体范畴会迁移指向时制概念，完成 / 整体迁移到过去时，未完成 / 整体迁移到现在 / 将来时，例如：

例 106　Chol（Mayan: Mexico）　　　　　　　　　　　（Álvarez, 2011: 143）

a. säk'añ　　**mi**　　k-majl-el=la,　　cho'-oñ.

早上　　**IPFV**　　ABS-去-NF=PL.INCL　　说-ERG

我说："我们早上走吧。"

    b. tyi   säk'añ   **tyi**   p'ix-i-ø.

       PREP   早上   **PFV**   起床-Ⅳ-ERG

       他早上起床。

    c. **wajali**   ñoj   weñ   **mi**   i-mel-ø-o.

       time_ago   really   SP.well **IPFV** ABS-do-ERG-3PL

       "In the past, they did it very well."

    当然这种体貌迁移只是一种倾向性，而非强制性。在没有出现时间指向词时，这种倾向性比较明显；若借助合适的时间词，未完成／整体也可以指向过去，如例 106 c。

    对于语气显著型语言而言，各种现实语气（realis）可以迁移表达过去时的概念。因此，这类语言可能会出现两个矛盾概念的连用，即现实语气与非现实语气同时出现，例如：

例 107 Kusunda（Kusunda: Nepal）   （Watters, 2006: 138）

    taŋ   g-iw-ən-**da**   tsi   sowa-t-n-**da**.

    水   3-去**REAL-SUD**   I   沐浴-**REAL-SUD**

    如果下雨，我就会全身湿透的。

    Kusunda 语中的 *-da* 是非现实从属标记，相当于英语中的 *if*。句中的现实标记 -(ə)n 起到过去时指示作用。这种时制指示作用可以在下面的例子中得到证明：

例 108 Kusunda（Kusunda: Nepal）   （Watters, 2006: 36）

    abi-a-t-**n**.

    背-做-1SG-**REAL**

    我背着它。

    在一些语言中，时制并没有语法化成为屈折形式，语言可以通过空间隐喻用来表示过去概念，例如：

例 109 Burmese（Sino-Tibetan: Myanmar）   （Nevins, 2002: 442）

    Shèi   θau? **khé** yin, nei kàun la **gé** léin-**me**.

    药   喝   **DIST** 如果 保持 好 来 **DIST** PRED-**IRR**

    如果他吃了这个药，就会好了。（事实是他没吃药。）

在 Burmese 语中，违实义的表达需要借助远指空间标记 *khé/gé* 进行。通过隐喻作用，这类远指空间标记可以借用来表示过去时间，例如：

例 110　Burmese（Sino-Tibetan: Myanmar）　　　　　（Nevins, 2002: 442）

mʷei	chau?	**khé**	re.
蛇	害怕	**DIST**	DECL

（在我来这儿之前）我吓跑了一条蛇。

Daakie 语也出现了类似的用法[①]，远指空间词通过指向过去表达违实义，如 *ko-t*（2SG-DIST）*idi*（拿）*popat*（猪）（你应该把那头猪拿上，you would have take that pig）。Ritter & Wiltschko（2010）认为在 Halkomelem 语中也出现了类似的隐喻迁移用法。

接下来要分析的例子则更为复杂。这是因为标记模式中出现了羡余成分。在 Gooniyandi 语表层结构中，违实通过非现实语气与虚拟语气共同标记，例如：

例 111　Gooniyandi（Australian: Australia）（McGregor, 2008: 160 / 1990: 432）

a.　barlanyi　　mila-**ya-ala**　　　　　　　　　mangaddi
　　蛇　　　　看见-**SBJV-IRR**.（1SG）NOM.ACC　NEG
　　mood-gila-rni.
　　踩-IRR.（1SG）N.ACC-POT
　　要是我看到蛇，我就不踩了。（事实是我没有看到蛇。）

b.　ngab-**ja**-wirra　　　　　　ngamoo-nyali.
　　吃-**SBJV**-3PL.NOM/PST.ACC　之前-REP
　　显然他们不久前正在这里吃东西。

McGregor（1990）认为虚拟语气的作用在于量级修饰，经过虚拟语气修饰的过去时在格莱斯量级上要低于普通过去时。因此，可以语用推理形成事实反转义，详见第 4 章开始部分。但在 Gooniyandi 语中，例 111 b 句中的过去虚拟语气理解为言据范畴，相当于汉语中的"据说"，而不是违实义。因此，虚拟语气在 Gooniyandi 语中并不

---

① 　与 Krifka 教授交流所得。

参与违实义的生成。该语言中的非现实语气其实是非现实与过去时的融合，因此作为一个复合词起到违实句的标记作用，而同样出现在表层的虚拟语气只能看成一个羡余成分。但 Gooniyandi 语中的非现实语气并不是一个完全的违实标记（或许正在形成过程中），因为它具有一定的时间限制，即不能自由地表示指向未来的违实句。

在所有这些语言中，过去时都需要与情态语气成分共同作用传递违实义。除了上文列出的语言外，本书语种库中出现了类似标记模式的语言有 German, Polish, Jamsay, Basque, Brahui, Mussau, Embera, Jero, Lezgian, Mamaindê, Nunggubuyu, Malayalam, Nyulnyul, Pashto, Huallaga Quechua, Mupun, Kokborok, Turkish, Wagiman, Udihe, Bali-vitu, Estonian, Eskimo, Kokota, Brahui, Selkup, Zuni,[①] Misantla Totonac, Marshallese, Kayardild, Kamasau, Palestinian Arabic, Arabic, Zulu, Mona 和 Haya 等。

IV. 体貌

体貌是违实句中常见的标记手段之一，最常见的是未完整体。Iatridou（2000）认为未完整体的使用频率仅次于过去时，例如：

例 112　Hindi（Indo-European: India）　　　　　　　　（Bhatt, 1997: 11）

    a.　Agar　Lataa-jii-ne　yeh　gaanaa　gaa-**yaa**　ho-**taa**...
        如果　Lataa-ji-ERG　这个　歌曲.M　唱-**PFV**　COP-**HAB**
        如果Lataa-ji唱了这个歌……（事实是Lataa-ji没有唱。）

    b.　Agar　Lataa-ji　yeh　gaanaa　gaa-**tĩ**...
       如果　Lataa-ji　这个　歌曲.M　唱-**HAB**
       如果Lataa-ji唱这个歌……（Lataa-ji唱歌可能性较小。）

Bhat（1998）认为在印度使用的多种 Indo-Aryan 语言都是体貌显著型，体貌特征常通过词缀或者动词词根等特征标记，但时制特

---

① 在 Zuni 语中，过去违实句的前后句都需要标记过去时，但非过去违实句则需要叠加非现实语气和条件语气。

征却没有实现为形态或句法上的屈折形式。因此，在体貌显著型语言中，例 112 a 句中的完整体更像是过去时制标记，而例 112 b 句中完整体的缺失则能传递非过去义。比较 a、b 两句，习惯体标记（未完整体）与句中真实的事件体貌没有关联，而是作为违实标记出现在句中。比较下面几个来自语气显著型语言的例子：

例 113　Manam（Austronesian: Papua New Guinea）（Lichtenberk, 1983: 533）

nóra	**gó**-ra-ya		bo?aná-ø-na-**ra**
昨天	2SG.**IRR**-说-1SG.OBJ		SIM-3SG-BF-**ASSUM**
n-duma-í?o.			
1SG.**IRR**-帮助-2SG.OBJ			

你要是昨天跟我说，我就来帮助你了。

　　Manam 语是语气显著型语言，因此现实语气能用来迁移指向习惯体，在条件语气的作用下，可以用来标记违实句。在 Abu 语中，对比完整体与未完整体的使用情况，例如：

例 114　Abau（Sepik: Papua New Guinea）　　　　　　　　（Lock, 2011: 178）

a.
Sawk	hiy-kwe	nioh	ley	lowpway
Foc	3SG.M-TOP	血	流	全部
ho-kwe,	hiykwe	po	**lokruè**.	
3SG.M-TOP	3SG.M-TOP	PRF	死.**PFV**	

要是他流完所有的血，他就死了。

b.
Ara,	Horuom	so-ho-kwe	hakiaw-aw
ADDR.M	皇冠鸽子	DIST-M-TOP	1SG-SLCT-RSTR
po	**lâ**.		
PRF	吃.**IPFV**		

兄弟，我会一个人把皇冠鸽吃完的（但实际没有）。

　　当动词标记为完整体时，表示在过去将会发生但实际上没有发生，如例 114 a 句；当动词标记为未完整体时，表示过去发生某事，效果一直持续到现在，如例 114 b 句。因此，在 Abau 语中，完整体起到一定的违实标记作用。在所有这些语言中，体貌都需要与情态范畴连用进行违实义的传递。除了上述所列语言外，Ngizim,

Basque,[①] Ejagham, Kisi, Maricopa, Tamashek and Hile-sherpa 等语言的违实标记都来源于体貌范畴。

Ⅴ．时制 + 体貌

一些语言的违实标记需要同时借助时制和体貌，例如：

例 115　Marwari（Indo-European: India）　　　　（Magier, 2006: 165）

Agar　　mhẽ　　saglo　　kām　　**kar-to,**　　　　to...

如果　　我　　所有　　工作　　做.**PST-IPFV**，　　那么

要是我做完所有的工作……

很多这种复合语素（portmanteau）既有时制义，也有体貌义，如先过去时（pluperfect）= 过去时（past）+ 完成体（perfect），未完成体（imperfect）= 过去时（past）+ 未完整体（imperfective）。在罗曼语族的语言中，指向过去的违实句通常使用先过去时，而非过去违实句则使用未完成体。

在这些复合标记中，通常与违实义直接关联的是时制概念。那么体貌标记的作用为何？为什么会出现体貌标记？体貌标记主要有以下 3 个方面的作用。

（1）作为违实标记

Iatridou（2000）认为未完整体对违实的贡献具有语言的普遍性。如同过去时，违实句中的未完整体常常也具有迁移用法，其本身的体貌义常常被情态义逐渐取代。例 116 中出现了未完整体（进行体），但句中描绘的却是完成事件。Iatridou（2000）认为未完整体在这类句中并不能继续贡献自身的体貌意义，未完整体之所以出现在这里是因为它能贡献自身的习惯体义。这种习惯体义具有一定的排斥性特征，与违实义在根本逻辑上保持一致。因此，在很多的 Indo-

---

① 　Basque 语中的非过去违实句在主句中通常使用未完整体。

Aryan 语言中，习惯体（而非进行体）出现了超越本身的情态义，并出现在违实句中，成为违实义传递的必要成分，例如：

例 116　Kannada（Dravidian: India）　　　　　　　　　（Sridhar, 2007: 78–79）

Avani-ge　　　　　　　svalpava:　　da-ru:　　　buddhi
他-DAT　　　　　　　一点儿　　　甚至-INCL　智慧
i-dd-i-ddare　　　　　i: kelasa　　yavagalo:　ma-Di
COP-PST-PFV-COND　　这工作　　当　　　　　做-PP
mugis-（ir）**-utti**-dd-a.
结束-（PFV）**-PROG**-PST-3SG.M
哪怕他有一点儿智慧，他也早就把这个工作做完了。

Kisi，Mona 和 Paresi-Haliti 语中也出现了类似的情况。

（2）作为时制因子

在一些语言中，体貌标记起到时制因子的作用，特别是在出现完成／整体—未完成／整体对立的违实句中。完成／整体可以用来表示在某个特定时间点之前发生的事件，因此在语用上可以临时用来指代过去义。相反，未完成体的语用推理义则指向未来，表示某个未完成的事件（Comrie，1976）。在西班牙语中，未完成体通常在非过去违实句中使用，而完成体则出现在过去违实句中，例如：

例 117　Spanish（Indo-European: Spain）　　　（Tynan & Lavin, 1997: 138）

a.　Si　　**tuvieras**　　　　　　suerie　　en　　la
　　如果　PRF.2SG.PST.**IPFV**.SBJV　幸运　　在　　DEM
　　loteria,　te　　compraías　　una　　casa　　nueva
　　彩票，　你　　买.2SG.COND　一个　房子　新
　　la　　semana　que　　viene.
　　DEM　星期　　那个　来
　　如果你（之后）中彩票了，你下周就可以买一个新房子了。（中彩票可能性较小。）

b. Si   **hubieras**   tenido   suerte en   la

    如果   PRF.2SG.PST.**PFV**.SBJV   有   运气   在   DEM

    loteria,   te   habrías   comprador   una   casa   nueva

    彩票   你   PRF   买.2SG.COND.PFV   一个 房子 新

    la   semana   que   víene.

    DEM   星期   那个   来

    如果你（之前）中彩票了，下个星期就能买个新房子了。（事实是之前没有中彩票。）

但在没有出现完成体—未完成体对立的句中，未完成体则相当于过去时间指向标记，例如：①

例 118   Brahui（Dravidian: Pakistan）   （Adapted from Bray, 1986: 221）

    a. sardār **bing**（**past**），nanā bēkhe **kashshik**（**present future**）.

        如果这个厨师听到了，他就把我们赶出去了。①（厨师听到可能性较小，非过去违实。）

    b. ī **narrāta**（**imperfect**），lashkar muchāi a **narrāka**（**imperfect**）.

        如果我跑了，这个军队就会成群离开。（事实是我没跑，过去违实。）

在 Brahui 语中，过去时通常迁移指向遥远的未来事件，如例 118 a 句；未完成体则用来表示过去某个没有实现的违实事件，如 b 句。

（3）作为羡余成分

Halpert & Karawani（2012）认为违实句中的必要成分是过去时，体貌成分只是随之而来的产物（come along for the ride），因为它们通常与时制捆绑在一起。Zulu 语就是一个例子，未完成体可以看成未完整体和过去时的合体，但未完整体只是羡余成分，见表 5-23：

表 5-23　Zulu 语中的时制与体貌

未完成体	过去时	Φ
完成体	Φ	完整体

---

① Bray（1986）将这个句子归纳为指向未来的违实句，但提供的翻译却又像是普通条件句：if the chief hears, he'll cast us out. 经过考证可以发现，原翻译出现偏误，故在这里进行了修正。

从表 5-23 可以看到，未完成体仅仅起到过去时的作用，而完成体则仅仅起到体貌标记的作用。因此，在这类语言中，体貌标记仅仅作为羡余成分出现在语言表层。在 Palestinian Arabic 语中，过去时通常与完整体合并成单个语素 *kaan*，并作为违实句中的必要成分。Karawani & Zeijlstra（2010）和 Bjorkman（2011）认为这种复合语素仅仅表示过去时，例如：

例 119　Palestinian Arabic（Afro-Asiatic: Palestinian West Bank and Gaza）

（Bjorkman & Halpert, 2012: 16）

Kannat　　　　　　　**tuktub**
COP.PST.PFV　　　　写.**IPFV**
他习惯了写。

同样，时制 + 体貌标记也需要与其他的情态语气成分共同作用才能表达违实义。除了上述列出的语言外，其他出现了类似标记的语言有 Bulgarian, Greek, French, Rumanian, German,[①] Armenian, Finnish, Persian, Welsh, Afar, Berbice Dutch Creole,[②] Hunzib, Georgian, Limbu 和 Modern Hebrew 等。

这一小节对语言中直 / 间接标记违实的形式标记及其相关的组合体——进行考察并梳理归类。这一小节最重要的任务就是探索生成违实义的所有可能的词汇形态成分。世界语言在表达违实义的手段和策略上差异非常大：有些语言会使用特定的直接方式，并实现为连词、动词、副词、小品词、附着词或词缀等句法成分；有些语言则会借用 TAM 特征或其他语言中已有的形式，如特定词汇动词、时制范畴、体貌范畴、语气范畴或综合范畴等。

---

① 和英语一样，德语中的过去违实句会出现先过去时（过去时 + 完成体）。
② 除了体貌标记策略外，Berbice Dutch Creole 出现了另外一种标记方式，即时制 + 体貌。

5.3　违实范畴的语义功能

违实义的经典语义是表示进行与事实相反的预设（Barwise，1986）。因此，除了极性反转外，违实义还包含了事实的预设。因此，从严格意义上说，只出现极性反转、没出现事实预设的一些语言结构，如"差点儿（almost）……""假装（pretend）……""本来想（wanted）……"等，并不能看成违实句。但在一些语言中，特别是澳大利亚语系的语言，这类单纯的极性反转句式与典型违实句出现相同的标记方式。因此，Van linden & Verstraete（2008）提出了一种更广义的定义方式，即违实句指向没有发生的事情，并预设某种矛盾。换句话说，至少有两个条件需要满足才能表达违实义：①事件有潜在的实现可能性；②事件最终并没有发生。这一小节将从广义的定义出发，列出语料中出现的所有违实句的语义类型。

5.3.1　典型语义模式

5.3.1.1　条件义

毋庸置疑，条件义是违实句的典型语义。条件句的前句往往对现实事件的对立面进行假设，而后句则进一步呈现这种虚假可能出现的后果，从而进一步加强违实理解，例如：

例 120　Lardil（Australian: Australia）　　　　　　　（Hale, 1981: 381）

　　　　（Afro–Asiatic: Palestinian West Bank and Gaza）

Ngada	kurri–tharr	karnjin–a	ngada	**mara**
1SG.NOM	看见–MNF	沙袋鼠–MNF.OBJ	1SG.NOM	**CF**

la–thu

剌–FUT

如果我看见了沙袋鼠，我会剌向他（事实是我没有看到，我也不会看到）。

违实标记 *mara* 出现在条件句的后句，用来进一步加强前句的未实现性。

例 121　Balochi（Indo-European: Pakistan, Iran, Afghanistan, Oman）

（Axenov, 2006: 225）

　　　　（Afro-Asiatic: Palestinian West Bank and Gaza）

Agar　ma-**jat-ēn**,　　　　　　man-a　　na-wānt-un.

如果　PROH-打.**PST-SBJV**.3SG　1SG-IPFV　NEG-读.PST-1SG

如果他不打我，我就不会这么学习了。

前句中出现的过去虚拟语气用来对条件违实义进行标记。

例 122　Hua（Trans-New Guinea: Papua New Guinea）（Haiman, 1980b: 185）

　　　　（Afro-Asiatic: Palestinian West Bank and Gaza）

korihu-**hipa**-na　　　via　　ta-**sine**.

跑走 -**CF**.REL-事情　眼泪　流-**CF**.2SG

"If I had run away, you would have cried."

Hua 语中的词缀 –*sine/hipa* 等作为特定违实标记 –*hine* 的变体形式，用来标记前句的反事实预设和后句的预设结果。

例 123　Zulu（Niger-Congo: South Africa）　　　　（Halpert, 2011: 13）

　　a.　ukuba　　　　　　　　**be**-ngi-phum　　　　manje

　　　　如果　　　　　　　　　**IPFV**.**PST**-SM.1SG-leave　现在

　　　　be-ngi-zo-fika　　　　kusasa.

　　　　IPFV.**PST**-SM.1SG-FUT-到 明天

　　　　如果我现在离开，明天就到了。

　　b.　ukuba　　　　　　　　**be**-ngi-phum　　　　manje　**ngabe**

　　　　如果　　　　　　　　　**IPFV**.**PST**-SM.1SG-离开　现在　　**CF**

　　　　ngi-zo-fika　　　　kusasa.

　　　　SM.1SG-FUT-到达　明天

　　　　如果我现在离开，明天就到了。（事实是现在没有离开。）

在 Zulu 语中，前句的假完成体和后句的特定违实标记 *ngabe* 共同作用进行违实条件义的表达。

Ⅰ. 感叹义

条件违实句的后句通常出现"好"类语义，句子则会出现言外之意——感叹义。

例124　Ndjébbana（Australian: Australia）　　　（McKay, 2000: 312）
（Afro-Asiatic: Palestinian West Bank and Gaza）

Nga-ya-bbóbba-**na**　　Bráydey　　rdórdbalk.
1MINS-IRR-去-**CF**　　周五　　　好

如果我周五过去就好了。

违实后缀 *-na* 表示没有实现的行为和事件类型。这类句子通常表示说话者非常希望事件发生，但却没有或不会发生，例如：

例125　Evenki（Altaic: Russia）　　　（Nedjalkov & Bulatova, 2005: 572）

O-raki-n=da　　　aja　bi-*č*e/　ci-m*č*e
做-CTC-3SG=CLT　　好　是-PST　是-SBJV

要是他做了这些该多好！

例125 则是完整形式，出现了 *aja bi-č*e（就好了，be good）和动词的虚拟语气，用来表示没有实现的愿望。

例126　Berbice Dutch Creole（Creoles and Pidgins: Guyana）
（Kouwenberg, 1994: 116）

aʃə　　　kiki　feʃi,　wato　　　bringgit-ɛ.
如果.2SG　看见　鱼　　什么.3SG　带来.**PFV**

要是你能看见他带来的那些鱼！

例126 的省略后句可以还原为"就好了"。这种省略后句的条件句表达某种难以实现的感叹义。

Ⅱ. 认知情态推理义

与上文感叹义的省略类型不同，当违实条件句的前句出现省略时，句子表示说话者对事件实现可能性的反事实推理。因此，认知推理义表示某事可能会发生，但出于某种原因最后没有发生，例如：

例 127　Kayardild（Australian: Australia）　　　　　（N. Evans, 1995: 378）

Maraka　　　ngudi-ju　　　　banga-y.

CF　　　　丢-POT　　　　海龟-MLOC

他们可能会丢掉海龟（船超重，减轻船的重量），但没有。

　　动词的潜在情态义表示在过去某动作事件可能发生。当与违实标记连用时，句子表示可能会发生却没有发生，例如：

例 128　Perené Ashéninka（Arawakan: Peru）　　　　　（Mihas, 2010: 264）

Airorika　　　i=tsoNK-a-he-t-ak-a-e=**mi**.

否则　　　　3M.A=杀-EP-PL-EP-PFV-REGR-IRR=**CF**

否则他可能会杀掉他们（其实他并没有）。

例 129　Gooniyandi（Australian: Australia）　　　　　（McGregor, 1990: 548）

Yoowooloo-ngga　　marni-wa　　　gard-**ja-yooni**.

人-ERG　　　　　妹妹-他的　　　打-**SBJV-IRR**

这个人可能会打他的妹妹（虽然我知道他没）。

例 130　Hua（Trans-New Guinea: Papua New Guinea）（Haiman, 1980b: 106）

dmi-ro-ka　　　　　　　va-**sine**.

1SG.给-PFV-2SG.MED　　去-CF.2SG

你本可以给我再走的。

Ⅲ. 让步义

　　与普通条件句相同，让步句能表示前后句的条件依存义。但与典型违实条件义不同，违实让步句的前句具有一定的反事实性，后句则具有一定的事实性，例如：

例 131　Chinantec（Sochiapan）（Oto-Manguean: Mexico）（Foris, 1994: 487）

Uá¹cun³	jmɨ1	**ca³-lau2**	tsú³	tiú³
即使	TRM	**PST**-买.TI.3	3	来复枪
quion²¹	jná¹³,	tiá²	jmɨ¹	**ca³-jáun3**
PRF.STI.1SG	1SG	NEG	TRM	**PST**-捕.TA.3
yáh³	tiú²	hiah³²	hí³.	
ASS	3	美洲狮	那只.AN	

即使你买了我的来复枪，你也捕捉不到那头美洲狮。

让步条件句由 *Uá¹cun³*（即使，even if）引导。在过去的时间框架内，句子通常理解为违实让步义。

例 132　Greek（Modern）（Indo-European: Greek）（Holton et al, 1997: 460）

Αχόμη χι αν σον είχα πει την αλήθεια, δε θα με πίστευες/δε θα με είχες πιοτέψει.

即使我跟你说了这个真相，你也不会相信我的。

希腊语中也出现了类似的违实让步义，即在关联词 *αν/εάν...θα...* 框架下，通过使用先过去时，表示对过去已发生事实的违实让步假设。

5.3.1.2　愿望义

普通的愿望义并不一定是违实。在一些语言中，虚拟语气的使用具有区别违实愿望和普通愿望的作用，例如：

例133　Catalan（Indo-European: Spain）（Wheeler, Yates & Dols, 1999: 391）

Tant de bo **que**（**SBJ**）hagués guanyat el premi.

我多么希望我得了那个奖。

Tant de bo（我希望）与虚拟语气连用表示难以实现的违实愿望义。

例 134　Greek（Modern）（Indo-European: Greek）（Holton et al, 1997: 208）

　　a. Να 'ρχότανε **να**（**subjunctive**）τον βλέπαμε.

　　　　我多么希望他能来，这样我就能见到他了。

　　b. Μακάρι/Που **να**（**subjunctive**）μην τον είχα ουναντήσει.

　　　　我希望我从没见过他。

感叹小品词 *Μακάρι/Που* 与未完成体虚拟语气连用，能表达对不可能发生事情的期许。

5.3.1.3　道义情态义

道义情态义如果设置在违实环境中，通常表示说话者认为某事应该做，但出于某种原因没有做，例如：

例 135 Gooniyandi（Australian: Australia） （McGregor, 1990: 548−549）

    a. Maa   thoowoorndoo   waj-**ja-aladdi**   marlami.

       肉   腐蚀   丢-**SBJV-IRR**.1SG.N.CLF   没有

      我应该把腐肉丢掉的，但是没有。

    b. Jail-nhingi   yoowooloo   dirib-**a-ayoondi**.

      一些-ABL   人   进入-**SBJV-IRR**

      他应该走进去的，但是没有。

这里非现实语气和虚拟语气连用，表示一些事情应该发生，但实际没有发生。这种用法甚至可以延伸未来时间，如例 135 b 句：

有些语言需要使用过去虚拟语气表示类似的语义，如 Balochi 语，道义情态违实句的标记与典型违实句的相同，例如：

例 136 Balochi（Indo-European: Pakistan, Iran, Afghanistan, Oman）

                                （Axenov,2006: 226）

    š-am-ā   dānkū-ān   ki   ta   wart-ag-ay,

    从-EMPH-DEM   炸小麦-PL   SBJ   2SG   吃.PST-PP-2SG

    pa   man   kamm-ē   b-**išt**-ēn-ay.

    对   1SG   小-IND   SBJV-离开.**PST-SBJV**-2SG

    你应该留一些你吃的炸小麦给我。

有时某个特定违实标记就能表示类似的语义，例如：

例 137 Kayardild（Australian: Australia）   （N. Evans, 1995: 378）

    Nyingka   **maraka**   raba-nangku   dathin-ku   dulk-u.

    2SG.NOM   **CF**   踩-NEG.POT   那-MPROP   地方-MPROP

    你不应该踏入那个地方的，但实际上踏入了。

有些语言中的道义情态违实句与典型违实句标记不同，前者可以使用特定的违实标记，如例 138 a 句，而后者则可以使用迁移后的 TAM 特征，如例 138 b 句。如果在简单句中出现违实条件句中的 TAM 特征，则不能进行违实义的表达，例如：

例 138　Zulu（Niger-Congo: South Africa）　　　（Halpert, 2011: 24/23）

    a.　**Ngabe**　ngi-zo-bhala　　iphepha　ebusuku...

       CF　　1SG-FUT-写　　论文　　LOC.晚上

       我今天晚上本要写论文的（但是没写）。

    b.　**be-li**-zo-na　　　　　　izolo

       IPFV-PST.SM-FUT-下雨　昨天

       昨天本来要下雨的。

例 138 b 句可以看成过去将来时，但并不知道过去的事件是否已经实现。Zulu 语的典型违实句往往同时出现两种违实标记，即特定标记 *Ngabe* 和迁移后的 TAM 特征。比起后者，前者更具有独立性。在脱离条件句的框架时，独立性更强的特定标记则更受简单句的青睐。

5.3.2　非典型语义模式

正如上文所说，一些违实句出现了与投射意愿的极性反转。在一些语言中，它们出现了与典型违实句相同的语言标记。鉴于它们的使用频率较低，在世界语言中不具有普遍性，因此称之为"非典型语义模式"。

5.3.2.1　试错、错过义

试错、错过义表示说话者并没有真正做某事，但非常接近完成。在广义上，其与典型违实义相同，都能表示极性反转，但在语用预设上却不尽相同。正是这种语义交叉性才使得很多语言中两者在形式上有相似性，如 Lardil, Nyulnyul, Wagiman, Hua, Hup, Tzotzil, Ngizim, Yimas, Mauwake。如在 Savosavo 语中，特定违实连词 *monei* 有个同位变体语素，表示"几乎"义。在 Matsés 和 Mauwake 语中，违实特定标记 *-tsen*、*-ek* 也可以在词源上追溯到"几乎、差点儿" 义。这些历时层面的共性与关联也证实了试错、错过义与典型违实义之间的共性。这类语义多见于澳大利亚语系的语言，例如：

例 139　Lardil（Australian: Australia）　　　　　　　　　（Hale, 1981: 381）

Ngada　**mara** ra‑thu　kiin‑ku　karnjin‑ku,　yuud‑denja.

1SG.NOM　**CF**　刺‑FUT　这个‑FOBJ　沙袋鼠‑FOBJ　PFV‑离开

我差点儿刺到了那只树袋鼠了，但是跑开了。

例 140　Nyulnyul（Australian: Australia）　　　　　　　（McGregor, 1996: 42）

Ngurrngurr　I‑**1a**‑w‑**an**　　　　　　　in‑jalk‑uk　　　wil‑uk.

溺水　　　　3SG.NOM‑**IRR**‑?‑**PFV**　3SG.NOM‑掉‑LOC　水‑LOC

他掉到水里时差点儿溺水了。

例 141　Wagiman（Australian: Australia）　　　　　　　（Wilson, 1999: 29）

Wiring　gahan　dorroh　**ga‑ma‑ny**　　　buluman‑**gardu**.

木头　　那个　　拉.PFV　3SG.**IRR**‑拿到‑**PFV**　大‑**IRR**

他尝试去拉那个木头，但是太大了。

这些语言多数出现非现实语气标记与过去时 / 完整体等相关 TAM 特征的连用，常常表示 "虽然尝试但是失败，并没有完成某事" 等义。在特定情况下，这种语义与上文提到的道义情态义有重合。

例 142　Hua（Trans‑New Guinea: Papua New Guinea）（Haiman, 1980b: 160）

Kori　　　hu　　　**hine.**

害怕　　　跑.1SG　**CF**

我差点儿就跑了。

Hua 语是少有的几个非澳大利亚语系但却出现试错 / 错过义与典型违实义共形的语言。

5.3.2.2　假装义

假装义相当于英语中的 *as if/though* 等。同理，其与典型违实义在极性反转上具有共性，但在语用预设上却不尽相同。在 Kayardild, Lardil, Chinantec, Ndjébbana, Warrongo, Catalán, Quechua 等语言中，假装句与典型违实句的标记略有差别，但仍被很多学者视为违实句。

例 143 Kayardild（Australian: Australia）   （Evans, 1995: 379/378）

    a. Niya   nguthaliya-th   **maraca**   kalka-th.
        3SG.NOM   假装-ACTU   **CF**   生病-ACTU
        他假装生病了。

    b. Ngada   was-ja   **maraca**   yiiwi-jirri-n-ji.
        1SG.NOM   唱歌-ACT   **CF**   睡觉-RES-N-MLOC
        我当时正在唱歌，有人以为我睡着了。

    c. Jani-jani-ja   niwan-ju,   yakuri-ya   buru-tha
        找-RED-ACT   3SG-PROP   鱼-MLOC   拿到-ACT
        thaa-tha   **marak.**
        归还-ACT   **CF**
        他们出去找他了，还以为他们出去捕鱼了。

    nguthaliyatha（假装，pretend）和 *durumatha*（欺骗，lie）等词表示某人假装出现某个想法，句中常常出现典型违实小品词 *maraca*。当没有出现假装类动词时，句子表示似乎义，相当于英语中的 *as if/though*，如例 143 b、c 句。

例 144 Lardil（Australian: Australia）   （Evans, 1995: 382）

    Kiin   nguthaliya-ku   **maraka**   kalka-n.
    这-NOM   假装-INSTANTIATED   **CF**   病-N
    他看起来就像生病了一样（但其实没有）。

    Lardil 语中的 *maraka* 在表示假装义时只能用在指向非未来的句子中。

例 145 Chinantec（Sochiapan）（Oto-Manguean: Mexico）（Foris, 1994: 496）

    Hn˜uh³²   hnú²   lí³   cú²diú²ˆcú²ñi²   **la³juah²¹**   dúh¹   hi³
    房子.1SG   2SG   是.PRS   糟糕   正如   INDB   COMP
    tiá²   hin²   zian2.
    没   任何人   在那.SIA.3
    你的房子就是一团糟，就好像没人住过一样。

    Chinantec 语中的假装义由连接词 *la³juah²¹* 标记，从词源上可以分解为 *la³*（传信范畴）和 *juah²¹*（说）。

5.3.2.3　过去意愿义

Bybee（1995）认为过去意愿词具有某种阻碍效应，如听话者可以通过"I wanted to help you"语用推理出"I did not help you"。这种极性反转与典型违实义具有一定的相似性，因此在一些语言中两者在形式上的标记也相同或类似，如 Gooniyandi, Perené Ashéninka, Wagiman, Movima, Warrongo, Kinnauri, Chinantec, Zapotec, Hausa, Pashto 和 Embera 等语言。下面列出典型案例进行详细分析，例如：

例 146　Gooniyandi（Australian: Australia）　　　　（McGregor, 1990: 549）

Dirib-**ja**-**yoondi**　　　yoowayi　　　nirdganoo-woo.

进入-**SBJV**-**IRR**　　　他害怕　　　他卡住-DEF

他想进去，但是害怕卡住。

与上文典型违实句的标记相同，Gooniyandi 语的虚拟语气和非现实语气合并使用标记未实现的过去意愿。以下两个语言也出现了与典型违实句相同的标记，例如：

例 147　Perené Ashéninka（Arawakan: Peru）　　　　（Mihas, 2010: 265）

No=niNt-tz-i　　　　no=N-kam-e=**mi**.

1SG=想-EP-REAL　　　ISG.S=IRR-死-IRR=**CF**

我本来想死。

例148　Wagiman（Australian: Australia）　　　　（Wilson, 1999: 31）

Gornkorn　　　**nga**-ngaha**ny**　　　nung　　　gahan　　　jilimakgun

说.PFV　　　**IRR**-1SG.说-**PFV**　3SG.OBL　那个　　　女人

nga-ngotjjeji-na.

1SG-害怕-PST

我本来想跟那个女人说些什么的，但是我太害怕了。

有些语言则出现与典型违实句不同的标记方式，例如：

例 149　Movima（Movima: Bolivia）　　　　　　　　（Haude, 2006: 532）

Che	**didi'**	joy-cheł-I',	ban	jayna	i'nes
并且	**FRUST**	去-R/R-PL	但是	DSC	ART.F
rey	Modesta	di'	'pri:ma	tes-cheł-i'ne'.	
又	Modesta	REL	兄妹	蹒跚-R/R-F	

他们当时想走，但是我妹妹Modesta步履蹒跚。

在 Movima 语中，典型条件违实句需要使用小品词 *disoy*，而上句则需要使用沮丧语气小品词 *didi'*。

例 150　Ndjébbana（Australian: Australia）　　　　　（Mckay, 2000: 300）

Kóndjala	barrábarra	yókkarra	njana	barrábarra
DES	大	鱼	但是	大
djabbarnbókka	ka-nabiya.			
鲨鱼	3MIN.M-假			

我以为是一条大鱼，结果是一条大鲨鱼。

有别于典型条件句中的违实特定词缀 *-na*，Ndjébbana 语中过去意愿句需要使用祈愿语气小品词 *Kóndjala*。

5.3.2.4　反问义

与上文语义类型类似，反问句在一些语言中出现了与典型违实句相同或类似的语言标记，例如：

例 151　Warrongo（Australian: Australia）　　　　　（Tsunoda, 2011: 684）

Ngani-wo=**gaji**	goyay yani-yal?
什么-AT=**CF**	跨过-PURP

我要跨过去干什么呢？

在 Warrongo 语中，附着词 *=gaji* 可以接在疑问代词后面表示与字面意思相反的疑问。当前面出现普通名词时，*=gaji* 则表示"以为"义或"好像"义。

例 152　Hunzib（Nakh-Daghestanian: Russia）　（Van den Berg, 1995: 106）

qaš-a-a	**q'ədə**	t'ut'-á...	āza.
喉咙BL-DAT	**IRR**	丢INF	白霜

难道让我把一块白霜丢到你的喉咙里？

非现实小品词 *q'ədə* 通常与前面的非限定形式连用，表示某种非现实的反问预设。

例 153　Mussau（Austronesian: Papua New Guinea）

（Brownie & Brownie, 2007: 124）

U=kile-kile	va	**aue**	u=**ghele**	velu	aliki	vause
2SG=RED-知道	COMP	**IRR**	2SG=**PST**	丢下	孩子	女人

atoa?

PL

你难道不知道你会把这些女孩们丢掉吗？

Mussau 语中的反问句与典型违实句的标记形式相同，通过非现实语气与过去时叠加形成。

例 154　Hill Madia（Dravidian: India）　（Vaz, 2005: 15）

mətɪ	guʈa	bɛga	vɪɽs-ɛ-ta.
但是	木头	哪儿	离开-**CF**-3NS

但是木头哪儿会离开呢？

词缀 –ɛ 用来表示非条件违实概念，上句隐射出的语义为"木头不会离开"。

这一部分对违实句的语义、语用和交际用途进行了分析。世界语言纷繁复杂，在语义和功能上出现多种类型变体。典型违实义有条件义、愿望义、道义情态义等；非典型违实义可以表现为试错/错过义、假装义、过去意愿义和反问义等。

5.4　其他特征

5.4.1　标记策略：综合型或分析型

　　世界语言可以分成综合型和分析型。这种差别可以进一步延伸到违实句的标记策略上。违实句既可以通过引进出现特定形式变化的助动词以分析的方式标记，也可以通过附着一些词缀以综合的方式标记。这种差异对比非常明显，如 Hile Sherpa 语和 Zulu 语的违实句都使用了未完整体作违实标记，但前者使用分析方式，后者则使用综合方式，例如：

例 155　Hile Sherpa（Sino-Tibetan: Nepal）　　　　　（Graves, 2007: 246）

ɖaŋ	ŋʌ	sʌ-la	ɖét-u	**hín-si,**	ɲìlok
昨天	1SG	地板-LOC	坐.PFV-INF	**COP.IPFV-DICT**	睡觉

é-i.

击打.IPFV-DSJ

如果我昨天坐在地板上，我就睡着了。

例 156　Zulu（Niger-Congo: South Africa）（Halpert & Karawani, 2012: 105）

　　a.　[ukuba　　**be**-ngi-thimul-ile]

　　　　如果　　　**PST.IPFV**-1SG-打喷嚏-PFV

　　　　be-ngi-zo-dinga　　　　　ithishi.

　　　　PST.IPFV-1SG-FUT-需要　　　纸巾

　　　　如果你有打喷嚏的习惯，你就需要带纸巾。（事实是你没有打喷
　　　　嚏的习惯。）

　　b.　[ukuba　**be**-ngi-phuma　　　ngesikhathi　ngi-ku-bona]

　　　　如果　　**PST.IPFV**-1SG-离开　LOC-时间　　1SG-2OBJ-看见

　　　　be-ngi-zo-fik-ile-ekuseni.

　　　　PST.IPFV-1SG-FUT-到达FV-LOC.黎明

　　　　如果我在见你的时候离开，我黎明前就到了。（事实是我没有在
　　　　见你的时候离开。）

　　在 Hile Sherpa 语中，违实标记——未完整体出现在系动词 *hin*
上。此外，主动词则出现真实的体貌表达。与 Hile Sherpa 语相比，

Zulu 语并没有出现助动词来承担违实形式标记。由于所有的违实标记都出现在主动词上，没有太多的地方留给真实的形式变化。因此，不难理解为什么在一些语言中，当使用综合型违实标记策略时，真实的 TAM 特征受到压制。如果这些特征受到压制，听话者如何理解句子中的时体气等特征义？Iatridou（2000）认为语境中的其他元素能够辅助传递时制和体貌义。如在 Even 语中，未来指向义源于完整体动词，现在时义则来源于未完整体义（Malchukov，2005）。

在同一种语言中，违实标记的策略也会出现不一致性。在很多语言中，类似于英语 *have* 的助动词出现在过去违实句中，即分析型策略，如在 Afar 语中，先过去时助动词常常出现在过去违实句中。类似在 Palestinian Arabic 语中，过去违实句中常使用分析策略，但非过去违实句则使用综合策略，即违实标记作为形态变换发生在主动词上（Halpert & Karawani，2011），例如：

例 157　Palestinian Arabic（Afro-Asiatic: Palestinian West Bank and Gaza）
（Halpert & Karawani，2012: 101）

iza　　　**ʧileʕ**　　　　　bukra, b-iwsal　　aʔ　　l-waʧt　　　la
如果　离开**.PST.PFV**　明天　B-到达.IPFV　在　DEM-时间　对
l-muhaadara.
DEM-讲座

如果他明天离开了，他就能准时参加讲座。（他明天离开的可能性较小。）

在 Hill Madia 语中，当时间指向遥远的过去时，则会借助助动词以分析型方式进行违实义的传达。然而，当时间指向邻近的过去或现在时，Hill Madia 语则会通过主动词的词形变化以综合型的方式进行违实义的传达，例如：

例158   Hill Madia（Dravidian: India）   （Vaz, 2005: 14）

    a.　远指过去 CF

nima	mən-j	mən-tɛkɛ	bat-ay
2SG	COP-PTCP	COP-COND	什么-INDF

vərk-is	mən-ɛ-ta.
说-PTCP	COP-**CF**-3NM.SG

如果你刚刚在这儿，她就会说一些其他的事情了。

    b.　近指过去 CF

nima	nend̪	tor	i-vɛkɛ	nəna	d̪øl-ɛ-ən.
2SG	今天	陪伴	给-COND.NEG	1SG	死-**CF**-1SG

如果你今天没有给我帮助，我就死了。

在 Basque 语的西部方言中，当出现静态动词时，违实句常使用分析型方式，如"if you were younger"翻译为 *indartsuago **izango*** （AUX）*bazina* 而不是 *indartsuago bazina*。然而，当其他动词出现时，违实句则需要使用综合形式，如 *arratsaldean baletor* "if s/he came this afternoon"（Hualde & Urbina, 2003）。Serbian 语中也出现了不一致的违实策略，违实句的前句出现综合策略，而后句则出现分析策略，如 *Da si **znao*** （know. PST），*dobio* bi（AUX）*poklon* "Had you known, you would have got a present"（Hammond, 2005: 85）。 在 Ndjébbana 语中，依据社会群体的不同，或出现分析策略，如 *nga-yangka-yína* （1MINA+3MINO-do-CF），或出现综合策略，如 *nga-ya-rarraddja-ngóna* （1MINA+3MINO-clean-CF）。靠河边生活的 Mabárnad 和 Kanakána 群体的 Yírriddjanga 人通常使用分析策略，北海岸 Márro 群体的 Djówanga 人则通常使用综合策略（Mckay, 2000）。从历史上看，综合策略比分析策略出现时间更早，出于经济原因逐渐被分析策略替代。分析策略通常需要借助动词词根的非限定形式，特定助动词的屈折形式比不同动词的屈折变化要更加简便。在 Embera 语中，年轻人倾向于引进特定变化形式的静态助动词，而年长者则使用综合策略对主动词进行屈折变化（Mortensen, 1999）。

5.4.2　标记位置：单句标记或双句标记

这一部分将对世界语言中可能出现的标记位置进行分析。众所周知，违实在跨语言中都具有多重标记性。大多数语言会在前句或后句，或前后两句进行违实标记。那么可以得到 3 种可能性的标记位置，如下：

a. 显性标记前句 + 隐性标记后句

b. 隐性标记前句 + 显性标记后句

c. 显性标记前句 + 显性标记后句

类别Ⅰ：显性标记前句 + 隐性标记后句

James（1982）认为违实句的前句常常打开了一个想象世界，在这个世界里后句事件得以实现。按照这个逻辑，后句在语气层面通常与前句保持一致。在一些语言中，当前句出现违实标记时，受制于经济原则，后句则出现标记省略，例如：

例 159　Paumarí（Arauan: Brazil）　　　　（Derbyshire & Pullum, 1991: 247）

i–a–ka'oaha–ja　　　　**vaha**　　　ida　　　　bakatha;

2SG–N.CLF–关–IMMED　　**CF**　　　DEM.F　　门

ni–voroni–ki　　　　　ida　　　　isai.

NEG–掉–NONTHEME　　DEM.F　　孩子

如果你关了门，孩子们就会从房子上掉下来。（事实是你没有关门。）

违实条件句的前句需要强制使用违实小品词 *vaha*，但后句则可以选择性使用标记。同样在 Ngizim 语中，后句中的 *daa* 也可以选择性删除：

例 160　Ngizim（Afro–Asiatic: Nigeria）　　　（Schuh, 1972: 346/349）

a. **daa** káa bii–naa gəši–k bədlamu nən, **daa** gusku adla–w áa wuna aa tək–aaci bai.

如果你能拿到鬣狗的心脏，你今晚上咳嗽就能痊愈。（拿到鬣狗心脏的可能性较小。）

b. **daa** dà diina–na gwadan–aaci–n, áa ŋgalta–du.

如果你能带来花生，你就可以去称它们。（带来花生的可能性较小。）

Ket 语（俄语的方言）也出现了类似的情况，违实标记小品词 *sīm* 或出现在前句，或出现在后句（Georg, 2007: 290）。

Nordström（2010）认为情态命题的从属连接词通常可以看成违实标记。由于从属连接词一般都出现在前句，这样一来就使得违实从属句的前句出现标记，如 Hewbrew 语：

例 161   Hebrew（Afro–Asiatic: Israel）   （Nevins, 2002: 446）

Ilu hu hayah tokeach et   ha   trufah, hu   hayah mevri.

CF 他 PRF 用   DIR.OBJ DEM 药   他   就会   健康

如果他用了药，他就康复了。（事实是他没有用药）

类别Ⅱ：隐性标记前句 + 显性标记后句

Fischer, Rosenbach & Stein（2000）认为违实句的后句在认知情态距离上远于前句，因此也有可能出现标记多于前句的情况，例如：

例 162   Jamsay（Dongo: Mali）   （Heath, 2008: 585–586）

a. nì–dî:ⁿ   yěs-sà-bà   **jì:ⁿ** dèy, bé wɔ̌:–m̀   **jì:ⁿ**.
这儿   来–RES-3PL **PST** 如果 3PL 杀.IPFV–1SG **PST**
如果他们来了这儿，我就杀了他们。（事实是他们没来。）

b. bú:dù yé   sà–m   dèy, wò–rú   ó:–m̀   **jì:ⁿ**.
钱   存在 有–1SG   如果 3SG–DAT 给.IPFV–1SG **PST**
要是我有钱，我就给他/她了。

在一些语言中，违实标记只出现在后句，例如：

例 163   Embera（Choco: Colombia）   （Mortensen, 1999: 122）

Mʉ–ta   haʉ   ewari–de nama b–e–da–para
1SG–ABS.FOC 那   天   这儿   是–PFV–PRT–时间
tiauru–pa   mu–ra   pea–i   **b–a–sʰi–a**.
恶魔–ABL   ISG–ABS 杀–**IRR** 是–**IPFV–PST–DECL**
如果我那天待在那儿，恶魔就把我杀了。

在 Embera 语中，只有违实句后句需要出现非现实标记 –i，其与主句动词过去时共同作用传递违实义。

如果一个语言中的违实义主要靠语气范畴传递，那么这个语气标记通常出现在后句，例如：

例 164　Yoruba（Niger–Congo: Nigeria, Bernin）　　　　（Salone, 1979: 71）

bí　ó　bá　se　pé　ó　lè　so　Yorùbá ni,　won　**ìbá**
如果　它　INDF　是　那　他　能　说　PN　　COP　他们　**IRR**

ti　gbà　á.
PFV　接受　他

要是他能说 Yoruba 语，他们就能接受他。（事实是他不能说 Yoruba 语。）

类别Ⅲ：显性标记前句 + 显性标记后句

Haiman（1985）认为违实句倾向于前句和后句进行平行对称标记。这种平行标记在部分语言中得到验证，例如：

例 165　Yimas（Lower Sepik–Ramu: Papua New Guinea）（Foley, 1991: 265）

Ampi-ya-**ntuk**-mp-n　　　　**ant**-ka-wa-**ntut**
POT-来-**RM.PST**-Ⅶ　　　　SG-OBL

ampi-ya-**ntuk**-mp-n.
POT-1SG.A-去-**RM.PST**

如果这两个来了，我们就去了。（事实是这两个没来。）

在很多语言中，这种平行对称受到了破坏。Molencki（2000）认为后句需要在前句的基础上另加一层标记用来隔开与前句的认知距离，如英语中的条件语气 would。在 Basque 语中，这种距离则由过去分词和助动词的虚拟形式标记，如 ikusi luke "he would have seen it"，etorri litzateke "he would have come" 等；或由完整体和助动词的过去式标记，如 –ke like ikusi (ko) zukeen "he would have seen him"（Hualde & Urbina, 2003）。还有一些语言需要在后句借助未完整体隔开认知距离，如 Afar 语：

例 166   Afar（Afro-Asiatic: Ethiopia, Eritrea, Djibouti）（Bliese, 1977: 133）

Cadaa'ga-l   ged-in'n-in-o-y   'rob   'nee

市场-去   去-PRF-我们-PRS-如果   雨   我们

'gey-**a**-k   y-en.

到达-**IPRF**-PTCP   它-COND

如果我们（已经）去市场，我们就会淋雨了。

以上类似的语言用例还有 Sidaama, Tamashek, Kannada, Balochi, Jamsay 和 Limbu 等。标记位置与对应的语言数目统计如下：

表 5-24   违实标记位置与语言数目

标记位置	绝对频率	相对频率
前句标记	41	26
后句标记	23	15
前句&后句标记	64	41
混合	12	8
不适用①	15	10
总计	155	100

从表 5-24 中可以看出，前后句都出现标记的语言数目最高。在 64 种出现前后句标记的语言中，有 43 种语言出现了平行标记，与 Haiman（2002）的结论保持一致。对于只有前句或后句标记的语言来说，前句标记的语言数目（41）比后句标记的语言数目（23）更高。在 41 种出现前句标记的语言中，34 种语言出现特定违实标记；在 23 种出现后句标记的语言中，16 种语言中的违实句出现叠加非特定语气；在 62 种出现前后句标记的语言中，54 种语言中的违实句出现时制 + 体貌的标记模式。

---

① 部分语言缺乏对违实标记位置的详细记录，或从已有数据中很难测算出恒定的标记位置。

5.4.3　合并标记

如上文所述，语言中表达违实义的方法各不相同：或通过特定连词、动词、副词、小品词、附着词、词缀；或通过非特定标记，如词汇动词、TAM 特征等。很多语言在表达违实义时需要在语法上合并一种以上的策略。如在 Tamashek 语中，违实条件句需要使用特定违实连词 *enækk*，与 TAM 特征中的完整体和未完整体共同作用。在 auwake, Polish, Russian, Georgian, Zulu 和 Ossetic 等语言中，需要合并使用特定违实标记和迁移后的非特定 TAM 特征。

在一些语言中，很多违实特征合并标记，从而达到语用增强的效果。如在英语中，指向未来的违实句可以选择性地使用先过去时（过去的过去）用来增强违实义，如 "If I had left tomorrow, I would have arrived in time for the conference"。在 Palestinian Arabic 语中，句首违实关联词 *law* 与迁移后的过去完整体连用可以起到违实增强的作用。在 Russian 和 Polish 语中，尽管出现迁移过去时，肯定和单否定违实句不是必然要解读成违实句，如果出现双重否定，句子的违实义则会得到加强。因此，一个语言即便缺乏违实标记，也可以通过合并的方式进行违实义的传达。在汉语中，通过叠加使用多种违实特征，如过去时、第一人称代词、否定、语气副词等，准确地进行违实义的表达（见第 3、4 章详述）。

5.4.4　混合标记

一种语言中可能出现不同种类和语义的违实句（详见 5.3）。语言对不同的违实句会采用不同的标记策略。换句话说，同是违实义，在语言中可能由不同的路径生成。混合标记与合并标记不同，前者是指同种语言中对不同句子采用不同的策略，而后者则是指同种语言的同一个句子中出现的不同标记。观察下列语言中出现的混合标记：

例 167　Kham（Sino-Tibetan: Nepal）　　　　　（Watters, 2002: 286-287）

　　　　a.　nəm　　　　　　o-ma-wa-o　　　　　ta-kin　　**ba-nya**
　　　　　　天　　　　　　3SG-NEG-下雨-NMLZ　　是-如果　　去-**INF**
　　　　ŋa-le-o
　　　　1SG-是-NMLZ
　　　　如果没下雨，我就走了。（事实是下雨了。）

　　　　b.　nəm　o-ma-wa-o　　　　　　ta-kin　　ŋa-ba-**khe-ho**
　　　　　　天　3SG-NEG-下雨-NMLZ　是-如果　1SG-go-**PROH-HYP**
　　　　如果没下雨，我**可能**已经走了。（事实是下雨了。）

　　Kham 语有两种违实表达的方式：一种是借助过去时语境对已知事实进行假设，如例 167 a 句；另一种是借助非现实语气词的叠加，生成违实义，如例 167 b 句。在一些语言中，肯定违实和否定违实使用不同的语言策略，例如：

例 168　Paresi-Haliti（Arawakan: Suriname）　　　　　（Brandão, 2010: 51）

　　　　a.　**Eko=iya**　atyo　kaminhao　iyare　kalini=ya　atyo　Habo
　　　　　　CF=IRR　FOC　卡车　　买　　现在=IRR　FOC　Habo
　　　　wa-bajiya-ita.
　　　　1PL-去-PROG
　　　　要是我买了一辆卡车，我今天就去 Habo 了。

　　　　b.　**Iya**　awa　imoti　　　Taviano　kolatya-h-it-ene
　　　　　　IRR　NEG　非印第安人　Taviano　拿走-PL-PROG-OBJ
　　　　hoka　hekoya=**iya**　　tyaon-ita-ha　　　kalini.
　　　　SBJD　PTCP=**IRR**　　COP-PROG-PL　　现在
　　　　如果他们没有被非印地安人 Taviano 带走，他们现在还会住在那儿。

　　例 168 a 句中的肯定违实句使用合并标记，通过合并非现实语气 *iya* 和特定违实标记 *eko* 实现。然而，在否定句中前后句都需要平行使用非现实附着词进行违实义的传达。还有一些语言中的肯定与否定违实句使用不同的句法结构，例如：

例 169　Kokota（Austronesian: Solomon Islands）　　（Palmer, 2008: 389）

    a.　g̅-e-ke　　　　au　　　la　　　manei, g̅-e-la　　　a

       NT-3S-PFV　存在　COND　他　　　NT-3SG-去　1EXCL.PL

       fahega　　　lehe　　ara.

       开心　　　　非常　我

       如果他还活着，我就会非常开心。（事实是他已经死了。）

    b.　**ta**　　　ti-fa-dia-i=la　　　　　　　　manei　g̅lepo

       SBD　　NEG-CAUS-很差=3SG.O=COND　他　　事情

       an-law.

       那-SPEC

       如果他没有做那些坏事！

肯定违实句使用非连接型违实句，否定违实句则必须使用从属连接词 *ta*。有些语言中的否定违实句会将否定词置于句首，否定词起到了连接句子的关联词作用。如 Ashéninka Perené 语中的否定关联词 *airorika* "if not"：

例 170　Ashéninka Perené（Arawakan: Peru）　　（Mihas, 2010: 264）

    [apaatatziro　　i=saik-I　　　　　　　ironyaaka

    之后　　　　　　3M.SG=是在-REAL　　　现在

    i=pi-ak-i=ri　　　　　　　　　mapi]　　**[airo=rika**

    3M=变-PRF-REAL=3M.O　　　石头　　NEG.**IRR=COND**

    ironyaaka　　i=tsoNka-he-t-aka-e=mi]

    现在　　　　3M.S=结束-PL-EP-PRF=CF

    之后他留在那儿变成了一个石头，不然的话他会杀掉所有人。

在一些语言中，违实特定连词只能出现在否定句中，如汉语中的"要不是"，Chol 语中也出现了同样的例子：

例 171　Chol（Mayan: Mexico）　　（Álvarez, 2011: 415）

    Mach=ik　　ba'añ　　　tyi　　　aw-äk'-ä-ø

    NEG=IRR　　哪儿.EXT　　PFV　　2.ERG-给-TV-3.ABS

    a-bäj=I,　　　　tyi　　　tye<j>ch-y-ety

    2.ERG-RN=FIN　PFV　　治愈<+PASS>-Ⅳ-EP-2.ABS

    如果不让他打你，你早就治愈了。

第6章 违实标记与违实义的生成

本章主要研究违实标记的历时形成轨迹。基于由 155 种语言组成的大规模语种库的实例研究可以发现，违实标记常常以复杂形式出现。最常用的组合形式是过去时与完成体的组合。Dahl（1997:97—114）认为这些组合的违实标记都各自有其历史发展轨迹。这启发了对语言中各种常用的堆积违实标记进行历时层级研究，包括过去时、完成/非完成体、非现实语气等。违实标记的发展延续着统一的循环轨迹：始于过去时，演变成虚过去时，进化成可以出现在未来时制中的成熟的违实标记。对违实标记的类型差异进行历时研究，可以梳理出一条具体的语言演变路径。正如前文所述，在世界语言中可能遇见两种不同的违实句。第一种违实句通过增加语境中的信息，从而增强违实义的推理。这种由推理产生的违实义也很容易被取消。这些承载语境信息的语言形式被称为"CFE 因子"（见 3.4 详述），区别于 CF 标记，不是违实义生成的充分或必要条件。而第二种违实句则是使用能够充分地传递违实义的句法形态手段。这种手段则被称为"CF 标记"。相较于 CFE 因子堆积出来的违实推理义，由 CF 标记生成的违实义则较难取消。在语言的演化过程中，CFE 因子会逐渐受到语用规约的影响演变成 CF 标记。这种演变过程在一些有丰富 TAM 屈折变化的语言中更为明显。当 CF 标记形成以后，其会逐渐由过去违实句类推到非过去违实句，从而使得过去时制指向义变得模糊。在这种情况下，新一轮由 CFE 因子到 CF 标记的演变则会产生，用来区别时制义和加强违实义，因此形成了一个新的循环，如图 6-1 所示：

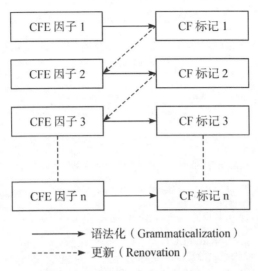

图 6-1　违实标记系统的演变与更新

　　在图 6-1 的第一个阶段，违实义主要由语用推理形成，并没有出现相应的句法形态等语言手段。因此，在这个阶段，CFE 因子相当于语用线索，有选择性地被说话者使用，用来满足各种不同的交际需求。当 CFE 因子数量足够时，听话者便可以通过句子提供的信息从句子表面意思相反的角度进行事实预设。因此，不同的说话者可能会使用不同的 CFE 因子进行违实表达，违实表达也没有固定的形式特征。通过语法化，最常用的 CFE 因子往往会改变原有的语法功能，并逐渐变为 CF 标记。TAM 特征最初在很多语言中被借用为 CFE 因子，如真实的过去时、完成 / 整体、未完成 / 整体、过去虚拟语气等。这些 CFE 因子由于长期在违实环境中使用，逐渐与违实产生某种形式上的非偶然联系，并逐渐产生违实情态义。当违实情态义超越本身的 TAM 义时，这些 TAM 特征就逐渐衍生出 CF 标记的用法，本身的 TAM 指向义甚至因此退化，由此产生了假时制。在世界语言中有很多方式可以标记违实义。从理论上来说，仍然有很多语言停留在图 6-1 勾画的违实标记系统演变的最初阶段，即违实句主要依靠 CFE 因子完成，如第 3、4 章谈及的汉语。有意思的是，世界上已然有很多语言出现了违实标记的演化，甚至走得更远。当语言中出现了 CF 标记时，该语言可以借用标记的作用来表示指向未来的违实义，原本指向过去的违实义则在语义上有所削弱。由于受到了强化（reinforcement）的作用，语言出现了更新（renovation），即通过在过去违实句中引进一个新的语言要素来增强违实表达。因此，又一层新的 CFE 因子叠加在原有出现 CF 标记的句中。如在印欧语系语言中，可以通过历时语料追溯到未完成体（perfect）叠加到过去违实句的痕迹。同样，这种叠加上去的 CFE 因子在语用规约的作用下会进一步语法化成为 CF 标记，用来充分地传递违实义，甚至是在非过去指向的句中。理论上，这种循环性的演变会一直持续下去，不会结束。但跨语言语料显示，这种层级循环的极限是 3 层，如在日耳曼语族中，过去虚拟语气→条件语气→完成体。这种历时演变也可以从共时的多样性分布中得到进一步验证。这一章将结合现有的历时数据和共时层面的分布数据，构建违实标记系统的历时演变线路，并由此探究违实义的生成模式。

6.1　过去时的演变

6.1.1　作为 CFE 因子的过去时

在违实句中使用过去时具有跨语言的共通性。过去时在时间上和情态上都能表示远指义（remoteness），在根本语义逻辑上与违实义有重合（Steele, 1975; Iatridou, 2000; Ritter and Wiltschko, 2010）。在讨论违实句中过去时的角色之前，需要区分两种不同用法的过去时，即真过去时和假过去时。正如其名，真过去时往往保留了其本身的时制价值，只能用来指称过去事件；但假过去时已经失去其时间意义，可以用在表示非过去的句中。真过去时可以通过对发生在过去的已知事实进行虚拟假设，进而传递违实义。然而，它并不能像假过去时那样充分地标记违实义，例如：

例 1　I wanted to help you.（Bybee，1995：506）

Bybee（1995）认为例 1 通常用在"where I didn't help you"这样的语境中，这是由于过去时在语用上具有阻断效应。这种阻断效应甚至具有时间上的延伸性，如例 1 仍然可以在"你现在仍然需要我的帮助，但是我现在不能提供帮助，未来也不能提供帮助。"这样的语境中使用。这种跨时间的阻断效应正是违实语义的核心。但这种阻断效应仅仅是语用上的，具有不稳定性和可取消性，如上句仍然可以在"I wanted to help you and I did it"这样的语境中使用。Guarani（Tupian: Argentina, Brazil, Paraguay & Bolivia）语中也出现了同样的例子，真过去时间词 *kuri* "back then"（那时候）表示上文提到的某个过去时间点，常常作为违实句中必要出现的一个语言成分。但由于该时制义为真，其推测形成的违实义也很容易被取消，例如：

例 2　Context: Malena saw the weather report two days ago

（Tonhauser, 2006: 250）

Kuehe	o–ký–ta	**kuri**.
昨天	3–下雨–FUT	**那时候**

昨天本来要下雨的

... ha	o	ky.
……并且		下雨

……并且下雨了

因此，这类真过去时并不能彻底地标记违实义，也不能看成 CF 标记。考虑到其与违实表达之间的关联性，这里将其划分为 CFE 因子。

通过 CFE 因子来进行违实义表达的语言停留在语言发展的最初阶段。这类违实义通常也只能局限在过去的时间框架内，例如：

例 3   Bardi（Australian: Australia）   （Bowern, 2004: 106–107）

　　　a. Janin–marr　　　　nga–**la**–laba–**n**=jirr=in　　　　　　　miinybal.
　　　　　鸟–SEMBL　　　　1–**IRR**–有–CONT/**PST**=3MIN.FOC.IO 翅膀
　　　　　我希望我像鸟一样有翅膀。

　　　b. gaadiliny　　　　　nga–**l**–arli–**n**　　　　　　　laalboo–yoon.
　　　　　猴子鱼　　　　　　1.MIN.NOM–**IRR**–吃–**PRS**　　土锅–ABL
　　　　　我想吃土锅里做出来的猴子鱼。

　　　c. Boowa–nim　　　　oo–**la**–rr–arl–**a**=goorr.
　　　　　蚂蚁–ERG　　　　　3–**IRR**–AUG–咬/吃–**FUT**=2AUG.DO
　　　　　这个蚂蚁可能会咬你。

例 4   Nyulnyul（Australian: Australia）（McGregor & Wagner, 2006: 360–361）

　　　a. Nga–**li**–jalnn–**an**–karr–ji　　　　　　　　kalb
　　　　　1:MIN:NOM–**IRR**–看见–**PST**–SBJV–2:MIN:ACC　上
　　　　　Nga–**lib**–m–**an**–ji　　　　　　　　　　　mudikard–uk.
　　　　　1:MIN:NOM–**IRR**–放–**PST**–2:MIN:ACC　　　车–LOC
　　　　　要是我看见你，就把你从车里接走了。

　　　b. Mi–**li**–jid–ikarr　　　　　　　　kinyingk–ung　　　bur
　　　　　2:MIN:NOM–**IRR**–去–SBJV　　　　　所有这些　　　　国家
　　　　　i–li–rr–ar–juy.
　　　　　3:NOM–IRR–AUG–矛–2:MIN:NOM
　　　　　要是你去那个国家，人们就会刺向你。

例 5   Warrwa（Australian: Australia）（McGregor & Wagner, 2006: 360–361）

　　　a. Jimara　　　　　wi–**l**–wani–**na**–yarri　　　　　now,
　　　　　接近　　　　　　3:NOM–**IRR**–坐–**PST**–SBJV　　现在
　　　　　wi–la–manda–na–yadirr.
　　　　　3:NOM–IRR–浸润–PST–1+2:AUG:ACC
　　　　　要是接近，我们就湿身了。（实际上没有接近。）

　　　b. Juwa–na　　　　　mi–**n**–ka–yarri–minya　　　　kinya–na
　　　　　2:MIN–ERG　　　　2:MIN:NOM–**IRR**–打–SBJV–ABL　这个–ERG
　　　　　wi–**n**–ka–yu.
　　　　　3:NOM–**IRR**–打–2:MIN:ACC
　　　　　要是你打他，他就会反击。

c.　Marlu　　　ngayak　　　nga-la-ndi-**na**　　　　　　　marlu

　　NEG　　　问　　　　　1:MIN:NOM-**IRR**-说-PST　　　NEG

wi-la-nga-ngay.

3:NOM-**IRR**-给-1:MIN:ACC

我不问他的时候，他就不给我。

　　Nyulnyulan 语族的语言在时制上常常有两分（过去时和非过去时）或三分（过去、现在和将来）两种情况。违实义通常可以由过去时和非现实语气合并表达，如例 3 a 句和例 4 a 句等。指向现在或未来的句子无法表达违实义，只能按照普通虚拟义进行解释，如例 3 b、c 句，例 4 b 句和例 5 b 句。在这些语言中，违实只能以非常有限的方式进行表达且使用频率较低，如在 Nyikina 语中，例 4 a 句是唯一的违实句。在这些语言中，违实义多产生于语用推理，过去时也没有出现反转用法，因此产生的违实义也有可能受语境干扰，如例 5 c 句就出现了同样形式标记的非违实。对过去已知的事物进行假设往往会产生违实义。理据是，过去发生的事件应该是已知、确定的，若对已知、确定的过去的事件进行"假设"，则会造成逻辑矛盾，由此形成"违背事实"的违实义。但如果过去时在这类语言中只是通过贡献自身的时制义，并没有进一步语法化成违实标记，那么这类违实句将仍然停留在通过语用层面推导得到。因此，其违实义很容易受语境影响而被取消。

　　作为 CFE 因子的过去时另一个特点就是非强制性，例如：

例 6　Zuni（Zuni: United States）　　　　　　　　（Nichols, 2003: 88-89）

a.　wish-apc'i-nap-ka-tappa

　　断颈-PL.SBJV-**PST**-SBJV.katchina-to

kok^w-'antowo-'a-ti-k'ya-nna-**kya**.

击-打-寸-CAUS-IRR-**PST**

要是他们卡住这个喉咙，他就把 katchinas 给击毙了。（事实是他们没有卡住这个喉咙。）

b. hish 'akcek'i c'ana 'ash-e-p kokʷ 'ash-e-nna.
  非常 男孩 小 死-CONT-SBJV katchina 死-CONT-IRR
如果这个小男孩死了，katchinas也就死了。（事实是这个小男孩没死。）

可以看到，作为 CFE 因子的过去时有以下特点：①只能在过去时间框架内表示违实义；②借助语境信息表示违实义，违实义可被取消或加强；③与违实表达关联，但非充分必要。

6.1.2 从 CFE 因子到 CF 标记

印欧语系语言中的过去时停留在从 CFE 因子到 CF 标记演变过程中的不同阶段。这些语言中的语料显示，过去时逐渐突破界限，类推到非过去的违实句。在 Parači 语中，违实表达通常使用过去时，例如：

例 7 Parači（Indo-European: Iran）   （Efimov, 2009: 101）

ágar tån teč rušán **bi** bå, tō
如果 你的 眼睛 明亮 COP.**PST**.3SG IRR 你

thō nayón ná-**xuṛ** bå.
烤焦 面包 NEG-吃.**PST**.3SG IRR

要是你的眼睛看得清，就不会把烤焦的面包吃了的。

Vydrin（2013）认为过去时在该语言中出现了向非过去时类推的趋势，但并不常见。在另一个伊朗语族语言 Sogdian 语中，也发现了一个罕见的类推用法，例如：

例 8 Sogdian（Indo-European: Iran）   （Gershevitch, 1954: 123）

'XRZY prtr 'WZY 'kwty 'PZY 'WZY k'sy
并且 更好 或者 狗 并且 或者 猪

wδwh **wm't-'w** 'YKZY tw'xky.
妻子 COP.**PST**-1SG 而不是 你的

我宁愿当狗或者是猪的老婆，也不愿意当你的老婆。

另一种功能反转的过去时则体现出较为彻底的违实标记功能，

其本身的时制指示功能已经消失，过去时可以用在表示未来的违实事件中。这种反转的过去时进入违实句是一个逐渐强制化的类推过程，在一些语言中仍然保留了其在演变过程中的痕迹。Marathi 语中类推后的过去时用法相对常见，例如：

例 9　Marathi（Indo-European: India）　　　　　　　　（Bhatt, 1997: 51, 52）

a.
tuu	maajhyaakade	laksh-**dilē**	tar	chuuk	karnaar
你	我	听见-**PST**	那么	错误	做.FUT.INF

　naahiis.
　NEG.COP.PRS.2SG
　要是你听我的话，就不会犯错误了。（你听我话的可能性较小。）

b.
mii	tujhyaa	jaagīī	**asto**	tar
我	你的	在地方	COP.**FUT**.1SG	那么

（mii）	tyaalaa	maarlē	**astē**.
我	他	打.PST.2SG	COP.**FUT**.3SG

　要是我在你那儿，我就打他了。

c.
tyaachyaajaval paise	**aste**	tar	gaariinē
他接近　　　　钱	COP.**FUT**.3SG	那么	在火车上

aalaa	**Astaa.**
来.PST.3SG	COP.**PST**.3SG

　要是他有钱，就坐火车来了。

　　但在非过去时的环境中，过去时只是选择性使用，并不具有强制性，如例 9 b、c 句。

　　Marathi 语的违实句虽然出现了这种反转过去时的用法，但不具有强制性。与印欧语系语言相比，Marathi 语的过去时语法化程度较低，或许正在演变过程中。英语违实句中的过去时语法化程度较高，反转过去时在标记现在/将来违实事件时具有一定的强制性，如 "If it rained tomorrow..." 随着过去时反转用法的出现，违实逐渐蔓延到表示现在/将来的时间框架内，违实义也随即被削弱（Dahl, 1997:109）。于是语言系统将会调用新的库藏手段用以加强过去时间框架内的违实义。

Palestinian Arabic 语中的过去完整体助动词 *kaan (o)* 在句法形态上只表示过去时（Karawani & Zeijlstra, 2010; Bjorkman, 2011）。*kaan (o)* 可以出现在非完整体义的句子中，例如：

例 10   Palestinian Arabic（Afro-Asiatic: Palestinian West Bank and Gaza）

（Bjorkman & Halpert,2012: 16）

> Kannat   **tuktub**.
> COP.PST.PFV   写.**IPFV**
> 他过去常常写作。

因此，和上述其他语言一样，Palestinian Arabic 语中的违实句主要依靠过去时，例如：

例 11   Palestinian Arabic（Afro-Asiatic: Palestinian West Bank and Gaza）

（Halpert & Karawani, 2012: 101）

  a. 过去违实

> Iza   **kaano**   ʧileʕ   mbaareh,
> 如果   COP.PST.**PFV**   leave.PST.PFV   昨天
> **kaan**   wisel   ʕ   al-waʔt
> COP.PST.**PFV** 到达.PST.PFV   在   时间
> la   l-muhaadara.
> 对   这个讲座
> 如果他昨天到了，就能准时参加讲座了。

  b. 现在违实

> Iza   ʧileʕ   halaʔ,   **kaan**
> 如果   离开.PST.PFV   现在   COP.PST.**PFV**
> b-iwsal   ʕ   al-waʔt   la
> B-到达.IPFV   在   这个-时间   对
> l-muhaadara.
> 这个-讲座
> 如果他现在离开，就能准时参加讲座了。

c. 现在违实

Iza	**kaano**	ʕam	yitlaʕ	halaʕ	min
如果	COP.PST.**PFV**	PROG	离开.IPFV	现在	从

l-bet,	**kaan**	b-iwsal	aʕ	l-waʔt.
这个家,	COP.PST.**PFV**	B-到达.IPFV	在	这个-时间

如果他能现在离开家，他就能准时到达了。

d. 未来违实　　　　　　　　　　　　（Halpert & Karawani, 2012: 101）

Iza	ʔileʕ	BUKRA,	（**kaan**）	b-iwsal
如果	离开.PST.PFV	明天	COP.PST.**PFV**	B-到达.IPFV

ʔ	al-waʔt	la	l-muhaadara.
在	这个-时间	对	这个-讲座

如果他明天离开，就能准时参加这个讲座了。

在指向过去的违实句中，*kaan (o)* 在前后句都需要出现，如例 11 b、c 句。在现在违实句中，*kaan (o)* 在后句中强制出现，在前句中则选择性出现，如例 11 b、c 句。在未来违实句中，*kaan (o)* 不能出现在前句，只能选择性地出现在后句中。

从上述例子可以看到，Palestinian Arabic 语中的过去完整体只能用作过去时。Palestinian Arabic 语在例 11 b、c、d 句中出现过去时迁移类推用法。Palestinian Arabic 语中的 *kaan*（o）"COP. PST.（PFV）"的使用方法可以总结如表 6-1：

表 6-1　Palestinian Arabic 语中的过去完整体

	过去违实句		现在违实句		将来违实句	
	前句	后句	前句	后句	前句	后句
kaan (o)	强制	强制	选择	强制	禁入	选择

Palestinian Arabic 语中 *kaan (o)* 用法的共时分布正是对历时演变的补充证据。Dahl（1997）认为在演变成为 CF 标记之前，语言形式常常以选择性的成分进入过去违实句，随着语言演变逐渐强制化，并类推到非过去的时间领域。随之而来的是时间指向能力的消失，

于是语言会调用新的语言形式进入过去违实句，并经历由选择到强制的语言类推过程，如图 6-2：

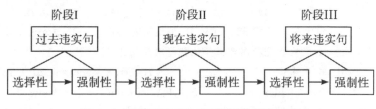

图 6-2　CFE 因子到 CF 标记的演变路径

　　和 Marathi 语一样，Palestinian Arabic 语中的违实标记目前停留在阶段Ⅲ，即作为选择性成分进入将来违实句。Turkish 语在过去违实句和非过去违实句中都出现了过去时的强制使用，例如：

例 12　Turkish（Atlatic: Turkey）　　　　　　　　　　（Kononov, 1956: 530）

　　a.　Pervin　　kol-um-a　　　　　　gir-me-**se**-y-**di**
　　　　PN　　　手-1SG.POSS-DAT　　拿走-NEG-**COND**-COP-**PST**
　　　　düş-ecek-ti-m.
　　　　掉下-FUT-PST-1SG
　　　　如果Pervin没有抓住我的手，我就掉下来了。

　　b.　　　　　　　　　　　　　　　　　　（Göksel & Kerslake, 2005: 427）
　　　　Vakt-im　　　　　　ol-**sa**-y-**di**　　　　　ben　de　**yarın**
　　　　时间-1SG.POSS　　　COP-**COND**-COP-**PST**　我　也　明天
　　　　siz-ler-e.
　　　　你-PL-DAT
　　　　要不是我明天忙，我肯定会加入你们的。

　　在 Turkish 语中，系动词的过去形式 *ydi/idi* 加上一种特殊词缀 *-se/-sa*（条件语气）表示违实义。例 12 b 句出现了过去时的迁移反转用法，与非过去时间词 *yarın*（明天）共现。有意思的是如果条件语气顺序先于过去时，则会出现普通开放虚拟义，例如：

例 13　Turkish（Atlatic: Turkey）　　　　　　　　（Nevins, 2002: 446）

Abelard	Eloise–e	dün	çiçek	ver–**di**–y–**se**,
Abelard	E–DAT	昨天	花	给–**PST**–COP–**COND**
Eloise	mutlu	ol–muç–tur.		
PN	快乐	COP–PRF–COP		

如果 Abelard 昨天给了 Eloise 花，Eloise 就开心了。

Bybee（1985）认为通常时制标记要前于语气标记，如例 13 中的 *di...–se/sa*。例 12 中则出现了语气前于时制的用法，这是因为 Turkish 语中的过去时已经出现了超情态义，本身的时制义已经退化。显然在 Turkish 语的违实句中，过去时已经从真时制语法化为假时制。正是由于假时制的情态义，其传递的违实义才更为彻底和稳定，很难受到语境的干扰。

6.1.3　以过去时为 CF 标记的案例分析

很多语言中都有迁移过去时的用法。Van linden & Verstraete（2008）认为情态范畴是违实句标记的必有成分。一些语言中的违实句或是通过显性语气成分和过去时合并标记，如例 14、15；或是在条件句框架内使用过去时标记，如例 16、17、18：

例 14　Russian（Indo–European: Russia）　　　　（Mezhevich, 2008: 332）

Esli	**by**	Anna	（pro）–čita–**l**–a	stat'ju,	ona	**by**
如果	**SBJV**	Anna	PRF–读–**PST**–F.SG	文章	她	**SBJV**
sdala	ekzamen.					
通过	测试					

如果 Anna 读了那篇文章，她就能通过那个测试了。

例 15　Saramaccan（Creole: Suriname）　　　　　（Van de Vate, 2011: 230）

a. Ée	í	wómi	á	**bi**	síki	nóo	a	**bi**
如果	DET	人	NEG	**PST**	生病	NARR	3SG	**PST**
ó	gó	éside	a	hóndi.				
SBJV	去	昨天	LOC	打猎				

如果那个人昨天没有生病，他就能去打猎了。

b. Ée   i   **bi**   bái   híla   beée   dí   yúu   akí

如果   2SG   **PST**   买   很多   面包   DET   小时   这儿

nóo   yu   **bi**   ó   á   sondí   u   nyá   éti.

NARR   2SG   **PST**   **SBJV**   有   东西   FUT   吃   还

如果你买了很多面包，就有东西吃了。

c. Amanya   a   **bi**   ó   gó   a   sikoo   ma   a

明天   3SG   **PST**   **SBJV**   去   LOC   学校   但是   3SG

dé   ku   síki.

COP   和   病

明天，他本来要去上学，但是生病了。

例16   Japanese（Japanese: Japan）   （Toshiyuki Ogihara, p.c. data）

a. Mosi   Taroo-ga   ima   soko-ni   i-**tara**,   soodansi-**ta** daroo.

如果   Taro-NOM   现在   那儿-在   COP-**PST**   讨论-**PST**   也许

如果Taro在那儿，我也许会跟他讨论。

b. Mosi   asita   ame-ga   fut-**tara**,sanpo-ni-wa   ika-na-i.

如果   明天   雨-NOM   下-**PST**   走-向-TOP   去-NEG-PRS

要是明天下雨，我们就不出去走了。

例17   Korean（Korean: Korea）   （Han, 1996: 130）

John-i   cha-lul   kacko   iss-**ess**-tamyen mayil   wuncenhal

John-NOM   汽车-ACC   有   COP-**PST**-if   每天   骑

kessita.

FUT

如果John有辆车，他就天天骑了。

例18   Mupun（Afro-Asiatic: Nigeria）   （Frajzyngier, 1993: 476）

Kat   ba   **yi**   an   a   ngu   mapun...

如果   NEG   **PST**   1SG   COP   人   Mapun

如果我不是Mupun人……

6.2　体貌的演变

与时制不同，体貌关系事件内部时间的组成情况。它可以用来表示事件在时间层面的延伸情况（开始、中端和结尾）或没有内部区分的单个点（Whaley，1997）。体貌层面最主要的分类是完整 / 成体与未完整 / 成体（进行体、静态体、习惯体），前者表示的动作常常有时间界限，而后者则没有时间上的界限。

6.2.1　完整体和完成体

6.2.1.1　作为 CFE 因子的完整体和完成体

完成体通常与过去事件相关联，在表示事件内部状态的同时还有个附加义，即表示 ET 前于 RT 的关系。在很多语言中，完整体与过去时也有很强的关联性，如在 Slave（Na–Dene: Canada）语中，完整体只局限于过去的时间结构。汉语这种非屈折语言如果没有明确的时间词表示句子的时制指向，完整体只表示过去的事件，未完整体则表示现在的事件，例如：

例 19　a.　张三很固执（未完成 / 整体）。

　　　　b.　刘兰芝殉情了。（完成 / 整体）

完成 / 整体与过去时的交接可以通过 SER 系统得到解释。完成 / 整体表示一种 ET 和 RT 之间包含性的关系（E 包含 R）。在通常情况下，如果不做特别标记，RT 和 ST 重合。因此，事件的结束终点先于说话时间，很自然引发了过去时的理解。和过去时一样，完整 / 成体也可以用作 CFE 因子，通过指称已知的事实领域来传递违实义，例如：

例 20　a.　如果有电，灯就亮了。

　　　　b.　如果有电，灯就会亮。

正如第 3、4 章所述，作为"了 1（完成体）"和"了 2（语气词）"合体的"了"对违实表达有增强作用。这是因为在传递与违实逻辑相似的反预期语气时也能表达完成义，与过去时制指向义重合，增强违实表达。在 Nootka（Wakashan: Canada）语中，完整体可以取代过去时，出现在违实句中，如例 21。但与汉语相同，这些体标记只能看成 CFE 因子，因为他们仍然需要借助过去已知的事实环境进行违实义的表达，语用依赖程度很高。

例 21　　Nootka（Wakashan: Canada）　　　　　　　　　（Davidson, 2002: 278）

wa'='al=we'in　　　Kʷatjat　　aqi-s=qu=s　　　　　　　naq-（y）u　**al.**

说=TEMP=QUOT Kwatyat　什么-做=COND=1SG看见-感知　**PFV**

Kwatyat说："我怎么看见他？"

6.2.1.2　从 CFE 因子到 CF 标记

　　如上文所述，完整 / 成体与过去时类似，都可以指称说话时间之前发生的某个事件。当违实句发生 TAM 中和时（5.2.1.2 详述），完整 / 成体则被作为时制算子介绍进句子。正如在 Domari 语（古 Indo-Aryan 语中的一个濒危语言）中，*lake-d-om-r-a*'"I would have seen you"（我本来要去见你）通过使用完成体表示过去的意愿。临时的违实语境义逐渐发生规约，并形成固定的情态义，从而产生了非体貌用法的完整 / 成体作 CF 标记。和过去时的演变路径类似，完整 / 成体也经历了从 CFE 因子到 CF 标记的演化，始于过去违实句，终于未来违实句，且由选择性成分逐渐强制化。

　　Ⅰ．始于过去违实句

　　在古英语中，随着一些过去情态词（如 *wolde*，*mihte*，*sceolde*，*ahte* 等）逐渐类推到非过去的语言环境中，时制出现了中和，例如：

例 22　　Old English　　　　　　　　　　　　　　　　（W.Sax. Gosp. Luke 16.2）

Ne **miht** þu lencg tun-scire bewitan.

"Thou mayest be no longer steward."（你也许不再是管家了。）

　　因此，早期的中古英语亟需一种新的方式去区分过去—非过去的时间指向。Brunner（1962）认为完成体是在情态结构中表达过去义的最佳选择，因此在 13 世纪时出现了下面的结构：

例 23　Middle English　　　　　　　　　　　　　　（Molencki, 1999b: 94）

Ich mihte **habbe** bet i–don, hefde ich βen i–selðe.

"I might **have** done better if I had had good sense then."（如果我有更好的感觉，我就能做得更好。）

对过去已知领域的假设会自然引发违实义，因此中世纪的德语出现了情态成分与完成体合并表达违实义的例子（Mettke，1983），例如：

例 24　Und **solde** mit in hân gestriten.

"And **should** have fought with him."（应该和他一起打。）

与此同时，完成体也进入了典型的过去违实条件句中，如中世纪的荷兰语：

例 25　Middle Dutch　　　　　　　　　　　　　　　（Kern, 1912: 138）

Haddi	hem	oec	niet	ontlopen,	si	haddent...
had	he	them	also	not escaped,	they	had

他要是没有从他们那里逃离，他们就……

Ledgeway（2003）认为 14、15 世纪的 Neapolitan 语（意大利语的方言）也经历了类似的语言更新。正如上文所述，随着过去时的情态义取代了原来的时制义，违实句的时制出现了中和，于是完成体添加到了原来的系统，用来辅助区分时间指向。另一个共时的例子来自 Bulgarian 语中，完成体只是选择性地在过去违实句的前句使用，仍然有后期添加的痕迹，例如：

例 26　Bulgarian（Indo–European: Bulgaria）　　　（Lindstede, 1985: 241）

a.　　ako　　　Germanija　zavladee–še　Anglija　šteše
　　　如果　　德国　　　　征服–IPRF　　英国　　FUT.AUX–IPRF
　　　da　　　spečeli　　　vojna–ta.
　　　PTCP　赢　　　　　战争–DEF

如果德国侵略了英国，他们就打赢了战争。

b. ako   Germanija   be–še   zavlad-**jala**   Anglija

如果   德国   COP-IPRF   征服-**PRF**   英国

šteše   da   spečeli   vojna-ta.

FUT.AUX–IPRF   PTCP   赢   战争–DEF

如果德国以前侵略英国，就能打赢这场战争。

比较例 26 a 句和 b 句，后缀 –*jala* 并不是违实表达的必须成分，只是选择性地添加到过去违实句中。同样，日耳曼语族的语言历时语料表明，完成体作为一个创新成分，添加至原来时制已经发生中和的违实句。Gothic 是唯一拥有相当数量语料的古日耳曼语言（公元 900 年前）。在记载的哥特语语料中，违实句并没有出现完成体，过去（祈愿语气）在前句和后句中同时使用，时制发生中和，例如：

例 27   Gothic

a. jabai   guþ   atta   izwar **wesi**,

如果   上帝   父亲   你的 COP.**PST.OPT**.3SG

friodedeiþ   þau   mik

爱.**PST.OPT.2PL**   你.PL.NOM   我.ACC

如果上帝是你的父亲，你就应该爱我。（John 8, 42）

b. jabai   in   Saudaumjam   **waurþeina**

如果   在里面   Sodom   变:**PST:OPT**:3PL

mahteis   þos   **waurthanos**   in

奇迹   PL:NOM   变.**PST.PL**   在里面

izwis,   aiþþau   eis   weseina

你.PL.DAT   其他   3PL.ACC   COP.PRET.OPT.3PL

und   hina   dag.

到   这   天

如果神灵起作用，过去在你和Sodom的身上灵验，那它的作用就会一直延续至今。（Matthew 11, 23）

然而，在中古英语时期（公元 1100—1500 年），完成体却作为一个新的附加成分进入了过去违实句中，例如：

例 28　Middle English　　　　　　　　　　　　　　（Kern, 1912: 138）

If	he	ne	**had**	risen	fra	ded	to
如果	他	NEG	AUX	起来	从	死亡	到
lijf	had	ben	us	all	for	noght.	
生命	AUX	COP	我们	所有	对	没有	

如果他没有起死回生，所有事情对我们都是无意义的。（Cursor Mundi, 1340）

　　在其他语系中也能发现相似的演变路径。在大多数语言中，完成体通常叠加于过去时上用以强化违实表达，然而完整体却不可发生叠加。在一些体貌特征显著（aspect prominent）的语言[1]中，过去时没有形态表现，完整体则被用作违实标记，例如：

例 29　Warlpiri（Australian: Australia）　　　　（Legate, 2003: 160/158）

　　a.　过去违实

Kala	kaji-**ø**-rna	rupu	marda-karla,
但是	NFACT-**PFV**-1SG	绳子	有-IRR
ngula	kapi-**ø**-rna	puuly-marda-karla	rupu-ngku-ju.
那么	FUT-**PFV**-1SG	抓住-有	绳子-ERG-TOP

如果我当时有个绳子，我就能用绳子抓住它了。

　　b.　现在违实

Yapa	panu	kaji-**lpa**-lu	karri-yarla,
人	很多	NFACT-**PST.IPFV**-3PL	站-IRR
kaji-**ka**-rna		raakujarra-yirra-rni	yungu-rna
NFACT-PRS.IPFV-1SG		清理-放-NPST	CAUS-1SG
nya-nyi-rra.			
看见-NPST-到那边			

要是那里有很多人，我就能清理一段通道看到那边了。

　　可以看到，例 29 a 句中的完整体本身的体貌义已经被情态义取代，但目前在 Warlpiri 语中只是作为演变中的 CF 标记进入了过去违实句。

---

[1]　Bhat（1999）在 *The Prominence of Tense, Aspect, and Mood* 一书中将世界语言分成时制显著型、体貌显著型和语气显著型三大类。

Ⅱ．扩展到非过去违实句

如过去时的演变路径一致，完整／成体也经历了逐渐类推到非过去违实句的演变。Jespersen（1924）引用了下面这个例子说明在英语（特别是口语）中的类推现象：

例30　If I had had money enough（at the present moment），I would have paid you.

Dahl（1997：106）给出了同样发生在瑞典语中的例子，例如：

例31　Om jag hade（完成体）haft pengar nu, skulle jag ha betalat dig.

Leirbukt（1991）认为这种先过去时（完成体＋过去时）违实句用在非过去的语言环境中具有区分违实句与普通开放条件句的作用，是一种普遍的语言现象。这种类推到非过去时的语言演变也同样适用于完成体。正如上文所述，这种类推过程经历了一个由过去到非过去的逐渐强制化的过程，那么不同语言的共时语料也呈现了完成体语法化的不同阶段：在德语、法语、西班牙语等语言中，完成时尚未进入现在／将来违实句；在英语、挪威语、瑞典语等语言中，完成时已选择性进入现在／将来违实句；在鲁凯语种语言中，完成体已强制性进入现在／将来违实句。

6.2.1.3　以完整体和完成体为 CF 标记的案例分析

对于很多语言而言，完整／成体仅仅停留在过去违实句中（阶段Ⅰ），如例32：

例32　Germanic languages　　　　　　　　　　（Dahl, 1997: 105）

a. jabai mahteig **wesi**, augona izwara usgrabandans **atgebeiβ** mis.（哥特语）

　　　COP.PST.OPT.3SG　　　　　　　给.PST.OPT.2PL

b. If it **had** been possible, ye would **have** plucked out your own eyes and **have** given them to me.（英语）

c. Wenn es möglich gewesen wäre, ihr **hättet** eure Augen ausgerissen und mir gegeben.（德语）

与例 32 a 句（哥特语）相比，例 32 b 句（英语）和例 32 c 句（德语）中的完成体看起来更像是后期的叠加。其他日耳曼语族的语言也出现了类似的语言现象，例如：

例 33　Swedish（Indo–European: Finland, Sweden）（Nordström, 2010: 176）

（Tänk）　　　om　nägon **hade**　　　sett mig den gängen!
想象　　　　如果 有人 **had**（**AUX**）　看见 我　那个 时间
想象一下，如果那个时候有人看见了我。

例 34　Norwegian（Indo–European: Norway）

（Grønn & von Stechow, 2008: 7–17）

hadde　　　vi　　hatt　råd,　**hadde**　　　vi　kjøpt den bilen.
had（**AUX**）我们 有　　法子　**had**（**AUX**）我们 买　这个 车
要是我们有法子，我们就买了这个车。

例 35　Dutch（Indo–European:Netherlands）

（Van Linden & Verstraete, 2008: 1883–1884）

David　**had**　de　　　wagen　　moet-en　verkop-en. Hij
David　有　　这个　　车　　　　应该-INF　卖-INF　　　他
had　veel　geld　kun-en　krijg-en.
有　很多　钱　　能-INF　拿到-INF
David应该把这个车卖了，这样他就有很多钱了。

停留在阶段 I 的完整 / 成体用法也在其他语系中出现了类似的用例，例如：

例 36　Georgian（Kartvelian: Georgia）　　　（Hewitt, 1995: 268）

Sen　　　rom　ar　c'ar-g-e-kez-eb-**in**-e,
2SG.DAT　如果　NEG PFV-你-IOV-鼓励-TS-**PST**.PRF-IND（1SG）
ikneb（a）ar　　ga-m-e-k'et'eb-**in**-a.
也许　　　　NEG PFV-I-IOV-做-TS-**PST**.**PRF**-它

"If you had not encouraged me, perhaps I would not have done it."

进入阶段 II 和 III 的完整 / 成体用例相对稀少。在 Rukai 语中，完整 / 成体开始作为选择性成分进入未来违实句，例如：

例37　Rukai（Austronesian: China）　　　　　　　　　　（Chen, 2006: 70−71）

　　a.　过去违实句

　　　　A−**na**①iyasi pasabo kai　　datane,（**na**）−i−kiragadh−ako.

　　　　如果−**PRF**　下雪　DEM　平原　**PRF**−FUT−开心−1SG.NOM

　　　　要是平原上下雪了，我就会非常开心。

　　b.　现在违实句

　　　　Ana　　　　　　　　　ka　　　　　　　a−mani−su,

　　　　如果−**PRF**　　　　　　　DET　　　　　NFUT−COP−2SG.NOM

　　　　（**na**）−i−tarumar−aku.

　　　　PRF−FUT−接受−1SG.NOM

　　　　如果我是你，我就会接受它。

　　c.　未来违实句

　　　　Alaiyasi pasabo　kai　　datane,（**na**）−i−kiragadh−ako.

　　　　如果　　下雪　DEM　平原　**PRF**−FUT−开心−1SG.NOM

　　　　要是平原会下雪，我就会非常开心。

　　为什么这里只出现了完成体标记 *na−* 而不是时制？需要从句法上找到使用原因。在普通的限定句中，完成体 *na−* 常与非未来时制连用，例如：

例38　Rukai（Austronesian: China）　　　　　　　　　　（Chen, 2006: 69）

　　a.★　**Na**−pacas−aku.

　　　　PRF−写−1SG.NOM

　　b.　**Na**−wa−pacas−aku.

　　　　PRF−NFUT−写−1SG.NOM

　　　　我（已经）写（完）了。

6.2.2　未完整体和未完成体

6.2.2.1　作为 CFE 因子的未完整体和完成体

Comrie（1976），Bybee & Pagliuca（1985）以及 Fleischman & Bybee

---

① 　Elizabeth Zeitoun（个人交流数据）认为 Rukai 语中的 − na 来自 Paiwan。

（1995）认为未完整 / 成体包括了一些下属类别，如习惯 / 重复体、静态体和进行体。这些下属类别在一些语言中不仅受到来自体貌上的约束，也会受到来自时制上的约束，如罗曼语族中的未完成体在表示体貌义的同时也表示时间上的先后关系，如（<*ET*, *ST*>）。Iatridou（2000：262）认为当事件时间与说话时间不相关联时，通常选择未完整体（过去未完整体或非过去未完整体），例如：

例 39　Greek（Indo-European: Greek）　　　　　　　　　Iatridou（2000: 260）

    a.　Ipe　　　　oti　　　　　θa　　　　　**fiϒ₁i.**

       说　　　　COMP　　　FUT　　　 离开.NPST.**PFV**

       他/她说他/她会离开。

    b.　Ipe　　　　oti　　　　　θa　　　　　**efevϒ₁e.**

       说　　　　COMP　　　FUT　　　 离开.PST.**IPFV**

       他/她说他/她会离开（但实际不会）。

例 40　Greek（Indo-European: Greek）　　　　　　　　　Iatridou（2000: 260）

    a.　Ipe　　　oti　　　　θa　　　　 **χtisi**　　　　　to　　　spiti　 mesa

       说　　　COMP　　 FUT　　　建.NPST.**PFV**　这个　 房子　 在里面

       s'ena　　　mina.

       一个　　　 月

       他/她说她/她会在一个月内建好房子。

    b.　Ipe　　　　　oti　　　otan　 tin　 ksana　 σume　 θa

       说　　　　　COMP　 当　　 她　 又　　 看见　 FUT

       χtisi　　　　　 to　　 spiti.

       建.NPST.**IPFV**　 这个　 房子

       他/她说当我们再次看见她的时候，他/她就会在建这个房子。

    例 39 a 句和例 40 a 句中的未来时与现在说话时间相关，形态标记则为完成体。在例 39 b 句和例 40 b 句中，未来时分别相对于过去时间和未来时间，即与说话时间无关，因此句子使用了未完整体。罗曼语族中的语言（如法语、西班牙语、意大利语）也出现了类似的情况。Iatridou（2000）认为未完整体的这种排斥性特征（话题时间排斥说话时间）与违实义在根本逻辑上保持一致（话题世界排斥现实世界）。

　　跨语言的语料显示未完成体本身在语用上具有一定的虚拟性。Fleischman & Bybee（1995）认为未完成体动词可以用来定位在虚幻领域发生的事件，例如：

例 41　Make-believe游戏中的未完整体　　（Fleischman & Bybee, 1995: 526）

  a. Pretend I was moving this up and down and up and down [moves appendage on a doll]

   （假装我正在上下移动这些，将这个东西加在娃娃上）

  b. Spanish: Yo **era**[IPRF] el jefe de la banda y tu **eras**[IPRF] el hermano.

   （假装我是这群人的头头儿，你是我的弟弟。）

  c. French: Moi, **j'étais**[IPRF] le gendarme, et tu me **volais**[IPRF] mon vélo.

   （假装我是警察，你在偷我的自行车。）

例 42　间接言语行为中的未完整体　　（Fleischman & Bybee, 1995: 526）

  a. Spanish: **Quería**[IPRF] pedirle un pequeño favor.

  b. French: Je **voulais**[IPRF] vous demander un petit service.

  c. Italian: **Volevo**[IPRF] chiederle un piccolo favore.

   我本来想找你帮个小忙。

　　当发出请求时，说话者常常使用间接言语行为用来避免强肯定或否定带来的不礼貌。间接言语行为通常借助于未完成体实现虚拟度的提升，从而避免了平铺直叙的冲撞和尴尬。这是因为未完成体通常表示某个没有终点的持续事件，当与心理状态动词（如 hope, think *about* 和 *wonder* 等）连用时，则可以表示这些心理行为的持续进行，使得听话者仍然有机会去回应，从而更显得礼貌和缓和。这种未实现的心理状态也增强了事件的虚拟性。

　　Adam（1992）认为未完成体应当被看成虚拟算子，而不应当仅仅作为 TAM 特征。同样 Cappello（1986）认为未完成体是直陈语气在虚拟世界的对应成分，具有类似于"想象""条件推理"等情态义。Fleischman & Bybee（1995）认为在 *Song of Roland*（法国中世纪的史诗）中极少使用的未完成体都是在梦幻中出现的。罗曼语族的语言在描写梦境和虚幻事件时也常常使用未完成体，例如：

例 43　a.　Spanish: **Oía** [IPRF] el reloj de la cathedral dando las nueve; **veía** [IPRF] con júbilo a la criada anciana durmiendo con beatífico sueño...

　　　　　她听到了教堂的钟声击打了9下，她看见了这个老的女仆进入了幸福的梦乡。

　　　　b.　Italian: gli si formò [PRET] nello spirit l'imagine del padre agonizzante: **Strammazzava** [IPRF] come fulminato...

　　　　　突然，他脑海里浮现出一个画面：他的父亲在痛苦中垂死挣扎，然后突然倒地。

Ippolito（2004）注意到了罗曼语族语言中未完成体的情态用法，并将其归纳为 7 个场景：梦幻、虚拟、潜在、戏剧、礼貌、信仰推理、计划。

正是这种潜在的情态和逻辑相似性，才使得未完整 / 成体成为违实句中的常见成分。James（1982）认为这是由于它们之间具有类似的语义"未完成"。Hopper（1981）从话语分析角度认为未完整 / 成体能起到背景构建的作用，降低了事件的有限事实的肯定性。因此，未完整 / 成体可以作为 CFE 因子，用来辅助构建违实语义。

Iatridou（2000）认为未完整体对违实义的贡献是来自其语义本身的习惯体而非进行体或静态体。如果一个语言有一种方式去标记进行体，那么该进行体标记并不能用来作违实标记。但本书的语种库中，Kisi，Mona 和 Paresi–Haliti 语中都出现了迁移使用的进行体作违实标记。Indo–Aryan 语族中的语言（Punjabi, Nepali, Hindi, Assamese, Sindhi, Bengali）都有能够标记进行事件的语素，但这些语素都不能参与标记违实义。同样，静态体标记也不能进行迁移或反转。Wang（2012）认为汉语中的违实句倾向于不选择静态体标记。除了进行体和静态体外，未完成体标记的剩余功能就是指称习惯 / 重复义。在希腊语中，情态小品词 *αν* 作为构建违实义的重要因子，在古希腊语中也出现了习惯义，如 *διηρωτων αν αντους λέγοιεν* "I used to ask them what（the poems）meant..."（我过去常常问他这个诗是什么意思……）。很多语言学家都讨论过习惯体语义对虚拟义的贡献。

Banfield（1985）认为这种习惯体通常表示非特性事件，与非现实大类相同。Givón（1994）认为习惯体和非现实语气都是时制上无所指。Haiman（2002：119-120）认为违实义与习惯体类似之处在于 *never*（违实语义，从不发生）有时与 *always*（习惯体，总是）发生语义重合。Iatridou（2000：262）解释这是因为习惯体具有排斥性特征，与违实逻辑根本一致。如 *Bears hibernate* 在夏天的时候为假，但在冬天的时候则为真。在古波斯语中，后缀 *-e* 也有两个角色，即习惯体和非现实语气，例如：

例 44　Classical Persian

　　　http://forum.wordreference.com/showthread.php?t=2055992&langid=22

　　a.　do baraadar buudand. Yake khidmat–i–sultaan kard–**e**（习惯体），va dilgare ba–sa'il–i–baazuu Khurd–e.

　　　　这里有两兄弟。一个用来服务Sultan，另一个则通过辛苦劳作为生。

　　b.　base naa–diidanii raa diidah–am man, maraa ai kaash maadar nah zaad–**e**（非现实）.

　　　　我已经见过很多不好的东西，我多么希望我的妈妈别再来烦我。

Bargam 语隶属于 Trans–Guinea 语系，也出现了习惯体和非现实语气的关联。Roberts（1990）认为古印欧语系和现代印欧语系中很多语言都用同一个语素指称习惯体和非现实语气。显然，未完整 / 成体通过贡献习惯义在某种程度上也增强了虚拟程度，也为最初作为 CFE 因子增强违实表达提供了理据性。

6.2.2.2　从 CFE 因子到 CF 标记

过往文献关于未完整 / 成体对违实义的贡献聚焦在两者是否在语义上有重合。Iatridou（2009）认为语言若在违实句中使用未完整体，未完整体 + 过去时通常也具有一个专门的形态出现在违实句中，并进一步认为出现假未完整体的语言实际上属于出现假过去时的语言。那么真正对违实义有贡献的是否只是过去时？未完整体的出现是否仅仅满足形态上的共现？如果这样，根据语言经济原则的需求，未完整体既然没有用，为什么没有脱落？在很多印欧语系语言中，过去虚拟语气作为共同体常常共现在违实句中，但由于虚拟语气没有实质贡献，最后逐渐脱落。因此，未完整体不同于印欧语系语言的虚拟语气，对违实义有直接的语义贡献。不同于 Iatridou（2009）的论断，有很多语言的违实句只出现了未完整体，而没有出现过去时，例如：

例 45　Hindi（Indo-European: India）　　　　　　（Iatridou, 2000: 258）

Agar　Yusuf　lambaa　ho-**taa**　　　to　　　us-ko　　yeh　naukrii　mil

如果　Yusuf　高　　　COP-**HAB**　那么　他-DAT　这个　工作　　找到

如果Yusuf个子高，他就能得到这个工作了。

　　例 45 中的事件是非习惯体，但句中却出现了习惯体，可见这里习惯体并不贡献自身的体标记义，而只是作为迁移使用的 CF 标记。同样在演化成 CF 标记之前，完整/成体只是作为保留自身体貌义的 CFE 因子存在。希腊语中的历时语料详细地记录了这个演化过程。在古希腊语中，过去时可以用在非过去的违实句中，未完成体的体貌义仍然保留，例如：

例 46　Classical Greek　　　　　　（Beck, Malamud & Osadcha, 2012: 60）

ταῦτα　δὲ　　οὐκ　　ἂν　　ἐδύναντο　　**ποιεῖν,**

这些　　但是　NEG　CF　　能.3PL.IPFV.PST　做.**IPFV.PST**.INF

εἰ　　μὴ　　καὶ　　διαίτῃ　μετρίᾳ　　**ἐχρῶντο.**

如果　NEG　也　　饮食　　测量的　　用.3PL.**IPFV.PST**

但是他们可能不能做这些事情，如果他们没进行合理饮食的话。

例 47　Classical Greek　　　　　　　　　　（Perelmouter: 2005: 266）

ei　　keinón　　ge　　**íd-oí**-mí　　　　　katelthónt'　Áidos

如果　他　　　只　　看见.**AOR-OPT**-1SG　往下　　　Hades

eisō　phaiēn　　　ke　　phrén'　atérpou　oizýos.

到　　说.PRS.OPT.1SG　MDL　心　　不开心　苦难

要是我看见他一直往下到死亡之神的家里，那么我可以说我的内心就会忘记这种不开心的苦难。

在古希腊语中，未完成体（未完整体 + 过去时）只能出现在指向过去的违实句中，并且保留了未完成体义，如例 46。非过去违实句例 47 则需要使用过去完整体。在现代希腊语中，未完成体则逐渐类推到非过去违实句中，并出现了超越本身体貌义的用法，例如：

例 48　Ancient Greek　　　　　　　　　　　　　　（Iatridou, 2009: 6）

An	**eperne**	to	farmako,	tha	ginotan
如果	取.PST.**IPFV**	这个	药	FUT	变.PST.**IPFV**/*PST.PFV

kalitera.

更好

如果他/她吃了这个药，他/她就会变得更好。

后句中的事件"他 / 她会变得更好"是建立在前句的完成事件"已经吃药"上。然而，这里却出现的是未完成体而非完成体。例 46—48 中，未完成体在希腊语中经历了自身体貌义的消失，并逐渐语法化成 CF 标记。在现代希腊语中，仍然能看到之前作为真体貌标记使用的未完成体的痕迹，例如：

例 49　Modern Greek　　　　　　　　　　　　　　（Iatridou, 2000: 255）

An	ton	**aɣapuse**	avrio,	θa	imun	poli
如果	他	爱.**IPFV**.PST	明天	FUT	是	非常

eftiχ1ismeni.

快乐

如果明天她还爱他，他就会很快乐。

同样，古 Bengali（Indo-European: Bangladesh）语又称为 Sadhu Bhasa 语，在违实句中出现了未完整体与完整体的对立，但这种对立在现代 Bengali 语中则消失。这也是未完整体体貌义逐渐消失并语法化形成违实标记的又一证据。那么这个语法化过程究竟是如何展开的？本书在拉丁语的语料中找到了线索。拉丁语属于印欧语系意大利语族，虽然通常被认为是一种死语言，但有少数基督宗教神职人员及学者可以流利使用拉丁语。拉丁语的历史语料记载翔实，清晰地记录了非完成体的发展路径。在最初阶段，未完成体在表示过去的违实句中使用并保留自身体貌义，用来指称过去正在进行的动作，例如：

例50 Latin （Sabaneyeva, 2005a: 292）

Si id domi esse-**t** mihi, iam pollic-**ere**-r.
如果 这个 在家 COP-**IPRF**.3SG 我的 已经 承诺-**IPRF**-1SG
如果这在我家，我就已经作出承诺了。

由于未完成体貌义通常并没有时间上的界限，后句描绘的时间往往可以在时间轴上进行延伸，或表示过去，或表示非过去。

例51 Early Latin （Sabaneyeva, 2005a: 294）

Si...nune habe-a-s alia verba perhibe-a-s.
如果……现在 有-PRS-2SG 其他 语言 说-PRS-2SG
如果你现在拥有一些东西……，你就不会这么说了。

例52 Classical Latin （Sabaneyeva, 2005a: 294）

Ni vera ista esse-**nt** numquam
如果不是 真的 这 COP-**IPRF**.3SG 从不

fac-**ere**-t ea quae nunc fac-it.
做-**IPRF**-3SG 那个 什么 现在 做-PRS.IND.3SG
如果这不是真的，他就不会做他现在做的事情了。

未完成体的时间延伸性使其逐渐类推使用到现在违实句中。在古拉丁语（公元前75年以前）中，非完成体多在过去违实句中使用，如例51。由于未完成体承担的未完成动作在时间上有一定的延伸性，古典拉丁语（公元前75年到公元3世纪）出现了非完成体用在现在违实句中的例子，如例52。可见未完整／成体首先进入的是过去时间框架内的违实句，逐渐类推至现在／将来时。与过去时相似，类推经历了一个逐渐强制化的过程。有意思的是，当未完成体类推到将来违实句时，指向过去的违实句则需要调用新的违实标记用以加强违实义的表达。这种强化模式在古典拉丁语时期也得到了印证，如完成体取代未完成体进入过去违实句中：

例 53　Classical Latin　　　　　　　　　　　　　（Sabaneyeva, 2005a: 294）

Si	habu-**isse**-m	satis	cep-**isse**-m	miseriarum	liberis.
如果	有-PLUP-1SG	多	拿-PLUP-1SG	不幸	children

要是我有孩子，我就不会让他那么不幸。（字面义：将不幸拿走。）

　　这就解释了为什么在很多语言中，过去违实句会使用先过去时（过去时+完整/成体）的标记，而非过去违实句则使用未完整/成体。这正是新一轮 CFE 因子的叠加造成的语言更新。Sabaneyeva（1990）认为这种叠加后的先过去时也开始出现类推至现在时的苗头。

　　可见未完整/成体语与其他 TAM 特征类似，也遵循着始于过去违实句、类推至现在或未来违实句的路径。这种演变路径具体描绘如下。

Ⅰ. 始于过去

　　据上文所述，未完整/成体作为附加成分后来进入违实句的语言系统中。Talysh 语中的例子表明未完整/成体最早作为可选成分进入了过去违实句。比较下面的两个例子：

例 54　Talysh（Indo-European: Iran）

a.　　　　　　　　　　　　　　　　　　　　　　（Pirejko, 1976: 350）

i	sor	bəna	ǝ́γin	**ǝ́šim,**	əw-ən
一	年	之前	那儿	去.IPFV.PST.1SG	他-那么

čimi	ton	ǝ́woj.
POSS.1SG	边	来.IPFV.PST.3SG

如果我们一年前走，他就会到我们这边来。

b.　　　　　　　　　　　　　　　　　　　　　　（Miller, 1953: 216）

ägär	ba	sa	haisa	**hišta**	baim
如果	PREP	PREP	驴子	坐.PTCP.PST	COP.COND.1SG

az	čo	rüž	gin	bā	bim.
我	四	天	失去	COP.PTCP.PST	COP.PST.1SG

要是那时我正坐在驴身上，我四天前就走失了。

Talysh 语中的过去违实句可以选择性使用未完整 / 成体。Vydrin
（2013）认为 Talysh 语中的未完整 / 成体并不是一个成熟的 CF 标记，
因为出现未完整 / 成体的条件句并不一定要按照违实义去理解。根据
Miller（1952），Pirejko（1976），Yarshater（1996）和 Schulze（2000）
提供的语料，只有过去违实句才能见到未完整 / 成体的踪迹。Talysh
语中的未完整 / 成体处于演化的最初阶段，有 3 个特征：①局限于过
去时间语境；②依赖语境有限地传递违实义；③选择性使用。

　　与罗曼语族中已经语法化的标记不同，俄语中的未完整体尚处
于演变的初级阶段。虽然未完整体在俄语中也偶尔出现了迁移用法，
即用于表示完成的事件中，但这种用法使用频率较低，且受严格的
语境限制，例如：

例 55　Russian（Indo-European: Russia）　　　　　（Grønn, 2013: 148）

　　a. Vanja priekha_{完整体+过去时}

　　　Vanja已经到了。（字面义：Vanja 到了。）

　　　>现在的结果，即Vanja仍然在这儿。

　　b. Vanja priezzhal_{为完整体+过去时}

　　　Vanja已经在这儿了。（字面义：Vanja到了。）

　　　> 结果取消，即Vanja已经离开且现在不在。

　　上述这种最小对立体唯一的区别在于体貌标记的使用：a 句使用
了完整体，表示事件完成；后句使用了未完整体，在表示事件完成
的同时，也取消了结果。未完整体隐含的状态变化如图 6-3：

图 6-3　Russia 中的未完整体

　　由于 *ET*1 与 *ST* 的距离较远，*ET*1 即通过隐喻投射到想象层面，
从而产生了违实解读，例如：

例 56　Russian（Indo-European: Russia）　　　　　　（Grønn, 2008: 19）

K schast'ju ja ne provalilsja na ekzamene. V sluchae provala menja **vygonjali**_{imperfective+past} iz universiteta.

幸运的是，我并没有不通过。若考试失败，我就会被大学开除。

（字面义：大学将我开除。）

　　然而，这种违实义的解读只局限于过去事件，即当 *ET2* 在 *ST* 之前时成立。如果指向非过去事件，这种违实解读就会很有问题，例如：

例 57　Non-past　　　　　　　　　　　　　　　　（Grønn, 2008: 29）

A: Ekzamen otmenen!

B: Kakoe oblegchenie! *V sluchae provala menja **vygonjali**_{imperfective+past} iz universiteta.

A: 考试取消了！

B: 太好了。若考试失败，我就会被大学开除。

　　例 57 中语法正确的形式应该是 *vygnali*_{perfective+past} *by*_{subjunctive_particle}。在俄语中，光杆未完整体形式通常只能在过去的环境中表示虚拟事件，如果表示未来不可发生时，则需要使用过去完成体和虚拟语气。因此，俄语中的未完整体在标记违实义时语用依赖程度很高。Grønn（2008）认为这种使用方式更青睐于围棋游戏，这种语境能明确地区分违实和事实。因为在这种语境下，与未完整体义关联的进行体义和习惯重复义都不可行。因此，听话者可以准确地在没有虚拟语气的帮助下解读由未完整体貌义使用带来的结果取消义。显然，俄语中的未完整体标记还是处于 CFE 因子阶段，借助自身的体貌义贡献违实语义，而不能看成成熟的 CF 标记。

　　Ⅱ. 类推到非过去

　　在一些语言中，未完整 / 成体进一步语法化成 CF 标记，并类推到非过去违实句中，如例 58 和例 59。之所以被看成 CF 标记是因为这些生成的违实义独立于语境，很难被取消，例如：

例 58　Hindi（Indo-European: India）　　　　　（Iatridou, 2009: 11/12）

  a. vo　　　gaa　　rahaa　　ho-taa
    他　　　唱歌　　PROG　　COP-HAB
    他像往常一样正在唱歌。

  b. agar　　vo　　　gaa　　rahaa　　ho-**taa**,　　to
    如果　　他　　　唱歌　　PROG　　COP-**HAB**　　那么
    log　　wah　　wah　　kar　　rahe　　ho-**te**.
    人们　　"wow"　"wow"　做　　PROG　　COP-**HAB**
    如果他正在唱歌，人们就会说"wah wah"。

例 58 b 句中习惯体（未完整体）出现了迁移用法，用来指称进行事件，而在非违实句中则需要使用进行体标记 *rahaa*。

例 59　Spanish（Indo-European: Spain）　　（Anand & Hacquard, 2010: 45）

Si　Jean　**arrivait**　demain,　il　rencontrerait　Jeanne.
如果　Jean　到.**IPRF**　明天　他　见.COND　　Jane
如果Jean明天到了，他就能见到Jane了。

例 59 中后句的事件建立在前句事件完成的基础上。只有完成了动作"到达"，"Jean 才有见到 Jane 的可能性"。因此，这里出现了未完成体超体貌的迁移用法，未完成体已经语法化为 CF 标记。

6.2.2.3　以未完整体和未完成体为 CF 标记的案例分析

Ⅰ. 体貌特征中和

在一些语言中，动词只留出了一个空位供体貌标记。因此，如果出现了假未完整/成体，动词则没有办法实现它们的真体貌特征。但由于假未完整/成体并没有对谓语动词强加任何体貌释义，依据语境，句子可以解读未完成义或完成义，例如：

例 60　Greek（Indo-European: Greek）　　　　　　（Iatridou, 2000: 236）

   a.　An　　**pandrevotan**　　mia　　prigipisa,　θa　　**esoze**

     如果　　结婚.PST.**IPFV**　一个　公主　　　FUT　拯救.PST.**IPFV**

     tin　　eteria　　　tu.

     这个　公司　　　　他的

     要是他娶了一个公主，他就能拯救这个公司。

   b.　An　　**pandrevotan**　　mia　　prigipisa,　θa　　iχle

     如果　　结婚.PST.**IPFV**　一个　　公主　　　FUT　有

     perisoterus　musikus.

     更多　　　音乐家

     如果他正在和一个公主结婚，这儿就会有更多的音乐家。

那么如果真实的体貌标记被阻断，人们如何理解句子的体貌义？观察下例可以看到，例 61 a 句的完成义和例 61 b 句的未完成义都可以从动词的行为类型（aktionsart）上推理而出，例如：

例 61　French（Indo-European: Spain）　　　　（Tynan & Lavin, 1997: 137）

   a.　Si　　　　Paul　**arrivait**　　　　　　　　demain,　il

     如果　　　　Paul　到达.3SG.PST.**IPFV**.SBJV　明天　　他

     rencontrerait　　Marie.

     遇见.3SG.COND　Marie

     要是 Paul 明天到了，他就能见到 Marie 了。

   b.　Si　**tuvieras**　　　　　　suerie　en　　　la　　loteria,

     如果　有.2SG.PST.**IPFV**.SBJV　运气　在里面　这个　彩票

     te　　comprarias　　　　una　　casa　　nueva　la

     你　　买.2SG.COND　　一个　房子　　新　　这个

     semana　　que　　viene.

     星期　　　COMP　来

     要是你在彩票上足够幸运的话，下周就能买一个新房子了。

完成动词（achievement verb）"到达"通过描绘一个立马发生的动作传递完成义。状态动词"有"则通过描绘一个静止的状态传递未完成义。罗曼语族中的多数语言在使用未完成体作 CF 标记时，都不允许真实体貌标记的存在，例如：

例 62 French（Indo-European: France）   （Bjorkman & Halpert, 2012: 5）

Si	Pierre	**partait**		demain,	il	arriverait
如果	Pierre	离开.PST.**IPFV**		明天	他	到.COND

là-bas	le	lendemain
那儿	这	第二天

如果Pierre明天离开，他第二天就到这儿了。

例 63 Italian（Indo-European: Italy）   （Ippolito, 2000: 14）

Se	Eloisa	**andasse**	a	Dallas	domani,
如果	Eloisa	去.PST.**IPFV**.SBJV	到	Dallas	明天

incontrerebbe	JR.
遇见.COND	PN

如果Eloisa明天去Dallas，她就能见到JR。

例 64 Portuguese（Indo-European: Portugal）

（On line resources: http://en.wikipedia.org/wiki/Subjunctive_mood）

Se	**fosse**		rei,	acabaria
如果	COP.PST.**IPFV**.SBJV		国王	结束.COND

com	a		fome.
PREP	那么		饥饿

要是我是国王，我就能结束饥饿了。

上述这些语言中的违实句有一定的共性特征：①需要借助过去时形成假未完成体出现在非过去违实句中；②违实句需要用到虚拟语气。唯一的例外在法语中发现，未完成体虚拟语气只在更老、正式和书面的表达中出现，如 *Il était nécessaire qu'il parlât*（imperfect subjunctive）（他应该要去谈谈）。与罗曼语族的语言相比，假未完整体也可以自由地在 Indic，Iranian 和 Australian（Pama-Nyungan）等语言中独立地标记违实义。在 Bengali 语中，违实句没有出现虚拟语气，而是使用过去习惯体标记，例如：

例 65　Bengali（Indo-European:Bangladesh, India）

（Masica, 1991/Bhatt, 1998: 88）

　　a.　Jodi　aami aash-**tam**,　tahole aami oke　　dekh-**tam**
　　　　如果　我　来-PST.**HAB**　那么　我　他/她　看见-PST.**HAB**
　　　　要是我来了，我就看见他/她了。

　　b.　Jodi　　aami　　kalke　　aase-**tam**,　　tahole　　aami
　　　　如果　　我　　昨天　　来-PST.**HAB**　　那么　　我

　　　　oke　　dekh-**tam**.
　　　　他/她　看见-PST.**HAB**
　　　　要是我昨天来了，我就看见他/她了。

　　伊朗语族的语言在标记违实句时通常出现两层标记，分别是假未完整体和假过去时。如在 Persian 语中，违实句只出现了假未完整体和假过去时，并没有出现语气标记，例如：

例 66　Persian（Indo-European: Iran）　　　（Windfuhr & Perry, 2013: 458）

　　agar　**me-omad**-ed,　　　　xud-aton　**me-did**-ed
　　如果　**IPFV-**来.PST-2SG　自己-你　**IPFV-**看见.PST-2SG
　　要是你来，你就能看见你自己了。

　　Tat（伊朗西部）语也出现了类似的情况。与 Persian 语不同，Tat 语中的前后句动词都需要标记假过去时，但只有主句中的主动词出现另外一层假未完整体标记。Grjunberg（1963）分别列出了 Tat 语中过去违实、现在违实和将来违实的用例，例如：

例 67　Tat（Indo-European: Iran）　　　　　　（Grjunberg, 1963: 83）

　　a.　ægær　　mæn　　**xund**-æn-**xund**-æn
　　　　如果　　我　　唱歌.PST-INF-唱歌.PST-INF

　　　　næ-**raft**-æn　　**bÿrÿm**　　yaváš.yaváš　　**raft**-æn
　　　　NEG-去.PST-INF　COP.PST.1SG　安静.RED　　　去.PST-INF

　　　　bÿrÿm　　　doušánæ　　**migftÿm**
　　　　COP.PST.1SG　野兔　　　抓.IPFV.PST.1SG
　　　　如果我不是一边走路一边唱歌，只是安静地走路，我就能抓到野兔了。

b.　yæ　　　　dærzǽn　　**bir-ǽn**　　　　　　**bu**　　　　　　　hzÿm

一个　　　针　　　　COP.**PST**-INF　　　COP.**PST**.3SG　　现在

pláša　　**midúxtim**

披风　　缝补.**IPFV**.**PST**.1PL

如果我有一根针，我们现在就把披风补好了。

c.　qambáyn　　　**bir-ǽn**　　　　　buæ　　　　　　pšin

合并收割机　　COP.**PST**-INF　　COP.**PST**.3SG　　PREP

bæ　　　　　　dǽ　　　　　　　**marástim**.①

中午　　　　之后　　　　　结束.**IPFV**.**PST**.1PL

如果我有一个合并收割机，我们中午就能完成。

d.　æ　　　　paprús　　　　　**bir-ǽn**　　　　　**bu**

一个　　香烟　　　　COP.**PST**-INF　　COP.**PST**.3SG

kæšir-ǽn　　**bÿrÿm**

拉.**PST**-INF　　COP.**PST**.1SG

要是我有一根香烟，我就抽了。

　　上述例句中的未完整体看起来更像是附加在假过去时上的第二层违实标记，这也正符合上文对违实标记的演化层级假设。本书语料中也发现了 Tat 语中一种小众的违实句用法，即只出现假过去时，而没有出现假未完整体，如例 67 d 句。这种共时层面的表现或是历时演变的残留，也间接证明了对历时演变的假想。①

　　与上述语言相比，Maithili 语中的违实句则出现了不依赖于过去时更加独立的用法。Bhatt（1998）认为，Maithili 语中的未完整体具有一定的虚拟情态特征，又被称为条件语气，例如：

例 68　Maithili（Indo-European: India, Nepal）　　（Yadav, 1996: 167/371）

a.　jɔ　　　o　　　h3m-3r　　bat　　　suin-**t**-3ith　　　　　t3

如果　　他　　我-GEN　说话　　听见-**COND**-（3SG）　那么

hun-ka　　ena　　n3i　　ho-it-3inh

他-DAT　这样　NEG　　COP-COND-（3SG）

要是他能听我的，就不至于这样了。

---

① 根据 Grjunberg 的记录，这个句子是早上说的。

    b. jɔ   bɜrjha   ho-ʒit...

     如果   下雨   COP-COND（IPFV）

     要是下雨了……

Maithili 语中的条件语气兼 CF 标记 –it 来源于未完整体标记 ʒit，这是因为随着人称特征的增加，非重读央元音（schwa）ɜ 会随之被删除。当句中空主语时，ɜ 则会恢复，如例 68 b 句。

Ⅱ. 体貌特征显现

在 Hindi 语中，真体貌和假习惯体（未完整体）能同时出现在违实句中。这是因为两种句法位置不同，互不干扰，真体貌标记在主动词上，而假习惯体则标记在系动词上，例如：

例 69　Hindi（Indo-European: India）　　　　　　　　　（Bhatt, 1998: 6）

    a. agar   Ram-ne   phal   khaa-**yaa**   ho-**taa**...

     如果   Ram-ERG   水果   吃-**PFV**   COP-**HAB**

     要是 Ram 已经吃了这个水果……（完整体违实句）

    b. gar   Ram   phal   khaa-**taa**   ho-**taa**...

     如果   Ram   水果   吃-**HAB**   COP-**HAB**

     如果 Ram 习惯性地吃水果……（习惯体违实句）

    c. agar   Ram   phal   khaa-**rahaa**   ho-**taa**...

     如果   Ram   水果   吃-**PROG**   COP-**HAB**

     如果 Ram 正在吃水果……（进行体违实句）

Hindi 语中违实句的另一个特征则是没有出现任何显性的时制。那么听话者如何理解句子的时间指向？这是因为真实体貌标记在一定程度上能辅助区分过去时间与现在时间。例 69 a 句中的完整体在无标记作用下往往指向过去，而 b 句中的进行体则既能允许过去义也能允许现在义，具体的时间指向由语境决定。

值得注意的是，Zulu 语似乎出现了两层体貌标记，例如：

例 70　Zulu（Niger-Congo: South America）　　　　　　（Halpert, 2011: 37）

ukuba	u-**be**-shad-**e**	nenkosazana,
如果	SM.1SG-**PST.IPFV**-结婚-**PRF**	和公主

u-**be**-zo-ba	nemali.
SM.1SG-**PST.IPFV**-FUT-COP	和钱一起

要是他和公主结婚，他就有钱了。

这里的未完成体（未完整体 + 过去时）标记 *be* 只起到过去时的作用。未完整体的出现仅仅是满足形态上的共现需求，并没有实际的体貌价值。因此，严格意义上看，Zulu 语中的违实标记是过去时而非未完成体。

6.3　语气的演变

6.3.1　作为 CFE 因子的语气

语气大类上可以分为现实语气与非现实语气，但具体内涵则因语言而异。大致上看，现实语气是对真实事件的描绘，而非现实语气则是用来形容没有发生的事件。跨语言的语料显示，非现实语气往往与违实紧密关联，如 Nyikina 语：

例 71　Nyikina（Australian: Australia）　　　　　　（Stokes, 1982: 321）

Yim-bula-**ny**-jarri	nga-**la**-ba-**na**.
3:MIN:NOM-来-**PST**-SBJV	1:MIN:NOM-**IRR**-看见-**PST**

要是他来，我就看见他了。

由于没有出现 CF 标记，Nyikina 语中的违实句使用频率较低。例 71 是该语言现有语料记载中唯一发现的违实句。该句中的违实义是通过非现实语气对已知事实进行假设从而语用推理形成。这种推理形成的违实义很容易被取消。在其相邻的另一个 Nyulnyulan 语言中发现了相类似的标记模式，如 Warrwa 语：

例 72　Warrwa（Australian: Australia）（McGregor & Wagner, 2006: 360−361）

Marlu　　ngayak　　nga-la-ndi-na　　　　　　marlu
NEG　　　问　　　　1:MIN:NOM-**IRR**-说-**PST**　NEG

wi-la-nga-ngay.
3:NOM-**IRR**-给-1:MIN:ACC

当我没问他的时候，他也没有给我。

在 Warrwa 语中，过去时与非现实结合可以表示违实义。但这种情况下产生的违实义很容易受到语境的干扰而被取消，如例 72。

例 73　Modern Hebrew（Afro-Asiatic: Israel）　　　　　（Nevins, 2002: 446）

Im　　　hu　　　hayah　　　lokeach　　et　　　ha
IRR　　他　　　AUX　　　吃　　　　DIR.OBJ　这个

trufah,　huh　　ayah　　　mevri.
药　　　他　　　COND　　健康

要是他吃药了，他就已经康复了。

现代 Hebrew 语中的非现实语气 *Im* 在已知事实的环境中可以用来标记违实句。但与成熟的 CF 标记 *Ilu* 不同，*Im* 不能在非过去的语境中传递违实义。

如果在非过去语境中，作为 CFE 因子的非现实语气可能会出现歧义解读，如 Zuni 语：

例 74　Zuni（Zuni: United States）　　　　　　　　　（Nichols, 2003: 89）

tewana:we　k'ecca-na-ppa...　　hon　　　　chuw
日常　　　　快乐-STAT-SBJV　　1PL.NOM　　谁

yu'-hatiya:-k'ya-**nna**.
不聋-听见-CAUS-**IRR**

如果我们总是快乐，我们就能听见（我们的许愿）了。

Nichols（2000）认为 Zuni 语中的简单违实句和条件违实句都会使用非现实语气，但如果不借助已知语境，很容易造成歧义，如例 74 既可以按照违实义理解，也可以按照一般条件句去理解。因此，在这些语言中，非现实语气并不能看成 CF 标记，只能看成增强违实表达的 CFE 因子，CFE 因子只有在过去语境中才能发挥作用。

6.3.2　从 CFE 因子到 CF 标记

在早期，过去祈愿语气 / 虚拟语气 ① 常常作为综合形式用来标记违实义。这种综合体形式早期保留了时间指向义。过去时与过去虚拟语气在形式上的关联也间接说明这点。如在 Gothic 语中，动词的过去式会出现长音 /e:/，在过去虚拟语气中也出现了同样变体，如 *bērun*（过去直陈语气）vs. *bēreina*（过去虚拟语气）。这种相似性并不始于偶然。根据 Gothic 语的数据，远古英语（pre-old English）中违实句的前后句会出现平行使用的过去祈愿综合形式，例如：

例 75　Past time reference　　　　　　　　　　　　（Molencki, 1999a: 312）

Frauja,	iþ	**veseis**	her,	ni	þau	**gadauþnodedi**	broþar	meins.
Lord	if	**thou_were**	here	not	then	**died**		brother mine
王	如果	你是	这儿	NEG	那么	死亡		兄弟　我的

王啊，要是你之前在这儿，我的兄弟就不会死亡了。

Behre（1934）认为在早期日耳曼语族的语言中，这种过去祈愿综合形式只能表示过去时间指向。在那个阶段，违实义只是借助在过去已知的时间框架内通过语用暗示推理而成。换言之，过去祈愿语气在这一阶段只是用来增强违实表达的效果，因而被称为 CFE 因子。但这种语气形式逐渐越过自身边界类推到现在违实句中，如中古英语：

例 76　时间通指　　　　　　　　　　　　　　　　（ÆDT 80 Early 11 th c.）

He	**nœre**	na	œlmihtig,	gif	him	œnig	gefadung
he	**not-were** (SBJV)	no	almighty,	if	him	any	order
他	不是	没	有力量	如果	他	任何	秩序

earfoðe	**wœre**.
difficult	**were** (SBJV)
难	是

如果他很难遵守秩序的话，他就不是那么的有力量。

---

① 早期日耳曼语常常出现过去祈愿语气，这是现代日耳曼语过去虚拟语气的起源。

例 77　现在指向　　　　　　　　　　　　（ÆCHom i.404.27　Early 11th c.）

Gif	þu	**wistest**	hwœt	þe	toweard	is
if	thou	**knewest** (IND)	what	thee	imminent	is
如果	你	知道	什么	你	即将	是

þonne	**weope**	þu		mid	me.
then	**wept**（SBJV）	thou		with	me
那么	哭	你		和	我

如果你知道你即将发生什么，你就会和我一起哭。

例 78　现在指向　　　　　　　　　　　　（ÆCHom i.404.27　Early 11th c.）

ge	witon	þœt	ge	giet	**todœge**	**wœron**	Somnitum	þeowe,
你	知道	COMP	你	还	今天	COP(IND)	Samnites	奴隶

gif	ge	him	ne	**alugen**	iowra	wedd
如果	你	他们	NEG	否认（SBJV）	你的	誓言

eowre	aþas	þe	ge	him	sealdon.
你的	橡胶树	COMP	你	他们	给

如果你没有打破誓言并且摧毁你面对着发誓的那棵橡胶树，你知道你一直到今天都会是Samnites的奴隶。

　　时间词"今天"准确地定位了时间指向。Harbert（2006）认为在这一时期的日耳曼语族中，过去虚拟语气和现在虚拟语气之间没有时间指向上的差别，两者的差别体现在事件的实现可能上：过去虚拟语气表示实现可能性较低的事件，而现在虚拟语气则表示较高的实现可能性。这种差别一直延续至今，例如：

例 79　German（Indo-European: Germany）（Schulz & Griesbach, 1960: 73/75）

a.
Es	**lebe**	der	König!
它	生活-**PRS.SBJV**	这个	国王

祝愿国王万寿无疆！

b.
hish	'akcek'i	c'ana	'ash-e-p	kokʷ.
非常	男孩	小	死-**CONT-PST.SBJV**	爸爸

要是我爸爸能回来！

例 80　Gothic（Extinct Germanic Language）　　　　　　（Streitberg, 1920: 204）

    a. Nu　　**fraleitais**　　　　　　skalk　　þeinana.

       现在　　释放-2SG.**PRS.SBJV**　　仆人　　你的

       现在希望你能释放你的仆人。

    b. jah　　wainei　　**þiudanodedeiþ**.

       并且　我希望　　统治-2PL.**PST.SBJV**

       我希望你可以统治！

例 81　Icelandic（Indo-European: Iceland）　　　　　（Kress, 1982: 237）

    a. Guð　　**fyrigefi**　　　　　　þér!

       上帝　　原谅-3SG.**PRS.SBJV**　　　你

       希望上帝能原谅你。

    b. **Væri**　　　　　　ég　　kominn　til　　tunglsins!

       COP-1SG.**PST.SBJV**　我　来　　到　　月亮-这个

       我要是在月亮上……

    跨语言的语料显示，当过去时与虚拟语气或条件语气联合使用时，句子容易产生违实义。甚至在一些只是少量出现虚拟语气的语言中，仍然能找到早期语气—时制综合体的形式。如在现代英语中，过去虚拟语气只保留在 be 动词 were[①] 中，这就解释了为什么在违实句中常常出现 were 而非 was。

    在没有出现过去虚拟语气综合形式的语言中，仍然能看到从过去违实到非过去违实的类推路径。在最初阶段，非现实语气只能在过去的环境中传递违实义，例如：

---

① 在英语中，年长者倾向于使用形式 Ⅰ "If I were you, then..."，而年轻人则更常用形式 Ⅱ "If I was you, then..."。由于日耳曼语族的历史传承因素较小，澳大利亚人不喜欢形式 Ⅰ，倾向于使用形式 Ⅱ。但在英国本土，形式 Ⅰ 使用较为广泛。其他语言（如德语）仍然保留了古日耳曼语族关于直陈过去式与虚拟过去式之间的对立，如 war [waʁ] 和 wäre [wæʁə]。

例 82　Yoruba（Niger-Congo: Nigeria, Benin）　　　（Salone, 1979：71）

bí	ó	bá	se	pé	ó	lè	so	Yorùbá	ni,
如果	它	INDF	COP	COMP	他	能	说	PN	COP

won	**ìbá**	ti	gbà	á.
他们	**IRR**	PRF	接受	他

要是他能和Yoruba人说话，他们就能接受他。

　　非现实语气标记 *ibá* 有区分违实句与开放条件句的作用。如果语境改变为现实指向时，句子则既可以解读为违实，也可以解读为非违实。在邻近语言 Haya 中，近指过去时表现为 P1，原指过去时则表现为 P1+P2。违实句出现了类推至 P1 的案例，例如：

例 83　Haya（Niger-Congo: Tanzania）　　　　　（Salone, 1979: 75）

a.
ká	n-a-**ku**-bona	éfarasy'	ein'	ámabába
如果	我-P1-**IRR**-看见	马	有	翅膀

ti-n-á-**ku**-amini.
NEG-我-PL-**IRR**-相信

要是我看见一个有翅膀的马，我就不相信了。（近指过去违实句）

b.
ká	n-a-**ku**-g-ile	omúká	n-a-**ku**-l-ile
如果	我-P1-**IRR**-去-P2	家	我-P1-**IRR**-吃-P2

ébitooke	n-énfulú.
香蕉	和-鱼

要是我回家，我就能吃到鱼和香蕉了。（远指过去违实句）

　　在一些语言中可以找到语气标记类推到将来时的用例，例如：

例 84　Chaga（Niger-Congo: Tanzania）　　　　　（Salone, 1979: 77）

a.
ngí-**we**-henda	shúle	ngí-**we**-soma	kiingerésa.
我-IMG-去	学校	我-IMG-学习	英语

我要是去学校，就要学英语。（我去学校的可能性较小。）

b.
ngí-**we**-henda	shúle	mfiri	to	káwí
我-IMG-去	学校	天	的	第二

ngí-**we**-kulosha	kiingeréza.
我-IMG-学习	英语

如果我周二去学校，就学英语了。（我去学校可能性较小）

例 85　Swahili（Niger−Congo: Tanzania）　　　　　（Salone, 1979: 77）

kama	ni-**nge**-kwenda	nyumba-ni	kiangazi
如果	我-**IMG**-去	家-到	夏天
ki-ja-cho	ni-**nge**-penda	ku-kaa	nyumba-ni
支持-来-REL	我-**IMG**-喜欢	去-待	家-在
na	wazee	wangu	kwa
和	父母	我的	对于
siku	chache.		
天	一些		

要是我这个夏天能回家，就能与父母相处几天了。（我回家可能性较小。）

可以看到，作为 CFE 因子的语气范畴也遵循着同样的演化路径：①始于过去时间；②类推到非过去时间框架。阿拉伯语中的非现实语气词 *law* 也出现了从过去到非过去的类推。在阿拉伯语中期时，*law* 只能用于过去违实句中。但在现代阿拉伯语标准语法中，*law* 则可以用来表示指向未来的可能性较小的事件（Ryding，2005）。

6.3.3　以语气为 CF 标记的案例分析

在一些语言中，语气范畴（虚拟语气、条件语气）能在过去时的作用下传递违实义；在另一些语言中，在缺失过去时的情况下，语气范畴也能充分地标记违实义。

Ⅰ．过去时 + 语气

虚拟语气与说话者的认知情态相关，常表示对事件实现形式的不确定性。以下语言都是出现过去虚拟语气的综合形式，例如：

例 86　Icelandic（Indo−European: Iceland）　　　　（Nordström, 2010: 133）

Ég	**skyldi**	kaupa	mér	þrjá	stiga	ef	ég
我	要.**PST.SBJV**	买	我.OBJ	3	梯子	如果	我

væri	ríkur.
COP.**PST.SBJV**	富有

我要是有钱，就买3个梯子了。

例 87 German（Indo-European: Germany）　　　　（Eisenberg, 2006: 467）

Wenn	du	**kämest,**	**führen**	wir.
如果	你	来.PST.SUBJ	去.PST.SBJV	我们

要是你来，我们就走了。

例 88 Swedish（Indo-European: Sweden）　　　　（Mattson, 1933: 55）

Vare		þät	sua...þa	**bruti**		han	giarna	eþsöret.
COP.PST.SBJV	它	这样		摧毁.PST.SBJV	他		开心地	橡树

如果是这样，他就会开心地摧毁橡树。

例 89 Finland-Swedish（Indo-European: Finland）　　　（Eriksen, 2008: 4）

Om	du	**sku**	välja	det	andra	numret,
如果	你	PST.SBJV	选择	ART	其他	数字.DEF

sku	du	få	huvudvinsten.
PST.SBJV	你	拿到	主要奖.DEF

要是你选择其他数字，就能拿到主奖了。

随着虚拟语气和直陈语气的逐渐中和，过去虚拟语气也直接脱落成过去直陈语气，如德语中 *hörte*（听见），冰岛语中 *heyrþe*（听见），既可以标记为过去虚拟语气，也可以标记为过去直陈语气。在现代英语中，虚拟语气已经基本脱落，违实句中只出现了过去时而没有出现虚拟语气。这种脱落现象在挪威语的历时语料中得到印证。在古挪威语中，过去虚拟语气常常用来标记违实，但之后只出现了过去时，例如：

例 90 Norwegian（Indo-European: Norway）　　　　（Eide, 2011: 6/12）

a. 古挪威语

Ef	hann	**væri**	þér	líkr	i
如果	他	COP.PRET.SBJV	你	像	在里面

skaplyndi, þá	mynda	ek	lítt	seinka.
思考　那么	也许	我	小	犹豫

要是我能像你这么想，就不会犹豫那么久了。

b. 现代挪威语

Hvis	jeg	**var**	deg,	ville	jeg	gitt	meg
如果	我	**COP.PRET**	你	COND	我	给	我.OBJ

litt　　　　penger.

一些　　　　钱

我要是你，就会给我一些钱了。

在希腊语中则出现了祈愿语气的脱落，例如：

例 91　Homeric Greek（Indo-European: Greek）

（Perelmouter:2005: 253-254/269）

a. eidè...　potiphōnéis...　**gén-oi**-o.

　　要是　　能说　　　　　　变.**AOR-OPT**-MED.2SG

　　要是你能有说话的机会……

b. eigàr　eg　**puth**-ó-mēn　　　　taútē　hodòn.

　　要是　我　听.**AOR**-IND-MED.1SG　这样　　方式

　　要是我能听到他这样做（考虑这个旅行）……

c. ei　　mèn　nûn　epì　állōi　aethleú-oi-men

　　如果　EMPH　现在　为了　其他　争斗:PRS-**OPT**-1PL

　　Akhaioì

　　Achaians

　　现在如果我们Achaians人为其他英雄站出来争斗……

在史前古希腊语（pre-historic Ancient Greek，2000 BC—1200 BC）中，现在和过去违实句都要使用祈愿语气形式。但在荷马希腊语（Homeric Greek，1000 BC—800 BC）时代，过去直陈语气与过去祈愿语气都可以出现在违实句中。此后，祈愿语气从违实句中几近消失，只有偶尔的非过去违实句中保留了一些用例，如例 91 c。

在印欧语系语言的发展过程中，虚拟语气在不同语言中呈现出不同程度的脱落过程。在有些语言中，虚拟 / 祈愿语气在违实句中彻底消失；在有些语言中，只有部分违实句，或过去违实句，或非过去违实句中的虚拟 / 祈愿语气出现退化。如表 6-2 所示：

表6-2　违实句中的虚拟语气

语言	虚拟语气			陈述语气		
	先过去时（过去时+完成体）	过去时	非过去时	先过去时（过去时+完成体）	过去时	非过去时
德语	过去违实	现在/将来违实				
亚美尼亚语	过去违实					
俄语		过去/现在/将来违实				
芬兰语		过去/现在/将来违实	现在/将来违实			
英语				过去违实	现在/将来违实	
法语/希腊语				过去违实		
保加利亚语						
西班牙语/加泰罗尼亚语	过去违实			过去违实		
匈牙利语		过去违实	现在/将来违实		过去违实	现在/将来违实
罗马尼亚语	过去违实					
威尔士语				过去违实		

　虚拟语气标记　　　无虚拟语气标记　　　虚拟语气部分标记

　　在德语、亚美尼亚语、俄语、芬兰语等语言中，虚拟语气仍然有所保留，常与不同的时制结合标记违实句；在英语、法语、希腊语、保加利亚语等语言中，虚拟语气出现脱落，违实句主要依靠时制进行标记；在西班牙语、加泰罗尼亚语、匈牙利语、罗马尼亚语、威尔士语等语言中，虚拟语气处于半脱落状，违实句则既可以使用虚拟语气也可以使用陈述语气。语言发展的不平衡性掩盖了虚拟语气在违实句中的地位，但仍然可以从历史语料中梳理虚拟语气在违实句中的类推过程。语言发展中往往交织着时、体、气三者的互动，正如表 6–2 所示，在出现虚拟语气类推的同时也伴随着时制范畴的类推。

　　should 和 *would* 的演变是时制和语气综合形式的变化。语言学上对这两者到底应当算是"过去的将来"还是时气综合形式有过争论。Fleischman（1982）认为 *should* 和 *would* 应该看成条件语气，是在"过去将来"时制义上进一步发展起来的，但没有列出任何历时语料证据。Traugott（1989）则认为这两者在语源上是语气时制综合体，如在古英语中可以表示过去的意愿、义务等，例如：

例 92　Old English　　　　　　　　　　　　　　（Traugott, 1989: 37–38）

þœt	he	geornor	**wolde**	sibbe	wið	hiene	þonne	gewinn
那	他	宁愿	想	和平	和	他	而不是	争斗

他宁愿和他和解而非争斗。

　　在其他一些语言中，条件语气也能追溯到语气时制的综合体。如在古 Nahuatl 语中，条件语气是意愿动词（相当于英语中的 *want*）的过去完整体形式。同样在 Sierra Miwok（Penutian: America）语中东部的下属方言中，条件语气是 *–y:i*（相当于英语中的 *was going to*）。同样，类似 *would* 这种时气综合体形式也在演变中逐渐失去时间义，例如：

例 93　Old English　　　　　　　　　　　　　　　（Bybee, 1995: 505）

ðonne sweorda gelac sunu Healfdenes efnan **wolde**

"when the son of Healfdene **wanted** to practice sword-play."（当 Healfdene 之子想去舞剑。）

在例 93 中，过去情态词 *wolde* 在古英语中还保留了过去时制的时间指向义。在中古英语中，过去情态词可以类推到现在的事件，例如：

例 94　Old English　　　　　　　　　　　　（Bybee, 1995: 505）

　　　I **wolde** yowre wylnyng worche at my myʒt

　　　"I am **willing** to do your desire as far as I can..."（我想尽可能地按照你的意愿去做。）

在现代英语中，*would* 甚至可以出现在指向未来的事件中，例如：

例 95　If in the next year the interest rates went down again, I **would** definitely consider refinancing.

Lightfoot（1979）认为在 Shakespear 阶段，*should/would* 逐渐失去了时制指向义，开始出现类推用法。

Ⅱ. 语气

除了上文提到的非现实语气和虚拟语气外，祈使语气也可以用来标记一些语言中的违实句，例如：

例 96　Russian（Indo-European: Russia）　　　　（Dobrushina, 2008: 127）

Sumej	ja	vovremja	pozvoni-tj,	i
能.IMP	我	准时	叫-INF	并且
vsj-o	bi-l-o	bi	inače.	
所有-N	COP-PST-N	SBJV	否则	

要是我能及时打这个电话，事情就不同了。

例 97　Aghul（Nak-Daghestanian: Russia）　　　　（Dobrushina, 2008: 128）

Waχt:una	zenq	**aq'e**	zun,	fira
及时	电话	打.IMP	我	没事
q'a-s-t:uj.				
发生-INF-NEG.PST				

我要是能及时打这个电话，什么都不会发生了。

例 98　Bariai（Austronesian: New Britain）

（Gallagher & Baehr, 2005: 161/140）

Padam	le-da		eau	i-eno-no,
IMP	PCAg–1PL.INCL		水	3SG.SBJ–放下–RDP
eina	ta-kona-ona.			
那么	1SG.INC–钩住–RDP			

要是能剩下一些燃料，我们就能钩住鱼了。

在 Pipil 语中，条件语气的平行使用具有标记违实义的作用，例如：

例 99　Pipil（Uto–Aztecan: El Salvador）　　　（Campbell, 1985: 135）

ni-k-pix-（**i**）**kiya**	tumin,	ni-k-kuwa-**akiya**	turuh.
我–它–有–**COND/DES**	钱	我–它–买–**COND/DES**	牛

我要是有钱，就买牛了。

受西班牙语的影响，后缀 Pipil 语中的 –*akiya*（would like to/want，想要）进一步引申出条件语气的用法。在 Ewe 语中，疑问语气则用来标记违实句，例如：

例 100　Ewe（Niger–Congo: Togo, Ghana）　（Ameka & Dakubu, 2008: 158）

ɖě	me-nyɛ	bé	á–ɔ
Q	1SG–知道.3SG	QUOT	3SG.IRR–在.NPRS
áléá	né	me-gbugbɔ	ɖé	megbé.
因此	COND	1SG–归还	所有	回

我要是知道这样，肯定撤回了。

在 Warekena 语中，沮丧语气小品词则用来标记违实句，例如：

例 101　Warekena（Arawakan: Colombia, Brazil, Venezuela）

（Aikhenvald, 1998: 119）

Oy-uhre	exi-taw	k-e-taw	**re**	wî–tw-e–sî.
1POSR–枪	COP–如果	说/做–SF–如果	**FRUS**	1SG–SF–INP

要是我有枪，我就射击他了。

在 Mapuche 语中，阻碍语气词缀则用来标记违实句，例如：

例 102　Mapuche（Araucanian: Chile）　　　　　　　　　（Smeets, 2008: 184）

Eymi　möle-**fu**-l-m-I,　　　　　küdaw-a-**fu**-y-u.

你　　COP-**IPD**-COND-2-SG　工作-NRLD-**IPD**-IND.1NS-DU

要是你在这儿，我们就能工作了。

6.4　启示：CF 标记的演变路径

6.4.1　语法化

共时语料的不平衡性为历时语料提供补充证据，结合两者，可以理清违实标记的历时发展路径。再次验证了图 6-1 呈现的发展路径，即语法化与语言更新交错发展。

Lehmann（1982）认为语法化指的是某一个语言形式逐渐语法功能化的过程。语法化不同于语言更新和创新之处：语法化是对同一个语言形式而言，即 y 继续 x（y continues x），而后者则是对两种语言形式而言，即 y 替代 x（y replaces x）。正如上文分析，这种从 CFE 因子到 CF 标记的演化路径可以归纳如下：

阶段 I——语用阶段

TAM 特征借助语用捷径在过去时间框架内表达违实义，违实句无固定形式特征，语境制约度高，语言形式不具有强制性。

阶段 II——形成阶段

TAM 形式特征固定化，并逐渐强制化，重新分析为违实标记，语法化与去范畴化并存。

阶段 III——类推阶段

类推标志着违实标记的成熟，当违实标记形成并且成熟后，则会进一步类推至表示现在 / 将来的违实句中。

阶段 IV——类推形成阶段

类推后的语言形式在现在 / 将来违实句中强制化。

阶段 V——更新强化阶段

当违实标记类推至现在 / 将来违实句时，违实义也会随之被削弱，语言通常通过叠加新的 TAM 特征用以强化过去框架内的违实表达，于是开始了新的一轮历时发展——形成 -> 类推 -> 强化。

6.4.1.1　机制：重新分析与类推

从 CFE 因子到 CF 标记的演变经历了重新分析和类推的重复过程。Hopper & Traogott（2003：51）认为重新分析经历了组成部分的改变，并对不同语义句法成分进行语言范畴的重新归类。如在阶段Ⅱ，选择性出现的 CFE 因子在过去时间框架内重新分析为必要成分，向 CF 标记迈出了重要的一步。该语言形式进一步语法化，并超越本身的 TAM 语义。当本身的 TAM 语义限制取消，该语言形式进一步延伸到其他 TAM 领域的违实句，如过去时用在非过去违实句中。当语法化后的语言形式进入了非过去领域后，进一步重新分析为违实句的必要标记。一个成熟的 CF 标记在这一阶段形成，可以用来标记任何时间指向的违实句。值得注意的是，当这一阶段完成后，会受语言加强更新的影响，进而产生新一轮的语法化。世界语言中的违实标记纷繁各异，从动态的视角来看，像汉语这类选择性使用 CFE 因子传递违实义的语言或许正处在语法化的最初阶段。很多澳大利亚语系的语言则出现了进一步的语法化，即 TAM 特征强制性地出现在过去违实句中。除了明显地借助语用捷径如 "if I were you"（如果我是你），这些语言并没有办法表示指向未来的违实句。很多印欧语系的语言由于发达的屈折形式从而形成了成熟的 CF 标记，可以用来标记任意时间领域的违实句，如 Hindi 语中的习惯体、Palestinian Arabic 语中的过去（完成体）、Persian 语中的持续体等。一些印欧语系语言如罗曼语族、日耳曼语族则出现了多层重叠的 CF 标记。

6.4.1.2　语用因素

CF 标记的形成可以看成长时间语用规约化的结果，即语用强化（Pragmatic strengthening）（Traugott，1988）。语用强化，顾名思义，常常通过增强或者规约临时形成的语境义，从而固化形成词汇义。如条件句中的双向条件义，最初只是作为语用推理义存在，逐渐通过语用加强固化在一些条件句中（Geis & Zwicky）。CFE 因子最初的作用在于增强违实表达的语境信息量，常用的 CFE 因子则更易与推理出来的语用义发生形式上的关联，违实义也会产生规约化，进而成为 CFE 因子的固有形态词汇义，为其进一步语法化成为 CF 标记做好准备。在最初阶段，听话者通过对 CFE 因子进行分析推理产生违实义，CFE 因子更多是作为语境中的信息线索存在，并不能作为语言手段。常用的 CFE 因子有 TAM 特征等，由于使用频繁，常常出现超越本体的情态用法，即假特征。在语法化和语言更新作用的刺激下，这些假特征形成语言系统的层级叠加。

6.4.1.3　分叉模型

那么为什么从 CFE 因子到 CF 标记的演变都遵循着从过去违实句到非过去违实句的大致路径？过去时常常作为违实句的第一层标记。除了过去时外，其他 CFE 因子的演变路径也常常始于过去违实句。过去时究竟与违实句之间有何种关联？这里采用分叉模型理论（branching–futures model）（Tedeschi，1981）予以说明，见图 6-4：

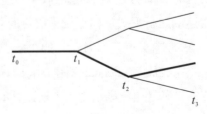

图 6-4　分叉模型理论

例 103　If Germany had invaded England, they would have won the war.（Dahl, 1997）

　　　如果德国侵略了英国，他们就赢了这场战争。

　　假设站在 t_3，并往以前看，t_1 也是一个关键时间点。在这个时间点上，希特勒决定不侵略英国。在另外一条线路上（粗体），希特勒却侵略了英国。因此，t_1 这个时间点具有一定的排斥性，将"德国侵略英国"排斥在事实领域之外。在起初，这种排斥效应仅仅在它自己的时间领域起作用，如"德国没有侵略英国"只是对"德国侵略了英国"而不是对"德国要侵略英国"有排斥效应。但很多动词如"死、丢、离开"等则对超过其自身的时间范围有排斥作用，如"他三年前死了"能排斥指向现在的事实，如"他现在还活着"。因此，按照这样的时间可以推理如下：

例 104　If he were alive next year, he would be 200 years old.

　　不管在哪种情况下，在过去时间点 t_1 上都会有一个分叉，一个走向事件发生，一个走向事件未发生。t_1 作为过去时间，也作为关键时间点，与违实义紧密相连。在最初阶段，只有具有上述超时间领域排斥效应的动词才能出现与未来时间词的共现。但到了后来，受主观化的影响，这些客观层面的时间关系进一步映射到主观层面，于是在这些违实范畴发达的语言中有了很多指向未来的违实句。

6.4.2　加强与更新

　　经过语法化形成后的违实标记并非一成不变。当 CF 标记形成并且成熟后，会进一步类推至表示现在 / 将来的违实句中。很多语言的 CF 标记都止步于前，除了借用语境外，并不能表达现在 / 将来违实义。只有在部分形态发达的语言中，违实标记才得以进一步发展，并出现类推。CF 标记的类推标志着违实标记的成熟。当 CF 标记类推至现在 / 将来违实句时，违实义也会随之被削弱。Lehmann

（1995/2002: 206）认为语法化带来的削弱作用有两种方式可以弥补：第一种是放弃并以新的语言形式取而代之，即更新（renovation）；第二种则是通过叠加新的语言形式用以强化（renovation by reinforcement）。语料显示，众多语言不约而同选择第二种方式用以强化违实表达。如在英语、德语、法语、西班牙语、挪威语、瑞典语等形态发达的印欧语系语言中，完成体作为新的语言形式叠加在原有的结构上用以强化违实表达。同样，这样的语言形式也经历了一个由选择性到强制性的去范畴化过程，由过去时间框架到现在／将来时间框架的类推过程，由此又产生了一个新的循环。共时层面的违实句显现的是多层违实标记叠加。如果将"语法化"标记为">"，"强化"标记为"=>"，英语中的违实句则经历了"过去祈愿语气 > 反转过去祈愿语气（去范畴化）> 反转过去时（去范畴化）=>would+ 反转过去时（去范畴化）=>would+ 完成体 + 反转过去时（去范畴化）>would+ 反转完成体（去范畴化）+ 过去时"。

违实标记的历时循环性发展与其他语言标记（如否定标记）也非常类似。Dahl（1979: 106）曾指出人类语言中的否定标记发展的循环轨迹：否定需要借助动前 ne，如"jeo ne dis"（古法语）（阶段Ⅰ）；动前 ne 与动后 pas 同时需要，如"je ne dis pas"（现代法语）（阶段Ⅱ：强化叠加）；动前 ne 选择性删除，如"je dis pas（现代法语口语）"（阶段Ⅲ：脱落）。Lehmann（2002: 208）指出指示代词的发展路径：*is* "that（one）"（前拉丁语）（阶段Ⅰ）；*iste* "that one on your side"（拉丁语）（阶段Ⅱ：强化叠加）；*eccuistu* "lo that one"（通俗拉丁语）（阶段Ⅲ：强化叠加）；*questo* "this"（意大利语）（阶段Ⅳ）；*questo...qui*（意大利语）、*ce...-ci*（法语）"this（one）here"（阶段Ⅴ：强化）。

6.5　小结

最初，违实义可以借助语境暗示通过语用推理而成。语用层面的违实句有如下几个特点：①仅限于过去时间框架；②语境制约度较高，改变语境可以轻易取消违实义；③无固定的形式特征。汉语中的违实句则更多停留在语用层面，无固定的形式特征，且受语境制约度较高。第 3 章对 LCMC，UCLA 和 TORCH 3 个语料库做了条件违实句的语料统计，总结出汉语违实句的几个常用特征，如否定、情态副词"真的"、祈愿语气"……就好了"、过去指向词、第一人称代词、定指代词"这，那"等。在检索出的 245 个违实句中，有33 例完全借助语境（上下文语境或百科知识），占总数的 13.5%。汉语违实句并没有出现固定的违实特征，绝大多数违实句需要两三个CFE 因子共同作用。CFE 因子越多，违实表达力度越强。雍茜（2014：40）认为汉语违实义强弱直接与语境中的信息密度相关。有意思的是，汉语的违实句虽然语用依赖度较强，但仍然有 CFE 因子的复合形式如"要不是""若非""蛮好"（上海话）"说的"（扬州话）等。这些复合因子能在一定程度上脱离语境协助生成违实义。但这些指示词适用范围受限，且不具有强制性，不能等同于 CF 标记。

如上文所述，CF 标记多与 TAM 有关。然而，语言在 TAM 范畴上显赫度不同，显赫度较强的特征首先进入过去时间框架下的违实句，并逐渐强制化。由选择性进入逐渐强制化经历了一个重新分析的语法化过程。TAM 范畴在进入违实句之初，只是通过贡献自身范畴义来增进违实义，并不具有标记功能，如瓦尔瓦语、祖尼语中的过去时，古拉丁语中的非完成体，祖尼语中的非现实语气和汉语句尾语气词"了"等。随着使用频率的增高，临时产生的语用义发生规约化，违实从而得以范畴化。而 TAM 特征则相应地出现去范畴化，进而丧失原本的时体气指示功能，进一步语法化成违实标记。

TAM 在违实句中的强制性使用标志着违实标记的正式形成。这种强制性使用通常始于过去框架内的违实句，如瓦尔皮里语中的完成体。语言标记的发展都遵循着类似的形成、类推与强化的多层重复轨迹。本章关于违实标记的历时研究期待能为后续人类语言标记系统的历时研究提供新的数据支撑。

第 7 章　总结

7.1　世界语言中违实范畴的类型学分类

　　违实的本质是一种语义预设，即句子本身的肯定与否定不影响违实预设的事实。但就违实义是否是语义蕴含而言，则众说纷纭。自 Nevins（2002）提出了几个可被取消和加强的违实反例之后，学界多认为违实句中传递的违实义不是一种蕴含关系。但如果放眼世界语言，则会发现问题比想象的要复杂。英语只是众多语言中的个案而已，不同的语言在可取消性和加强性上有不同的特点。要弄清楚这个问题，需要回归语言中"违实"的标记方式上来。纵观上文，大致可以总结出以下几种方式。

7.1.1　语用推理

　　第 2 章分析了汉语中违实表达与普通否定事件在反事实强度和言者态度上的差异性。第 3、4 章则进一步提供了解释。这是因为，大多数汉语违实句还处于语义的组合环节，语法化程度较低，受语用制约较大。在缺乏违实标记的汉语中，违实句显示出与其他形态发达语言完全不同的特征。虽然众多关于汉语违实句的相关研究纷纷指出汉语违实的词汇句法特征等，但是汉语的违实句对语用的依赖程度仍然很大。虽然有部分争议的语言手段如句尾"了"等对违实进行标记，但语法化程度不够高，标记违实句也不具有彻底性和特定性。那么在这类违实句中，前后语境对违实识解的影响则不容忽视。例如：

例 1　a. 他要是在那儿住过，就会认识那儿的人了。（自拟）

　　　 b. 其实他确实在那儿住过。（自拟）

    c. 显然他没在那儿住过。(自拟)

单看例 1 a 句,一般的理解是作违实理解,即事实上他并没有在那儿住过,也不认识那里的人。但这样一个违实句却既可以后接小句用以取消违实理解,如例 1 b 句,也可以后接小句加强违实理解,如例 1 c 句。

这类语言中的违实句常常通过叠加非现实因子(如将来时、虚拟语气、条件语气等)和现实因子,通过过去时、完成体、完成时等得以实现。这是因为对已然事实的非现实推理往往能产生违实解读。这类违实句受语境制约大,表现出可被取消、可被加强等特性(详见第 4 章)。

这些由语用推理形成的违实句仍然存有否定预设,只是预设力度相对来说较弱。Ziegeler(2000)认为这种起初由语境推理产生的违实义能够进行量度上的评估和衡量。她进一步指出了 CFI(违实推理)原则,并认为违实表达的力度与语境中出现的违实触发因子数目正相关。常见的违实触发因子有过去时、完成体、非现实语气、祈愿语气否定、第一人称主语和语境线索等。第 3 章详细论述了这些触发因子的分布和影响力。鉴于这些触发因子在生成违实义时的贡献力,本书将其称作"CFE 因子(CFE$_{nhancing}$ markers)"[①] 用以区别形态发达语言中的违实标记。这是因为当缺乏恒定的特定标记时,说话者说出了一个违实句子,听话者会推理说话者不认为违实事件可被实现或者相反,分别写作 $\neg B_s \Diamond P_j$ or $\neg B_s \neg \Diamond P_j$(其中 B 象征相信力度)。接着听话者认为说话者更倾向于前者,并由 $\neg B_s \Diamond P_j$ 推理出 $B_s \neg \Diamond P_j$,由此进一步引出 $\neg \Diamond P_j$(逻辑上蕴含 $\neg P_j$)。从($\neg B_s \Diamond P_j$)$\vee$($\neg B_s \neg \Diamond P_j$)到($\neg \Diamond P_j$),说话者的推理过程需要借助违实强化标记的力度贡献,从而使得推理从最初具有中立态度的开放假设句到反预期再到反事实。

---

① Karawani(2014)称之为"非事实(NAV–Non–actual Veridicality)语素"。本书认为违实强化标记更为恰当,这是因为并非所有强化标记都是非事实的范畴。

依赖语用推理形成违实表达的语言即使缺乏彻底的违实标记，也能够达成很强的违实义。汉语缺乏彻底的违实标记对肯定违实句进行编码，但可以通过堆积过去时间词，体貌标记如（了，过）、第一人称主语、否定、指示代词、祈愿语气、情态副词等，达成非常彻底的违实解读，而违实义的取消和加强也因违实力度的增强而失效。那么问题进一步产生——违实强化标记的堆积语义/语用和句法上限为何？显然，句法上限受制于句子中间预留的句法空位，而语义/语用上限则依语言表达不同各异。根据对汉语违实的实证研究，多数违实句使用两三个 CFE 因子，只有少数句子使用 4 个及以上的CFE 因子（尽管在句法上这样可行）。

7.1.2　语法化标记

第 5、6 章讨论了依赖语用推理形成的违实表达的情况。而这种临时语用义在一定的条件下能够通过语用规约语法化形成某种语言形式的固定义，因此在一些语言中出现了语言标记对违实义进行编码，违实义也更为稳定和坚固。这种语法化标记并不是对语用推理的反驳。恰恰相反，它给语用推理提供了更多的证据。这是因为即使在经过语法化形成违实标记的语言中，仍然能看到语用推理的源头。

在英语中，可以通过时制迁移（shift-back）标记违实句。换句话说，时制推理出的语用情态义已经超出其本身时制义的范畴，由此出现假时制。这种假时制由于情态指示功能的形成，成为了成熟的违实标记。由于这类语法化后的违实标记由语用规约形成，不具有特定性，在一定程度上仍保留了早期语用的痕迹，特定的语境仍然对违实义有影响和制约。但相比较汉语而言，毕竟时态已经迁移，时态本身的情态义已形成，对违实义也具有一定的标记作用，语境独立性也较强。虽然 Nevins（2002）举出了几例可被加强和取消，但是英文中仍然有很多违实句不可后接小句取消或加强，例如：

例2　不可取消　　　　　　　　　　　　　　　　（Karawani, 2014: 162）

　　（*）If John had been there, the party would have been fun, and in fact, John was there.

　　　　如果乔恩在这儿，聚会就会很有意思了，事实上，乔恩在那儿。

例3　不可加强　　　　　　　　　　　　　　　　（Karawani, 2014: 162）

　　（*）If John had been there, the party would have been fun, and John was not there.

　　　　如果乔恩在这儿，聚会就会很有意思了，事实上，乔恩不在那儿。

　　可以看到，违实的取消和加强操作也是在特定的语境下（如案件推理等）进行的。相较于汉语，英语的违实句虽然可以但是不易进行取消和加强操作。

　　除了上述讨论的时制范畴外，在部分动词中仍然发现了同样的语法化过程。这些动词常常出现了语义退化，如一些语言的违实句是通过部分具有形态屈折变化的动词予以标记的。这些动词在违实句以外的环境中仍然保留了其自身的词汇义，如 Sidaama 语言中的 *hee'r* "生活"，Koya Chiini 语言中的 *gar* "发生"等。中国境内的方言也出现了类似的动词语法化用法，多集中在言语行为动词，如扬州话中"还说的 [soʔ5 ti] 穷死了，一个月拿五六千（事实是不穷）"（张其昀，2015）；藏语中只有间接语气（如 *-yodred* "据说"）才可以出现在违实句中；尼泊尔境内的当夏尔巴语出现了类似的违实标记 *hin-si*（系动词—说）。北京话中出现"知道"与"早"搭配具有一定的违实生成能力，如"早知道他是这样的人，我就不嫁了"。"知道"语法化为违实标记也出现在了其他语言中，如博科语中的 *dʒ*，Mavea 语中的 *ontavse*。与"知道"相反，浙江龙游话用"忘记"来标记违实句（强星娜，2011）。"忘记"标记的违实句常常表示想要忘记已经不可能发生的事情。当这些动词在违实语境中使用时，本身的词汇意义退化。与语义消退相伴的是去范畴化和再范畴化，这意味着它们常常变换成其他句法范畴，进而形成新的表达功能（Bhat，1994）。如在 Macushi 语中一些动词通过添加名物化的后缀 *epainon* 进而成为违实标记；Pashto 语中的违实标记是动词分词形式，动词通过添加小品词 *way* 变成非限定性形式，进而阻碍 TAM 特征的表达；Udihe 语中的违实标记是失去某种依存标记（agreement marking）的特殊动词形式，如 *bi-si* 并没有体现任何人称、数量等特征的依存标记。

另外，与语用推理形成的违实句不同，语法化后的违实标记可以不依赖于非现实因子与现实因子的存在独立标记违实句。语用推理形成的违实句往往需要借助过去时间框架对已然事件进行推测，而语法化后形成的标记可以出现在任意时间框架内，例如：

例 4　Palestinian Arabic（Afro-Asiatic: Palestinian West Bank and Gaza）

（Halpert & Karawani, 2012: 101）

iza	**ʃileʃ**	halaʔ,	**kaan**	b-iwsal
如果	离开.**PST.PFV**	现在	是.**PST.PFV**	B-到达.IPFV
ʃal	waʔt		la	l-muħaadara
在	那个时间		为	那个-讲座

如果他现在离开，他就能准时参加那个讲座。（现在违实，事实上他并没有现在离开，他也不能准时参加那个讲座。）

例 5　Persian（Indo-European: Iran）（p.c. data 来自 Arsalan Kahnemuyipour）

Age	fardaa	**mi**-raft	hafte-ye	ba'd	**mi**-resid
如果	明天	**DUR**-去.PST	星期-suffix	下个	**DUR**-到达.PST

如果他明天离开，他下个星期就能到达。（将来违实，事实上他明天并不离开，他下个星期也不能到达。）

例 4、例 5 显示了在巴勒斯坦阿拉伯语和波斯语中，经过语法化后形成成熟的违实标记可以用来标记非过去时间框架的违实句。在巴勒斯坦阿拉伯语中，过去完成体可以用来标记现在违实句；而在波斯语中，过去持续体（未完成体）可以用来标记未来违实句。这是因为随着语用规约，临时语用义形成了词汇义，通过类推作用延伸到其他非过去时间框架的违实句中，并固化成为稳定的语言标记。伴随着语言类推作用，原来的时制和体貌义逐渐被情态义取代，于是出现了看似相互矛盾范畴的贡献，如过去时用在非过去违实句中，未完成体用在完成体违实句中等。因此，违实句中这种假时制和假体貌现象是语法化的一个产物。当假时制或假体貌类推到非过去违实句中，另一个后果则是违实句的时制中和（详见第 5 章）。为了进一步能区别违实句中的时制，于是部分语言对过去违实句又进行了新一层的标记叠加（详见第 6 章），新一轮的从违实强化标记到违实标记的语法化过程开始发生。一些语言违实标记的叠加已经开始发生在过去违实句中，并且有逐渐蔓延至非过去违实句的趋势；而有一些语言中的违实标记还没有出现叠加趋势。

7.1.3　词汇化标记

词汇化的过程与语法化互相交织，但前者侧重指相邻两个语言成分在发展过程中变为词的过程。在部分语言中，成熟的违实标记可以识解成两个或多个有意义的组合成分，推测语气如 Movima 语中的 *disoy* 可以分解成 *dis*（祈愿语气）和 *joy*（推测语气）。摩挲语中的违实标记 $z\sigma^{31}dz\sigma^{33}$ 可以分解为 $z\varepsilon^{33}/z\sigma^{33}$（完成体）和 $dz\sigma^{33}$（存在 / 进行义动词）（Lidz，2010）。Mavea 语中的违实动词 *imte* 可以分解成非现实语气 *i*、条件语气 *mo* 和不定数量词 *te*。古德语中的 *maci* 可以分解成 *ma*（条件假设义）+ *ci*（未知来源？）。一些违实句中的连词常常和随后成分发生词汇化，重新分析，形成特定违实标记。常见的有普通连词 + 否定词，如汉语中的"要不是"，亚施宁加—河和佩雷内语中的 *airorika*，Hausa 语中的 *baicin*，塔加拉语中的 *kundi* 等；或者是普通连词 + 虚拟语气，如波兰语中的 *gby*，俄语中的 *kaby*，Hausa 语中的 *da-ace* 等。上海话中"蛮好"相当于普通话中"挺好"，是由程度副词"蛮"加形容词"好"构成的形容词短语。随着语言的发展，"蛮好"经历了一个词汇化过程，《上海话大辞典》（辞海版）已将其归入到程度副词。词汇化后的"蛮好"具有违实标记作用，例如：

例 6　我蛮好脱侬一道去白相。（我要是跟你一起去玩就好了。）（强心娜，2011）

　　另一个有趣的词汇化现象发生在邻近的句首连词和否定词之间。以汉语中的"要不是"为例，共时平面上还存在与之同形异构的"要 + 不是"，例如：

例 7　a. 他 [要不是（这样的人）]，怎能落到这步田地？（自拟）

　　　b. ……那他 [要（不是消防队呢）]？你不得挨揍哇！（自拟）

　　"要不是"在例 7 a 句中是一个词汇化后的违实指示词，而在 b 句中则保留了词汇化前的痕迹，不具有违实指示义。在 b 句中，说话者不确定"他是不是消防队员"，"要"相当于"如果"，连接一个普通的否定假设。从例 7 a 句到 b 句经历了一个跨层结构的重新分析。Ashéninka Perené 语中的 *airorika* 和 Tagalog 语中的 *Kundi* 都是类似的情况。以 Tagalog 语为例，连词 *Kung...sana* 可以无例外地标记违实句，但必须和小品词 *hindi* 进行连用，于是在表层结构中以词汇化后的形式 *Kundi...sana* 出现（Schachter & Otanes, 1983），例如：

例 8　Tagalog（Austronesian: Philippines）　　　　（Nevins, 2002: 444）

Kundi	napakalayo	ng	Maynila,	papag-aaralin	ko
如果-不-that	非常远	情况	Manila	CAUS-学习	我
sana	Siya	roon.			
那么	他	那儿			

如果Manila没走很远，我会送他去那儿学习。（事实Manila走远了，我也不会送他去那儿学习。）

7.1.4　特定标记

　　前文讨论了 Van linden & Verstraete（2008）关于违实标记中的组

合规律，即情态范畴与多种时体语气成分组合进而推理产生违实义。McGregor（2008）则认为在部分语言中，违实义中的极性反转可能由于某种语言形式本身蕴含了违实性。那么由于本身语义的蕴含性，这类违实标记也不需要依赖其他的情态范畴，产生的违实义也很难被取消或被加强。在 Iquito 语（Zaparoan: Peru）中，"违实"由特定 ① 的附缀（clitic）予以标记，语法化程度较高，例如：

例9　Iquito（Zaparoan: Peru）②　　　　　　　　　　　　　（Lai, 2009:2, 4, 7）

　　a.　Nu=**ti**=huárataamicaáca　raati-aa-cura　iina　　　ampisitaaja,
　　　　3S=**CF**=两天前　　　　　喝-PFV-RPST DET　　　药
　　　　Jaa　　　　　　　　　　nu=**ti**=ácari　anaji-qui-ø.
　　　　已经　　　　　　　　　　3SG=**CF**=现在 恢复-PFV-ZT
　　　　如果他前天吃了这个药，现在就已经恢复了。（事实上他没吃药，也没恢复。）

*　b.　Ca=quí=nacusi-i-ø　　　　　　nu=raati-ø-cura　　　cuuta nuu.
　　　　NEG=1SG=知道-IPFV-ZT 3SG=喝-GNR.PFV-RPST 也许　3SG
　　　　我不知道他是否吃药。（违实取消）

*　c.　Jíta　nu=raari-ji-ø-cura　　　　　　　　　　caa　　nuu=na,
　　　　因为　3SG=喝-SBJV.NEG-GNR.PFV-RPST　NEG　　3SG=CLT
　　　　Anihuaácuji　ca=nu=anaji-i-ø　　　　　　atii=yaajaa.
　　　　因此　　　　NEG=3SG=恢复-IPFV-ZT　　　此时=CLT
　　　　因为他没有服药，所以他此时没有恢复。（违实加强）

　　例9 a 句由于使用了语法化程度较高的语言手段对违实义进行标记，违实义很难被取消或者加强，无法后接 b、c 两句：如果后接 b 句，取消了违实义，与原句传递的违实义自相矛盾；如果后接 c 句，又重复了原句表达的违实义，不符合语言表达的经济性效果。

　　这种特定标记使用的另一个特征就是不受时制、体貌的限制，

---

① 所谓"特定"是指该语言形式只用来标记"违实"而没有其他功能。
② 对于除英语、汉语以外的所有引用语言，本书会在括号内部标注其归属的语族和使用的地区。

可以在违实句的框架内表达各种 TAM 特征。因此，也能期待看见除了过去时外时间框架内的违实表达，例如：

例 10　Ossetic（Indo-European: Russia, Georgia）　　　　（Vydrin, 2011: 75）

  a.　过去违实句

žnon	Æž	ænæmæng-æj	a-səd-**ain**
昨天	我	应该-ABL	PREF-去.PST-**CF**.1SG
šemæ	Wællag	Kurtatkom-mæ	važdžə-tæ
3PL.COM	PN	PN-所有	客人-PL.NOM
mæm	kʷə	Ne	'rba-səd-**aikkoj**
1SG.ENCL.ALL	如果	否定	PFV-去.PST-**CF**.3PL
wæd			
然后			

如果客人们没有来访问我，昨天我就会带着他们去 Verhniy Kurtatkom 了。（事实上客人们没来，我也没带着他们去。）

  b.

Xetægkatə	K'osta	ma		ægaš	kʷə
PN	PN	EMPH		或者	如果
wəd-**aid**		wæd	əl		nər
是.PST-**CF**.3SG		那么	3SG.ENCL.SUPER		现在
səd-**aid**		šædæ	Fænzaj		až-ə
去.PST-**CF**.3SG		一百	五十		年-GEN

如果 Kosta Khetagurov 现在还活着，他们就有一百五十岁。（事实上 Kosta Khetagurov 已经去世了。）

  c.

važdžə-tæ	næm	abon	næ,	fælæ
客人-PL.NOM	1PL.ENCL.ALL	今天	否定	但是
Rajšom	kʷə	rba-səd-**aikkoj**		wæd
明天	如果	PREF-去.PST-**CF**.3PL		那么
cən	fər	argævšt-**aikkam**		
3PL.ENCL.DAT	羊	宰杀.PST-**CF**.1PL		

如果客人们不是今天来，而是明天，我们就会有时间宰羊了。（事实上客人们是今天来的，我们也没时间宰羊。）

  与上文提到的词汇化和语法化后形成的标记不同，对于很多这类特定违实标记，很难在词源上找到其发展脉络。由于其标记的唯一性，违实范畴在这类语言中的显赫性也非常强，甚至能对未知的将来事件进行违实推测。这是因为这些特定标记的形成并非源于 TAM 范畴，那么其出现也不会干扰 TAM 范畴的表达。这种完美的违实特定标记在人工语言 Na'vi 语[①]中得到了实现，例如：

例 11　Na'vi

（Online resources: http://naviteri.org/2013/04/zun-zel-counterfactual-conditionals/）

a.　**Zun**（CF）livu（be.PRS）oe Olo'eyktan...

如果我是Clan Lead...（事实是我不是Clan Lead。）

b.　**Zun**（CF）nga yawne livu（be.PRS）oer...

如果我爱你……（事实是我并不爱你。）

c.　**Zun**（CF）oe pxiset tirvaron（hunt.PRS.PROG...

如果我正在打猎……（事实是我并没有正在打猎。）

d.　**Zun**（CF）limvu（be.PST）oe Olo'eyktan...

如果我过去是Clan Lead...（事实是我不是Clan Lead。）

e.　**Zun**（CF）nga yawne limvu（be.PST）oer...

如果我过去爱你……（事实是我过去并不爱你。）

f.　**Zun**（CF）nga fitikangkemvir hasey（complete.PST）silvi...

如果你已经完成了这个项目……（事实是我还没完成这个项目。）

g.　**Zun**（CF）tompa（rain.FUT）ziyevup tray...

如果明天下雨……（虽然我们根据现有情况推测明天不太可能下雨。）

7.2　汉语违实范畴的显赫性反思

7.2.1　显赫性研究

语言中违实标记的显赫性可以用各种参数予以评估，如语法化程度、强制性、系统性和普及性等（Newman，1954；Lehmann，1995）。

---

① 由 Paul R. Frommer 教授为电影《阿凡达》创造。

Ⅰ. 语法化程度

从语法化程度上看，要区分两个概念：一个是词汇成分，另一个是语法成分。前者具有一定的词汇内容性，后者则具有一定的功能性，常常实现为动词的屈折形式或助动成分（Sapir，1921；Carlson，1983；Givón，1984）。然而，这种区别性是一个逐渐过渡的状况，即使在词汇成分和语法词内部，也有实虚程度的差异。如动词的词汇义相对强于副词和连词，词缀比小品词和附缀语法化程度更高，动词屈折形式的语法化程度比助动词的屈折形式高（Bhat，1999）。这种差别在 Hill Madia 语中得以显现。在 Hill Madia 语中，违实句有两种标记模式，既可以实现为动词屈折形式，也可以实现为助动词的屈折形式，例如：

例 12　Hill Madia（Dravidian: India）　　　　　　　　（Vaz, 2005: 14）

　a.　nima　　　　mən-j　　　mən-tɛkɛ　　bat-ay　　　vərk-is
　　　2SG　　　　是-PTCP　是-COND　什么-INDF　说-PTCP
　　　mən-ɛ-ta.
　　　是-**CF**-3NM.S
　　　如果你刚刚在这儿，她可能会说一些其他的事情。（事实是你刚刚不在，她也没说其他事情。）

　b.　nima　nenɖ　tor　i-vɛkɛ　　　　　nəna　ɖøl-ɛ-ən.
　　　2SG　今天　公司　给-COND.NEG　1SG　死-**CF**-1SG
　　　如果你今天没有给我提供帮助，我就死了。（事实是你给我提供帮助了，我也没死。）

在 Hill Madia 语中，当违实句指向比较久远的过去时，助动词通常承担某种屈折变化，如例 12 a 句；当违实句指向近过去或者现在时，更常见的违实标记方式则是动词承担某种屈折形式，如例 12 b 句。Bybee（1985）从相关性的角度解释了这两种标记方式语法化程度的不同。当违实标记语法化程度较高，违实语气与动词的相关性也就越高，相关性越高的成分往往与动词的距离也就越近。

Ⅱ. 强制性

根据 Lehmann（1995），强制性和系统性是评价一个语言范畴显赫性的重要参数。Newman（1954）认为，强制性的语言范畴比选择性使用的语言范畴更加重要，因为选择性成分通常只是说明相关性的语义，而它们的缺失并不代表必有语义成分的缺失。如在违实句中，可以通过增加相关语义成分以满足表达精细化的需求，从而生成各种衍生性的违实句。前文讨论过通过语用推理形成的违实句，违实强化标记通常不具有强制性。在语法化形成成熟的违实标记之前，违实强化标记只是作为贡献相关语义满足表达精细化的需求。在英语中，也有很多选择性成分，如"probably, possibly, perhaps, absolutely"等。这些情态副词可以添加在违实句中，形成衍生性违实句（secondary counterfactuals），但只能作为添加成分，用来进一步修饰违实表达，且重要性地位要次于强制性的违实标记，如假时制、体貌等。

Ⅲ. 系统性

另一个评价语言范畴显赫性的参数是系统性，又称为"范例变化性"（paradigmatization）。语法化程度高的违实标记通常具有系统性的范例变化，如 Hua 语中的特定违实标记（见表 7-1）：

表 7-1   Hua 语中违实小品词的范例变体

	Assertive	Interrogative	Relative	Expectant	Compound Expectant
A	hine	hipe	hipa	hipa	Hipamava
B	sine	sipa	sipa	sipa	Sipamava

Hua 语中的违实小品词通过变换词尾从而满足了肯定语气、疑问语气、关系从句、期待语气等语言特征的表达需求。而在其他一些语言（如 Pashto 语）中，违实标记仅仅是通过系动词的分词性形式

实现，并没有出现任何范例变化。违实范畴显赫性差异也因这种范例变化的系统性差异而有所不同。

IV．普及性

普及性是衡量语言范畴显赫性差异的另一个重要指标，涉及某个语言成分的适用广度和范围。在一些语言中，显赫的违实标记既能适用于过去违实句，也能适用于非过去违实句，如 5.2.2.1 提及的有特定违实标记的语言和 5.2.2.2 提及的有非特定违实标记的语言。两者虽然都有违实标记，但前者在显赫性上强于后者。这是因为前者的违实范畴是原型范畴，而后者的违实范畴则是借用范畴。作为原型范畴的违实标记唯一的功能是标记违实句，而作为借用范畴的违实标记通常能追溯到其他句法词汇功能，如常见的 TAM 特征。而在一些违实范畴不显赫的语言中，违实标记只能在有限的范围内指示违实句，如第 3、4 章分析的汉语违实句和第 6 章提及的有 CFE 因子的语言，多数只能通过语用推理产生违实义。在这类语言中，违实句通常局限于过去时间框架内，也没有出现 TAM 特征的语法化变化，例如：

例 13　Mamaindê（Nambikuaran: Brazil）　　　　（Eberhard, 2009: 427）

　　　　Eu‒ʔna‒na‒satoʔni

　　　　看见‒2SG.OBJ‒1SG‒CN.COND

　　　　tanu‒ʔna‒**Ihi**‒le‒a‒**nãn**‒wa.

　　　　给‒2SG.OBJ‒**IRR**‒**PST**‒1SG‒**PST**‒DECL

　　　　如果我之前看见你，我就会把它给你。（我没有看见你，我也没把它给你。）

这种用法与汉语类似，过去时只能局限于过去时间框架内部指示违实句。然而，在很多印欧语系语言中，过去时已经开始出现假时制的用法，进而普及到很多非过去时间框架的违实句中。因此，假过去时制的用法比真过去时语法化程度更高，显赫性也更强。在很多孤立语中，TAM 特征都是由某种词汇概念构成的，因而很难出现进一步的语法化，也很难出现假 TAM 的变化。语言纷繁各异，在违实范畴化的连续统上也表现得非常不同。通过语用推理产生违实义的语言通常也处于违实范畴化的最低端，显赫性较弱。

上述是本书在众多复杂世界语言中选择的较为典型的 4 种标记。实际上语言情况复杂得多，有些语言否定违实义范畴化程度较高，违实句具有不易取消和加强性，但肯定违实义则范畴化程度较低，很容易进行取消和加强。在汉语中，肯定违实句可被取消和加强，但在由"要不是"标记的否定违实句中，则不可以被取消和加强，如"(*)要不是你来，我们还不知道怎么办呢？最后你还是来了/结果你没来"。有些语言过去违实义范畴化程度较高，违实句具有不易取消和加强性，但现在/将来违实义则范畴化程度较低，很容易进行取消和加强。有些语言则表现出标记的复杂性，不同标记手段下取消和可加强的难易程度不同。很多语言都同时兼有特定违实标记和非特定违实标记，特定违实标记的显赫性较强，而非特定违实标记则显赫性较弱，所产生的违实义既可取消也可加强。如 Georgian 语（Kartvelian Language: Georgia），特定违实标记 *rom* 引导的违实句在上述操作中不同于由先过去时标记的违实句。但总体而言可以看到，语法化程度越高，违实义则越难被取消和加强，违实义显现出语义蕴含的特征；反之，语法化程度越低，语用依赖性越高，违实义则显现出语用推理的特征。真实的语言情况复杂，很难一刀切将某些语言中的违实归为蕴含或者语用推理，只能将其看成连续统，并有倾向性地归纳不同语言中违实义的根本属性。

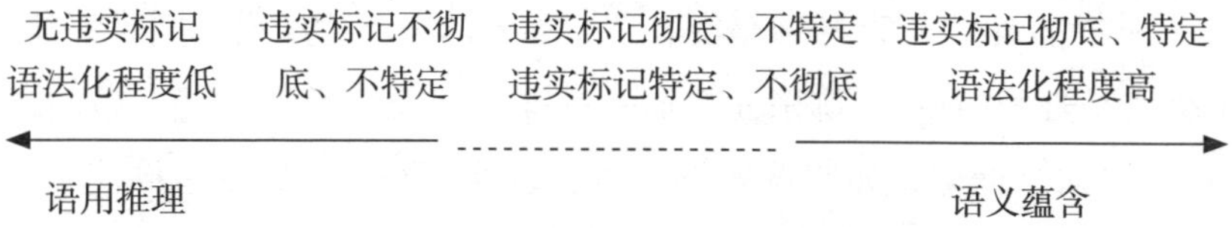

无违实标记　　违实标记不彻　　违实标记彻底、不特定　　违实标记彻底、特定
语法化程度低　　底、不特定　　违实标记特定、不彻底　　语法化程度高

◄──────────────────────── ─ ─ ─ ─ ─ ─ ─ ──────────────────────►

语用推理　　　　　　　　　　　　　　　　　　语义蕴含

图 7-1　违实义的根本属性与编码模式

　　图 7-1 将语法化程度高低与标记的彻底性和特定性相联，是考虑到语言形式和意义之间的不同组合关系。当语言形式是意义的充分必要条件时，即出现某种形式必然理解为某种意义而非其他（彻底性），且出现某种意义必然用该形式而非其他（特定性）。在同时满足彻底性和特定性时，违实标记的语法化程度最高，违实义由于蕴含而不能被取消和加强，违实范畴的显赫性也越强。反之，若只满足充分条件，或者只满足必要条件，违实标记的语法化程度次强，违实义不易被取消和加强，违实范畴的显赫性则较弱。若违实标记既不满足充分性也不满足必要性，只是与违实义呈统计关联性，违实标记的语法化程度低，违实义依赖于语用推理作用，则易被取消或加强，违实范畴的显赫性则非常弱。那么在另一种极端的情况下，如果没有任何与违实义关联的形式手段，违实句则全部依赖语用，只能通过对过去已知的事实进行推理来传递违实义，违实在这类语言中则没有形成范畴化。

7.2.2　汉语违实范畴的形式和意义特点

　　本书第 3、4 章分别对汉语违实范畴进行量化和质化的分析。在语料库量化分析的基础上，从数据中总结和计算出与违实表达相关的形式特征。基于这些形式特征，进行分类梳理，理清不同形式特征与违实表达的不同关系，并揭示出汉语违实义的生成路径。这些研究都是为对汉语违实范畴形式和意义的特点进行整理和归纳，为类型学的定位研究打下基础。

古代汉语也不乏各种违实表达，如"向吾不为斯役，则久病矣"（事实是吾为斯役）（柳宗元《捕蛇者说》）。这一阶段的违实范畴通常使用词汇标记，如假设连词（若、设使、假令、假设、设使、当试、若非），动词（怪、知）、时间副词（向、乡、早），否定词（微、弗）等。古代汉语中违实句多用于条件框架中，多借用假设连词表达违实义。现代汉语中违实义则不限于条件句框架内，如例 14模态违实句和例 15 违实祈愿句：

例 14　你应该去参加考试的。（你没有参加考试）

例 15　要是我有钱报瑜伽班就好了。（我没钱报瑜伽班）

现代汉语中违实范畴的形式特征具有多样性、不稳定性和非强制性等特征，见表 7-2：

表 7-2　汉语违实的部分形式特征

语音及韵律要素	词库	句法手段	
		虚词	位置
假设连词重读	早知道，真的，当时，本来，不是，没有，不，要不是，幸亏/好……否则/要不/不然，要是……就好了，第一人称代词，近指代词，应该……	句尾"了""呢""的"	左向性

有意思的是，汉语虽没有虚拟语气，但违实在形式上呈现出很多语言间的共性，值得深入研究。如句法手段中的左向性，世界语言中的违实标记往往出现在句子靠左的位置上，如英语中的违实句"If I had known..."可以转换为"Had I known..."。同时，在罗马尼亚语、吉拉特语等 18 种语言中也出现了类似的左移现象。汉语亦如此，语料显示当否定词出现在条件句的句首时，句子多作违实解读，如"没有共产党就没有新中国"。"不是"常常出现在紧邻假设连词的位置，句法共现提供了词汇化的可能性，于是出现了彻底的违实标记——复合连词"要不是"。在波兰语、Hausa 语等 5 种语言中也

出现了类似的左向否定词与相邻成分词汇化成违实标记的现象。

　　另一个有意思的语言共相是时体脱离。如英语中，过去时可以用来标记表示未来的违实事件"If it rained tomorrow..."。这种现象也可能与违实标记的左向性相关，因为违实标记的句法位置高于 T^0 和 Asp^0，如不可以说"（＊）我昨天不去那儿"，但违实句中却可以说"如果我昨天不去那儿……"。

　　此外，汉语违实范畴具有独特的表义特征。袁毓林（2015）认为汉语违实句多具有明显的情感倾向，或表示庆幸，或表示遗憾，只有少数是中性的。相较于古代汉语，现代汉语违实在表义上也丰富了不少，古汉语中反事实义多限于条件假设义，反事实意向义和反事实模态义较少出现，比较"我本将心向明月……"（高明《琵琶记》）和"我本来是会去的"，以及"始皇自以为功过五帝"《史记·秦始皇本纪》和"我以为今天下雨了"等。在本书中，反事实义与典型违实义虽然在表义方面不尽相同，但又互相联系（见2.2.1）。反事实的这种差异或许暗示着汉语违实范畴逐渐显赫的演变趋势。

7.2.3　违实范畴语言库藏的语种差异与汉语违实范畴的类型学地位

　　本书的第 5、6 章是基于大规模语种库从共时和历时角度对世界语言中的违实范畴进行全面的研究，目的就是为了弄清楚违实范畴语言库藏的语种差异，并明确汉语违实范畴的类型学地位。

　　同一种语义范畴在不同的语言中或进入库藏成为显赫范畴，或不进入库藏，需要借助其他范畴手段来表达。值得注意的是，语义范畴是否入库并不等同于是否具有语法手段进行标记。非入库的语义范畴也可以用语法手段进行标记，只是通过核心范畴的扩展用法来实现。违实可以是显赫范畴，库藏手段的核心功能是标记违实义。这部分将对世界语言中显赫违实范畴中运用到的语言库藏手段包括语音及韵律要素、词库、形态手段、句法手段（虚词、句法位置）等进行统计分析。对于这类语言，将从违实标记的语法化程度、能产性、强制性以及使用频率等角度分析其显赫度的内部差异。语言中仍存在为非显赫的违实范畴，通常表现为以时、体、语气为原型的表达手段。非显赫的违实范畴在不同的语言中以迥异的范畴归属表示，形—义关系十分复杂。对于非显赫违实范畴，本书将进一步分析其原型范畴，将不同的语义语用内容排出等级序列，总结特征间的蕴含关系。目前已初步就 155 种语言样本统计出违实范畴的语言库藏手段形式特征，如在大多数印欧语系语言中，违实作为非入库范畴存在，过去时、完成体、未完成体、非现实语气等扩展成为违实标记。然而，违实在跨几内亚语系中则作为入库核心范畴存在，用特有的动词词缀标记；在汉藏语系中，违实范畴显赫度较低，虽出现时—体—情态扩展标记，但不具有强制性，成为较边缘范畴；在澳大利亚语系中，违实则未形成范畴，通过迂曲说法（periphrastic expressions），以牺牲语言经济性为代价，靠实词或其组合提供的临时语境义传递违实义。不同语种中违实范畴的显赫度差异较大。

不同语种中违实范畴的显赫度差异较大。本书拟借助语言地图理论和语法化理论从违实范畴所用的原型功能出发，分析该语言库藏手段的扩展功能和边缘功能，关注显赫范畴如何扩展至违实范畴及其类型学后果。通过跨语言的比较，总结成为显赫范畴的类型因素和显赫范畴的扩展线路的共性及差异。违实范畴在借用其他范畴时，大致有以下两种路径。

Ⅰ．一级扩张

时制显赫型语言：过去时→违实，先过去时→违实（如英语）。

体貌显赫型语言：非完整体→违实（如 Hindi 语）。

时体显赫型语言：时体混合词（portmanteau）过去未完成体（imperfect）→违实（如法语）。

其他类型扩张：空间远指词→违实（如 Burmese 语）。

Ⅱ．二级扩张

体貌显赫型语言：完成体→过去时→违实（如汉语）。

语气显赫型语言：现实语气→过去时→违实（如达语）；非现实语气→未完成体→违实（如马纳姆语）；非现实语气→过去时→违实（如 Gooniyandi 语）。

从世界语言类型学的语言差异基础上，进一步反思汉语在表达违实的深层共通之处。可以看到，当违实范畴非显赫时，时—体—语气范畴成为显赫范畴；当违实范畴显赫时，时—体—语气范畴则倾向于非显赫。过去时和未完成体与违实直接关联，完成体通过过去时与违实间接关联。如汉语中的体标记"了"同时向时制范畴（过去时）和语气范畴扩张，违实范畴借用的是扩张至时制范畴而非语气范畴的体标记"了"，比较"如果有电，灯就亮了"（事实是没有电，灯也没有亮）和"如果明天下雨，我就不去了"。汉语句尾语气词"的"扩展至过去时制，如"我是从来不抽烟的"，再扩展至违实范畴，如"你应该去参加考试的"（事实是你没有去参加考试）。

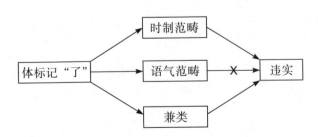

图 7-2　汉语体标记"了"的扩张路径

在语种差异研究中，本书也补充了大量的汉语方言语料。从类型学角度看，汉语方言的存在会干扰样本多样性和均衡性的数据统计。因此，方言语料只是作为补充证据，而非进入样本进行科学统计和分析。这部分将重点关注汉藏语系（包括中国境内的少数民族语言和各方言）中违实范畴的使用状况。汉藏语系违实范畴在形式要素和显赫度上都有一定的区域共性。目前搜集到一些有趣的违实语料，如扬州话中"还说的 [soʔ5 ti] 穷死了，一个月拿五六千"（事实是不穷），上海话中"我蛮好脱侬一道去白相（要是我跟你一起去玩儿就好了）"（事实是没有跟你去玩。）。陕北晋语、宁夏同心方言则用语气词叠加在条件句上标记违实，如"价""嗲""些"等。藏语中，只有间接语气（如 –yodred 据说）才可以出现在违实句中。尼泊尔境内的当夏尔巴语出现了类似的违实标记 hin-si（系动词—说）等。汉藏语系中的违实范畴显赫度较低，通常需要借用其他范畴的库藏手段予以标记。汉语违实范畴的研究将会为该区域类型学的研究注入新的活力。

参考文献

［1］ Adams,E.1970.Subjunctive and Indicative Conditionals [J]. Foundations of Language, 6: 89–94.

［2］ Adams, J. 1992. Si hypothétique et l'imparfait– Une approche linguistique de la fictionalité [J]. Etudes Littéraires, 25（1–2）:147–166.

［3］ Aikhenvald, A. 1998. Warekena. In Derbyshire, D. C. & Pullum [A]. G. K.（eds.）, Handbook of Amazonian languages [C]. Berlin: De Gruyter Mouton. 225–439.

［4］ Aikhenvald, A. 2003. A Grammar of Tariana, From Northwest Amazonia [M]. New York: Cambridge University Press.

［5］ Akatsuka, N. 1986. Conditionals are Discourse–bound. In Tragugott [A]. E. C., Meulen, A. T., Reilly,J.S.& Ferg, C.A.（eds.）, On Conditionals [C]. New York: Cambridge University Press. 333–351.

［6］ Álvarez, J. 2011. A Grammar of Chol, a Mayan Language [D]. Austin: Ph.D. Dissertation of the University of Texas at Austin.

［7］ Ameka, F. & Kropp Darkubu, M. 2008. Aspect and Modality in Kwa Languages [M]. Amsterdam & Philadelphia: John Benjamins Publishing Company.

［8］ Anand, P. & Hacquard, V. 2010. The Role of the Imperfect in Romance Counterfactuals [J]. Vienna: Proceedings of Sinn und Bedeutung 14th, 37–50.

［9］ Anastasia, G. 1998. Polarity Sensitivity as（Non）veridical Dependency [M]. Amsterdam & Philadelphia: John Benjamins Publishing Company.

［10］ Anderson, A. 1951. A Note on Subjunctive and Counterfactual Conditionals [J]. Analysis, 12: 35–58.

［11］ Andronov, M. 2006. Brahui, a Dravidian Language（A Descriptive and Comparative Study）[M]. München: Lincom Europa.

［12］ Arregui, A. 2009. On Similarity in Counterfactuals [J]. Linguistics and Philosophy, 32: 245–278.

［13］ Asher, R. & Kumari, T. 1997. Malayalam [M]. London & Now York: Routledge.

［14］ Asher, N. & McCready, E. 2007. Were, Would, Might and a Compositional Account of Counterfactuals [J]. Journal of Semantics, 24: 93–129.

[15]　Athanasiadou, A. & Diven, R. 1997. Conditionality, Hypotheticality, Counterfactuality [A]. Athanasiadou,A.&Diven,R.（eds.）,On Conditionals Again [C]. Amsterdam& Philadelphia: John Benjamins Publishing Company. 61–96.

[16]　Au, T. 1983. Chinese and English Counterfactuals: The Sapir–Whorf Hypothesis Revisited [J]. Cognition, 15: 155–187.

[17]　Axenov, S. 2006. The Balochi Language of Turkmenistan a Corpus–Based Grammatical Description [D]. Uppsala: Ph.D. Dissertation of Uppsala Universitet.

[18]　Baayen, H. 2008. Analyzing Linguistic Data [M]. New York: Cambridge University Press.

[19]　Babrakzai, F. 1999. Topics in Pashto Syntax [D]. Honolulu:Ph.D. Dissertation of University of Hawaii.

[20]　Bakkerus, A. 2005. Eighteenth–Century Cholón [D]. Leiden: Ph.D. Dissertation of Universiteit Leiden.

[21]　Banfield, A. 1985. Grammar and Memory [J]. Berkeley Linguistics Society, 11: 387–397.

[22]　Bates,E.&MacWhinney,B.1989.Functionalism and the Competition Model [A]. Mac Whinney, B.&Bates,E.（eds.）, The Cross–Linguistic Study of Sentence Processing [C]. New York: Cambridge University Press.

[23]　Barwise, J. 1986. Conditionals and Conditional Information [A]. Tragugott, E.C., Meulen, A. T., Reilly, J. S. & Ferg, C. A.（eds.）, On Conditionals [C]. New York: Cambridge University Press. 21–54.

[24]　Beck, J., Malamud, S. & Osadcha, I. 2012. A Semantics for the Particle ǎv in and outside Conditionals in Classical Greek [J]. Journal of Greek Linguistics, 12: 51–83.

[25]　Becker, M. 2010. Mood in Rumanian [A]. Rothstein, B. & Thieroff, R.（eds.）, Mood in the Languages of Europe [C]. Amsterdam & Philadelphia: John Benjamins Publishing Company.251–272.

[26]　Beheydt, G. 2005. Noun phrases and temporal information in Dutch [A]. Hollebrandse, B., Van Hout, A. & Vet, C.（eds.）. Crosslinguistic Views on Tense, Aspect and Modality [C]. Amsterdam, New York: Rodopi. 15–32.

[27]　Behre, F. 1934. The Subjunctive in Old English Poetry [M]. Göteborg: Elanders Boktryckeri Aktiebolag.

[28]　Bennett, J. 1988. Farewell to the Phlogiston Theory of Conditionals [J]. Mind,

97: 509–527.

[29] Bell, A. 1978. Language Samples [A]. Greenberg, J. H.（ed.）, Universals of Human Language（Vol.4）[C]. Stanford: Stanford University Press.123–156.

[30] Bennett, J. 2003. A Philosophical Guide to Conditionals [M]. Oxford & New York: Oxford University Press.

[31] Berghall,L.2010.Mauwake Reference Grammar [D]. Helsinki:Ph.D. Dissertation of University of Helsinki.

[32] Bergsland, K. & Dirks, M. 1981. Atkan Aleut School Grammar [M]. Anchorage: National Bilingual Materials Center.

[33] Bergsland, K. 1997. Aleut Grammar Unangam Tunuganaan Achixaasix [M]. Alaska Fairbanks: Alaska Native Language Center.

[34] Bertinetto, P. & Ciucci, L. 2012. Parataxis, Hypotaxis and Para–Hypotaxis in the Zamucoan Languages [J]. Linguistic Discovery, 10（1）: 89–111.

[35] Bhat, D. 1994. The Adjectival Category: Differentiating and Identifying Characteristics [M]. Amsterdam & Philadelphia: John Benjamins Publishing Company.

[36] Bhat, D. 1999. The Prominence of Tense, Aspect, and Mood [M]. Amsterdam & Philadelphia: John Benjamins Publishing Company.

[37] Bhatt, R. 1997. Ergativity in Indo–Aryan Languages [M]. Cambridge: Massachusetts Institute of Technology Ergativity Seminar.

[38] Bhatt, R. 1998. CF marking in the Modern Indo–Aryan Languages [Z]. Unpublished manuscript of talk given at the University of Konstanz.

[39] Bhatt, R. & Pancheva, R. 2005. The Syntax and Semantics of Aspect [M]. Cambridge: Massachusetts Institute of Technology Linguistic Society of America Summer School.

[40] Bhatt, R. & Pancheva, R. 2006. Conditionals [A]. Everaert, M. & Van riemsdijk, H.（eds.）, The Blackwell Companion to Syntax（Vol.1）[C]. Hoboken: Wiley Blackwell.638–687.

[41] Bjorkman, B. 2011. The Syntax of Inverted Conditional Antecedents [J]. Annual Meeting of Linguistic Society of America.

[42] Bjorkman, B. & Halpert, C. 2012. In an Imperfect World: Deriving the Typology of Counterfactual Marking [J]. Modality Workshop, University of Ottawa.

[43] Black, C. 1994. Quiegolani Zapotec Syntax [D]. Santa Cruz: Ph.D. Dissertation of University of California.

［44］ Blackings, M. & Fabb, N. 2003. A Grammar of Ma'di [M]. Berlin: De Gruyter Mouton.

［45］ Bliese, L. 1977. A Generative Grammar Study of Afar [D]. Austin: Ph.D. Dissertation of the University of Texas at Austin.

［46］ Bloom, A. 1981. The Linguistic Shaping of Thought: A Study in the Impact of Language on Thinking in China and the West [M]. Mahwah: Lawrence Erlbaum Associates.

［47］ Bodrogligeti, A. 2003. An Academic Reference Grammar of Modern Literary Uzbek（Vol.1）[M]. München: Lincom Europa.

［48］ Boeder, W. 2010. Mood in Modern Georgian [A]. Rothstein, B., Thieroff, R.（eds.）, Mood in the Languages of Europe [C]. Amsterdam & Philadelphia: John Benjamins Publishing Company.603–632.

［49］ Borg, A. & Alexander, M. 1997. Maltese [M]. London & New York: Routledge.

［50］ Bowern, C. 2004. Bardi Verb Morphology in Historical Perspective [D]. Boston: Ph.D. Dissertation of Harvard University.

［51］ Brandão,A.2010.Verb Morphology in Paresi-Haliti（Arawak）[D]. Austin: Master Dissertation of the University of Texas at Austin.

［52］ Brassett, C., Brassett, P. & Lu, M. 2006. The Tujia Language [M]. München: Lincom Europa.

［53］ Bray, D. 1986. Brahui Language Introduction and Grammar [M]. New Delhi: Asian Educational Services.

［54］ Brownie, J. & Brownie, M. 2007. Mussau Grammar Essentials [A]. Van den Berg, R.（eds.）, Data Papers on Papua New Guinea Languages（Vol.52）[C]. Ukarumpa: Summer Institute of Linguistics.

［55］ Brunner, K. 1962. Die englische Sprache in ihrer geschichitlichen Entwicklung （2nd edition.）[M]. Tübingen: Niemeyer.

［56］ Bugenhagen,R.1993. The Semantics of Irrealis in Austronesian Languages of Papua New Guinea:A Cross-linguistic Study [A]. Reesink, G.（eds.）, Topics in Descriptive Austronesian Linguistics [C]. Leiden: Vakgroep Talen en Culturen Van Zuidoost-Azie. 1–39.

［57］ Bugenhagen,R.1994. The Exponents of Semantic Primitives in Mangap-Mbula [A]. Goddard, C. and Wierzbicka, A.（eds.）, Semantic and Lexical Universals: Theory and Empirical Findings [C]. Amsterdam & Philadelphia: John Benjamins Publishing Company.97–108.

［58］ Butt, J. 1988. A New Reference Grammar of Modern Spanish [M]. London: McGraw–Hill.

［59］ Bybee, J.1985. Morphology [M]. Amsterdam & Philadelphia: John Benjamins Publishing Company.

［60］ Bybee, J. 1995. The Semantic Development of Past Tense Modals in English [A]. Bybee, J. and Fleischman, S.（eds.）, Modality in Grammar and Discourse [C]. Amsterdam & Philadelphia: John Benjamins Publishing Company.503–517.

［61］ Bybee, J., Perkins, R. & Pagliuca, W. 1994. The Evolution of Grammar. Tense, Aspect, and Modality in the Languages of the World [M]. Chicago: University of Chicago Press.

［62］ Bystrov, I. S. & Stankevič, N. V. 2005. Conditional Constructions in Vietnamese [A]. Xrakovskij, V. S.（eds.）, Typology of Conditional Constructions [C]. München: Lincom Europa.498–511.

［63］ Campbell, L. 1985. The Pipil Language of EI Salvador [M]. Berlin: Walter de Gruyter.

［64］ Cappello, S. 1986. L'imparfait de fiction [A]. P. Le Goffic（ed.）, Points de vue sur L'imparfait [C]. Caen: Centre de Publications de l'Université de Caen.31–41.

［65］ Carlson, R. 1994. A Grammar of Supyre [M]. Berlin: De Gruyter Mouton.

［66］ Chafe,W.1995.The Realis–Irrealis Distinction in Caddo,the Northern Iroquoian Languages, and English [A]. Bybee,J.and Fleischman,S.（eds.）,Modality in Grammar and Discourse [C]. Amsterdam & Philadelphia: John Benjamins Publishing Company.349–365.

［67］ Chang, B. & Chang, K. 1980. Ergativity in Spoken Tibetan [J]. Bulletin of the Institute of History and Philology, 51: 15–32.

［68］ Chao, Y. R. 1968. A Grammar of Spoken Chinese [M]. Berkeley, Los Angeles & London: University of California Press.

［69］ Chen, C. F. 2006. The Perfect and the Implication of Counterfactuality: the Case of Rukai [J]. Fresno: Proceedings of the 34th Western Conference of Linguistics, 61–73.

［70］ Chen, C. F. 2008. Aspect and Tense in Rukai: Interpretation and Interaction [D]. Austin: Ph.D. Dissertation of the University of Texas at Austin.

［71］ Childs, G. 1995. A Grammar of Kisi– a Southern Atlantic Language [M]. Berlin: De Gruyter Mouton.

［72］ Coffin, E. 2005. A Reference Grammar of Modern Hebrew [M]. New York: Cambridge University Press.

［73］ Comrie, B. 1976. Aspect: An Introduction to the Study of Verbal Aspect and Related Problems [M]. New York: Cambridge University Press.

［74］ Comrie, B. 1985. Tense [M]. New York: Cambridge University Press.

［75］ Comrie, B.1986. Conditionals: A Typology [A]. Tragugott, E. C., Meulen, A. T., Reilly, J. S. & Ferg, C. A.（eds.）, On Conditionals [C]. New York: Cambridge University Press.77–79.

［76］ Coupe, A. 2007. A Grammar of Mongsen Ao [M]. Berlin: De Gruyter Mouton.

［77］ Cowan, M. 1969. Tzotzil Grammar [M]. Mexico: Summer Institute of Linguistics.

［78］ Cristofaro,S. 2003. Subordination [M]. Oxford & New York: Oxford University Press.

［79］ Cristofaro,S.2007.Deconstructing Categories:Finiteness in a Functional-typological Perspective [A]. Nikolaeva,I.（eds.）, Finiteness: Theoretical and Empirical Foundations [C]. Oxford & New York: Oxford University Press. 91–114.

［80］ Croft,W.2001.Radical Construction Grammar: Syntactic Theoryin Typological Perspective [M]. Oxford & New York: Oxford University Press.

［81］ Croft,W. 2002. Typology and Universals [M]. New York: Cambridge University Press.

［82］ Curnow, J. 2001. Evidentiality and Me: The Interaction of Evidentials and First Person [J]. Canberra: Proceedings of the 2001 Conference of the Australian Linguistic Society.

［83］ Cutler, A., Hawkins, A. & Gilligan, G. 1985. The Suffixing Preference: A Processing Explanation [J]. Linguistics, 23: 723–758.

［84］ Cysouw, M. 2007. New Approaches to Cluster Analysis of Typological Indices [A]. Grzybek, P. & Kőhler, R.（eds.）, Exact Mehods in the Study of Language and Text [C]. Berlin: De Gruyter Mouton.

［85］ Dahl, Ö. 1997. The Relation between Past Time Reference and Counterfactuality: a New Look [A]. Athanasiadou, A. & Diven, R.（eds.）, On Conditionals Again [C]. Amsterdam & Philadelphia: John Benjamins Publishing Company. 97–114.

［86］ Davies, E. 1979. On the Semantics of Syntax: Mood and Condition in English [M]. London: Croom Helm.

［ 87 ］ Davidson, M. 2002. Studies in Southern Wakashan（Nootkan）Grammar [D]. Buffalo: Ph.D. Dissertation of State University of New York.

［ 88 ］ Davies, W. 2010. A Grammar of Madurese [M]. Berlin: De Gruyter Mouton.

［ 89 ］ Derbyshire, D. & Pullum, G. 1990. Handbook of Amazonian Languages（Vol. 2）[M]. Berlin: De Gruyter Mouton.

［ 90 ］ Derbyshire, D. & Pullum, G. 1991. Handbook of Amazonian Languages（Vol. 3）[M]. Berlin: De Gruyter Mouton.

［ 91 ］ Derbyshire, D. & Pullum, G. 1998. Handbook of Amazonian Languages（Vol. 4）[M]. Berlin: De Gruyter Mouton.

［ 92 ］ Dobrushina, N. 2008. Imperatives in Conditional and Concessive Subordinate Clauses [A]. Vajda, E. J.（ed.）, Subordination and Coordination Strategies in North Asian Languages [C]. Amsterdam & Philadelphia: John Benjamins Publishing Company. 123–142.

［ 93 ］ Dobrushina, N.2011. The Optative Domain in East Caucasian Languages [A]. Authier, G. & Maisak, T.（eds.）, Tense, Aspect, Modality and Finiteness in East Caucasian Languages [C]. Bochum: Universitätsverlag Dr. Norbert Brockmeyer. 95–130.

［ 94 ］ Dryer, M. 1992. The Greenberg World Order Correlations [J]. Language, 68: 81–138.

［ 95 ］ Dryer, M. 2005.Relationship between the Order of Object and Verb and Verb and the order of Relative Clause and Noun [A]. Haspelmath,M.,Dryer,M. S.&Comrie,B.（eds.）,The World Atlas of Language Structures [C]. Oxford&New York: Oxford University Press.390–391.

［ 96 ］ Eberhard, D. 2009. Mamaindê Grammar: a Northern Nambikwara Language and its Cultural Context [D]. Utrecht:Landelijke Onderzoekschool Taalwetenschap,Netherlands National Graduate School of Linguistics.

［ 97 ］ Efimov, V. 2009. Jazyk Parači [M]. Moscow: Vostočnaja literatura.

［ 98 ］ Eide,K.2011.The Ghost of the Old Norse Subjunctive: the Norwegian Subjunctive Participle [J]. Groninger Arbeiten zur germanistischen Linguistik, 52（3）: 1–28.

［ 99 ］ Eifring,H.1988.The Chinese Counterfactual [J]. Journal of Chinese Linguistics, 16（2）:193–218.

［ 100 ］ Eisenberg, P. 2006. Grundriss der Deutschen Grammatik: Das Wort [M]. Stuttgart: Metzler.

［ 101 ］ Epps, P. 2005. A Grammar of Hup [D]. Charlottesville: Ph.D. Dissertation of

University of Virginia.

［102］Eriksen, P. 2008. Counterfactual Conditionals in Scandinavian Languages: Crossbreds, Mutants and Freaks [J]. Trondheim: Nordic Microcomparative Syntax Workshop on Auxiliaries and Modality.

［103］Evans, J. 1993. Transit of Venus [M]. London: Minerva.

［104］Evans, N. 1995. A Grammar of Kayardild with Historical–Comparative Notes on Tangkic [M]. Berlin: De Gruyter Mouton.

［105］Evans, N. 2003. Bininj Gun–wok: A Pan–dialectal Grammar of Mayali, Kunwinjku and Kune [M]. Canberra: The Australia National University Press.

［106］Everett, D. & Kern, B. 1997. Wari'–The Pacaas Novos Language of Western Brazil [M]. London & New York: Routledge.

［107］Facundes, S. 2000. The Language of the Apurinã People of Brazil [D]. Buffalo: Ph.D. Dissertation of State University of New York.

［108］François, A. 2001. Contraintes de Structures et Liberté dans'Organisation du Discours [M]. Paris: Ph.D. Dissertation of Paris Ⅳ –Sorbonne.

［109］Fauconnier, G. and Turner, M. 1998. Principles of Conceptual Integration [A]. Koenig, J. P.（ed.）, Discourse and Cognition [C]. Stanford: Center for the Study of Language and Information. 269–283.

［110］Feng, G. & Yi, L. 2006. What if Chinese had Linguistic Markers for Counterfactual Conditionals? Language and Thought Revisited [J]. Vancouver: Proceedings of the 28th Annual Conference of the Cognitive Science Society, 1281–1286.

［111］Fillenbaum, S. 1974. Information Amplified: Memory for Counterfactual Conditionals [J]. Journal of Experimental Psychology, 102, 44–49.

［112］Fischer, O., Rosenbach, A. & Stein, D. 2000. Pathways of Change: Grammaticalization in English [M]. Amsterdam & Philadelphia: John Benjamins Publishing Company.

［113］Fleck, D. 2003. A Grammar of Matsés [D]. Houston: Ph.D. Dissertation of Rice University.

［114］Fleischman, S. 1982. The Future in Thought and Language: Diachronic Evidence from Romance [M]. New York: Cambridge University Press.

［115］Fleischman, S. 1989. Temporal Distance: A Basic Linguistic Metaphor [J]. Studies in language, 13: 1–50.

［116］Fleischman, S. & Bybee, J. 1995. Modality in Grammar and Discourse [M]. Amsterdam & Philadelphia: John Benjamins Publishing Company.

［117］Fleming, C. 1995. An Introduction to Mona Grammar [D]. Arlington: Master Dissertation of the University of Texas at Arlington.

［118］Foley, W. 1991. The Yimas Language of New Guinea [M]. Stanford: Stanford University Press.

［119］Foris, D. 1994. A Grammar of Sochiapan Chinantec [M]. Ann Arbor: University Microfilms Inlernatlonal.

［120］Fox,A.1975.Topic Continuity in Biblical Hebrew Narrative [A]. Givón,T. (ed.) ,Topic continuity in discourse:A Quantitative Cross–language Study (Typological Studies in Language3) [C]. Amsterdam & Philadelphia: John Benjamins Publishing Company. 215–254.

［121］Frajzyngier, Z. 1993. A Grammar of Mupun [M]. Berlin: Dierich Reimer Verlag.

［122］Frank, P. 1985. A Grammar of Ika [M]. Ann Arbor: University Microfilms International.

［123］Freeland,L.1951.The Language of the Sierra Miwok [M]. Bloomington: Indiana University Publications in Anthropology and Linguistics.

［124］Fuller, J. 1985. Topic and Comment in Hmong [D]. Twin Cities: Ph.D. Dissertation of University of Minnesota.

［125］Gallagher, S.& Baehr, P. 2005. Bariai Grammar Sketch [A]. Van den Berg, R. (eds.) , Data Papers on Papua New Guinea Languages (Vol.49) [C]. Ukarumpa: Summer Institute of Linguistics.

［126］Galloway, B. 1993. A Grammar of Upriver Halkomelem [M]. Berkeley, Los Angeles & London: University of California Press.

［127］Garmonsway, G. 1928. An Early Norse Reader [M]. New York: Cambridge University Press.

［128］Garrett, E. 2001. Evidentiality and Assertion in Tibetan [D]. Los Angeles: Ph.D. Dissertation of University of California.

［129］Geis, M. & Zwicky, A. 1971. On Invited Inferences [J]. Linguistic Inquiry, 2: 561–566.

［130］Genetti, C. 2007. A Grammar of Dolakha Newar [M]. Berlin: De Gruyter Mouton.

［131］Georg, S. 2007. A Descriptive Grammar of Ket (Yenisei–Ostyak) [M]. Folkestone: Global Oriental Ltd.

［132］Gerner, M. 2012. The Typology of Nominalization [J]. Language and Linguistics, 3:803–844.

［133］Gershevitch, I. 1954. A Grammar of Manichean Sogdian [M]. Oxford & New York: Oxford University Press.

［134］Gerö, E. 2001. Negatives and Noun Phrases in Classical Greek: A Reconsideration [J]. Glotta, 77: 38–55.

［135］Giannakidoou, A. 1998. Polarity Sensitivity as(Non)verdical Dependency [M]. Amsterdam: John Benjamins Publisher.

［136］Gijn, R. & Gipper, S. 2009. Irrealis in Yurakaré and Other Languages: On the Cross- linguistic Consistency of an Elusive Category [A]. Hogeweg, H. & Malchukov, A.（eds.）, Cross–linguistic Semantics of Tense, Aspect, and Modality（Linguistik Aktuell 148）[C]. Amsterdam & Philadelphia: John Benjamins Publishing Company. 155–178.

［137］Givón, T. 1984. Syntax（Vol. I）[M]. Amsterdam & Philadelphia: John Benjamins Publishing Company.

［138］Givón, T. 1990.Syntax: A Functional–Typological Introduction（Vol.1）[M]. Amsterdam & Philadelphia: John Benjamins Publishing Company.

［139］Givón, T. 1991.Syntax: A Functional–Typological Introduction（Vol.2）[M]. Amsterdam & Philadelphia: John Benjamins Publishing Company.

［140］Givón, T. 1994. Irrealis and the Subjunctive [J]. Studies in Language, 18（2）:265–337.

［141］Givón, T. 1995. Isomorphism in the Grammatical Code: Cognitive and Biological Considerations [A]. Simone, R.（ed.）, Iconicity in Language [C]. Amsterdam & Philadelphia: John Benjamins Publishing Company.47–77.

［142］Glove, W. 1973. Sememic and Grammatical Gurung（Nepal）[D]. Canberra: Ph.D. Dissertation of the Australian National University.

［143］Göksel, A. & Kerslake, C. 2005. Turkish: a Comprehensive Grammar [M]. London & New York: Routledge.

［144］Golovko, E. 2005. Conditional Constructions in Aleut [A]. Xrakovskij, V. S.（eds.）Typology of Conditional Constructions [C]. München: Lincom Europa.596–611.

［145］Goldberg, A.1995.Constructions:A Construction Grammar Approach to Argument Structure [M]. Chicago: University of Chicago Press.

［146］Goldberg,A.2005.Constructions at Work: The Nature of Generalization in Language [M]. Oxford & New York: Oxford University Press.

［147］Gordon, L. 1986. Maricopa Morphology and Syntax [M]. Berkeley, Los Angeles & London: University of California Press.

［148］Graczyk, R. 2007. A Grammar of Crow [M]. Lincoln: University of Nebraska Press.

［149］Graves, T. 2007. A Grammar of Hile Sherpa [D]. New York: Ph.D. Dissertation of State University of New York.

［150］Greenberg, J. 1963. Universals of Language [M]. Cambridge:Massachusetts Institute of Technology Press.

［151］Greenberg, J.1966. Some Universals of Language with Particular Reference to the Order of Meaningful Elements [M]. Cambridge: Massachusetts Institute of Technology Press.

［152］Grjunberg, A.1963.Jazyk Severoazerbajdzhanskix Tatov ［OL］. http://wals. info/refdb/record/3438.

［153］Grønn, A. 2008. An Amazing Come–Back: A Counterfactual Imperfective in Russian [J]. Scando–Slavica, 54: 5–31.

［154］Grønn, A. 2013. Aspect and Tense in Counterfactual Main Clauses: Fake or Real? [A]. Josephson, F. & Söhrman, I.（eds.）, Diachronic and Typological Perspectives on Verbs [C]. Amsterdam & Philadelphia: John Benjamins Publishing Company.133–158.

［155］Grønn, A. & Von Stechow, A. 2008. Tense and Presuppositions in Counterfactuals［Z］. Manuscript.

［156］Grosz, P. 2012. On the Grammar of Optative Constructions [M]. Amsterdam & Philadelphia: John Benjamins Publishing Company.

［157］Gu, Y.（顾阳）.2007. Theories of Tense and Aspect, and Temporal Reference in Chinese [J]. Linguistic Sciences, 4: 22–38.

［158］Guérin,V. 2011. A Grammar of Mavea: An Oceanic Language of Vanuatu [M]. Honolulu: University of Hawaii Press.

［159］Hacking, J. 1998. Coding the Hypothetical: a Comparative Typology of Russian and Macedonian Conditionals. Studies in Language Companion Series 38 [M]. Amsterdam & Philadelphia: John Benjamins Publishing Company.

［160］Han, Chung–hye. 1996. Comparing English and Korean Counterfactuals: The Role of Verbal Morphology and Lexical Aspect in Counterfactual Interpretation [J]. Proceedings of Eastern States Conference on Linguistics, 96: 124–138.

［161］Haiman, J. 1978. Conditionals are Topics [J]. Language, 54: 565–589.

［162］Haiman, J.1980a. The Iconicity of Grammar: Isomophism and Motivation [J]. Language, 54: 565–589.

［163］Haiman, J. 1980b. Hua, a Papuan Language of the Eastern Highlands of New Guinea [M]. Amsterdam & Philadelphia: John Benjamins Publishing Company.

［164］Haiman, J. 1983. Paratactic If-Clauses [J]. Journal of Pragmatics, 7: 263-281.

［165］Haiman, J. 1985. Natural Syntax [M]. New York: Cambridge University Press.

［166］Haiman, J. & Kuteva, T. 2002. The Symmetry of Counterfactuals [A]. Bybee, J. L. & Noonan, M.（eds.）, Complex Sentences in Grammar and Discourse. （Essays in Honor of Sandra, A. Thompson.）[C]. Amsterdam & Philadelphia: John Benjamins Publishing Company.101-124.

［167］Hale, K. 1981. Draft Lardil Dictionary [M]. Canberra: Australian Institute of Aboriginal and Torres Strait Islander Studies.

［168］Hale, K., Laughren, M. & Simpson, J. 1995. Warlpiri Syntax [A]. Jacobs, J., Von stechow, A., Sternefeld, W. & Vennemann, T.（eds.）, Syntax: An International Handbook of Contemporary Research [C]. Berlin: Walter de Gruyter.1430-1451.

［169］Halpert, C. 2011. Zulu Counterfactuals in and out of Conditionals: Consequences for Counterfactual Typology［OL］.http://www.lingref.com/cpp/acal/41/paper2742.pdf.

［170］Halpert,C.&Karawani,H.2011.Aspect in Counterfactuals from A（rabic）to Z（ulu）[J]. Tucson: West Coast Conference on Formal Linguistics 29th.

［171］Halpert, C. & Karawani, H. 2012. Aspect in counterfactuals from A（rabic）to Z（ulu）[J]. Massachusetts: Proceedings of the 29th West Coast Conference on Formal Linguistics, 99-107.

［172］Hammond, L. 2005. Serbian- an Essential Grammar [M]. London & New York: Routledge.

［173］Hampshire, S. 1948. Subjunctive Conditionals [J]. Analysis, 9: 9-14.

［174］Han, C. 1996. Comparing English and Korean Counterfactuals: the Role of Verbal Morphology and Lexical Aspect in Counterfactual Interpretation [J]. Ithaca: Proceedings of Eastern States Conference on Linguistics, 96: 124-137.

［175］Harkins,J.&Wilkins,D.1994.Mparntwe Arrernte and the Search for Lexical Universals [A]. Goddard,C.&Wierzbicka,A.（eds.）,Semantics and Lexical Universals [C]. Amsterdam & Philadelphia: John Benjamins Publishing Company.285-310.

［176］Harbert, W. 2006. The Germanic Languages [M]. New York: Cambridge University Press.

［177］Hart,L.&Honoré, A. 1985. Causation in the Law（2nd edition）[M]. Oxford: Clarendon Press.

［178］Haspelmath, M. & König, E. 1995. Converbs in Cross–linguistic Perspective: Structure and Meaning of Adverbial Verb Forms– Adverbial Participles, Gerunds [M]. Berlin: De Gruyter Mouton.

［179］Haspelmath, M. 1993. A Grammar of Lezgian [M]. Berlin: De Gruyter Mouton.

［180］Haspelmath, M. 2001. Language Typology and Language Universals: An International Handbook（Vol.1）[M]. Berlin: Walter de Gruyter.

［181］Haude, K. 2006. A Grammar of Movima [M]. Zetten: Drukkerij Manta.

［182］Heath, J.1984. Functional Grammar of Nunggubuyu [M]. Canberra: Australian Institute of Aboriginal Studies.

［183］Heath, J. 1999. A Grammar of Koyra Chiini– the Songhay of Timbuktu [M]. Berlin: De Gruyter Mouton.

［184］Heath, J. 2005. A Grammar of Tamashek（Tuareg of Mali）[M]. Berlin: De Gruyter Mouton.

［185］Heath, J. 2008. A Grammar of Jamsay [M]. Berlin: De Gruyter Mouton.

［186］Heim,I.1991.Artikel und Definitheit [A]. von Stechow, A. & Wunderlich, D.（eds.）, Semanik: Ein International Handbuch der Zeitgenosischen Forschung [C]. Berlin: De Gruyter Mouton. 487–535.

［187］Hewitt, B. 1995. Georgian–a Structural Reference Grammar [M]. Amsterdam & Philadelphia: John Benjamins Publishing Company.

［188］Hoa, D. 1974. Colloquial Vietnamese（2nd Edition）[M]. London: Feffer and Simons Inc.

［189］Hofling, C. 2012. Itzaj Maya Grammar [M]. Salt Lake city: University of Utah Press.

［190］Hogeweg, H. & Malchukov, A. 2009. Cross–Linguistics Semantics of Tense, Aspect and Modality [M]. Amsterdam & Philadelphia: John Benjamins Publishing Company.

［191］Holton, D., Mackridge, P. & Warburton, I. 1997. Greek: a Comprehensive Grammar of the Modern Language [M]. London & New York: Routledge.

［192］Hope, E. 1974. The Deep Syntax of Lisu Sentences– a Transformational Case Grammar [M]. Canberra: The Australia National University Press.

［193］Hopper,P.&Traugott,E.1993/2003.Grammaticalization [M]. New York: Cambridge University Press.

[194] Horn, L. 1989. A Natural Story of Negation [M]. Chicago: University of Chicago Press.

[195] Hoskison, J. 1983. A Grammar and Dictionary of the Gude Language [M]. Ann Arbor: University Microfilms International.

[196] Hualde, J. & de Urbina, J. 2003. A Grammar of Basque [M]. Berlin: De Gruyter Mouton.

[197] Huang（James）, C. T. 1987. Remarks on Empty Categories in Chinese [J]. Linguistic Inquiry, 18: 321–327.

[198] Huehnergard, J. 1983. Asseverative *la and Hypothetical *lu /law in Semitic [J]. Journal of the American Oriental Society, 103（3）: 569–593.

[199] Huttar, G. & Huttar, M. 1994. Ndyuka [M]. London: Routledge.

[200] Iatridou, S. 1997. The Grammatical Ingredients of Counterfactuality ［M］. Cambridge: Massachusetts Institute of Technology Draft.

[201] Iatridou, S. 2000.The Grammatical Ingredients of Counterfactuality [J]. Linguistic Inquiry, 31: 231–270.

[202] Iatridou, S. 2009. Some Thoughts about the Imperfective in Counterfactuals [Z].

[203] Ippolito, M. 2000. Imperfect Modality [J]. Paris: The International Round Table The Syntax of Tense and Aspect.

[204] Ippolito, M. 2002. On the Semantic Composition of Subjunctive Conditionals ［OL］. http://web.eecs.umich.edu/~rthomaso/lpw02/Ippolito.pdf.

[205] Ippolito, M. 2003. Implicatures and Presuppositions in Counterfactuals [J]. Natural Language Semantics, 11（2）: 145–186.

[206] Ippolito, M. 2006. Semantic Composition and Presupposition Projection in Subjunctive Conditionals [J]. Linguistics and Philosophy, 29: 631–672.

[207] Ippolito, M. 2011. Quantification over Times in Subjunctive Conditionals [J]. Washington: Proceedings of 13th Semantics and Linguistic Theory Conference , 127–144.

[208] James, D. 1982. Past Tense and the Hypothetical: a Cross–Linguistic Study [J]. Studies in Language, 6: 375–403.

[209] Jaccqueline, L. 2004. Research in Afroasiatic Grammar Ⅱ [M]. Amsterdam & Philadelphia: John Benjamins Publishing Company.

[210] Jacobson, S. 1995. A Practical Garmmar of the Central Alaskan Yupik Eskimo Language [M]. Fairbanks: Alaska Native Language Center.

[211] James, D. 1982. Past Tense and the Hypothetical: A Cross–linguistic Study [J].

Studies in Language, 6: 375–403.

［212］Jaszai, L. & Tóth, E. 2005. Conditional Constructions in Hungarian [A]. Xrakovskij, V. S.（eds.）, Typology of Conditional Constructions [C]. München: Lincom Europa.416–424.

［213］Jespersen, O. 1924. The Philosophy of Grammar [M]. London: Routledge.

［214］Jing–Schmidt, Z. 2017. What are they good for? A constructionist account of counterfactuals in ordinary Chinese [J]. Journal of Pragmatics, 113: 30–52.

［215］Johnson, L. & Csató, E. A. 1998. The Turkic Languages [M]. London & New York: Routledge.

［216］Johnson, H. A. 2000. A Grammar of San Miguel Chimalapa Zoque [D]. Austin: Ph.D. Dissertation of the University of Texas at Austin.

［217］Jones, B. 2010. Tense and Aspect in Informal Welsh [M]. Berlin: De Gruyter Mouton.

［218］Jones, R. M. 1998. The Boko/Busa Language Cluster [M]. München: Lincom Europa.

［219］Karawani, H., and Zeijlstra, H. 2010. The Semantic Contribution of the Past Morpheme in Palestinian counterfactuals [J]. Lisbon:The Workshop on Tense and Aspect in Generative Grammar.

［220］Karawani, H. & Zeijlstra, H. 2013. The Semantic Contribution of the Past Morpheme in Palestinian Counterfactuals [J]. Journal of Portuguese Linguistics, 12（1）: 105–119.

［221］Karawani, H. 2014. The Real, the Fake, and the Fake Fake in Counterfactual Conditionals, Crosslinguistically [M]. Utrecht: Landelijke Onderzoekschool Taalwetenschap, Netherlands National Graduate School of Linguistics.

［222］Kawachi, K. 2007. A Grammar of Sidaama（Sidamo）– a Cushitic Language of Ethiopia [D]. Ph.D Dissertation of the State University of New York at Buffalo.

［223］Karttunen, L. 1971. Counterfactual Conditionals [J]. Linguistic Inquiry, 2: 566–569.

［224］Karttunen, L. & Peters, S. 1977. Requiem for Presupposition [J]. Berkeley Linguistics Society, 3: 360–371.

［225］Karttunen, L. & Peters, S.1979. Conventional Implicature [A]. Oh, C.K. & Dineen, D.（eds.）, Syntax and Semantics: Presupposition（Vol. 2）[C]. New York: Academic Press.1–56.

［226］Kennedy, B. H. 1962. The Shorter Latin Primer [M]. London: Longman.

［227］Kern, J. H. 1912. De Met Her Participium Praeteriti Omschcreven Werkwoordsvormen in 't Nederlands [M]. Amsterdam: Johannes Mueller.

［228］Kibardina, S. M. 2005. Conditional Constructions in German [A]. Xrakovskij, V. S.（eds.）Typology of Conditional Constructions [C]. München: Lincom Europa. 326–335.

［229］Kiparsky, P. 1968. Tense and Mood in Indo–European Syntax [M]. Foundations of Language, 4: 30–57.

［230］Kiparsky, P & Kiparsky, C. 1970 Fact [A]. Manfred Bierwisch & Karl E,Heidolph（eds.）Progress in Linguistics [C]. The Hague: Mouton.143–173.

［231］Klein, W. 1995. A Time Relational Analysis of Russian Aspect [J]. Language, 71: 669–695.

［232］Kogian, FR. S. L. 1949. Armenian Grammar（West Dialect）[M]. Vienna: Mechitharist.

［233］Kononov, A. N. 1956. Grammatika Sovremennogo Tureckogo Literaturnogo Jazyka Nauka［OL］. http://wals.info/refdb/record/4553.

［234］Koptjevskaja–Tamm, M. 1994. Finiteness [A]. Asher, R. E. & Simpson, J. M. Y.（eds.）, Encyclopedia of Language and Linguistics（Vol. 3）[C]. Oxford: Pergamon. 1245–1248.

［235］Kordi,E.E.2005. Conditional Constructions in French [A]. Xrakovskij, V. S.（eds.）, Typology of Conditional Constructions [C]. München: Lincom Europa. 302–325.

［236］Kouwenberg,S.1994. A Grammar of Berbice Dutch Creole [M]. Berlin: De Gruyter Mouton.

［237］Kozintseva, N. A. 2005. Conditional Constructions in Armenian [A]. Xrakovskij, V. S.（eds.）Typology of Conditional Constructions [C]. München: Lincom Europa. 168–194.

［238］Kratzer, A. 1981. Partition and Revision: the Semantics of Counterfactuals [J]. Journal of Philosophical Logic, 10: 212–258.

［239］Krifka, M. 2001. Diskursrepräsentation und Dynamische Interpretation Hauptseminar［Z］. Lecture notes.

［240］Kripke, S. 1959. A Completeness Theorem in Modal Logic [J]. The Journal of Symbolic Logic, 24: 1–14.

［241］Kripke, S. 1963. Semantical Analysis on Modal Logic [J]. Acta Philosophica Fennica, 16: 83–89.

［242］Kress, B. 1982. Isländische Grammatik [M]. München: Hueber.

［243］Kroeger, P. 1993. Phrase Structure and Grammatical Relations in Tagalog [M]. Stanford: Center for the Study of Language and Information.

［244］Külmoja, I, P. 2005. Conditional Constructions in Estonian [A]. Xrakovskij, V. S. （eds.）Typology of Conditional Constructions [C]. München: Lincom Europa.390–415.

［245］Kung, S. S. 2007. A Descriptive Grammar of Huehuetla Tepehua [D]. Austin: Ph.D. Dissertation of the University of Texas at Austin.

［246］Kutach, D. 2013. Causation and its Basis in Fundamental Physics [M]. Oxford & New York: Oxford University Press.

［247］Kuznecova, J. L. 2009. Modal "nost" v Adygejskom Jazyke [A]. Testelec, J. G. （eds.）, Aspekty Polisintetizma: Očerki Po Grammatike Adygejskogo Jazyka [C]. Moscow: Rossijskij Gosudarstvennyj Gumanitarnyj Universitet. 287–328.

［248］Kvart, I. 2001. Counterexamples to Lewis' "Causation as Influence" [J]. Australasian Journal of Philosophy, 79: 411–423.

［249］Laca, B. 2010. Mood in Spanish [A]. Rothstein, B. & Thieroff, R. （eds.）, Mood in the Languages of Europe [C]. Amsterdam & Philadelphia: John Benjamins Publishing Company.198–220.

［250］Lai, I–Wen. 2007. Conditionals and Counterfactuality in Iquito [J]. Chicago: Proceedings from the 43rd Annual Meeting of the Chicago Linguistic Society, 83–97.

［251］Lakoff, G. 1970. Linguistics and Natural Logic [J]. Synthèse, 22: 151–271.

［252］Langacker, R. W. 1990. Subjectification [J]. Cognitive Linguistics, 1: 5–38.

［253］Langacker, R. W. 1991. Foundations of Cognitive Grammar: Descriptive Application （Vol.2）[M]. Stanford: Stanford University Press.

［254］LaPolla, R. J. 2011. Evidentiality in the Qiang Language [J]. Melbourne: International Workshop on Evidentiality Research Centre for Linguistic Typology.

［255］Lazard, G. 2001. L'expression de l'irréel: Essai de typologie [A]. Lazard, G. （eds.）, Etudes de linguistique générale: Typologie grammaticale [C]. Peeters: Leuven.413–424.

［256］Lazard, G. 2006. La Quête Des Invariants Interlangues [M]. Paris: Honoré Champion.

［257］Leahy, B. 2011. Presuppositions and Antipresuppositions in Conditionals [J]. New Jersey: Proceedings of 21st Semantics and Linguistic Theory Conference,

257–274.

[258] Ledgeway, A. 2003. The Distribution of the Perfective Auxiliary avere in Early Neapolitan: Split Intransitives Conditioned by Modal Factors [J]. Archivo Glottologico Italiano, 88: 29–71.

[259] Leech, G. 1983. Semantics: The Study of Meaning (2nd edition) [M]. Harmondsworth: Penguin Books.

[260] Lefebvre, C. & Brousseau, A.M. 2002. A Grammar of Fongbe [M]. Berlin: De Gruyter Mouton.

[261] Legate, J. A. 2003. The Morpho–Semantics of Warlpiri Counterfactual Conditionals [J]. Linguistic Inquiry, 34 (1) :155–162.

[262] Lehmann, C. 1982. Universal and Typological Aspects of Agreement [A]. Seiler, H. & Stachowiak, F. J. (eds.), Apprehension (Vol.2) [C]. Tübingen: G.Narr. 201–267.

[263] Lehmann, C. 1988. Towards a Typology of Clause Linkage [A]. Haiman, J. & Thompson, S. A. (eds.), Clause Combining in Grammar and Discourse [C]. Amsterdam & Philadelphia: John Benjamins Publishing Company.

[264] Lehmann, C. 1995/2002. Thoughts on Grammaticalization [M]. München: Lincom Europa.

[265] Leirbukt, O. 1991. Nächstes Jahr Wäre er 200 Jahre Alt Geworden: Über den Konjunktiv Plusquamperfekt in Hypotetischen Bedingungsgefügen mit Zukunftsbezug [J]. Zeitschrift für germanistische Linguistik, 19: 158–193.

[266] Levison, S., 1983. Pragmatics [M]. Cambridge: Cambridge University Press.

[267] Lewis, D. 1973. Counterfactuals [M]. Oxford: Blackwell.

[268] Lewis, D. 2000. Causation as Influence [J]. The Journal of Philosophy, 97(4): 182–197.

[269] Lewis, G. L. 1967. Turkish Grammar [M]. Oxford & New York: Oxford University Press.

[270] Li, C. & Thompson, S.A. 1981. Mandarin Chinese: A Functional Reference Grammar [M]. Berkeley, Los Angeles & London: University of California Press.

[271] Li,C.& Thompson, S.A. 1990. Chinese [A]. Comrie (eds). The World's Major Languages [C]. London: Croom Helm.811–833.

[272] Lichtenberk, F. 1983. A Grammarof Manam [M]. Honolulu: University of Hawaii Press.

[273] Lidz, L. A. 2010. A Descriptive Grammar of Yongning Na (Mosuo) [D].

Austin: Ph.D. Dissertation of the University of Texas at Austin.

[274] Lightfoot, D. 1979. Principle of Diachronic Syntax [M]. Cambridge: Cambridge University Press.

[275] Lin, J. W., 2016. Negation under Yiqian' Before' in Mandarin Chinese and Cross-linguistic Variation [J]. Language and Linguistics, 1: 1-26.

[276] Lindstedt, J. 1985. On the Semantics of Tense and Aspect in Bulgarian [M]. Helsinki: University Press.

[277] Liu, L. G. 1985. Reasoning Counterfactually in Chinese: Are There Any Obstacles? [J]. Cognition, 21: 239-270.

[278] Ljungqvist, A. M. 2007. Le, Guo and Zhe in Mandarin Chinese: A Relevance-Theoretic Account [J]. Journal of East Asian Linguistics, 16: 193-235.

[279] Lock, A. H. 2011. Abau Grammar [M]. Ukarumpa: Summer Institute of Linguistics.

[280] Lojenga, C. K. 1994. Ngiti (A Central-Sudanic Language of Zaire) [M]. Köln: Rüdiger Köppe Verlage Köln.

[281] Longacre, R. E. 1983. Switch Reference Systems in Two Distinct Linguistic Areas: Wojokeso (Papua New Guinea) and Guanano (Northern South America) [A]. Haiman, J. & Munro, P. (eds.) , Switch Reference and Universal Grammar [C]. Amsterdam & Philadelphia: John Benjamins Publishing Company.185-208.

[282] Lyons, J. 1968. Introduction to Theoretical Linguistics [M]. New York: Cambridge University Press.

[283] Maas, L. 2004. "Finite" and "Nonfinite" from A Typological Perspective [J]. Linguistics, 42 (2) : 359-386.

[284] MacDonald, L. 1990. A Grammar of Tauya [M]. Berlin: Mouton de Gruyten.

[285] Mackay, C. J. 1999. A Grammar of Misantla Totonac [M]. Salt Lake City: University of Utah Press.

[286] Magier, D. S. 2006. Topics in the Grammar of Marwari [M]. Ann Arbor: University Microfilms International.

[287] Malchukov, A. L. 2005. Conditional Constructions in Even [A]. Xrakovskij, V. S. (eds.) , Typology of Conditional Constructions [C]. München: Lincom Europa. 527-555.

[288] Mallinson, G. 1986. Romanian Language Grammar [A]. Comrie,B. (eds.) , Croom Helm Descriptive Grammars [C]. Beckenham: Croom Helm Ltd. 74-77.

[289] Masica,C. P. 1991. The Indo-Aryan Languages [M]. New York: Cambridge University Press.

[290] Maslova, E. S. 2005.Conditional Constructions in Yukaghir [A]. Xrakovskij, V. S. (eds.) Typology of Conditional Constructions [C]. München: Lincom Europa. 612-628.

[291] Matthews, S. & Yip, V. 1994. Cantonese: A Comprehensive Grammar [M]. London & New York: Routledge.

[292] Matthiessen, C.& Thompson, S. A. 1988. The Structure of Discourse and Subordination [A]. Haiman, J.& Thompson, S. A. (eds.) , Clause Combining in Grammar and Discourse [C]. Amsterdam & Philadelphia: John Benjamins Publishing Company.275-330.

[293] Mattson,G.1933.Konjunktiven I Fornsvenskan [M]. Lund: Gleerupska Niversitetsbokhandeln.

[294] McConvell, P. 1991. Cultural Domain Separation, Two Way Street or Blind Alley? Stephen Harris and the NeoWhorfians on Aboriginal Education [J]. Australian Aboriginal Studies, 1: 13-24.

[295] McGregor, W. 1990. A Functional Grammar of Gooniyandi [M]. Amsterdam & Philadelphia: John Benjamins Publishing Company.

[296] McGregor, W. 1996. Nyulnyul [M]. München: Lincom Europa.

[297] McGregor, W. 2008. Another View of the Gooniyandi "Counterfactual" and its Implications to the Van Linden-Verstraete Typology [J]. Journal of Pragmatics, 41: 157-162.

[298] McGregor, W. & Wagner, T. 2006. The Semantics and Pragmatics of Irrealis Mood in Nyulnyulan Languages [J]. Oceanic Linguistics, 45: 339-379.

[299] Mckay, G. 2000. Grammatical Sketches of Bunuba, Ndjébbana and Kugu Nganhcara [A]. Dixon R. M. W & Blake, B. J. (eds.) , the Handbook of Australian Languages (Vol. 5) [C]. Oxford & New York: Oxford University Press.299-312.

[300] Meira, S. 1999. A Grammar of Tiriyó [D]. Houston: Ph.D. Dissertation of Rice University.

[301] Meier, P., Meier, I. & Bendor-Samuel, J. 1975. A Grammar of Izi- An Igbo Language [M]. Huntington Beach: Summer Institute of Linguistics.

[302] Merlan, F. C. 1994. A Grammar of Wardaman- a Language of the Northern Territory of Australia [M]. Berlin: De Gruyter Mouton.

[303] Mettke,H.1983.Mittelhochdeutsche Grammatik.5.Aufl. [M]. Leipzig:VEB

Bibliographisches Institut.

［304］Mezhevich, I. 2008. A Time–Relational Approach to Tense and Mood [J]. Massachusetts: Proceedings of the 27th West Coast Conference on Formal Linguistic, 326–334.

［305］Mihas,E.2010.Essentials of Ashéninka Peréne Grammar [D]. Milwaukee: Ph.D. Dissertation of the University of Wisconsin–Milwaukee.

［306］Miller, B. 1953. Talyšskij jazyk [M]. Moscow: Izdatel'stvo akademii nauk SSSR.

［307］Mitchell, B. 1985. Old English Syntax（Vol.2）[M]. Oxford: Clarendon Press.

［308］Molencki, R. 1999a. A History of English Counterfactuals [M]. Katowice: Wydawnictwo Uniwersytetu Śląskiego.

［309］Molencki, R. 1999b. A History of the English Perfect Infinitive [J]. Studia Anglica Pasnaniensia, 34: 91–121.

［310］Molencki, R. 2000. Parallelism vs. Asymmetry: The Case of English Counterfactual Conditionals [A]. Fischer, O., Rosenbach, A. & Stein, D.(eds.), Pathways of Change: Grammaticalization in English [C]. Amsterdam & Philadelphia: John Benjamins Publishing Company. 325–342.

［311］Mortensen, C. A. 1999. A Reference Grammar of Northern Embera Languages （Studies in the Languages of Colombia 7）[M]. Dallas: Summer Institute of Linguistics.

［312］Mosel,U.&Evan, H. Samoan Reference Grammar [M]. Oslo: Scandinavian University Press.

［313］Murane, E. 1974. Daga Gramma: From Morpheme to Discourse [M]. Ukarumpa: Summer Institute of Linguistics.

［314］Nedjalkov, I. V. & Bulatova, N. Y. 2005. Conditional Constructions in Evenki [A]. Xrakovskij, V. S.（eds.）, Typology of Conditional Constructions [C]. München: Lincom Europa.556–576.

［315］Nevins, A. I. 2002. Counterfactuality without Past Tense [J]. Massachusetts: Proceedings of North East Linguistic Society（NELS）32, 441–450.

［316］Newman, S. 1954. Semantic Problems in Grammatical Systems and Lexemes: A Search for Method [A]. Hoijer, H.（eds.）, Language in Culture [C]. Chicago: University of Chicago Press. 82–91.

［317］Newman, P. 2000. The Hausa Language: An Encyclopedic Reference Grammar [M]. New Haven & London: Yale University Press.

［318］Nichols, L. 2003. Reference to Contexts in Zuni Temporal and Modal Domains

[J]. Vancouver:Proceedings of Semantics of Under-Represented Languages in the Americas（SULA）2, 87-98.

[319] Nikolaeva, I. & Tolskaya, M. 2001. A Grammar of Udihe [M]. Berlin: De Gruyter Mouton.

[320] Noonan, M. 1992. A Grammar of Lango [M]. Berlin: De Gruyter Mouton.

[321] Nordström, J. 2010. Modality and Subordinators [M]. Amsterdam & Philadelphia: John Benjamins Publishing Company.

[322] Ogihara, T. 2000. Counterfactuals, Temporal Adverbs, and Association with Focus [J]. Ithaca: Proceedings of Semantics and Linguistic Theory（SALT）X, 115-131.

[323] Ogloblin, A. K. 2005. Conditional Constructions in Indonesian [A]. Xrakovskij, V. S.（eds.）, Typology of Conditional Constructions [C]. München: Lincom Europa. 462-488.

[324] O'Herin, B. 2002. Case and Agreement in Abaza [M]. Arlington: Summer Institute of Linguistics.

[325] Onishi, M. 1994. Semantics Primitives in Japanese [A]. Goddard, C. & Wierzbicka, A.（eds.）, Semantics and Lexical Universals: Theory and Empirical Findings [C]. Amsterdam & Philadelphia: John Benjamins Company. 361-385.

[326] Oranskaya, T. 2005. Conditional Constructions in Hindi [A]. Xrakovskij, V. S.（eds.）Typology of Conditional Constructions [C]. München: Lincom Europa.218-245.

[327] Ostrovsky, B. Y. 2005. Conditional Constructions in Dari [A]. Xrakovskij, V. S.（eds.）Typology of Conditional Constructions [C]. München: Lincom Europa.195-217.

[328] Opgenort, J. R. 2005. A Grammar of Jero- with a Historical Comparative Study of the Kiranti Languages [M]. Leiden & Boston: Brill.

[329] Overall, S. E. 2007. A Grammar of Aguaruna [D]. Melbourne:Ph.D. Dissertation of La Trobe University.

[330] Pai,P.1976.Kokborok Grammar [M]. Manasagangotri: Central Institute of Indian Languages.

[331] Palmer, B. 2008. Kokota Grammar [M]. Honolulu: University of Hawaii Press.

[332] Palmer, F. 1986. Mood and Modality. Cambridge Textbooks in Linguistics [M]. New York: Cambridge University Press.

[333] Paris, M. C. 1983. Linguistique Générale et Linguistique Chinoise: Quelques

Exemples D'Argumentation [D]. Paris: Université de Paris 7.

［334］Paris, M. C. 1999. Conditions et Conditionnelles en Chinois Contemporain [J]. Cahiers de Linguistique– Asie Orientale, 28（2）: 227–251.

［335］Pears, D. 1950. Hypotheticals [J]. Analysis, 10: 49–63.

［336］Peled, Y. 1992. Conditional Structures in Classical Arabic [M]. Wiesbaden: O.Harrassowitz.

［337］Perelmouter, I. A. 2005. Conditional Constructions in Homeric Greek [A]. Xrakovskij, V. S.（eds.）Typology of Conditional Constructions [C]. München: Lincom Europa.246–278.

［338］Perkins, R. 1980. The Covariation of Grammar and Culture [D]. Buffalo: Dissertation of State University of New York at Buffalo.

［339］Perkins, R. 1989. Statistical Techniques for Determining Language Sample Size [J]. Studies in Language, 13: 293–315.

［340］Pilhofer, G. 1933. Grammatik der Kâte–Sprache in Neuguinea. Vierzehntes Beihelf zur Zeitschrift für Eingeborenen–Sprachen [M]. Berlin: Dietrich Reimer.

［341］Pirejko, L. A. 1976. Talyssko–russkij Slovar [M]. Moscow: Russkij Jazyk.

［342］Plag, I. 1992. From Speech Act Verb to Conjunction– the Grammaticalization of taki in Sranan [J]. Journal of Pidgin and Creole Languages, 7: 55–73.

［343］Prasad, B. R. 1991. Mising Grammar [M]. Mysor: Central Institute of Indian Languages.

［344］Qiu,Haiying.2000.Les Hypothétiques Négatives Contrefactuelles en Chinois Contemporain [J]. Cahiers de Linguistique– Asie Orientale, 29（1）: 85–123.

［345］Quirk, R., Greenbaum, S., Leech, G. & Svartvik, J. 1985. A Communicative Grammar of English Language [M]. London & New York: Longman.

［346］Reichenbach, H. 1947. Elements of Symbolic Logic [M]. New York: Dover Publications.

［347］Rice, K. 1989. A Grammar of Slave [M]. Berlin: Mouton.

［348］Ritter,E.&Wiltschko,M.2010.The Composition of INFL: An Exploration of Tense, Tenseless Languages and Tenseless Constructions [OL]. http://ling.auf. net/lingbuzz/001078.

［349］Rijkhoff,J., Bakker,D., Hengeveld,K.&Kahrel,P.1993.A Method of Language Sampling [J]. Studies in Language, 17（1）: 169–203.

［350］Robson, S. 2002. Javanese Grammar for Students [M]. Victoria: Monash University Press.

［351］Rogava,G. & Keraševa,Z.1966.Grammatikaadygejskogo jazyka [M]. Majkop:Krasnodarskoe Knižnoe Izdatel'stvo.

［352］Rooth, M. 1996. Focus. In The Handbook of Contemporary Semantic Theory [M]. Oxford: Blackwell.

［353］Ryding, K. C. 2005. A Reference Grammar of Modern Standard Arabic [M]. New York: Cambridge University Press.

［354］Sabaneyeva, M. K. 1990. Inter-plane Semantic Interaction as a Factor of Language Development. Romantic Languages: Semantics, Pragmatics, Social Linguistics [J]. Ancient and New Romania, 4: 92–98.

［355］Sabaneyeva, M. K. 2005a. Conditional Constructions in Asiatic Eskimo [A]. Xrakovskij,V. S.（eds.）, Typology of Conditional Constructions [C]. München: Lincom Europa. 279–301.

［356］Sabaneyeva, M. K. 2005b. Conditional Constructions in Early Latin [A]. Xrakovskij, V. S.（eds.）Typology of Conditional Constructions [C]. München: Lincom Europa. 279–301.

［357］Sadock, J. M. 1971. Queclaratives [J]. Chicago: The 7th Regional Meeting of the Chicago Linguistic Society.

［358］Sadock, J. M. 1974. Towards a Linguistic Theory of Speech Acts [M]. New York: Academic Press.

［359］Saeed, J. L. 1993. Somali Reference Grammar（2nd edition）[M]. Kensington: Dunwoody Press.

［360］Salanova, A. P. 2007. Nominalizations and Aspect [D]. Boston: Ph.D. Dissertation of Massachusetts Institute of Technology.

［361］Salome, G. M. 2008. Borrowing and Grammaticalization in Sierra Popoluca: The Influence of Nahuatl and Spanish [D]. Santa Barbara: Ph.D. Dissertation of University of California.

［362］Saloné, S. 1979. Typology of Conditionals and Conditionals in Haya [J]. Studies in African Linguistics, 10（1）: 65–80.

［363］Saloné, S. 1983. Conditional Sentences in Swahili [D]. Los Angeles: Ph.D. Dissertation of University of California.

［364］Saltarelli, M. et al. 1988. Basque（Croom Helm Descriptive Grammars）[M]. London: Croom Helm.

［365］Sanders,A.&Sanders,J. 1994. Kamasau（Wand Tuan）Grammar: Morpheme to Sentence［OL］. http://www.sil.org/pacific/png/abstract.asp?id=47683.

［366］Santamaria, C., Espino, O. & Byrne, R. M. J. 2005. Counterfactual and

Semifactual Conditionals Prime Alternative Possibilities [J]. Journal of Experimental Psychology: Learning, Memory and Cognition, 31: 1149–1154.

[367] Sapir, E. 1921. Language [M]. New York: Harcourt Brace.

[368] Sauerland,U.2008. Implicated Presuppositions [A]. Stenbe, A. (ed.) , The Discourse Potential of Underspecified Structures [C]. Berlin: Mouton de Gruyter.581–600.

[369] Scatton, E. 1984. A Reference Grammar of Bulgarian [M]. Cambridge: Slavica Publisher.

[370] Schmidtke–Bode, K. 2009. A Typology of Purpose Clauses [M]. Amsterdam & Philadelphia: John Benjamins Publishing Company.

[371] Schachter, P. & Otanes, F. 1983. Tagalog Reference Grammar [M]. Berkeley, Los Angeles & London: University of California Press.

[372] Schaffer,J.2013. Causal Contextualism [A]. Blaauw, M. (ed.) Contrastivism in Philosophy [C]. London & Now York: Routledge.35–63.

[373] Schuh, R. G. 1972. Aspects of Ngizim Syntax [D]. Los Angeles: Ph.D. Dissertation of University of California.

[374] Schuh, R. G. 1988. A Grammar of Miya [M]. Berkeley, Los Angeles & London: University of California Press.

[375] Schulz, D. & Griesbach, H. 1960. Grammatik der deutschen Sprache [M]. München: Max Hueber Verlag.

[376] Schulze, W. 2000. Northern Talysh [M]. München: Lincom Europa.

[377] Schwarz, B. 2004. How to Rescue Negative Polarity Items [Z] . Unpublished manuscript. Austin: University of Texas at Austin.

[378] Schwarz, B. & Bhatt, R. 2006. Light negation and Polarity [A]. Zanuttini, R., Campos, H., Herburger, E. & Portner, P. (eds.) , Cross Linguistic Research in Syntax and Semantics: Negation, Tense and Clausal Architecture [C]. Washington D.C.: Georgetown University Press. 175–198.

[379] Seiler, W. 1985. Imonda, a Papuan Language [A]. Wurm, S. A. (eds.) , Pacific Linguistics (Series B) [C]. Canberra: The Australia National University Press.204–205.

[380] Sharma, D. 1988. A Descriptive Grammar of Kinnauri [M]. Delhi: Mittal Publications.

[381] Siewierska,A. 2008. Introduction: Impersonalization from a Subject–Centered vs. Agent– Centered Perspective [J]. Transactions of the Philological Society, 106 (2) : 115–137.

［382］Smeets, I. 2008. A Grammar of Mapuche [M]. Berlin: De Gruyter Mouton.

［383］Smirnova, M. & Dobronravin, N. 2005. Conditional Constructions in Hausa [A]. Xrakovskij, V. S.（eds.）, Typology of Conditional Constructions [C]. München: Lincom Europa. 425– 450.

［384］Smith,C. & Erbaugh, M. 2005. Temporal Interpretation in Mandarin Chinese [J]. Linguistics, 43（4）: 303–342.

［385］Sohn, H. 1994. Korean [M]. London & New York: Routledge.

［386］Sorrento, L. 1929. Il fenomeno della paraipotassi nelle lingue neolatine [J]. Rendiconti del Reale Istituto Lombardo di Scienze e Lettere, 52: 449–463.

［387］Spatari, N. 2005. Conditional Constructions in Cambodian [A]. Xrakovskij, V. S.（eds.）, Typology of Conditional Constructions [C]. München: Lincom Europa.489–497.

［388］Sridhar, S. 2007. Modern Kannada Grammar [M]. New Delhi: Manohar Pulishers & Distributors.

［389］Stalnaker, R. 1973. Presuppositions [J]. Journal of Philosophical Logic, 2: 447–457.

［390］Stalnaker, R. 1975. Indicative Conditionals [J]. Philosophia, 5: 269–286.

［391］Stanley, J. 2007. Language in Context: Selected Essays [M]. Oxford & New York: Oxford University Press.

［392］Steele, S. 1975. Past and Irrealis: Just what does it All Mean? [J]. National Journal of American Linguistics, 41: 200–217.

［393］Stokes, B. 1982. A Description of the Nyigina Language of the Kimberley Region of Western Australia [D]. Canberra: Ph.D. thesis of Australian National University.

［394］Streitberg,W. 1920. Gotisches Elementarbuch [M]. Carl Winter's Universitätsbu chhandlung.

［395］Su, Y. Y. 2008. Deriving Counterfactuality in Mandarin Chinese yaobushi Conditionals [Z]. TOM（Toronto–Ottawa–Montreal）Semantic Workshop.

［396］Tavares,P. 2006. A Grammar of Wayana [D]. Houston:Ph.D. Dissertation of Rice University.

［397］Tedeschi, P. 1981. Some Evidence for a Branching– Futures Semantic Model [A]. Tedeschi, P. & Zaenen, A.（eds.）, Syntax and Semantics 14: Tense and Aspect [C]. New York: Academic Press. 239–270.

［398］Tester, D. 1998. Parallels in Semantic Linguistics [M]. Leiden & Boston: Brill.

［399］Thompson, H. 2010. Bengali– a Comprehensive Grammar [M]. London &

New York: Routledge.

[400] Thompson, S.1985/2007. Grammar and Written Discourse: Initial vs. Final Purpose Clauses in English [J]. Text, 5: 55–84.

[401] Thompson, S. & Longacre, R. 1985. Adverbial Clauses [A]. Shopen, T.(eds.), Language Typology and Syntactic Description (Vol.2) [C]. New York: Cambridge University Press. 171–234.

[402] Thorne, D. 1993. A Comprehensive Welsh Grammar [M]. Cambridge: Blackwell.

[403] Tien, A. 1994. Semantic Primitives in Taiwanese Chinese [D]. Canberra: B.A. Honours Thesis of Australian National University.

[404] Tomlin, R. S. 1986. Basic Word Order: Functional Principles [M]. London: Croom Helm.

[405] Tommola, H. 2005. Conditional Constructions in Finnish [A]. Xrakovskij, V. S. (eds.) , Typology of Conditional Constructions [C]. München: Lincom Europa.357–389.

[406] Tonhauser, J. 2006. The Temporal Semantics of Noun Phrases: Evidence from Guaraní [D]. Palo Alto: Ph.D. Dissertation of Stanford University.

[407] Traugott,E.1988.Pragmatic Strengthening and Grammaticalization [J]. Berkeley:Proceedings of the 12th Annual Meeting of the Berkeley Linguistics Society. 39–50.

[408] Traugott, E. 1989. On the Rise of Epistemic Meanings in English [J]. Language, 65: 31–55.

[409] Traugott,E.&. Dasher, R. 2001. Regularity in Semantic Change [M]. Cambridge: Cambridge University Press.

[410] Traugott, E. & Heine, B. 1991. Approaches to Grammaticalization [M]. Amsterdam & Philadelphia: John Benjamins Publishing Company.

[411] Tsunoda, T. 2011. A Grammar of Warrongo [M]. Berlin: Walter de Gruyter.

[412] Tynan, J. & Lavin, E. 1997. Mood, Tense and the Interpretation of Conditionals [A]. Athanasiadou, A. & Diven, R. (eds.) , On Conditionals Again [C]. Amsterdam & Philadelphia: John Benjamins Publishing Company. 115–144.

[413] Van de Vate, M. 2011. Tense, Aspect and Modality in a Radical Creole: The Case of Saamáka [D]. Tromsø: Ph.D. Dissertation of University of Tromsø.

[414] Van de Velde, M. 2008. A Grammar of Eton [M]. Berlin: De Gruyter Mouton.

[415] Van den Berg, H. 1995. A Grammar of Hunzib (with Texts and Lexicon)[M]. München: Lincom Europa.

［416］Van den Berg, R. & Bachet, P. 2006. Vitu Grammar Sketch [A]. Van den Berg, R.（eds.）, Data Papers on Papua New Guinea Languages（Vol. 51）[C]. Ukarumpa: Summer Institute of Linguistics.

［417］Van driem, G. 1987. A Grammar of Limbu [M]. Berlin: De Gruyter Mouton.

［418］Van linden, A. & Verstraete, J. 2008. The Nature and Origins of Counterfactuality in Simple Clauses: Cross-linguistic Evidence [J]. Journal of Pragmatics, 40: 1865–1895.

［419］Vaxtin, N. 2005. Conditional Constructions in Asiatic Eskimo [A]. Xrakovskij, V. S.（eds.）, Typology of Conditional Constructions [C]. München: Lincom Europa. 577–595.

［420］Vaz, C. 2005. A Functional Grammar Sketch of Hill Madia [M]. SIL Electronic Working Papers.

［421］Velupillai, V. 2013. An Introduction to Linguistic Typology [M]. Philadelphia & Amsterdam: John Benjamins Publishing Company.

［422］Von Fintel, K. 1998. The Presupposition of Subjunctive Conditionals [A]. Sauerland, U. & Percus, O.（eds.）, The Interpretive Tract [C]. Cambridge: Massachusetts Institute of Technology Working Papers in Linguistics.29–44.

［423］Von Fintel, K. 2001. Counterfactuals in a Dynamic Context [A]. Kenstowicz, M.（ed.）Ken Hale:A Life in Language [C]. Cambridge: Massachusetts Institute of Technology Press. 123–152.

［424］Voort, H. 2004. A Grammar of Kwazá [M]. Berlin: Walter de Gruyter.

［425］Voort, H. 1950. La paraipotassi [A]. Id., Sintassi romanza. Ricerche e prospettive [C]. Varese–Milano: Sozzi.25–91.

［426］Vydrin, A. 2011. Counterfactual Mood in Iranian [A]. Paul, Ludwig（eds.）, Handbuch Der Iranistik（Topics in Iranian Linguistics）[C]. Wiesbaden: Dr. Ludwig Reichert Verlag. 72–86.

［427］Wacke,K.1931. Formenlehre der Ono–Sprache（Neuguinea）[J]. Zeitschrift für Eingeborenen, 21: 161–208.

［428］Waltke, B. & O'Connor, M. 1990. An Introduction to Biblical Hebrew Syntax [M]. Warsaw: Eisenbrauns.

［429］Wang, Y. Y. 2012. The Ingredients of Counterfactuality in Mandarin Chinese [D]. Hong Kong: PhD. Dissertation of Hong Kong Polytechnic University.

［430］Watters, D. 2002. A Grammar of Kham [M]. New York: Cambridge University Press.

［431］Watters, D. 2006. Notes on Kusunda Grammar–A Language Isolate of Nepal

[J]. Himalayan Linguistics Archive, 3: 1–182.

［432］Watters,J.1981.A Phonology and Morphology of Ejagham–with Notes on Dialect Variation [M]. Ann Arbor: University Microfilms International.

［433］Weber,D.1983.A Grammar of Huallaga（Huanuco）Quechua（Portion of Text in Quechua）[M]. Ann Arbor: University Microfilms International.

［434］Wegener, C. 2012. A Grammar of Savosavo [M]. Berlin: Walter de Gruyter.

［435］Wheeler, M., Yates, A. & Dols, N. 1999.Catalan: A Comprehensive Grammar [M]. London & New York: Routledge.

［436］Whelmers, W. 1973. African Language Structures [M]. Berkeley, Los Angeles & London: University of California Press.

［437］Whaley, L. 1997. Introduction to Typology: The Unity and Diversity of Language [M]. Thousand Oaks: SAGE Publication, Inc.

［438］Whitehead, C. 2004. A Reference Grammar of Menya, an Angan Language of Papua New Guinea [D]. Winnipeg: Ph.D. Dissertation of University of Manitoba.

［439］Whorf, B.1956. Language,Thought,and Reality:Selected Writings of Benjamin Lee Whorf [M]. Cambridge: Massachusetts Institute of Technology Press.

［440］Wiemer, B., Wālchli, B. & Hansen, B. 2012. Grammatical Replication and Borrowability in Language Contact [M]. Berlin: De Gruyter Mouton.

［441］Wierzbicka,A.1997.Conditionals and Counterfactuals: Conceptual Primitives and Linguistic Universals [A]. Athanasiadou,A.&Diven, R. A.（eds.）, On Conditionals Again [C]. Amsterdam & Philadelphia: John Benjamins Publishing Company.15–60.

［442］Will, F. 1947. The Contrary–to–Fact Conditional [J]. Mind, New Series, 223（56）: 236–249.

［443］Wilson, S. 1999. Coverbs and Complex Predlicates in Wagiman [M]. Stanford: Center for the Study of Language and Information Publications.

［444］Wiltschko, M. 2009. The Composition of INFL: An Exploration of Tense, Tenseless Languages and Tenseless Constructions [J]. Cambridge: Massachusetts Institute of Technology Colloquium.

［445］Windfuhr, G. & Perry, J. 2013. Persian and Tajik [A]. Windfuhr, G.（ed.）, The Iranian Languages [C]. London & New York: Routledge.

［446］Wu, H. F. 1994. If Triangles Were Circles.–A Study of Counterfactuals in Chinese and in English [M]. Taipei: The Crane Publishing Ltd.

［447］Wu, K. M. 1989. Counterfactuals, Universals, and Chinese Thinking [J]. Tsing

Hua Journal of Chinese Studies. 19（2）：1–43.

［448］Wu, Z. Y. 1989. Exploring Counterfactuals in English and Chinese [D]. Amherst: Ph.D. Dissertation of University of Massachusetts, Amherst.

［449］Xrakovskij, V. S. 2005. A Questionnaire on Conditional Constructions [A]. Xrakovskij, V. S.（eds.）Typology of Conditional Constructions [C]. München: Lincom Europa: 3–95.

［450］Yadav, R. 1996. A Reference Grammar of Maithili [M]. Berlin: De Gruyter Mouton.

［451］Yarshater, E. 1996. The Tāleshi of Asālem [J]. Studia Iranica, 25（1）：83–113.

［452］Yeh, D. & Gentner, D. 2005. Reasoning Counterfactually in Chinese: Picking up the Pieces [J]. New Jersey: Proceedings of the 27th Annual Meeting of the Cognitive Science Society, 2410–2415.

［453］Yong, Q. 2016. A corpus–based study of Counterfactuals in Mandarin [J]. Language and Linguistics, 6: 891–915.

［454］Zhang, N.（Niina）. 2013. Encoding Unexpectedness by Aspect Inflection [J]. Studies in Linguistics, 39（1）：23–57.

［455］Zewen, F. 1977. The Marshallese Language– a Study of Its Phonology, Morphology and Syntax. Hamburg: Ph.D. Dissertation of Der Universit ät Hamburg.

［456］Ziegeler, D. 1993. Conditionals and Counterfactuality in Singaporean English [D]. Melbourne: Unpublished Honours Dissertation of Monash University.

［457］Ziegeler, D. 1994. Conditionals and Counterfactuality in Singaporean English [J]. Journal of Intercultural Studies, 15（1）：29–49.

［458］Ziegeler, D. 2000. Hypothetical Modality: Grammaticalisation in an L2 Dialect [M]. Amsterdam & Philadelphia: John Benjamins Publishing Company.

［459］Zwart. F. 1995. Nonveridical Contexts [J]. Linguistic Analysis, 25: 268–312.

［460］Zwicky, A. 1985. Clitics and Particles [J]. Language, 61（2）：283–305.

［461］曹其升. 2008. 现代汉语中的反叙实范畴 [D]. 开封：河南大学硕士学位论文.

［462］陈国华. 1988. 英汉假设条件句比较 [J]. 外语教学与研究. 3：10—18.

［463］陈如新. 2005. 祁阳方言中的虚拟句 [J]. 湖南科技学院学报. 8：119—120.

［464］陈振宇，姜毅宁. 2018. 事实性与叙实性 [J]. 语言研究集刊. 1：15—37.

［465］陈振宇，姜毅宁. 2019. 反预期与事实性——以"合理性"语句为例 [J].

中国语文 . 3：296—310.

［466］戴耀晶 . 2000. 论现代汉语的否定范畴 [J]. 语言教学与研究 . 3：45—49.

［467］方清明 . 2013. 论汉语叙事性语用标记"实际上"——兼与"事实上、其实"比较 [J]. 语言教学与研究 . 4：91—99.

［468］郭光，陈振宇 . 2019. "知道"的非叙实与反叙实——兼论"早知道"的语法化 [J]. 语言教学与研究 . 2：81—90.

［469］郭继懋 . 1997. 反问句的语义语用特点 [J]. 中国语文 . 2：111—121.

［470］郭利霞 . 2015. 山西山阴方言的过去虚拟标记 [J]. 语文研究 . 2：62—65.

［471］韩笑，李思旭 . 2019. "要不是"词汇化及相关问题 [J]. 乐山师范学院学报 . 3：39—44.

［472］霍四通 . 2017. 违实性"移时"表达的类别和功能 [J]. 当代修辞学 . 5：71—79.

［473］江蓝生 . 2008. 概念叠加与构式整合——肯定否定不对称的解释 [J]. 中国语文 . 6：483—497.

［474］蒋严 . 2000. 语法研究与探索（十)[M]. 北京：商务印书馆 .

［475］黎锦熙 . 1924. 新著国语语法 [M]. 上海：商务印书馆 .

［476］李晋霞 . 2018. "要不是"违实句探析 [J]. 励耘语言学刊 . 2：58—76.

［477］李敏 . 2006. 现代汉语非现实范畴的句法实现 [D]. 上海：华东师范大学博士学位论文 .

［478］李思贤 . 2017. 兴县方言虚拟语气研究 [J]. 安康学院学报 . 2：82—85.

［479］李新良，袁毓林 . 2016. 反叙实动词宾语真假的语法条件及其概念动因 [J]. 当代语言学 . 2：194—215.

［480］李新良，袁毓林 . 2017. "知道"的叙实性及其置信度变异的语法环境 [J]. 中国语文 . 1：42—52.

［481］李新良 . 2010. 现代汉语叙实词语研究 [D]. 杭州：浙江大学硕士学位论文 .

［482］林若望 . 2016. "的"字结构、模态与违实推理 [J]. 中国语文 . 2：131—151.

［483］林若望 . 2017. 再论词尾"了"的时体意义 [J]. 中国语文 . 1：3—21.

［484］凌璧君 . 2008. 句尾"的"的句法语用分析 [J]. 语文学刊 . 5：115—117.

［485］刘丹青 . 2011. 语言库藏类型学构想 [J]. 当代语言学 . 4：289—303.

［486］刘丹青 . 2014. 论语言库藏的物尽其用原则 [J]. 中国语文 . 5：387—401.

［487］刘丹青 . 2018. 寄生范畴：源于语法库藏限制条件的语义范畴 [J]. 中国语文 . 6：643—656.

［488］刘丽萍 . 2014. 否定辖域及焦点否定之语义解释 [J]. 语言教学与研究 . 5：69—78.

［489］罗晓英 . 2006. 现代汉语假设性虚拟范畴研究 [D]. 广州：暨南大学博士学位论文 .

［490］吕叔湘 . 1982. 中国文法要略 [M]. 北京：商务印书馆 .

［491］吕叔湘 . 1999. 现代汉语八百词 [M]. 北京：商务印书馆 .

［492］潘海华，胡建华 . 2001. OT 方案与照应语的约束 [J]. 外国语 . 1：24—31.

［493］彭利贞 . 2007. 论情态与情状的互动关系 [J]. 浙江大学学报 . 10：51-58.

［494］强星娜，唐正大 . 2009. 从时间状语到虚拟标记——以上海话"慢慢叫"的语法化为例 [J]. 语言研究 . 4：53—60.

［495］强星娜 . 2011. 上海话过去虚拟标记"蛮好"——兼论汉语方言过去虚拟表达的类型 [J]. 中国语文 . 2：155—192.

［496］沈家煊 . 1999. 不对称和标记论 [M]. 南昌：江西教育出版社 .

［497］石定栩，孙嘉铭 . 2017. 客观副词与主观副词——再论"常常"与往往的区别 [J]. 现代外语 . 1：14—23.

［498］汤廷池 . 1994. 汉语词法句法五集 [M]. 台北：台湾学生书局 .

［499］王春辉 . 2013. 时间与条件的交叠 [J]. 中国语文 . 4：322—331.

［500］王葛林 . 2011. 小议卓资方言里表达虚拟范畴的"价" [J]. 百家争鸣 . 2：157.

［501］王光全 . 2003. 过去完成体标记"的"在对话体中的使用条件 [J]. 语言研究 . 6：18—25.

［502］王力 . 1985. 现代汉语语法 [M]. 北京：商务印书馆 .

［503］王宇婴 . 2013. 汉语违实成分研究 [M]. 北京：中国社会科学出版社 .

［504］吴信凤 . 1994. 中英文里假设语气的结构用法与思维模式 [M]. 台北：文鹤出版有限公司 .

［505］刑福义 . 2001. 汉语复句研究 [M]. 北京：商务印书馆 .

［506］邢向东 . 2005. 陕北晋语沿河方言愿望类虚拟语气的表达手段 [J]. 语文研究 . 2：44—48.

［507］袁毓林，张琳莉 . 2018. 苏州话反事实条件句的句法形式 [J]. 常熟理工学院学报（哲学社会科学版）. 3：14—23.

［508］雍茜 . 2014. 违实条件句的类型学研究 [J]. 外国语 . 3：59—70.

［509］雍茜 . 2015. 违实句的形态类型及汉语违实句 [J]. 外国语 . 1：30—41.

［510］雍茜 . 2017. 违实标记与违实义的生成——基于大规模语种库的类型学研究 [J]. 外语教学与研究 . 2：227—239.

［511］雍茜 . 2019. 违实句中的时制、体貌和语气——兼论语言标记系统的形成、类推和强化 [J]. 外国语 . 2：11—23.

［512］于秀金 . 2013. 基于 S–R–E 的时体统一逻辑模型的构建 [J]. 外国语 . 1：

32—44.

［513］于秀金 . 2017. 跨语言时—体—情态的范畴化、显赫性及夸张性——库藏类型学视角 [J]. 中国语文 . 6：670—692.

［514］袁毓林，张驰 . 2016. 中国大学生反事实思维及其表达的乐观主义情绪 [J]. 汉语学报 . 4：27—40.

［515］袁毓林 . 2000. 论否定句的焦点、预设和辖域歧义 [J]. 中国语文 . 2：99—108.

［516］袁毓林 . 2014. 隐性否定动词的叙实性和极项允准功能 [J]. 语言科学 . 6：576—586.

［517］袁毓林 . 2015. 汉语反事实表达及其思维特点 [J]. 中国社会科学 . 8：126—144.

［518］张恒君 . 2019. 河南孟州方言的反事实虚拟句 "忘了 +S" [J]. 汉语学报 . 2：61—67.

［519］张其昀 . 2015. 扬州方言含有违实意向的凝固结构 "说的" [J]. 中国语文 . 2：150—152.

［520］张谊生 . 2000. 现代汉语副词研究 [M]. 上海：学林出版社 .

［521］章敏 . 2016. 现代汉语中情态指向的反事实句研究 [D]. 杭州：浙江大学博士学位论文 .

［522］赵春利，石定栩 . 2011. 语气、情态与句子功能类型 [J]. 外语教学与研究 . 7：483—500.

［523］朱丽师，杨永龙 . 2018. 否定性违实条件句 "不是 C1，C2" 的产生过程 [J]. 广西师范大学学报（哲学社会科学版）. 5：120—126.

［524］朱庆祥 . 2019. 也论 "应该 Ø 的" 句式违实性及相关问题 [J]. 中国语文 . 1：61—73.

［525］宗守云，姚海斌 . 2009. "就差 X"：真实与违实 [J]. 汉语学报 . 2：9–17.

附录1 符号与缩略释义^①

Ⅳ, Ⅶ, Ⅷ : Class Ⅳ, Ⅶ, Ⅷ

ACT: active

ACTU: actual

ADDR: addressive

AFAR: toward Here from a distance or occurring at a distance

AFF: affirmative

ANA: anaphoric pronoun

ANT: anterior

AN: animate

AOR: aorist

APPR: apprehensional

ASSUM: assumptive

AUG: augmented

ASP: aspect

ASS: assertive

BF: buffer

BV: borrowed verb

CF: counterfactual marker

CIRCM: circumstantial suffix

CLT: clitic

CN: connective

CTC: conditional Taxis Converb

Cogn: cognoscitive（"know"）

COLL: collective Suffix

CONJ: conjunction

CONT: continuous/Continuative

COOD: coordinator

CS: conditional sentence

CSM: connected state marker

CSO: cosubordinator

DEB: debitive

DES: desiderative

DETR: detransitivizer

DICT: dictative

DIR: direct

DS: different subjects

DSC: discontinuative

DSJ: disjunctive

EMPH: emphatic

ENCL: enclitic

EP: epenthesis

EXCLM: exclamative

EXT: existential

FIN: phrase final enclitic

FOBJ: focused object

FP: future participle

---

① 只有没出现在莱比锡注释规则中的符号在此说明，其他文中标注符号请查阅莱比锡注释规则。

FRUS: frustrative

GL: goal

HAB: habitual

HPL: human plural prefix

HYP: hypothetical

IA: intransitive animate

ICP: intransitive copy pronoun
　　clitic reflecting subjects of
　　most intransitive verbs

IDO: internal direct object

IMMED: immediate suffix

IMG: imaginative

INCH: inchoative

INDB: indubitative

INESS: inessive

INFL: inflection

INP: involved mode of non-past
　　tense

InPx: inanimate proximal

INT: intentional

INTERJ: interjection

INTRS: intransitive subject

IO: indirect object

IOV: indirect object version

IPRF: imperfect

IPD: impeditive

LINK: linking prefix

LoIPFV: long imperfective

LV: linking vowel

MED: medial voice

MDL: modality

MIN（S）: minimal

MINA: minimal transitive subject

MINO: minimal transitive object

MLOC: modal locative

MNF: marked non-future

MPROP: marked proprietive

NAF: non-affirmative

NARR: narrative morpheme

NFACT: non-fact

NFUT: non-future

NPRS: non-present

NPST: non-past

NRLD: unrealized

NS: non-singular

NT: neutral modality

OBS: observational

OP: object pronoun

OPT: optative

PCAg: Agentive possessive
　　classifier

PLUP: pluperfect

PM: pronominal marker

PN: proper name

Pos: possession suffix; possessed
　　form

POSR: possessor

POST: posteriority

POT: potential

PP: propositional phrases

PRC: process verbalization

PREF: prefix

PRED: predicative

PRET: preterite

PREP: preposition

PRON: pronoun

PRM: previous reference markers

PROP: proprietive

PRSP: prospective

PTCL: particle

PTT: partitive

R/R: reflexive/reciprocal

REAL: realis

RDP: reduplication

REGR: regressive

RF: realis future

RHY: rhythm carrier

RM: remote

RN: relational noun

RPST: recent past

RSTR: restrictive

S_A: S_A participant; S_A class marker

SEMBL: semblative

SF: subject–focus

ShIPFV: short imperfective

SIA: state intransitive animate

SIM: simultaneity

SLCT: selective

SP: word borrowed from spanish

SPEC: specific determiner

STAT: static

STI: state transitive inanimate

SS: same subjects

SUD: subordinator

SUPER: superessive

SV: subjective version

TA: transitive animate

TEMP: temporal

TI: transitive inanimate

TOT: totality

TRM: terminative

TS: thematic suffix

TV: status marker for transitive verb in perfective

VBLZR: verbalizer

VE: ventive prefix

VN: verbal noun

ZT: zero tense

?: Function or meaning not clear

附录 2　Questionari

The following examples are selected from Corpus of Contemporary American English. Read the following sentences and answer the questions accordingly.

1. For starters, we can no longer **pretend** that Sociophobia doesn't exist in America.

   Q1: Does Sociophobia exist in America?

       A. Yes.　B. Maybe yes.　C. I don't know.　D. Maybe no.　E. No.

   Q2: I am sure that we can no longer pretend.

       A. It is weird.　　　　B. I cannot decide.　　　　C. It makes sense.

2. It is a **lie** that Mexicans have opportunities to succeed in the golden realm of Cinelandia①.

   Q1: Do Mexicans have opportunities to succeed in the golden realm of Cinelandia?

       A. Yes.　B. Maybe yes.　C. I don't know.　D. Maybe no.　E. No.

   Q2: I am sure that it is a lie.

       A. It is weird.　　　　B. I cannot decide.　　　　C. It makes sense.

3. In this **dream** he found a book on his table without realizing who had put it there②.

   Q1: Does he find a book on his table without realizing who had put it there?

       A. Yes.　B. Maybe yes.　C. I don't know.　D. Maybe no.　E. No.

---

① It also applies to "story" types since sometimes story can be used as a lie such as "You are telling a story."

② It also applies to "fiction" types since they both describe realities occurring in virtual world.

Q2: I am sure that in this dream he found a book.

    A. It is weird.   B. I cannot decide.   C. It makes sense.

4. **Almost** half a percent of return will be lost due to a catch–up clause.

    Q1: Will half a percent of return be lost due to a catch–up clause?

       A. Yes. B. Maybe yes. C. I don't know. D. Maybe no. E. No.

    Q2: I am sure that almost half a percent of return will be lost.

       A. It is weird.   B. I cannot decide.   C. It makes sense.

5. I have seen it up close, and I **almost** died several times that night.

    Q1: Did I die several times that night?

       A. Yes. B. Maybe yes. C. I don't know. D. Maybe no. E. No.

    Q2: I am sure that he almost died several times that night.

       A. It is weird.   B. I cannot decide.   C. It makes sense.

6. It's too expensive. I **wish** I could afford to go to yoga.

    Q1: Can I afford to go to yoga?

       A. Yes. B. Maybe yes. C. I don't know. D. Maybe no. E. No.

    Q2: I am sure that I wishes I could afford to go to yoga.

       A. It is weird.   B. I cannot decide.   C. It makes sense.

7. I expect there are others, and I **hope** we can extend this list as we do more research in this direction.

    Q1: Can we extend this list as we do more research in this direction?

       A. Yes. B. Maybe yes. C. I don't know. D. Maybe no. E. No.

    Q2: I am sure that I hopes they can extend this list as we do more research in this direction.

       A. It is weird.   B. I cannot decide.   C. It makes sense.

8. They **seem** to want to run away from happiness.

   Q1: Do they want to run away from happiness?

   　　A. Yes.　B. Maybe yes.　C. I don't know.　D. Maybe no.　E. No.

   Q2: I am sure that they seem to want to run away from happiness.

   　　A. It is weird.　　　B. I cannot decide.　　　C. It makes sense.

9. People act **as if** they are jolly.

   Q1: Are those people jolly?

   　　A. Yes.　B. Maybe yes.　C. I don't know.　D. Maybe no.　E. No.

   Q2: I am sure that people act as if they are jolly.

   　　A. It is weird.　　　B. I cannot decide.　　　C. It makes sense.

10. He could treat them **as if** they had no idea what they were talking about.

    Q1: Do they have no idea what they were talking about?

    　　A. Yes.　B. Maybe yes.　C. I don't know.　D. Maybe no.　E. No.

    Q2: I am sure that he could treat them as if they had no idea what they were talking about.

    　　A. It is weird.　　　B. I cannot decide.　　　C. It makes sense.

11. When a person is so biased that he winks at someone **as if** to say I hope that last answer helped you, John, well.

    Q1: Does that person say I hope that last answer helped you?

    　　A. Yes.　B. Maybe yes.　C. I don't know.　D. Maybe no.　E. No.

Q2: I am sure that when a person is so biased that he winks at someone as if to say I hope that last answer helped you.

    A. It is weird.   B. I cannot decide.   C. It makes sense.

12. The Court **should** have said all along.

    Q1: Did the Court say this all along?

        A. Yes.   B. Maybe yes.   C. I don't know.   D. Maybe no.   E. No.

    Q2: I am sure that the court should have said all along.

        A. It is weird.   B. I cannot decide.   C. It makes sense.

13. A political subdivision of a state **should be** treated the same as a state.

    Q1: Is a political subdivision of a state treated the same as a state?

        A. Yes.   B. Maybe yes.   C. I don't know.   D. Maybe no.   E. No.

    Q2: I am sure that a political subdivision of a state should be treated the same as a state.

        A. It is weird.   B. I cannot decide.   C. It makes sense.

14. **If** the butler had done it, the knife **would** be bloody.

    Q1: Is the knife bloody?

        A. Yes.   B. Maybe yes.   C. I don't know.   D. Maybe no.   E. No.

    Q2: I am sure that the knife would be bloody.

        A. It is weird.   B. I cannot decide.   C. It makes sense.

15. **Doesn't** he know that's how I feel?

    Q1: Does he know that's how I feel?

        A. Yes.   B. Maybe yes.   C. I don't know.   D. Maybe no.   E. No.

    Q2: I am sure that he dose not know that's how I feel?

        A. It is weird.   B. I cannot decide.   C. It makes sense.

附录3 调查问卷

仔细阅读下面的句子，并根据问题作答，注意第 1、10、15 题 Q1 的选项顺序与其他题目不同。

1. 我们不再假装社交恐惧症在美国不存在。

   Q1: 社交恐惧症在美国存在吗？

   A．不是　　　　　B．可能不是　　　　　C．不能判断

   D．可能是　　　　E．是

   Q2: 我很肯定我们不再假装社交恐惧症在美国不存在。

   A．说不通　　　　B．不能判断　　　　　C．说得通

2. 墨西哥有机会在电影黄金王国获得成功，这是个谎言。

   Q1: 墨西哥有机会在电影黄金王国获得成功吗？

   A．是　　　　　　B．可能是　　　　　　C．不能判断

   D．可能不是　　　E．不是

   Q2: 我很肯定墨西哥有机会在电影黄金王国获得成功是个谎言。

   A．说不通　　　　B．不能判断　　　　　C．说得通

3. 在这个梦里，他在桌子上找到一本书，并没有意识到谁把书放在那儿。

   Q1: 他在桌子上找到一本书，并没有意识到谁把书放在那儿吗？

   A．是　　　　　　B．可能是　　　　　　C．不能判断

   D．可能不是　　　E．不是

   Q2: 我很肯定他在这个梦里，在桌子上找到一本书，并没有意识到谁把书放在那儿。

   A．说不通　　　　B．不能判断　　　　　C．说得通

4. 几乎一半回报都将因为追加条款而失去。

   Q1: 一半回报都将因为追加条款而失去吗？

   A．是　　　　　　　B．可能是　　　　　　C．不能判断

   D．可能不是　　　　E．不是

   Q2: 我很肯定几乎一半回报都将因为追加条款而失去。

   A．说不通　　　　　B．不能判断　　　　　C．说得通

5. 我昨天晚上几乎死了好几次。

   Q1: 我昨天晚上死了好几次吗？

   A．是　　　　　　　B．可能是　　　　　　C．不能判断

   D．可能不是　　　　E．不是

   Q2: 我很肯定我昨天晚上几乎死了好几次。

   A．说不通　　　　　B．不能判断　　　　　C．说得通

6. 这真是太贵了，要是我能付得起瑜伽课学费就好了。

   Q1: 我付得起瑜伽课学费吗？

   A．是　　　　　　　B．可能是　　　　　　C．不能判断

   D．可能不是　　　　E．不是

   Q2: 我很肯定要是我能付得起瑜伽课学费就好了。

   A．说不通　　　　　B．不能判断　　　　　C．说得通

7. 我们希望能扩大这个名单，这样我们就能做更多这方面的研究了。

   Q1: 我们能够扩大这个名单吗？

   A．是　　　　　　　B．可能是　　　　　　C．不能判断

   D．可能不是　　　　E．不是

   Q2: 我很肯定我们希望能扩大这个名单。

   A．说不通　　　　　B．不能判断　　　　　C．说得通

8. 他们似乎想逃避快乐。

   Q1: 他们想逃避快乐吗？

   A．是　　　　　　B．可能是　　　　　C．不能判断

   D．可能不是　　　E．不是

   Q2: 我很肯定他们似乎想逃避快乐。

   A．说不通　　　　B．不能判断　　　　C．说得通

9. 人们表现得很快乐。

   Q1: 人们快乐吗？

   A．是　　　　　　B．可能是　　　　　C．不能判断

   D．可能不是　　　E．不是

   Q2: 我很肯定人们表现得快乐。

   A．说不通　　　　B．不能判断　　　　C．说得通

10. 他当他们好像完全听不懂我们所说的一样。

   Q1: 他们听得懂我们说的吗？

   A．不是　　　　　B．可能不是　　　　C．不能判断

   D．可能是　　　　E．是

   Q2: 我很肯定他当他们好像完全听不懂我们所说的一样。

   A．说不通　　　　B．不能判断　　　　C．说得通

11. 他向 John 眨眼睛好像在说我希望最后一个答案能帮助你。

   Q1: 他说了我希望最后一个答案能帮助你吗？

   A．是　　　　　　B．可能是　　　　　C．不能判断

   D．可能不是　　　E．不是

   Q2: 我很肯定他向 John 眨眼睛好像在说我希望最后一个答案能帮助你。

   A．说不通　　　　B．不能判断　　　　C．说得通

12.法庭应该一直这样说的。

Q1: 法庭一直这样说了吗?

A．是　　　　　B．可能是　　　　C．不能判断

D．可能不是　　E．不是

Q2: 我很肯定法庭应该一直这样说的。

A．说不通　　　B．不能判断　　　C．说得通

13.政治下属州也应当与其他州等同看待。

Q1: 政治下属州与其他州被等同看待了吗?

A．是　　　　　B．可能是　　　　C．不能判断

D．可能不是　　E．不是

Q2: 我很肯定政治下属州也应当与其他州等同看待。

A．说不通　　　B．不能判断　　　C．说得通

14.如果管家杀了人，这刀上就有血了。

Q1: 请问刀上有血吗?

A．是　　　　　B．可能是　　　　C．不能判断

D．可能不是　　E．不是

Q2: 我很肯定这刀上有血。

A．说不通　　　B．不能判断　　　C．说得通

15.难道他不知道那就是我想的吗？

Q1: 他知道那是我想的吗？

A．不是　　　　B．可能不是　　　C．不能判断

D．可能是　　　E．是

Q2: 我很肯定他不知道那就是我想的。

A．说不通　　　B．不能判断　　　C．说得通